Die Rechte und Pflichten der Parteien eines Cloud-Computing-Vertrags bei Mangelhaftigkeit der Cloud-Dienste

SCHRIFTENREIHE ZUM IT- UND INFORMATIONSRECHT

Herausgegeben von Thomas Hoeren und Nikolaus Forgó

BAND 4

Isabella Petzinka

Die Rechte und Pflichten der Parteien eines Cloud-Computing-Vertrags bei Mangelhaftigkeit der Cloud-Dienste

unter besonderer Berücksichtigung der Digitale-Inhalte-Richtlinie

PETER LANG

Bibliografische Information der Deutschen Nationalbibliothek
Die Deutsche Nationalbibliothek verzeichnet diese Publikation in der Deutschen Nationalbibliografie; detaillierte bibliografische Daten sind im Internet über http://dnb.d-nb.de abrufbar.

Zugl.: Bochum, Univ., Diss., 2020

D 294
ISSN 2567-658X
ISBN 978-3-631-83612-5 (Print)
E-ISBN 978-3-631-84184-6 (E-PDF)
E-ISBN 978-3-631-84185-3 (EPUB)
E-ISBN 978-3-631-84186-0 (MOBI)
DOI 10.3726/b17841

Peter Lang – Berlin · Bern · Bruxelles · New York · Oxford · Warszawa · Wien

Diese Publikation wurde begutachtet.

www.peterlang.com

Danksagung

An erster Stelle möchte ich mich herzlich bei Herrn Jun.-Prof. Dr. Frank Rosenkranz für die ausgezeichnete Betreuung dieser Arbeit bedanken. Er hat durch seine tatkräftige Unterstützung und fachliche Kompetenz ganz wesentlich zum Gelingen dieser Arbeit beigetragen. Bedanken möchte ich mich zudem bei der Studienstiftung des Deutschen Volkes, die mein Promotionsvorhaben durch ein Stipendium finanziell und ideell unterstützt hat. Mein Dank gilt außerdem den Herausgebern der Schriftenreihe zum IT- und Informationsrecht des Peter Lang Verlages für die Aufnahme dieser Arbeit in ihre Schriftenreihe. Frau Prof. Renate Schaub danke ich für die wissenschaftliche Betreuung als Zweitgutachterin.

Inhaltsübersicht

Inhaltsverzeichnis

Abkürzungsverzeichnis

Abs.	Absatz
AcP	Archiv für die civilistische Praxis
a.E.	am Ende
AEUV	Vertrag über die Arbeitsweise der Europäischen Union
a.F.	alte Fassung
AGB	Allgemeine Geschäftsbedingungen
AnwBl	Anwaltsblatt
App	Anwendungssoftware
Art.	Artikel
AT	Allgemeiner Teil
BAG	Bundesarbeitsgericht
BB	Betriebs-Berater
Bd.	Band
BDSG	Bundesdatenschutzgesetz
BeckOK	Beck'scher Online-Kommentar
BeckRS	Beck-Rechtsprechung
BGB	Bürgerliches Gesetzbuch
BGH	Bundesgerichtshof
BITKOM	Bundesverband Informationswirtschaft, Telekommunikation und neue Medien
bspw.	beispielsweise
BT	Besonderer Teil
BT-Drucks.	Bundestagsdrucksache
bzw.	beziehungsweise
ca.	circa
CR	Computer und Recht
DB	Der Betrieb
Ders.	Derselbe
Dies.	Dieselbe(n)
Digitale-Inhalte-Richtlinie	Richtlinie (EU) 2019/770 über bestimmte vertragsrechtliche Aspekte der Bereitstellung digitaler Inhalte und digitaler Dienstleistungen
DIRL	Vorschriften der Digitale-Inhalte-Richtlinie
DJT	Deutscher Juristentag

DRM	Digital-Rights-Management
DSGVO	Vorschriften der Datenschutzgrundverordnung
DuD	Datenschutz und Recht
EMRK	Europäische Menschenrechtskonvention
endg.	endgültig
ERCL	European Review of Contract Law
ERPL	European Review of Private Law
et al.	und andere
EU	Europäische Union
EuCML	Journal of European Consumer and Market Law
EuGH	Europäischer Gerichtshof
EUGRCh	Charta der Grundrechte der Europäischen Union
EUV	Vertrag über die Europäische Union
euvr	Zeitschrift für Europäisches Unternehmens- und Verbraucherrecht
EuZW	Europäische Zeitschrift für Wirtschaftsrecht
f.	folgende
ff.	fortfolgende
Fn.	Fußnote
FS	Festschrift
GB	Gigabyte
GEK-E	Vorschriften des GEK-Entwurfs
GEK-Entwurf	Vorschlag für eine Verordnung über ein Gemeinsames Europäisches Kaufrecht, KOM(2011) 635
gem.	gemäß
GG	Grundgesetz
ggf.	gegebenenfalls
GPR	Zeitschrift für das Privatrecht der Europäischen Union
GRUR	Gewerblicher Rechtsschutz und Urheberrecht
GRUR Int.	Gewerblicher Rechtsschutz und Urheberrecht, Internationaler Teil
HMD	Praxis der Wirtschaftsinformatik
HS.	Halbsatz
IaaS	Infrastructure as a Service

i.d.R.	in der Regel
i.S.d.	im Sinne der/des
ISO	Internationale Organisation für Normung
i.S.v.	im Sinne von
IT	Informationstechnik
ITRB	Der IT-Rechts-Berater
i.V.m.	in Verbindung mit
JA	Juristische Arbeitsblätter
Jura	Juristische Ausbildung
jurisPK	juris Praxiskommentar
JuS	Juristische Schulung
JZ	JuristenZeitung
Kap.	Kapitel
K&R	Kommunikation und Recht
lit.	Buchstabe
LG	Landgericht
MüKo	Münchener Kommentar
MMR	MultiMedia und Recht
NIST	US-amerikanisches National Institute of Standards and Technology
NJOZ	Neue Juristische Online-Zeitschrift
NJW	Neue Juristische Wochenschrift
NJW-RR	Neue Juristische Wochenschrift Rechtsprechungs-Report
NomKom	Nomos Kommentar
Nr.	Nummer
NZA	Neue Zeitschrift für Arbeitsrecht
OdW	Ordnung der Wissenschaft
OLG	Oberlandesgericht
PaaS	Platform as a Service
PDF	Portable Document Format
ProdHaftG	Vorschriften des Gesetzes über die Haftung für fehlerhafte Produkte
Rn.	Randnummer
Rom-I-VO	Rom-I-Verordnung
Rs.	Rechtssache
S.	Seite
SaaS	Software as a Service
sog.	sogenannt(e)/(er)/(es)

TB	Terabyte
u.	und
u.a.	unter anderem
UAbs.	Unterabsatz
UCLA L.Rev.	UCLA Law Review
UN-Kaufrecht	Übereinkommen der Vereinten Nationen über Verträge über den internationalen Warenkauf
UrhG	Urhebergesetz
Urt.	Urteil
usw.	und so weiter
v.	vom
Verbraucherrechterichtlinie	Richtlinie 2011/83/EU über die Rechte der Verbraucher
Verbrauchsgüterkaufrichtlinie	Richtlinie 1999/44/EG zu bestimmten Aspekten des Verbrauchsgüterkaufs und der Garantien für Verbrauchsgüter
VerbrGKRL	Vorschriften der Verbrauchsgüterkaufrichtlinie
vgl.	vergleiche
VRRL	Vorschriften der Verbraucherrechterichtlinie
VuR	Verbraucher und Recht
Warenhandelrichtlinie	Richtlinie (EU) 2019/771 über bestimmte vertragsrechtliche Aspekte des Warenkaufs
wbl	Wirtschaftsrechtliche Blätter
WH-RL	Vorschriften der Warenhandelrichtlinie
WM	Zeitschrift für Wirtschafts- und Bankenrecht
WuW	Wirtschaft und Wettbewerb
ZEuP	Zeitschrift für Europäisches Privatrecht
ZfPW	Zeitschrift für die gesamte Privatrechtswissenschaft
ZRP	Zeitschrift für Rechtspolitik
ZUM	Zeitschrift für Urheber- und Medienrecht

§ 1 Einleitung

A. Themenstellung

Im digitalen Zeitalter gewinnt die Nutzbarkeit von Cloud-Diensten kontinuierlich an Bedeutung. Hierbei stellt der Anbieter einer Mehrzahl von Nutzern Dienste bereit, die vor allem Rechenkapazität, Speicherplatz oder Software umfassen. Eine Besonderheit besteht bei der Inanspruchnahme von Cloud-Diensten darin, dass keine lokale Installation auf dem Endgerät des Nutzers notwendig ist. Vielmehr betreibt der Anbieter die benötigte Hardware sowie je nach Anwendungsmodell auch die erforderliche Software oder die notwendigen Services und stellt dem Nutzer diese mit einer Schnittstelle zur Verfügung.[1] Dem Nutzer wird auf diese Weise ermöglicht, die Ressourcen des Anbieters zu nutzen, ohne hierfür selbst die entsprechend erforderliche Infrastruktur bereitstellen zu müssen. Dem Nutzer steht in der Folge eine scheinbar unbegrenzte Rechenleistung auf Abruf zur Verfügung, ohne dass er zur Deckung seines Rechenbedarfs große Investitionen tätigen muss.[2] Cloud-Dienste erfreuen sich daher auch immer größerer Beliebtheit. Dieser Umstand wirft die Frage auf, welche Rechte und Pflichten für Nutzer und Anbieter von Cloud-Diensten bestehen, wenn die Cloud-Dienste einmal nicht so funktionieren, wie es der zugrundeliegende Cloud-Computing-Vertrag voraussetzt. Es bedarf daher einer Untersuchung, welche Rechte und Pflichten der Parteien eines Cloud-Computing-Vertrags im Fall einer Mangelhaftigkeit der bereitgestellten Cloud-Dienste entstehen.

Welche Anforderungen an das Bestehen eines Mangels, an die Ausübung der Abhilferechte im Fall eines Mangels und an eine etwaige Begrenzung der Haftung des Anbieters von Cloud-Diensten zu stellen sind, ist im deutschen Recht für Cloud-Computing-Verträge bisher nicht explizit geregelt. Stattdessen werden die allgemeinen Regelungen des Vertragsrechts angewendet. Am 20. Mai 2019 hat der europäische Gesetzgeber allerdings die Richtlinie (EU) 2019/770 des Europäischen Parlaments und des Rates über bestimmte vertragsrechtliche Aspekte der Bereitstellung digitaler Inhalte und digitaler Dienstleistungen (im Folgenden: Digitale-Inhalte-Richtlinie) verabschiedet. Die Richtlinie regelt insbesondere die Anforderungen an die Vertragsmäßigkeit digitaler Inhalte und Dienstleistungen sowie die Abhilferechte des Nutzers bei Bereitstellung

---

1 Heidrich/Wegener, in: MMR 2010, 803.
2 Mitteilung KOM(2012) 529 endg. vom 27.09.2012, S. 2.

vertragswidriger digitaler Inhalte oder Dienstleistungen. Da digitale Dienstleistungen i.S.d. Richtlinie auch Cloud-Dienste erfassen, richten sich die Rechte und Pflichten der Parteien eines Cloud-Computing-Vertrags nunmehr innerhalb ihres Anwendungsbereichs nach den Vorgaben der Digitale-Inhalte-Richtlinie. Vor diesem Hintergrund bedarf es einer Untersuchung, inwieweit sich die bisherigen, nach deutschem Recht zu beurteilenden Rechte und Pflichten der Parteien bei Mangelhaftigkeit der Cloud-Dienste mit Umsetzung der Digitale-Inhalte-Richtlinie verändern.

Da sich die Richtlinie nur auf Verträge bezieht, in denen ein Unternehmer einem Verbraucher digitale Inhalte oder Dienstleistungen bereitstellt und der Unternehmer hierfür eine Gegenleistung erhält, werden nur die Abhilferechte eines Nutzers maßgeblich neu geregelt, der als Verbraucher Cloud-Dienste von einem Unternehmer in Anspruch nimmt und hierfür eine Gegenleistung erbringt. Diese Untersuchung bezieht sich daher nur auf Cloud-Computing-Verträge, die zwischen Unternehmer und Verbraucher geschlossen werden und die eine Gegenleistung des Verbrauchers voraussetzen.

In Bezug auf derartige Verträge soll insbesondere erörtert werden, welche Anforderungen an das Vorliegen eines Mangels zu stellen sind, welche Abhilferechte dem Nutzer zustehen, welche Partei die Beweislast für das Vorliegen eines Mangels trägt und inwieweit der Anbieter seine gesetzliche Haftung beschränken kann.

B. Gang der Untersuchung

Zunächst bedarf es einer näheren Erläuterung, was unter dem Begriff „Cloud-Computing" zu verstehen ist und zwischen welchen Vertragsmodellen von Cloud-Computing-Verträgen zu unterscheiden ist (hierzu **§ 2**). Sodann sind die Regelwerke des bisher anwendbaren deutschen Rechts und des nunmehr anwendbaren europäischen Rechts darzustellen, nach welchen sich die maßgeblichen Rechte und Pflichten der Parteien eines Cloud-Computing-Vertrags bei Mangelhaftigkeit der Cloud-Dienste maßgeblich richten (hierzu **§ 3**). Da jedenfalls nach bisheriger deutscher Rechtslage die einschlägigen Regelungen für die Rechte und Pflichten der Parteien im Fall eines Mangels von der vertragstypologischen Einordnung des konkret vorliegenden Cloud-Computing-Vertrags abhängen, ist darüber hinaus die Vertragstypologie von Cloud-Computing-Verträgen näher zu untersuchen (hierzu **§ 4**). Vor dem Hintergrund, dass die Abhilferechte des Nutzers das Bestehen eines Mangels voraussetzen, bedarf es außerdem einer Erörterung, welche Anforderungen nach bisheriger deutscher Gesetzeslage sowie nach der Digitale-Inhalte-Richtlinie an das Vorliegen eines

Mangels zu stellen sind (hierzu **§ 5**). Im Anschluss daran sollen die einzelnen Abhilferechte des Nutzers auf Nacherfüllung, Vertragsbeendigung, Preisminderung und Schadensersatz untersucht werden (hierzu **§ 6**). Die jeweiligen Abhilfen sind hierbei zunächst nach deutschem Recht darzustellen. Darüber hinaus sind die entsprechenden Regelungen der Digitale-Inhalte-Richtlinie auszulegen und schließlich rechtspolitisch zu bewerten. Da der Nutzer von Cloud-Diensten seine Abhilferechte nur bei Vorliegen eines Mangels durchsetzen kann, ist außerdem zu untersuchen, wer die Beweislast für das Bestehen des Mangels nach bisheriger deutscher Gesetzeslage und nach der Digitale-Inhalte-Richtlinie trägt (hierzu § 7). Vor dem Hintergrund der strengen Haftung des Anbieters von Cloud-Diensten ist zum Schluss darauf einzugehen, inwieweit die gesetzliche Haftung des Anbieters ausgeschlossen oder begrenzt werden kann (hierzu **§ 8**).

§ 2 Der Cloud-Computing-Vertrag

Bevor näher auf die Mängelrechte des Nutzers von Cloud-Diensten einzugehen ist, bedarf es einer Klärung, was unter einem Cloud-Computing-Vertrag zu verstehen ist. Zunächst ist daher zu untersuchen, was unter dem Konzept des Cloud-Computing in tatsächlicher Hinsicht zu verstehen und wie dieses definiert werden kann (hierzu **A.**). Darüber hinaus ist darauf einzugehen, in welchen Vertragskonstellationen Cloud-Computing-Verträge unter besonderer Berücksichtigung möglicher Service-Angebote und involvierter Akteure auftreten können (hierzu **B.**).

A. Definitionsversuch

Hinter dem Begriff des Cloud-Computing steht die Idee, dass dem Nutzer die Inanspruchnahme von Cloud-Diensten ermöglicht werden soll, ohne dass er selbst die hierfür erforderlichen Ressourcen bereitstellen muss. Der Nutzer soll je nach Bedarf die Ressourcen von externen Anbietern beziehen und damit in den Genuss einer nahezu unbegrenzten Ressourcennutzung kommen.[3] Wesentliche Rechen- und Speicherprozesse werden hierbei nicht auf dem Endgerät des Nutzers, sondern auf den Cloud-Servern des Anbieters durchgeführt.[4] Der Nutzer braucht etwa eine Softwareapplikation und die dazu notwendige Hardware (bspw. den Server) nicht selbst zu betreiben, sondern kann diese von einem Anbieter in Anspruch nehmen.[5]

Eine einheitliche Definition für das Konzept des Cloud-Computing lässt sich aufgrund der Komplexität und Vielgestaltigkeit von Cloud-Diensten kaum formulieren. Der Branchenverband BITKOM beschreibt Cloud-Computing allgemein als eine Form der bedarfsgerechten und flexiblen Nutzung von IT-Leistungen, welche dem Nutzer in Echtzeit über das Internet bereitgestellt und je nach Nutzung abgerechnet werden.[6] Zunehmend akzeptiert wird darüber

---

3 Vgl. Pohle/Ammann, in: CR 2009, 273; Schorer, in: Hilber, Handbuch Cloud-Computing, Teil 1C Rn. 5.

4 Becker/Nikolaeva, in: CR 2012, 170; Kian, Cloud-Computing, S. 19.

5 Bräutigam/Grabbe, in: Bräutigam, IT-Outsourcing und Cloud-Computing, S. 215; Mitteilung KOM(2012) 529 endg. vom 27.09.2012, S. 3.

6 BITKOM, Leitfaden Cloud-Computing 2009, S. 14.

hinaus der Erklärungsansatz des US-amerikanischen National Institute of Standards and Technology (NIST), dem die folgenden Wesensmerkmale zugrunde liegen[7]:

1. „On-Demand Self-Service": Im Rahmen des „On-Demand Self-Service" bedient sich der Nutzer einseitig und ohne weitere Interaktion mit dem Anbieter an dessen Ressourcen.[8] Dieses Erfordernis ist etwa erfüllt, wenn der Nutzer eigenständig die Film- oder Musikdateien auf dem Server des Anbieters in Benutzung nehmen kann, ohne dass er vorher Kontakt mit dem Anbieter aufnehmen muss.
2. „Broad Network Access": Das Merkmal des „Broad Network Access" beschreibt, dass Cloud-Dienste über ein Netzwerk zugreifbar sind, wobei der Einsatz bestimmter Endgeräte oder Plattformen nicht notwendig ist.[9] Der Nutzer kann die Cloud-Dienste also etwa über das Internet oder ein Intranet in Benutzung nehmen, ohne dass er hierfür ein bestimmtes Endgerät einsetzen muss. Er kann bspw. über einen Computer, einen Laptop oder ein Smartphone auf die Cloud-Dienste zugreifen.[10]
3. „Resource Pooling": „Resource Pooling" bedeutet, dass die Ressourcen des Anbieters in einem Pool vorgehalten werden, aus dem sich eine Vielzahl von Nutzern bedienen kann.[11] Hierbei werden die Ressourcen dynamisch und bedarfsgerecht der Kundennachfrage entsprechend zugewiesen (sog. Mehrmandantenfähigkeit).[12] Der einzelne Nutzer hat i.d.R. keine Kontrolle oder Kenntnis über den genauen physischen Standort der Ressourcen.[13] Das Konzept des Cloud-Computing zeichnet sich mithin dadurch aus, dass die

---

7 Mell/Grance, The NIST Definition of Cloud Computing, S. 2, abrufbar unter: https://nvlpubs.nist.gov/nistpubs/Legacy/SP/nistspecialpublication800-145.pdf (Stand: 17.07.2020).

8 Hennrich, Herausforderungen an den Rechtsrahmen für Datenschutz, S. 58; Lissen/Brünger/Damhorst, IT-Services in der Cloud, S. 13.

9 Kian, Cloud-Computing, S. 18; Lissen/Brünger/Damhorst, IT-Services in der Cloud, S. 14.

10 Kian, Cloud-Computing, S. 16; Lissen/Brünger/Damhorst, IT-Services in der Cloud, S. 14; Pötters, in: NZA 2013, 1055.

11 Giedke, Cloud-Computing, S. 41; Lissen/Brünger/Damhorst, IT-Services in der Cloud, S. 14.

12 Giedke, Cloud-Computing, S. 41; Hennrich, Herausforderungen an den Rechtsrahmen für Datenschutz, S. 58; Lissen/Brünger/Damhorst, IT-Services in der Cloud, S. 14.

13 Giedke, Cloud-Computing, S. 41; Pohle/Ammann, in: CR 2009, 273 (277); Pötters, in: NZA 2013, 1055.

Cloud-Dienste nicht für einen bestimmten Nutzer konzipiert sind, sondern regelmäßig eine Vielzahl von Nutzern auf den gleichen Ressourcenpool des Anbieters zugreift. So macht etwa eine Vielzahl von Nutzern des Amazon-Prime-Programms gleichzeitig Gebrauch der Musik- und Filmtitel, die auf einem Server des Anbieters Amazon gespeichert sind.

4. „Rapid Elasticity“: Der Begriff der „Rapid Elasticity“ beschreibt, dass Cloud-Dienste schnell und „elastisch“ zur Verfügung gestellt werden.[14] „Elastisch“ bedeutet in diesem Zusammenhang, dass Infrastruktur, Plattform und Software-Komponenten in kurzer Zeit nach oben oder unten skaliert werden können.[15]
5. „Measured Service“: Beim Cloud-Computing wird zudem regelmäßig die Benutzung der Ressourcen automatisch mittels integrierter Messfunktionen ermittelt.[16] Hierbei kann die Benutzung der Ressourcen überwacht, kontrolliert und aufgezeichnet werden sowie den Nutzern aus Transparenzgründen zur Verfügung gestellt werden.[17]

Da die Bereitstellung von Cloud-Diensten in zahlreichen Formen auf dem Markt auftritt, kann der Begriff des Cloud-Computing nicht strikt an den genannten Begriffsmerkmalen gemessen werden. Ein Cloud-Angebot liegt daher auch vor, wenn nur einige, nicht aber alle der genannten Wesensmerkmale erfüllt sind.[18] Charakteristisch für das Cloud-Computing ist in jedem Fall aber das flexible und bedarfsorientierte Anbieten und Nutzen von Cloud-Diensten.[19] Prominente Beispiele für Cloud-Computing-Anwendungen sind etwa Foto-Plattformen wie Google Photos, Musik- bzw. Film-Streamingdienste wie Spotify oder Netflix sowie Cloud-Speicherdienste wie etwa Google Drive, iCloud oder OneDrive.[20]

---

14 Hennrich, Herausforderungen an den Rechtsrahmen für Datenschutz, S. 58.

15 Lissen/Brünger/Damhorst, IT-Services in der Cloud, S. 15; Giedke, Cloud-Computing, S. 41; Marnau/Schlehahn, in: DuD 2011, 311 (316).

16 Giedke, Cloud-Computing, S. 41f.; Kian, Cloud-Computing, S. 19.

17 Lissen/Brünger/Damhorst, IT-Services in der Cloud, S. 15.

18 Westerfeld, in: Niemann/Paul, Rechtsfragen des Cloud-Computing, Kap. 2 Rn. 5.

19 Vgl. Hennrich, Herausforderungen an den Rechtsrahmen für Datenschutz, S. 61.

20 BW Ministerium für Ländlichen Raum und Verbraucherschutz, Cloud-Computing – Risiken und Schutz, abrufbar unter: https://www.verbraucherportal-bw.de/,Lde/Startseite/Verbraucherschutz/Cloud+Computing+_+Risiken+und+Schutz (Stand: 17.07.2020).

B. Vertragsmodelle

Cloud-Computing-Verträge können in vielfältigen Konstellationen vorkommen. Die jeweiligen Vertragsmodelle unterscheiden sich vor allem nach dem zugrundeliegenden Service-Angebot (hierzu **I.**) und nach der Zahl der involvierten Akteure (hierzu **II.**).

I. Service-Angebot

Zunächst lassen sich unterschiedliche Vertragsmodelle von Cloud-Computing-Verträgen danach differenzieren, welches Service-Angebot dem Nutzer gemacht wird. Bei Cloud-Computing-Verträgen wird dem Nutzer grds. durch den Anbieter „IT as a Service" bereitgestellt.[21] „IT" kann in diesem Zusammenhang das komplette Spektrum der Informationstechnik umfassen (sog. „Everything as a Service" oder „XaaS").[22] Welcher Service konkret bereitgestellt wird, hängt von den vertraglichen Absprachen der Parteien ab. Bei Cloud-Computing-Verträgen gibt es daher auch grds. unendlich viele Leistungskombinationen, die den unterschiedlichen Verträgen zugrunde liegen können. Nach gegenwärtigem Stand wird aber vor allem zwischen drei grundlegenden IT-Services unterschieden, nämlich zwischen „Infrastructure as a Service", „Platform as a Service" und „Software as a Service".

1. Infrastructure as a Service

Ein Vertragsmodell kann zum einen darin bestehen, dass der Anbieter dem Nutzer „Infrastructure as a Service" (im Folgenden: IaaS) bereitstellt. Hiervon umfasst ist die flexible, bedarfs- und nutzungsorientierte Bereitstellung von Hardware-Ressourcen.[23] Hierbei kommen grds. alle Infrastrukturkomponenten von IT-Systemen in Betracht, vor allem aber Rechenleistung, Arbeitsspeicher oder Speicherplatz.[24] Der Betrieb, die Administration und die Instandhaltung der physischen IT-Infrastruktur werden vom Anbieter durchgeführt oder durch

---

21 Hennrich, Herausforderungen an den Rechtsrahmen für Datenschutz, S. 62.

22 Hennrich, Herausforderungen an den Rechtsrahmen für Datenschutz, S. 62.

23 Hennrich, Herausforderungen an den Rechtsrahmen für Datenschutz, S. 63.

24 Giedke, Cloud-Computing, S. 28f.; Hennrich, Herausforderungen an den Rechtsrahmen für Datenschutz, S. 63; Kian, Cloud-Computing, S. 21; Marinescu, Cloud-Computing, S. 13; Redeker, IT-Recht, Rn. 1127; Reinhold, Sicheres Cloud-Computing in der Praxis, S. 10, abrufbar unter: https://monarch.qucosa.de/api/qucosa%3A20673/attachment/ATT-0/ (Stand: 17.07.2020); Schrotz/Zdanowiecki, in: CR 2015, 485 (491).

Einschaltung von Subunternehmen verantwortet.[25] Dem Nutzer wird aber die Kontrolle über die Ressourcen eingeräumt, sodass er innerhalb der virtuellen Umgebung etwa eigene Betriebssysteme, Software oder Firewalls installieren und betreiben kann.[26]

Ein Beispiel für ein IaaS-Angebot ist etwa die Amazon Elastic Compute Cloud (Amazon EC2) des Anbieters Amazon Web Services.[27] Amazon Web Services stellt hierbei eine umfassende Cloud-Computing-Plattform dar, die u.a. EC2-Instanzen beherbergt.[28] Eine EC2-Instanz ist ein virtueller Server, der den Nutzern die Ausführung und Anwendung der Infrastruktur des Anbieters Amazon Web Services ermöglicht.[29] In der EC2-Cloud werden dem Nutzer verschiedene Instanzen mit unterschiedlichen Konfigurationen an Speicherplatz, Arbeitsspeicher usw. angeboten, die dem Nutzer selbst das Betreiben von Anwendungsprogrammen in der Compute-Umgebung ermöglichen.[30] Der Nutzer nimmt also die Infrastruktur des Anbieters Amazon Web Services in Anspruch und setzt diese für die eigene Installation und das Betreiben von Betriebssystemen, Software oder Firewalls ein.

2. *Platform as a Service*

Bei Angeboten von „Platform as a Service" (im Folgenden: PaaS) stellt der Anbieter dem Nutzer nicht nur eine komplette Infrastruktur bereit, sondern bietet ihm darüber hinaus auch noch auf einer Plattform standardisierte Schnittstellen zur Nutzung an.[31] PaaS-Angebote beinhalten zum einen die Bereitstellung von Softwareentwicklungsplattformen (sog. Programming Environment) und zum anderen die Möglichkeit, entwickelte Software auf den Rechnern des

25 Hennrich, Herausforderungen an den Rechtsrahmen für Datenschutz, S. 63.

26 Hennrich, Herausforderungen an den Rechtsrahmen für Datenschutz, S. 63; vgl. Birk/Wegener, in: DuD 2010, 641 (642).

27 Bräutigam/Thalhofer, in: Bräutigam, IT-Outsourcing und Cloud-Computing, Teil 14 Rn. 12.

28 Rouse, Amazon EC2-Instanz, in: Computerweekly, abrufbar unter: https://www.computerweekly.com/de/definition/Amazon-EC2-Instanz (Stand: 17.07.2020).

29 Rouse, Amazon EC2-Instanz, in: Computerweekly, abrufbar unter: https://www.computerweekly.com/de/definition/Amazon-EC2-Instanz (Stand: 17.07.2020).

30 Rouse, Amazon EC2-Instanz, in: Computerweekly, abrufbar unter: https://www.computerweekly.com/de/definition/Amazon-EC2-Instanz (Stand: 17.07.2020).

31 Weiss, in: Hilber, Handbuch Cloud-Computing, Teil 1A Rn. 11; Marinescu, Cloud-Computing, S. 13; Redeker, IT-Recht, Rn. 1127; Westerfeld, in: Niemann/Paul, Rechtsfragen des Cloud-Computing, Kap. 2 Rn. 8.

Anbieters auszuführen (Execution Environment).[32] PaaS-Angebote richten sich daher regelmäßig an selbstständige Softwareentwickler, Softwareentwicklungsunternehmen oder IT-Abteilungen sonstiger Unternehmen.[33] Durch die Inanspruchnahme von PaaS-Angeboten wird diesen ermöglicht, eine Software zu entwickeln und zu programmieren, ohne dass sie selbst eine Softwareentwicklungsumgebung hierfür erstellen müssen.[34] Vielmehr stellt der Anbieter eine Entwicklungsumgebung zur Verfügung, die von dem Nutzer eingesetzt werden kann, um eine eigene Software zu entwickeln, zu programmieren und verfügbar zu machen.[35] So bietet der Anbieter Amazon Web Services unterschiedliche PaaS-Dienste an: Nutzer können bspw. Entwicklungsserver, Entwicklungswerkzeuge und Datenbanken des Anbieters in Anspruch nehmen, um Software zu erstellen und auszuführen.[36] Daneben bietet auch bspw. der Anbieter Google in seiner App Engine Programmier- und Ausführungsumgebungen, eine Werkzeugunterstützung und weitere Plug-ins zur Entwicklung von Web-Applikationen an.[37] Im Unternehmer-Verbraucher-Verkehr kommt PaaS-Angeboten indes keine gesonderte Bedeutung zu.

3. *Software as a Service*

Bei Angeboten von „Software as a Service" (im Folgenden: SaaS) stellt der Anbieter dem Nutzer sämtliche Formen von Anwendungs-Software zur Verfügung.[38] Die Softwareanwendung wird hierbei entweder gar nicht auf dem Endgerät des Nutzers installiert oder es findet nur eine rudimentäre und teilweise Installation statt, während der Nutzer die Hauptbestandteile über das Netz bezieht.[39] Die Software muss also i.d.R. nicht mehr lokal auf dem Endgerät des Nutzers installiert

32 Bedner, Cloud Computing, S. 30.

33 Bedner, Cloud Computing, S. 30; Lissen/Brünger/Damhorst, IT-Services in der Cloud, S. 17; vgl. Baun et al., Cloud Computing, S. 33.

34 Bedner, Cloud Computing, S. 30.

35 Birk/Wegener, in: DuD 2010, 641 (643); Borges, in: Borges/Meents, Cloud-Computing Rechtshandbuch, § 4 Rn. 39; Gaul/Koehler, in: BB 2011, 2229; Schorer, in: Hilber, Handbuch Cloud-Computing, Teil 1C Rn. 23; Weiss, in: Hilber, Handbuch Cloud-Computing, Teil 1A Rn. 11.

36 Labes et al., Geschäftsmodelle im Cloud Computing, in: Keuper et al., Digitalisierung und Innovation, S. 50.

37 Hennrich, Herausforderungen an den Rechtsrahmen für Datenschutz, S. 69.

38 Marinescu, Cloud-Computing, S. 12f.; Stögmüller, in: Leupold/Glossner, IT-Recht, S. 454f.; Weiss, in: Hilber, Handbuch Cloud-Computing, Teil 1A Rn. 10.

39 Bedner, Cloud Computing, S. 30.

werden, sondern kann über einen Browser oder über eine App unmittelbar in der Cloud genutzt werden.[40] SaaS-Angebote werden regelmäßig direkt an den Endnutzer adressiert.[41] Ein SaaS-Angebot stellt etwa das Gmail-Programm des Anbieters Google dar.[42] Dieses ermöglicht dem Nutzer, über einen Webbrowser oder über eine App auf den Email-Dienst des Anbieters Google zuzugreifen. Der Nutzer kann hierbei Emails unmittelbar in der Cloud des Anbieters empfangen, abrufen, speichern oder versenden, ohne dass die Software des Gmail-Programms auf seinem Endgerät installiert oder gespeichert werden muss. Vor dem Hintergrund, dass der Nutzer bei der Inanspruchnahme von SaaS-Diensten weder eigene Hard- noch eigene Software bereitstellen muss, sind SaaS-Dienste insbesondere unter Verbrauchern beliebt.

Da sich die vorliegende Untersuchung auf Cloud-Computing-Verträge zwischen Unternehmern und Verbrauchern bezieht, wird die folgende Analyse der Rechte und Pflichten der Parteien bei Mangelhaftigkeit der Cloud-Dienste insbesondere anhand von drei SaaS-Beispielen veranschaulicht. Diese bestehen in dem Office-365-Home-Angebot des Anbieters Microsoft, dem Speicherdienst des Anbieters Dropbox und dem Amazon-Prime-Streamingdienst des Anbieters Amazon. Im Folgenden ist daher in aller Kürze auf die Funktion dieser Beispiele von SaaS-Diensten einzugehen.

a. *Office-365-Home*

Das Office-365-Home-Programm des Anbieters Microsoft ermöglicht einem privaten Nutzer, an 365 Tagen im Jahr auf die Office-Programme Word, Excel, PowerPoint, Outlook und OneNote zugreifen zu können. Der Nutzer wird hierbei in die Lage versetzt, durch Einsatz des Word- oder PowerPoint-Programms Textdokumente bzw. Präsentationen zu erstellen und zu bearbeiten. Das Excel-Programm hingegen ermöglicht dem Nutzer, Tabellen zu verfassen und abzuspeichern, während der Nutzer über das Outlook-Programm Emails empfangen und versenden und in einem Kalender Termine planen und verwalten kann. OneNote hingegen fungiert als privates Notizbuch des Nutzers und erlaubt ihm, auf den Inhalt einer Notiz von unterschiedlichen Endgeräten wie Smartphone oder Laptop zuzugreifen und diesen zu verändern. Das Office-365-Home-Programm kann vom Nutzer entweder als Abonnement bezogen werden, wobei der Nutzer einen festgelegten Preis pro Monat oder Jahr zahlt, um die Programme

40 Hennrich, Herausforderungen an den Rechtsrahmen für Datenschutz, S. 69f.

41 Baun et al., Cloud Computing, S. 35.

42 Weiss, in: Niemann/Paul, Rechtsfragen des Cloud-Computing, Kap. 3 Rn. 41.

im Gegenzug während des jeweiligen Monats oder Jahres nutzen zu können. Der Nutzer kann aber auch einen Einmalkauf tätigen und das Office-365-Home-Programm gegen Zahlung eines einmaligen Entgelts erwerben. Der Anbieter hat in letzterem Fall nach Bereitstellung an den Nutzer keine Zugriffsmöglichkeit mehr auf das Programm.

b. Dropbox

Der Speicherdienst des Anbieters Dropbox ermöglicht dem Nutzer, die Vorteile des Cloudspeichers zu nutzen, der von dem Anbieter bereitgestellt wird. Der Nutzer kann sich durch Anmeldung über einen Webbrowser oder durch Installation der entsprechenden Desktop-App auf seinem Endgerät in ein Kundenkonto einloggen und hierüber beliebige Dateien (etwa Fotos, Videos oder Dokumente) auf den Servern des Anbieters abspeichern. Auf seine gespeicherten Dateien kann der Nutzer von jedem Gerät zugreifen, auf dem die Dropbox-Anwendung installiert ist oder das über einen Internetzugang verfügt. Darüber hinaus kann der Nutzer den Zugriff auf seine Dateien gegenüber dritten Nutzern freigeben, bspw. um Dokumente gemeinsam bearbeiten zu können. Der Speicherdienst ist im Basisumfang kostenfrei. Dieser erlaubt dem Nutzer allerdings nur den Zugriff auf 2 GB Datenspeicher. Darüber hinaus kann ein Datenspeicher von bis zu 2 oder 3 TB gegen Zahlung einer festgelegten Vergütung pro Monat oder Jahr in Anspruch genommen werden.[43]

c. Amazon Prime

Das Amazon-Prime-Angebot des Anbieters Amazon bietet seinen Nutzern die Möglichkeit, auf eine Vielzahl von Filmen und Serien über das Prime-Video-Programm, von Musiktiteln über das Prime-Music-Programm und von E-Books über das Prime-Reading-Programm zuzugreifen. Der Nutzer kann über einen Webbrowser oder eine auf seinem Endgerät installierte App auf sein Kundenkonto zugreifen und hierüber Filme oder Serien anschauen, Musik abspielen oder E-Books lesen. Für diese Dienste zahlt der Nutzer einen feststehenden Mitgliedsbeitrag im Jahr oder im Monat.

Die Programme Office-365-Home, der Speicherdienst Dropbox und das Amazon-Prime-Programm stellen insoweit drei Anwendungsbeispiele von SaaS-Diensten eines Cloud-Computing-Anbieters an einen Nutzer dar. Auf diese Anwendungsbeispiele von SaaS-Diensten wird in der nachfolgenden Untersuchung zur Veranschaulichung mehrfach zurückgegriffen.

43 https://www.dropbox.com/individual (Stand: 17.07.2020).

II. Anzahl involvierter Akteure

Neben den unterschiedlichen Service-Angeboten von IaaS-, PaaS- und SaaS-Diensten unterscheiden sich die wesentlichen Vertragsmodelle von Cloud-Computing-Verträgen ferner nach der Anzahl der involvierten Akteure. Hierbei ist insbesondere zwischen den Konstellationen zu unterscheiden, in denen der Nutzer die Leistung von einem oder von mehreren Anbietern erhält und in denen der Anbieter an einen oder mehrere Nutzer leistet.

1. Anzahl der Anbieter: Multi-Vendor-Modell oder Single-Vendor-Modell

Im Hinblick auf die Anzahl der involvierten Akteure hat der Nutzer zunächst die freie Wahl, die gewünschten Leistungen von einem oder von mehreren Anbietern zu beziehen. Hierbei ist zwischen dem sog. „Single-Vendor-Modell" und dem sog. „Multi-Vendor-Modell" zu unterscheiden.

Ein Single-Vendor-Modell liegt vor, wenn der Nutzer die Leistungen nur von einem einzelnen Anbieter erhält.[44] Innerhalb dieses Modells kann ferner dazwischen differenziert werden, ob der Anbieter alle Leistungen selbstständig erbringen muss (sog. „Single-Point-of-Contact-Modell"[45]) oder ob er zur Erfüllung der Vertragspflichten seinerseits Subunternehmer hinzuziehen darf (sog. „Generalunternehmermodell").[46]

Im Gegensatz zum Single-Vendor-Modell bezieht der Nutzer die Cloud-Dienste im Rahmen eines Multi-Vendor-Modells nicht von einem, sondern von mehreren Anbietern.[47] In diesem Fall tritt der Nutzer mit jedem einzelnen Anbieter in eine eigene Vertragsbeziehung.[48]

---

44 Borges, in: Borges/Meents, Cloud-Computing Rechtshandbuch, § 4 Rn. 5; vgl. Giekde, Cloud-Computing, S. 131; Paul, in: Niemann/Paul, Rechtsfragen des Cloud-Computing, Kap. 8 Rn. 22.

45 Borges, in: Borges/Meents, Cloud-Computing Rechtshandbuch, § 4 Rn. 7; Duisberg, Gelöste und ungelöste Rechtsfragen, in: Picot/Hertz/Götz, Trust in IT, S. 53; Niemann/Paul, in: K&R 2009, 444 (446); Sujecki, in: K&R 2012, 312 (313).

46 Bräutigam/Thalhofer, in: Bräutigam, IT-Outsourcing und Cloud-Computing, Teil 14 Rn. 128; Borges, in: Borges/Meents, Cloud-Computing Rechtshandbuch, § 4 Rn. 5.

47 Borges, in: Borges/Meents, Cloud-Computing Rechtshandbuch, § 4 Rn. 4; vgl. auch Giedke, Cloud-Computing, S. 131; vgl. Redeker, IT-Recht, Rn. 1128; Söbbing, in: MMR 2008, XII (XIII); Sujecki, in: K&R 2012, 312 (313).

48 Borges, in: Borges/Meents, Cloud-Computing Rechtshandbuch, § 4 Rn. 4; Duisberg, Gelöste und ungelöste Rechtsfragen, in: Picot/Hertz/Götz, Trust in IT, S. 54.

Die Vorteile des Multi-Vendor-Modells liegen darin, dass der Nutzer flexibler bei der Leistungsbeziehung und weniger abhängig von einzelnen Anbietern ist.[49] Auf der anderen Seite besteht beim Multi-Vendor-Modell ein Risiko der Inkompatibilität der unterschiedlichen Verträge und eine gesteigerte Komplexität der Leistungsbeziehungen aufgrund der Mehrzahl von Anbietern.[50] Des Weiteren ist der Anbieter im Rahmen eines Single-Vendor-Modells für den Nutzer der einzige Ansprechpartner, der zudem allein (ggf. über § 278 BGB) für Leistungsstörungen haftet, sodass für den Nutzer die Schwierigkeit entfällt, den für eine Pflichtverletzung Verantwortlichen zu ermitteln.[51]

2. *Anzahl der Leistungsempfänger*

Neben der Anzahl der Anbieter lassen sich Cloud-Computing-Modelle auch nach der Anzahl der Nutzer von Cloud-Diensten unterscheiden. Je nach Zuschnitt des Empfängerkreises kann eine Private Cloud, eine Public Cloud oder eine Hybrid Cloud vorliegen.

a. Private Cloud

Eine Private Cloud liegt vor, wenn die Cloud-Dienste ausschließlich an einen definierten, abgeschlossenen Kreis von Nutzern gerichtet sind, während Dritte von dem Zugriff ausgeschlossen werden.[52] Ein Private-Cloud-Modell ist etwa gegeben, wenn ein Anbieter seine Cloud-Dienste nur für die Mitarbeiter eines Unternehmens bereitstellt.[53] Private Clouds zeichnen sich insoweit durch in sich geschlossene, meist unternehmensinterne Infrastrukturen aus, auf die im Regelfall über ein Intranet zugegriffen wird.[54] Hierbei kann weiterhin zwischen dem sog. „On-Premises-Modell" und dem sog. „Off-Premises-Modell" unterschieden werden.

Bei dem On-Premises-Modell bringt der Anbieter die für die Betreibung der Cloud erforderliche Hard- und Software als schlüsselfertige Lösung in das

---

49 Giekde, Cloud-Computing, S. 133; Niemann/Paul in: K&R 2009, 444 (446); Paul, in: Niemann/Paul, Rechtsfragen des Cloud-Computing, Kap. 8 Rn. 25.

50 Vgl. Paul, in: Niemann/Paul, Rechtsfragen des Cloud-Computing, Kap. 8 Rn. 24.

51 Giedke, Cloud-Computing, S. 132; Niemann/Paul in: K&R 2009, 444 (446).

52 Birk/Wegener, in: DuD 2010, 641 (642); Kian, Cloud-Computing, S. 23; Marinescu, Cloud-Computing, S. 9; Pohle/Ammann, in: CR 2009, 273 (274); Westerfeld, in: Niemann/Paul, Rechtsfragen des Cloud-Computing, Kap. 2 Rn. 11; Weiss, in: Hilber, Handbuch Cloud-Computing, Teil 1A Rn. 14.

53 Hennrich, Herausforderungen an den Rechtsrahmen für Datenschutz, S. 76.

54 Niemann/Hennrich, in: CR 2010, 686 (687).

Rechenzentrum des Nutzers ein.[55] Dagegen befinden sich bei dem Off-Premises-Modell die Hard- und die Software im Rechenzentrum des Anbieters, während der Nutzer lediglich eine ausreichende Internetverbindung zum Anbieter sicherstellen muss, um auf die Ressourcen zugreifen zu können.[56]

Ein Vorteil der Private Cloud liegt insbesondere darin, dass den individuellen Erfordernissen und Anforderungen an die Informationssicherheit eines Nutzers oder eines abgrenzbaren Nutzerkreises Rechnung getragen werden kann.[57] Darüber hinaus kommt es dem Nutzer zugute, dass die IT-Ressourcen in seinem unmittelbaren Kontrollbereich verbleiben und nur von dem definierten Benutzerkreis in Anspruch genommen werden können.[58] Sofern der Nutzer ein besonderes Interesse an Kontrolle und Datensicherheit hat, bietet sich daher der Einsatz einer Private Cloud an.[59]

b. Public Cloud

Im Gegensatz zur Private Cloud stellt der Anbieter die Cloud-Dienste bei Einsatz einer Public Cloud einem unbeschränkten Kreis von Nutzern bereit, die die Ressourcen des Anbieters gemeinschaftlich nutzen.[60] Der Kreis der Leistungsempfänger ist also deutlich größer als bei der Private Cloud. Die Nutzer greifen daher auch i.d.R. nicht über ein Intranet, sondern über das Internet auf die Public Cloud zu.[61] Die einzelnen Nutzer sind nicht organisatorisch miteinander verbunden und haben regelmäßig keine Kenntnis und keinen Einfluss auf die Identität und Anzahl anderer Nutzer.[62] Der Vorteil der Public Cloud liegt insbesondere darin, dass sie vor dem Hintergrund der Anzahl der Nutzer und des hohen Standardisierungsgrads i.d.R. gegenüber der Private Cloud das kostengünstigere Modell darstellt.[63]

---

55 Schorer, in: Hilber, Handbuch Cloud-Computing, Teil 1C Rn. 14.

56 Schorer, in: Hilber, Handbuch Cloud-Computing, Teil 1C Rn. 15.

57 Birk/Wegener, in: DuD 2010, 641 (642).

58 Hennrich, Herausforderungen an den Rechtsrahmen für Datenschutz, S. 77.

59 Hennrich, Herausforderungen an den Rechtsrahmen für Datenschutz, S. 77.

60 Bräutigam/Thalhofer, in: Bräutigam, IT-Outsourcing und Cloud-Computing, Teil 14 Rn. 16; Giedke, Cloud-Computing, S. 35; Sujecki, in: K&R 2012, 312 (313); Westerfeld, in: Niemann/Paul, Rechtsfragen des Cloud-Computing, Kap. 2 Rn. 13.

61 Vgl. Hennrich, Herausforderungen an den Rechtsrahmen für Datenschutz, S. 74.

62 Hennrich, Herausforderungen an den Rechtsrahmen für Datenschutz, S. 74; Birk/Wegener, in: DuD 2010, 641 (642).

63 Hennrich, Herausforderungen an den Rechtsrahmen für Datenschutz, S. 75.

c. *Hybrid Cloud*

Bei der Hybrid Cloud handelt es sich um eine Kombination aus einer Private Cloud und einer Public Cloud.[64] Hierbei wird eine Public Cloud mit einer organisatorisch unabhängigen Private Cloud über eine standardisierte Schnittstelle kombiniert.[65] Es findet also ein kombinierter Betrieb von Cloud-Diensten statt, bei denen ein Teil in einer privaten Umgebung und ein Teil in einem öffentlichen Bereich zusammengeführt wird.[66] Als Beispiel hierfür ist die Verlagerung einer öffentlichen Firmenwebseite aus der Private Cloud in die Public Cloud zu nennen.[67] Hiermit lassen sich für den Nutzer die Vorteile der Private Cloud, wie etwa die hohe Datensicherheit, mit der kostengünstigeren Variante der Public Cloud verbinden.[68]

C. Zwischenergebnis

Eine einheitliche Definition für das Konzept des Cloud-Computing lässt sich aufgrund der Komplexität und Vielgestaltigkeit von Cloud-Diensten kaum formulieren. Zunehmend anerkannt ist aber der Erklärungsansatz des US-amerikanischen NIST. Hiernach sind insbesondere folgende Merkmale charakteristisch: On-Demand Self-Service, Broad Network Access, Resource Pooling, Rapid Elasticity und Measured Service. Die unterschiedlichen Vertragsmodelle von Cloud-Computing-Verträgen lassen sich insbesondere nach ihrem zugrundeliegenden Service-Angebot und der Zahl der involvierten Akteure unterscheiden.

---

64 Marinescu, Cloud-Computing, S. 9; Kian, Cloud-Computing, S. 24; Reinhold, Sicheres Cloud-Computing in der Praxis, S. 11, abrufbar unter: https://monarch.qucosa.de/api/qucosa%3A20673/attachment/ATT-0/ (Stand: 17.07.2020); Schrotz/Zdanowiecki, in: CR 2015, 485 (491).

65 Hennrich, Herausforderungen an den Rechtsrahmen für Datenschutz, S. 79.

66 Borges/Brennscheidt, Rechtsfragen des Cloud Computing, in: Borges/Schwenk, Daten- und Identitätsschutz, S. 48; Weiss, in: Hilber, Handbuch Cloud-Computing, Teil 1A Rn. 18.

67 Weiss, in: Hilber, Handbuch Cloud-Computing, Teil 1A Rn. 18.

68 Schorer, in: Hilber, Handbuch Cloud-Computing, Teil 1C Rn. 20.

§ 3 Maßgebliche Regelungen für die gesetzliche Mängelhaftung im Rahmen von Cloud-Computing-Verträgen

Welche Rechte und Pflichten der Parteien eines Cloud-Computing-Vertrags bei Mangelhaftigkeit der bereitgestellten Cloud-Dienste bestehen, richtet sich nach den jeweils anwendbaren gesetzlichen Regelungen. Es bedarf daher einer Darstellung, welche Regelwerke für die gesetzliche Mängelhaftung des Nutzers von Cloud-Diensten maßgeblich sind.

A. Maßgebliche Regelungen im bisher anwendbaren deutschen Recht

Das deutsche Recht sieht bislang keine eigenständigen Regelungen zu Cloud-Computing-Verträgen vor. Ob das deutsche Recht indes Anwendung findet, richtet sich im Kollisionsfall bisher nach den Vorschriften des Internationalen Privatrechts. Aus europäischer Perspektive ist die Rom-I-Verordnung als das maßgebliche Regelungskonstrukt für die Bestimmung des anwendbaren Rechts anzusehen.[69] Nach Art. 3 Abs. 1 S. 1 Rom-I-VO unterliegt ein Vertrag zunächst dem von den Parteien gewählten Recht (sog. Freie Rechtswahl). Die Wirksamkeit der Rechtswahl bestimmt sich gem. Art. 3 Abs. 5 Rom-I-VO i.V.m. Art. 10 Abs. 1 Rom-I-VO nach dem von den Parteien gewählten Recht. Sofern die Parteien keine (wirksame) Rechtswahl getroffen haben, gilt im Unternehmer-Verbraucher-Verkehr gem. Art. 6 Abs. 1 Rom-I-VO das Recht des Staates, in dem der Verbraucher seinen gewöhnlichen Aufenthalt hat, wenn der Unternehmer dort berufliche oder gewerbliche Tätigkeiten ausübt (lit. a) oder seine Tätigkeit in irgendeiner Weise auf diesen Staat ausrichtet (lit. b).

Sofern das deutsche Recht nach diesen Maßstäben anwendbar ist, hängen die Rechte und Pflichten der Parteien eines Cloud-Computing-Vertrags bei Vorliegen eines Mangels bislang in erster Linie von der vertragstypologischen Zuordnung des konkret vorliegenden Cloud-Computing-Vertrags ab. Je nach der einschlägigen Vertragstypologie richten sich die Abhilferechte des Nutzers daher nach einem spezifischen Gewährleistungsregime (etwa den §§ 434 ff.,

---

69 Borges, in: Borges/Meents, Cloud Computing Rechtshandbuch, § 3 Rn. 7.

536 ff. oder §§ 633 ff. BGB) oder nach den Regelungen des Allgemeinen Schuldrechts, insbesondere den §§ 280 ff. und den §§ 320 ff. BGB.

B. Die Digitale-Inhalte-Richtlinie

Die Europäische Kommission hat am 9. Dezember 2015 einen Vorschlag für eine Richtlinie über bestimmte vertragsrechtliche Aspekte der Bereitstellung digitaler Inhalte[70] unterbreitet. Diese stellt neben der ebenfalls am 9. Dezember 2015 vorgeschlagenen Richtlinie über bestimmte vertragsrechtliche Aspekte des Online-Warenhandels und anderer Formen des Fernabsatzes von Waren[71] (im Folgenden: Warenhandelrichtlinie) einen Teil der „Strategie für einen digitalen Binnenmarkt für Europa“[72] dar. Am 20. Mai 2019 wurde die Digitale-Inhalte-Richtlinie (ebenso wie die Warenhandelrichtlinie) vom europäischen Gesetzgeber verabschiedet.

Die Digitale-Inhalte-Richtlinie stellt gem. Art. 1 DIRL[73] gemeinsame Vorschriften für Verträge über die Bereitstellung digitaler Inhalte oder digitaler Dienstleistungen auf, die zwischen einem Unternehmer und einem Verbraucher geschlossen werden. In Art. 1 DIRL regelt die Digitale-Inhalte-Richtlinie insbesondere die Anforderungen an die Vertragsmäßigkeit digitaler Inhalte oder digitaler Dienstleistungen sowie die Abhilfen bei Bestehen einer Vertragswidrigkeit. Da Cloud-Dienste digitale Dienstleistungen i.S.d. Richtlinie darstellen[74] sind die Regelungen der Digitale-Inhalte-Richtlinie in ihrem Anwendungsbereich auch für Cloud-Computing-Verträge maßgeblich. Im Folgenden ist auf die Rechtsgrundlage (hierzu **I.**), den Harmonisierungsgrad (hierzu **II.**) und den Anwendungsbereich (hierzu **III.**) der Digitale-Inhalte-Richtlinie einzugehen.

---

70 Vorschlag für eine Richtlinie des Europäischen Parlaments und des Rates über bestimmte vertragsrechtliche Aspekte der Bereitstellung digitaler Inhalte, KOM(2015) 634 vom 10.12.2015.

71 Vorschlag für eine Richtlinie des Europäischen Parlaments und des Rates über bestimmte vertragsrechtliche Aspekte des Online-Warenhandels und anderer Formen des Fernabsatzes von Waren, KOM(2015) 635 vom 9.12.2015.

72 Mitteilung KOM(2015) 192 endg. vom 6.5.2015; Schmidt-Kessel, in: GPR 2015, 157.

73 Im Folgenden sind Vorschriften der Digitale-Inhalte-Richtlinie mit dem Zusatz „DIRL“ gekennzeichnet.

74 Hierzu sogleich unter § 3 B.III.2.b.

I. Rechtsgrundlage

Die Europäische Kommission stützte ihren Vorschlag zur Digitale-Inhalte-Richtlinie auf Art. 114 AEUV, da Hauptziel der Richtlinie die Festigung des Binnenmarkts und die Verbesserung seiner Funktionsfähigkeit ist.[75] Art. 114 AEUV ist maßgebliche Rechtsgrundlage für den Erlass von Rechtsangleichungsmaßnahmen, die die Errichtung und das Funktionieren des Binnenmarkts bezwecken.[76] Die Errichtung des Binnenmarkts ist gem. Art. 3 Abs. 3 EUV Unionsziel. Der entsprechende Rechtsetzungsauftrag ist in Art. 26 AEUV angeordnet, nach dessen Abs. 1 die Europäische Union die erforderlichen Maßnahmen erlässt, um den Binnenmarkt zu verwirklichen bzw. dessen Funktionieren zu gewährleisten. Der Binnenmarkt umfasst nach Art. 26 Abs. 2 AEUV einen Raum ohne Binnengrenzen, in dem der freie Verkehr von Waren, Personen, Dienstleistungen und Kapital gemäß den Bestimmungen der Verträge gewährleistet ist. Mit der Errichtung und dem Funktionieren des Binnenmarkts sollen der grenzüberschreitende Handel und die dazugehörigen Rechtsbeziehungen für die Marktteilnehmer erleichtert und damit die Einheit des Marktes hergestellt werden.[77]

Ein Tätigwerden der EU nach Art. 114 AEUV verlangt das Vorliegen von Störungen oder Beeinträchtigungen der Funktionsweise des Binnenmarkts aufgrund nationaler Rechtsunterschiede bzw. deren Auswirkungen auf den Binnenmarkt.[78] Sofern eine Störung oder Beeinträchtigung bejaht werden kann, sind das Europäische Parlament und der Rat nach Art. 114 AEUV dazu berechtigt, Maßnahmen i.S.v. Art. 288 AEUV zur Angleichung der Rechts- und Verwaltungsvorschriften zu treffen, welche auf die Errichtung und das Funktionieren des Binnenmarkts gerichtet sind.[79] Der betreffende Rechtsakt muss hierbei tatsächlich den Zweck verfolgen, die Bedingungen für das Entstehen und Funktionieren des Binnenmarkts zu verbessern.[80] Erforderlich ist insoweit, dass der Rechtsakt einen objektiven Bezug zum Binnenmarkt hat und subjektiv zur

---

75 KOM(2015) 634 endg. vom 10.12.2015, S. 5.

76 Hilscher, RGL für das GEK, in: Pinkel/Schmid/Falke, Funktionalität und Legitimität des GEK, S. 160; Konecny, Verordnungsentwurf über ein GEK, S. 71.

77 Hilscher, RGL für das GEK, in: Pinkel/Schmid/Falke, Funktionalität und Legitimität des GEK, S. 161.

78 Hilscher, RGL für das GEK, in: Pinkel/Schmid/Falke, Funktionalität und Legitimität des GEK, S. 161.

79 Konecny, Verordnungsentwurf über ein GEK, S. 58.

80 EuGH Urt. v. 05.10.2000, Rs. C-376/98 – Bundesrepublik Deutschland ./. Europäisches Parlament und Rat der Europäischen Union, Rn. 84f.; Staudenmayer, in: NJW 2011, 3491 (3495).

Erreichung der Harmonisierung eingesetzt wird.[81] Nur sofern dies der Fall ist, bildet Art. 114 AEUV im Allgemeinen eine legitime Rechtsgrundlage.

Nach Auffassung der Europäischen Kommission liegt eine objektive Beeinträchtigung des Binnenmarkts i.S.v. Art. 114 AEUV in Bezug auf grenzüberschreitende Verträge mit digitalen Vertragsgegenständen vor.[82] Sie beruft sich darauf, dass Unternehmen, die Verbrauchern in anderen Mitgliedstaaten digitale Inhalte bereitstellen, mit unterschiedlichen zwingenden Vorschriften des Verbrauchervertragsrechts konfrontiert sind.[83] Da Verträge über die Bereitstellung digitaler Inhalte je nach Art der digitalen Inhalte von Mitgliedstaat zu Mitgliedstaat unterschiedlich (bspw. als Kauf-, Dienstleistungs- oder Mietvertrag) eingestuft werden, sind auch die Gewährleistungsansprüche des Verbrauchers bei digitalen Inhalten nicht einheitlich geregelt.[84] Vor dem Hintergrund, dass mehrere Mitgliedstaaten in der nahen Vergangenheit bereits spezielle Vorschriften für Verträge über die Bereitstellung digitaler Inhalte erlassen[85] und zu erwarten ist, dass andere Mitgliedstaaten diesem Trend folgen werden, sind Unternehmen in zunehmendem Maße mit unterschiedlichen Vorschriften für die Bereitstellung digitaler Inhalte konfrontiert.[86] Durch diese bestehende und sich weiter abzeichnende Fragmentierung des Verbrauchervertragsrechts entstehen Unternehmen zusätzliche vertragsrechtsbedingte Transaktionskosten, die nach Auffassung der Europäischen Kommission ein Hindernis für den grenzüberschreitenden Handel begründen.[87] Daneben bestünde für Unternehmen Unsicherheit bezüglich ihrer Rechte und Pflichten bei der Bereitstellung digitaler Inhalte.[88] Diese Umstände wirken sich nach Auffassung der Kommission unmittelbar auf das Funktionieren des Binnenmarkts aus und beeinträchtigen den Wettbewerb.[89] Vor diesem Hintergrund setzt die Kommission die Digitale-Inhalte-Richtlinie ein, um gestützt auf Art. 114 AEUV auch subjektiv eine Harmonisierung im Bereich digitaler Inhalte und Dienstleistungen zu erreichen.

---

81 Tamm, in: VuR 2012, 3 (6).
82 KOM(2015) 634 endg. vom 10.12.2015, S. 5.
83 KOM(2015) 634 endg. vom 10.12.2015, S. 5.
84 KOM(2015) 634 endg. vom 10.12.2015, S. 5.
85 Insbesondere Großbritannien und die Niederlande, KOM(2015) 634 endg. vom 10.12.2015, S. 3.
86 KOM(2015) 634 endg. vom 10.12.2015, S. 5.
87 KOM(2015) 634 endg. vom 10.12.2015, S. 5f.
88 KOM(2015) 634 endg. vom 10.12.2015, S. 6.
89 KOM(2015) 634 endg. vom 10.12.2015, S. 6.

II. Harmonisierungsgrad

Des Weiteren ist auf den Harmonisierungsgrad der Digitale-Inhalte-Richtlinie einzugehen. Verschiedene Harmonisierungsgrade lassen sich grob entweder dem Konzept der Vollharmonisierung oder der Teilharmonisierung zuordnen. Bei der Vollharmonisierung dürfen die Mitgliedstaaten keinerlei Regelungen erlassen, die von den unionsrechtlichen Vorgaben abweichen.[90] Hiervon zu unterscheiden ist die Teilharmonisierung, die alle Harmonisierungsformen umfasst, die eine Abweichung von den Vorgaben der unionsrechtlichen Bestimmungen erlauben.[91] Hierunter fällt insbesondere die Mindestharmonisierung, bei der sich der europäische Gesetzgeber auf die Aufstellung von Mindeststandards beschränkt, die zwingend umgesetzt werden müssen, wobei die Mitgliedstaaten aber auch strengere Vorschriften vorsehen dürfen.[92]

1. Vollharmonisierung nach Art. 4 DIRL

Art. 4 HS. 1 DIRL sieht eine Vollharmonisierung der Digitale-Inhalte-Richtlinie vor. Hiernach dürfen die Mitgliedstaaten, sofern in der Richtlinie nichts anderes bestimmt ist, in ihrem nationalen Recht keine von den Bestimmungen der Richtlinie abweichenden Vorschriften aufrechterhalten oder einführen. Dies gilt gem. Art. 4 HS. 2 DIRL auch für strengere oder weniger strenge Vorschriften zur Gewährleistung eines anderen Verbraucherschutzniveaus. Den Mitgliedstaaten steht also kein Spielraum zu, im Anwendungsbereich der Digitale-Inhalte-Richtlinie zugunsten oder zulasten des Verbrauchers von der Richtlinie abweichende Regelungen zu treffen.[93]

Mit der Vollharmonisierung soll laut ErwG 6 S. 2 DIRL die Rechtssicherheit für Verbraucher und Unternehmer „erheblich" verbessert werden. Die Vollharmonisierung soll zum einen insbesondere kleinen und mittelständischen Unternehmen die unionsweite Bereitstellung digitaler Inhalte und Dienstleistungen vereinfachen, da hierdurch ein einheitliches Vertragsrecht geschaffen würde.[94] Zum anderen sollen Verbraucher laut ErwG 8 von der Vollharmonisierung profitieren, da hierdurch ein hohes Schutzniveau mit klaren, obligatorischen Rechten bei der Bereitstellung digitaler Inhalte und Dienstleistungen geschaffen

---

90 Schröder, in: Streinz, EUV/AEUV, Art. 114 AEUV Rn. 46.
91 Schröder, in: Streinz, EUV/AEUV, Art. 114 AEUV Rn. 48.
92 Schröder, in: Streinz, EUV/AEUV, Art. 114 AEUV Rn. 49.
93 Ostendorf, in: ZRP 2016 (69).
94 ErwG 7 S. 1–3 DIRL.

werden soll. Hierdurch sollen sich Verbraucher bei der Inanspruchnahme von digitalen Inhalten oder Dienstleistungen „sicherer“ fühlen.[95]

Die Europäische Kommission begründet den Vollharmonisierungsansatz damit, dass eine Verordnung einen wesentlich stärkeren Eingriff in das nationale Recht darstellen und die Zukunftsfähigkeit des Instruments gefährden würde, da kein Spielraum für die Anpassung an einen technisch und wirtschaftlich schnelllebigen Markt verbleiben würde.[96] Durch ein nicht verbindliches Instrument hingegen (etwa einen freiwilligen Mustervertrag) ließe sich nach Auffassung der Kommission das Ziel, den Binnenmarkt auszubauen und funktionsfähiger zu machen, nicht erreichen, da sich Unternehmen in diesem Fall immer noch an verschiedene zwingende nationale Vorschriften halten müssten.[97] Insoweit stelle eine Vollharmonisierung der Digitale-Inhalte-Richtlinie die sinnvollste Lösung dar.

2. *Bewertung des Harmonisierungsgrads*

Im Folgenden ist der Harmonisierungsgrad der Digitale-Inhalte-Richtlinie zu bewerten.

a. *Kein starker Eingriff mangels spezifischer nationaler Regelungen?*

Zugunsten des Vollharmonisierungskonzepts lässt sich zunächst erwägen, ob die Digitale-Inhalte-Richtlinie auch bei einer Vollharmonisierung gar keinen starken Eingriff in die Gesetzgebungshoheit der Mitgliedstaaten begründen würde. Zwar beschränkt das Konzept der Vollharmonisierung den Spielraum der Mitgliedstaaten i.d.R. erheblich, da der Inhalt einer vollständig zu harmonisierenden Richtlinie ungeachtet der gewachsenen nationalen Strukturen umgesetzt werden muss.[98] Hiermit sind nicht nur Eingriffe in den legislativen Gestaltungsspielraum der Mitgliedstaaten, sondern auch die Gefahr von Systembrüchen mit nationalen Rechtsordnungen verbunden.[99] In Bezug auf digitale Inhalte und Dienstleistungen ergibt sich aber die Besonderheit, dass in den

95 ErwG 8 S. 3 DIRL.

96 KOM(2015) 634 endg. vom 10.12.2015, S. 7.

97 KOM(2015) 634 endg. vom 10.12.2015, S. 7.

98 Stürner, Das Konzept der Vollharmonisierung, in: Stürner, Vollharmonisierung im Europäischen Verbraucherrecht?, S. 6f.

99 Wendland, in: GPR 2016, 8 (10); Winkler, Zersplitterung des Verbraucherrechts, in: Wendehorst/Zöchling-Jud, Ein neues Vertragsrecht für den digitalen Binnenmarkt?, S. 211.

allermeisten nationalen Rechtsordnungen (mit Ausnahme insbesondere vom britischen und niederländischen Recht[100]) bisher spezifische nationale Vertragsrechtsregelungen zu digitalen Inhalten und Dienstleistungen fehlen.[101] In den meisten Mitgliedstaaten müssen spezifische nationale Regelungen daher nicht ersetzt werden. Insoweit könnte anhand einer vollständig zu harmonisierenden Richtlinie von Anfang an einem Auseinanderlaufen der mitgliedstaatlichen Gesetzgebung entgegengewirkt werden.[102]

Dem steht aber folgender Gesichtspunkt entgegen: Trotz überwiegend fehlender spezifischer Regelungen haben sich verschiedene Praktiken in den einzelnen Rechtordnungen für den rechtlichen Umgang mit digitalen Inhalten und Dienstleistungen etabliert. Im deutschen Recht werden etwa die Vorschriften des allgemeinen Vertragsrechts angewendet.[103] Insoweit kann es dennoch zu einer Aushebelung anerkannter Strukturen und zu Konflikten mit nationalen Rechtsordnungen kommen.[104]

Außerdem besteht aufgrund der Vollharmonisierung das Risiko, dass die nationalen Gesetzgeber nicht schnell und angemessen auf neue verbraucherschädliche Praktiken reagieren können.[105] Ob die Vorschriften der Digitale-Inhalte-Richtlinie auch in Zukunft einen angemessenen Schutz bieten, lässt sich zum jetzigen Zeitpunkt aufgrund der kaum vorhersehbaren technologischen Entwicklung nur schwer feststellen.

b. Herstellung einheitlicher rechtlicher Voraussetzungen für alle Marktteilnehmer?

Zugunsten der gewählten Vollharmonisierung kann aber angeführt werden, dass Unternehmer und Verbraucher in allen Mitgliedstaaten davon ausgehen können, dass die nationalen Bestimmungen zu ihren Rechten und Pflichten im gesamten Binnenmarkt dieselben sind und damit gleiche rechtliche Voraussetzungen für alle Marktteilnehmer geschaffen werden.[106] In diesem Zusammenhang wird von

100 Hierzu bereits § 3 B.I.

101 Smits, in: ZEuP 2016, 319 (320f.); Druschel/Lehmann, in: CR 2016, 244 (245); vgl. Wendland, in: EuZW 2016 (126).

102 Schmidt-Kessel et al., in: GPR 2016, 2 (4).

103 Druschel/Oehmichen, in: CR 2015, 173 (176).

104 Zoll, in: EuCML 2016, 250 (251).

105 Mańko, Verträge über die Bereitstellung digitaler Inhalte, S. 10.

106 Staudenmayer, in: ZEuP 2016, 801 (805); vgl. Stürner, in: Jura 2016, 884 (885); Loos, Full Harmonisation as a Regulatory Concept, in: Stürner, Vollharmonisierung im Europäischen Verbraucherrecht?, S. 53.

der Errichtung eines „level playing field“ gesprochen.[107] Hierdurch soll das Vertrauen von Verbrauchern hinsichtlich grenzüberschreitender Geschäfte gestärkt und Transaktionskosten für Unternehmer gesenkt werden, um grenzüberschreitende Marktaktivität zu fördern.[108]

Dieses Argument kann aber ebenfalls nicht in jeder Hinsicht überzeugen. Zum einen besteht auch bei einer Vollharmonisierung ein gewisser Spielraum der Mitgliedstaaten bei der Umsetzung.[109] Zum anderen würden weiterhin die unterschiedlichen mitgliedstaatlichen Regelungen in Bereichen Anwendung finden, die nicht vom sachlichen Anwendungsbereich der Digitale-Inhalte-Richtlinie erfasst sind.[110] Nach Art. 3 Abs. 10 DIRL überlässt die Digitale-Inhalte-Richtlinie den Mitgliedstaaten etwa die Regelung von Fragen über das Zustandekommen, der Wirksamkeit oder Nichtigkeit von Verträgen sowie die Regelung des Rechts auf Schadensersatz. Diese Umstände können auch bei einer Vollharmonisierung der Digitale-Inhalte-Richtlinie der Entstehung eines „level playing field“ entgegenstehen.[111]

c. Steigerung des Verbraucherschutzniveaus?

Zugunsten einer Vollharmonisierung kann zuletzt vorgebracht werden, dass hiermit einheitlich das Verbraucherschutzniveau in den Mitgliedstaaten angehoben werden kann, da die Mitgliedstaaten nicht zulasten des Verbrauchers von den Vorgaben der Digitale-Inhalte-Richtlinie abweichen können.

Hieran ist allerdings zu kritisieren, dass durch die Vollharmonisierung auch ein Wettbewerb der Mitgliedstaaten um das beste Verbraucherrecht unterbunden wird, da auch nicht zugunsten des Verbrauchers von den Vorgaben der Digitale-Inhalte-Richtlinie abgewichen werden kann.[112] Nach Art. 14 Abs. 4 DIRL kann der Verbraucher etwa erst dann den Preis mindern oder den Vertrag beenden, wenn eine Nacherfüllung ausgeschlossen, fehlgeschlagen oder sinnlos ist. Die Mitgliedstaaten können von diesem Erfordernis auch nicht zugunsten

---

107 Loos, Full Harmonisation as a Regulatory Concept, in: Stürner, Vollharmonisierung im Europäischen Verbraucherrecht?, S. 53; Mittwoch, Vollharmonisierung und Europäisches Privatrecht, S. 178.
108 Mittwoch, Vollharmonisierung und Europäisches Privatrecht, S. 178.
109 Stürner, Stellungnahme DIRL, S. 2; ders., in: Jura 2016, 884 (885).
110 Vgl. Stürner, in: Jura 2016, 884 (885); Maultzsch, in: JZ 2016, 236 (238).
111 Stürner, Stellungnahme DIRL, S. 2.
112 Stürner, Stellungnahme DIRL, S. 2; ders., in: Jura 2016, 884 (885); vgl. ders., Das Konzept der Vollharmonisierung, in: Stürner, Vollharmonisierung im Europäischen Verbraucherrecht?, S. 5.

des Verbrauchers absehen. Insoweit kann es in Rechtsordnungen mit überdurchschnittlich hohem Schutzniveau zu einer Absenkung des Verbraucherschutzniveaus kommen.[113] Das Verbraucherschutzniveau würde folglich zwar vereinheitlicht, in einigen Mitgliedstaaten stünden Verbraucher nach Umsetzung der Digitale-Inhalte-Richtlinie aber schlechter als zuvor.[114]

Vor diesem Hintergrund ist festzustellen, dass die Vollharmonisierung jedenfalls nicht das optimale Harmonisierungsinstrument für die Digitale-Inhalte-Richtlinie darstellt. Vielmehr wäre bspw. eine Mindestharmonisierung nach Vorbild der Verbrauchsgüterkaufrichtlinie zu präferieren gewesen.

III. Anwendungsbereich der Digitale-Inhalte-Richtlinie

Zunächst bedarf es vor diesem Hintergrund einer Beleuchtung des persönlichen, sachlichen und räumlichen Anwendungsbereichs der Richtlinie.

1. Persönlicher Anwendungsbereich

Der persönliche Anwendungsbereich der Digitale-Inhalte-Richtlinie erstreckt sich gem. Art. 3 Abs. 1 DIRL auf Verträge zwischen Unternehmern und Verbrauchern. Verbraucher ist gem. Art. 2 Nr. 6 DIRL jede natürliche Person, die in Bezug auf die von der Richtlinie erfassten Verträge zu Zwecken handelt, die außerhalb ihrer gewerblichen, geschäftlichen, handwerklichen oder beruflichen Tätigkeit liegen. Unter einem Unternehmer ist hingegen gem. Art. 2 Nr. 5 DIRL jede natürliche oder juristische Person von öffentlicher oder privater Natur zu verstehen, die zu Zwecken handelt, die innerhalb ihrer gewerblichen, geschäftlichen, handwerklichen oder beruflichen Tätigkeit liegen. Diese Definitionen entsprechen den Definitionen von Verbraucher und Unternehmer in Art. 2 Nr. 1 und 2 VRRL[115] und sorgen insoweit für Rechtseinheit.[116]

---

113 Beale, The New Rules for Contracts in the Digital Environment, S. 25; Hönisch, in: EuCML 2016, 68; Stürner, in: Jura 2016, 884 (885f.).

114 Stürner, Stellungnahme DIRL, S. 3; ders., in: Jura 2016, 884 (885f.).

115 Vorschriften der Verbraucherrechterichtlinie sind im Folgenden mit „VRRL" gekennzeichnet.

116 Wendland, in: EuZW 2016, 126 (127); ders., in: GPR 2016, 8 (11); Staudenmayer, in: NJW 2016, 2719 (2720); Spindler, in: MMR 2016, 147 (149); vgl. Faust, Regelungsbereich und Harmonisierungsintensität des DIRL-Vorschlags, in: Artz/Gsell, Verbrauchervertragsrecht und digitaler Binnenmarkt, S. 92.

2. Sachlicher Anwendungsbereich

In sachlicher Hinsicht erfasst die Richtlinie gem. Art. 3 Abs. 1 UAbs. 1 DIRL Verträge, auf deren Grundlage ein Unternehmer einem Verbraucher digitale Inhalte oder Dienstleistungen bereitstellt oder deren Bereitstellung zusagt.

a. Begriff der „digitalen Inhalte", Art. 2 Nr. 1 DIRL

Digitale Inhalte sind gem. Art. 2 Nr. 1 DIRL Daten, die in digitaler Form erstellt und bereitgestellt werden. Der Begriff der digitalen Inhalte stimmt mit der entsprechenden Definition in der Verbraucherrechterichtlinie in Art. 2 Nr. 11 VRRL und in dem gescheiterten Vorschlag der Europäischen Kommission für ein Gemeinsames Europäisches Kaufrecht vom 11. Oktober 2011 (im Folgenden: GEK-Entwurf) in Art. 2 lit. j GEK-E[117] überein.[118]

Laut ErwG 19 S. 2 DIRL stellen etwa Computerprogramme, Anwendungen (Apps), Video-, Audio- und Musikdateien, digitale Spiele und E-Books Beispiele für digitale Inhalte dar. So stellen bspw. Filmdateien auf der Plattform Amazon Prime digitale Inhalte in diesem Sinne dar. Ob die digitalen Inhalte individuell erzeugt wurden oder nicht, spielt für die Anwendbarkeit der Digitale-Inhalte-Richtlinie keine Rolle. Nach Art. 3 Abs. 2 DIRL werden nämlich auch solche digitalen Inhalte vom sachlichen Anwendungsbereich erfasst, die nach den Spezifikationen des Verbrauchers entwickelt wurden. Insoweit werden etwa auch maßgeschneiderte Softwarelösungen erfasst.[119]

Digitale Inhalte zeichnen sich vor allem durch zwei Eigenschaften aus: Zum einen lassen sich beliebig viele Kopien von ihnen erstellen, die sich in ihrer Qualität vom Original nicht unterscheiden.[120] Zum anderen sind digitale Inhalte typischerweise hardware- und systemabhängig.[121] Sie sind also sowohl hinsichtlich ihrer Existenz als auch hinsichtlich ihrer Übermittlung von einer digitalen Umgebung abhängig.[122]

b. Begriff der „digitalen Dienstleistungen", Art. 2 Nr. 2 DIRL

Der Begriff „digitale Dienstleistung" erfasst nach Art. 2 Nr. 2 DIRL zwei Konstellationen: Gem. Art. 2 Nr. 2 lit. a DIRL sind zunächst Dienstleistungen erfasst,

117 Vorschriften des GEK-Entwurfs sind im Folgenden mit „GEK-E" gekennzeichnet.
118 Vgl. Staudenmayer, in: ZEuP 2016, 801 (807); Wendland, in: EuZW 2016, 126 (127).
119 Wendland, in: EuZW 2016, 126 (127); Druschel/Lehmann, in: CR 2016, 244 (246).
120 Schmidt-Kessel, in: K&R 2014 (475); Grünberger, in: AcP 218 (2018), 213 (231).
121 Schmidt-Kessel, Verträge über digitale Inhalte, S. 54.
122 Grünberger, in: AcP 218 (2018), 213 (225); Spindler, in: JZ 2016, 805 (806).

die dem Verbraucher die Erstellung, Verarbeitung oder Speicherung von Daten in digitaler Form oder den Zugang zu solchen Daten ermöglichen. Durch diese Regelung sollen in erster Linie Cloud-Anwendungen in den sachlichen Anwendungsbereich miteinbezogen werden.[123] Cloud-Computing-Verträge sind folglich regelmäßig als digitale Dienstleistungen i.S.v. Art. 2 Nr. 2 lit. a DIRL zu verstehen.

Darüber hinaus sind nach Art. 2 Nr. 2 lit. b DIRL auch solche Dienstleistungen erfasst, die die gemeinsame Nutzung von digital hochgeladenen oder erstellten Daten oder sonstige Interaktion mit diesen Daten ermöglichen. Hiermit sind in erster Linie soziale Netzwerke wie Facebook oder Instagram gemeint.[124] Cloud-Dienste können aber insoweit auch unter Art. 2 Nr. 2 lit. b DIRL fallen, als dass Clouds von mehreren Nutzern gemeinsam bspw. zur Projektbearbeitung genutzt werden können.[125]

Da neben digitalen Inhalten auch digitale Dienstleistungen erfasst sind, ist der Anwendungsbereich der Digitale-Inhalte-Richtlinie deutlich weiter als der Anwendungsbereich der Verbraucherrechterichtlinie und des GEK-Entwurfs, welche sich lediglich auf digitale Inhalte beziehen bzw. beziehen sollten.[126] Mit der Erweiterung des Anwendungsbereichs auf digitale Dienstleistungen soll verhindert werden, dass der Begriff der digitalen Inhalte vor dem Hintergrund der rasanten technologischen Entwicklung bald schon überholt ist.[127]

c. *Begriff der „Bereitstellung“*

Der Begriff der „Bereitstellung“ von digitalen Inhalten oder Dienstleistungen ist in der Digitale-Inhalte-Richtlinie nicht explizit definiert. Laut ErwG 19 S. 3 DIRL gibt es „zahlreiche Möglichkeiten“ für die Bereitstellung digitaler Inhalte oder Dienstleistungen. Die Digitale-Inhalte-Richtlinie soll deswegen unabhängig von der Art des für die Datenübermittlung oder für die Gewährung des Zugangs verwendeten Datenträgers gelten. Umfasst sind laut ErwG 19 S. 3 DIRL daher etwa die Übermittlung auf einem körperlichen Datenträger, das Herunterladen auf Geräte des Verbrauchers, das Streaming sowie die Ermöglichung des

123 Schmidt-Kessel et al., in: GPR 2016, 54 (56f.); Wendland, in: GPR 2016, 8 (13).
124 Kipker, in: MMR 2020, 71; Wendland, in: GPR 2016, 8 (13); Staudenmayer, in: NJW 2016, 2719 (2720).
125 Schmidt-Kessel et al., in: GPR 2016, 54 (57).
126 Staudenmayer, in: NJW 2016, 2719 (2720); Wendland, in: GPR 2016, 8 (12); vgl. Druschel/Lehmann, in: CR 2016, 244 (245f.); Faust, DJT-Gutachten, S. 4.
127 ErwG 19 S. 2 DIRL; von Westphalen, in: BB 2016 (1411).

Zugangs zu Speicherkapazitäten oder zur Nutzung von sozialen Medien.[128] Eine Differenzierung zwischen verschiedenen Kategorien der Datenübermittlung soll vermieden werden, um die Anwendbarkeit der Digitale-Inhalte-Richtlinie vor dem Hintergrund der technischen Entwicklung auch künftig sicherzustellen.[129] Welche Anforderungen der Unternehmer erfüllen muss, um seine Pflicht zur Bereitstellung zu erfüllen, wird ausführlich an späterer Stelle diskutiert.[130]

d. Gegen Zahlung oder Zusage der Zahlung eines Preises, Art. 3 Abs. 1 UAbs. 1 DIRL

Nach Art. 3 Abs. 1 UAbs. 1 DIRL ist der sachliche Anwendungsbereich der Digitale-Inhalte-Richtlinie eröffnet, wenn der Verbraucher im Gegenzug zu der Bereitstellung digitaler Inhalte oder Dienstleistungen einen Preis zahlt oder dessen Zahlung zusagt. Unter einem „Preis“ ist nach Art. 2 Nr. 7 DIRL Geld oder eine digitale Darstellung eines Werts zu verstehen, die im Austausch für die Bereitstellung digitaler Inhalte oder Dienstleistungen geschuldet wird. Eine digitale Darstellung eines Werts kann etwa in einem elektronischen Gutschein oder einer Kryptowährung bestehen.[131] Es liegt nahe, dass die weite Definition des Begriffs „Preis“ ebenfalls sicherstellen soll, dass auch in Zukunft möglichst viele Konstellationen von der Digitale-Inhalte-Richtlinie erfasst werden können, in denen der Verbraucher ggf. mit einer digitalen Alternative zu Geld bezahlt.

e. Gegen Bereitstellung oder Zusage der Bereitstellung personenbezogener Daten, Art. 3 Abs. 1 UAbs. 2 DIRL

Nach Art. 3 Abs. 1 UAbs. 2 HS. 1 DIRL soll die Digitale-Inhalte-Richtlinie darüber hinaus Anwendung finden, wenn der Verbraucher dem Unternehmer im Gegenzug zu dessen Leistung personenbezogene Daten bereitstellt oder deren Bereitstellung zusagt. Mit dieser Vorschrift eröffnet die Digitale-Inhalte-Richtlinie ihren Anwendungsbereich für Austauschgeschäfte, bei denen die Gegenleistung des Verbrauchers in einer „Zahlung“ mit personenbezogenen Daten besteht.[132] Hiermit wird dem Umstand Rechnung getragen, dass digitale Inhalte

---

128 Nicht erfasst sein sollen laut ErwG 19 S. 4 DIRL hingegen Internetzugangsdienste.

129 ErwG 19 S. 2f. DIRL; Faust, Regelungsbereich und Harmonisierungsintensität des DIRL-Vorschlags, in: Artz/Gsell, Verbrauchervertragsrecht und digitaler Binnenmarkt, S. 96.

130 Hierzu § 4 B.I.1.

131 Staudenmayer, in: NJW 2019, 2497 (2498).

132 Stürner, in: Jura 2017, 171 (172).

oder Dienstleistungen oftmals kostenlos bereitgestellt werden, der Unternehmer stattdessen aber Nutzerdaten sammelt und verarbeitet.[133] Derartige Nutzerdaten stellen für den Unternehmer einen beachtlichen Gegenwert dar. Mit ihnen lassen sich etwa Nachfrageprofile erstellen, die von enormer wirtschaftlicher Bedeutung bspw. für die Erstellung individualisierter Werbung sind.[134] Die Digitale-Inhalte-Richtlinie erkennt zwar an, dass dem Schutz personenbezogener Daten Grundrechtsqualität zukommt und Daten daher grds. nicht als Waren angesehen werden können.[135] Art. 3 Abs. 1 UAbs. 2 DIRL soll aber sicherstellen, dass dem Verbraucher auch bei derartigen Geschäftsmodellen der Schutz der Richtlinie zugutekommt.[136]

aa. Personenbezogene Daten, Art. 2 Nr. 8 DIRL

Personenbezogene Daten sind gem. Art. 2 Nr. 8 DIRL in Übereinstimmung mit Art. 4 Nr. 1 der Datenschutzgrundverordnung (EU) 2016/679 zu definieren. Nach Art. 4 Nr. 1 HS. 1 DSGVO[137] stellen personenbezogene Daten alle Informationen dar, die sich auf eine identifizierte oder identifizierbare natürliche (im Folgenden: „betroffene“) Person beziehen. Als identifizierbar wird eine natürliche Person gem. Art. 4 Abs. 1 HS. 2 DSGVO angesehen, die direkt oder indirekt, insbesondere mittels Zuordnung zu einer Kennung wie einem Namen oder zu einem Merkmal, das Ausdruck der physischen, physiologischen, genetischen, psychischen, wirtschaftlichen, kulturellen oder sozialen Identität dieser natürlichen Person ist, identifiziert werden kann. Beispiele für personenbezogene Daten sind etwa der Name einer Person, ihre Anschrift oder ihr Geburtsdatum, ihre Staatsangehörigkeit, Konfession, ihr Beruf oder ihr Familienstand.[138]

bb. Bereitstellung oder Zusage zur Bereitstellung, Art. 3 Abs. 1 UAbs. 2 DIRL

Der Verbraucher muss die personenbezogenen Daten gem. Art. 3 Abs. 1 UAbs. 2 DIRL entweder bereitstellen oder ihre Bereitstellung zusagen. In diesem Zusammenhang stellt ErwG 24 S. 5 DIRL klar, dass die personenbezogenen Daten

133 Stürner, in: Jura 2017, 171 (172).
134 Stürner, in: Jura 2017, 171 (172).
135 ErwG 24 S. 3 DIRL.
136 ErwG 24 S. 3 DIRL.
137 Vorschriften der Datenschutzgrundverordnung sind im Folgenden mit „DSGVO“ gekennzeichnet.
138 Staudenmayer, in: ZEuP 2016, 801 (808); vgl. Baranowski/Glaßl, in: BB 2017, 199 (200).

entweder zum Zeitpunkt des Vertragsschlusses oder zu einem späteren Zeitpunkt übermittelt werden können. Letzteres wäre etwa der Fall, wenn der Verbraucher seine Einwilligung zur Verwendung personenbezogener Daten erteilt, die der Verbraucher erst im Rahmen der Nutzung der digitalen Inhalte oder Dienstleistungen hochlädt oder erzeugt.[139]

cc. Ausschluss bei Verarbeitung zur Bereitstellung oder zur Erfüllung rechtlicher Anforderungen, Art. 3 Abs. 1 UAbs. 2 HS. 2 DIRL

Nach Art. 3 Abs. 1 UAbs. 2 HS. 2 DIRL ist die Digitale-Inhalte-Richtlinie nicht anwendbar, wenn der Unternehmer die bereitgestellten personenbezogenen Daten ausschließlich im Einklang mit der Richtlinie zur Bereitstellung der digitalen Inhalte oder Dienstleistungen oder zur Erfüllung rechtlicher Anforderungen verarbeitet. Hierunter können laut ErwG 25 S. 2 DIRL etwa Konstellationen fallen, in denen eine Registrierung des Verbrauchers zu Sicherheits- und Identifizierungszwecken durch anwendbare Gesetze vorgeschrieben ist.

ErwG 25 S. 3 DIRL stellt darüber hinaus klar, dass die Digitale-Inhalte-Richtlinie auch dann grds. keine Anwendung finden soll, wenn der Unternehmer lediglich Metadaten (bspw. Informationen über das Endgerät oder den Browsingverlauf des Verbrauchers) erhebt.[140] Ferner soll laut ErwG 25 S. 4 DIRL die Digitale-Inhalte-Richtlinie nicht anwendbar sein, wenn der Verbraucher, ohne einen Vertrag mit dem Unternehmer abgeschlossen zu haben, Werbung ausgesetzt wird, ausschließlich um Zugang zu den digitalen Inhalten oder Dienstleistungen zu erlangen. Es soll den Mitgliedstaaten aber laut ErwG 25 S. 5 DIRL freistehen, die Anwendbarkeit der Digitale-Inhalte-Richtlinie auf derartige Fälle auszudehnen oder anderweitige Regelungen für diese Fälle zu treffen.

f. Abgrenzung zur Warenhandelrichtlinie

Schwierigkeiten können bei der Abgrenzung zum sachlichen Anwendungsbereich der Warenhandelrichtlinie entstehen, wenn die digitalen Inhalte oder Dienstleistungen auf einem körperlichen Datenträger bereitgestellt werden oder der Verbraucher eine Ware mit digitalen Elementen kauft. Für diese Fälle stellt Art. 3 Abs. 3 und 4 DIRL maßgebliche Regelungen auf.

---

139 ErwG 24 S. 5 DIRL.

140 Dies gilt laut ErwG 24 S. 3 DIRL allerdings nicht, wenn der betreffende Sachverhalt nach nationalem Recht als Vertrag gilt.

aa. Digitale Inhalte oder Dienstleistungen auf einem körperlichen Datenträger, Art. 3 Abs. 3 DIRL

Zunächst ist eine Abgrenzung zur Warenhandelrichtlinie problematisch, wenn die digitalen Inhalte oder Dienstleistungen auf einem körperlichen Datenträger bereitgestellt werden. Das ist etwa der Fall, wenn dem Verbraucher eine Kopie des Office-365-Home-Programms auf einer CD zugesendet wird. In diesem Fall wird dem Verbraucher einerseits ein digitaler Inhalt bereitgestellt (das Office-365-Home-Programm) und andererseits eine Ware übergeben (die CD). Für derartige Fälle legt Art. 3 Abs. 3 DIRL fest, dass die Digitale-Inhalte-Richtlinie mit Ausnahme der Art. 5 und Art. 13 DIRL auch auf körperliche Datenträger anwendbar ist, wenn diese ausschließlich als Träger digitaler Inhalte dienen. Dies wäre in dem genannten Beispiel der Fall, da sich die Funktion der CD darin erschöpft, eine Installation des Office-365-Home-Programms auf dem Endgerät zu ermöglichen.

Hintergrund für die Eröffnung des sachlichen Anwendungsbereichs der Digitale-Inhalte-Richtlinie ist, dass in derartigen Fällen nicht der Wert des dauerhaften Datenträgers im Mittelpunkt der Leistung steht, sondern vielmehr in der Bereitstellung der digitalen Inhalte anhand des Datenträgers.[141] Die Richtlinie umfasst zudem sämtliche Arten der Bereitstellung digitaler Inhalte.[142] Es würde der insoweit vorgesehenen Neutralität der Vertriebswege widersprechen, denselben digitalen Inhalt unterschiedlich zu behandeln, je nachdem, ob er etwa auf einer DVD oder per Webstreaming bereitgestellt wird.[143]

Selbst wenn der körperliche Datenträger allein der Übermittlung der digitalen Inhalte dient, finden Art. 5 und 13 DIRL allerdings keine Anwendung. Art. 5 DIRL regelt die Anforderungen an die Bereitstellungspflicht des Unternehmers, Art. 13 DIRL hingegen die Abhilfen des Verbrauchers im Fall einer nicht erfolgten Bereitstellung. Die Geltung der Art. 5 und 13 DIRL ist vor dem Hintergrund ausgeschlossen, dass bei einer Nichtleistung Art. 18 VRRL auf den körperlichen Datenträger angewendet werden soll.[144] In Art. 18 Abs. 1 und 3 VRRL sind nämlich Regelungen zur Lieferungspflicht des Unternehmers sowie den Abhilfen des Verbrauchers im Fall einer unterbliebenen Lieferung statuiert. Diese sollen vorrangig auf den körperlichen Datenträger angewendet werden.

---

141 Staudenmayer, in: ZEuP 2016, 801 (810).

142 Hierzu bereits § 3 B.III.2.c.

143 Staudenmayer, in: ZEuP 2016, 801 (810).

144 Staudenmayer, in: ZEuP 2016, 801 (810).

bb. Waren mit digitalen Elementen, Art. 3 Abs. 4 DIRL

Problematisch ist die Abgrenzung zur Warenhandelrichtlinie auch bei Waren, die „digitale Elemente" aufweisen. Waren mit digitalen Elementen sind gem. Art. 2 Nr. 3 DIRL bewegliche körperliche Gegenstände, die in einer Weise digitale Inhalte oder Dienstleistungen enthalten oder mit ihnen verbunden sind, dass die Waren ihre Funktionen ohne diese digitalen Inhalte oder Dienstleistungen nicht erfüllen können. In einer Ware „enthalten" ist etwa eine auf einem Smartphone vorinstallierte Kamera-App.[145] Mit einer Ware „verbunden" ist hingegen bspw. eine Smartwatch, die nur mittels einer App genutzt werden kann.[146]

Die Digitale-Inhalte-Richtlinie gilt gem. Art. 3 Abs. 4 S. 1 DIRL nicht für digitale Inhalte oder Dienstleistungen, die digitale Elemente einer Ware sind und die gemäß einem die Ware betreffenden Kaufvertrag mit ihr bereitgestellt werden. Ob die Bereitstellung der digitalen Inhalte oder Dienstleistung einen Teil des Kaufvertrags bildet, soll laut ErwG 21 S. 4 DIRL von dem Inhalt des konkreten Kaufvertrags abhängen. Maßgeblich sind laut ErwG 21 S. 5 und 6 DIRL die konkreten vertraglichen Absprachen und die objektive Erwartung des Verbrauchers. Wird etwa ein Smart-TV damit beworben, dass er eine besondere Video-Anwendung enthält, ist davon auszugehen, dass die Video-Anwendung Teil des Kaufvertrags bildet.[147] In derartigen Fällen findet die Warenhandelrichtlinie auf die Ware mit digitalen Elementen Anwendung. Dies gilt gem. Art. 3 Abs. 4 S. 1 DIRL unabhängig davon, ob die digitalen Inhalte oder Dienstleistungen von dem Verkäufer der Ware oder von einem Dritten bereitgestellt werden.

Bestehen Zweifel, ob die Bereitstellung der in der Ware enthaltenen oder mit ihr verknüpften digitalen Inhalte oder Dienstleistungen Bestandteil des Kaufvertrags ist, wird nach Art. 3 Abs. 4 S. 2 DIRL vermutet, dass die digitalen Inhalte oder Dienstleistungen vom Kaufvertrag umfasst sind. Im Zweifel findet mithin die Warenhandelrichtlinie Anwendung. Hiermit soll laut ErwG 21 S. 14 DIRL der Entstehung von Rechtsunsicherheit für Verbraucher und Unternehmer vorgebeugt werden.

g. Bereichsausnahmen, Art. 3 Abs. 5 DIRL

Art. 3 Abs. 5 DIRL sieht eine Reihe von Bereichsausnahmen für den sachlichen Anwendungsbereich der Digitale-Inhalte-Richtlinie vor. Art. 3 Abs. 5 lit. a DIRL schließt etwa Dienstleistungen aus, die keine digitalen Dienstleistungen

---

145 ErwG 21 S. 9 DIRL.
146 ErwG 21 S. 10f. DIRL.
147 ErwG 21 S. 7 DIRL.

i.S.v. Art. 2 Nr. 2 DIRL darstellen, unabhängig davon, ob der Unternehmer digitale Mittel einsetzt, um das Ergebnis der Dienstleistung zu generieren oder es dem Verbraucher zu übermitteln. So sind etwa Gutachten von einem Architekten oder einem Rechtsanwalt nicht erfasst, die per Email übermittelt oder in einer Cloud zugänglich gemacht werden.[148] Darüber hinaus enthalten Art. 3 Abs. 5 lit. b-h DIRL weitere Bereichsausnahmen, etwa für Glücksspiele, Gesundheitsdienstleistungen oder Finanzdienstleistungen. Die Ausklammerung dieser Bereiche aus dem Geltungsbereich der Digitale-Inhalte-Richtlinie ist größtenteils darauf zurückzuführen, dass hierfür spezifische Regulierungen im nationalen oder europäischen Recht bestehen, die nicht berührt werden sollen.[149]

h. Typengemischte Verträge, Art. 3 Abs. 6 UAbs. 1 DIRL

Enthält ein Vertrag neben der Bereitstellung digitaler Inhalte oder Dienstleistungen Elemente der Bereitstellung anderer Dienstleistungen oder Waren, gilt die Digitale-Inhalte-Richtlinie gem. Art. 3 Abs. 6 UAbs. 1 DIRL nur für den Vertragsteil, der die Bereitstellung digitaler Inhalte oder Dienstleistungen betrifft. In Bezug auf typengemischte Verträge spricht sich die Richtlinie daher für die getrennte Behandlung der einzelnen Vertragselemente aus.[150] Die übrigen Elemente, die nicht die Bereitstellung digitaler Inhalte oder Dienstleistungen betreffen, sollen laut ErwG 33 S. 4 DIRL durch die Vorschriften geregelt werden, die für solche Verträge nach nationalem Recht oder speziellem Unionsrecht gelten.

3. Räumlicher Anwendungsbereich

Der räumliche Anwendungsbereich der Digitale-Inhalte-Richtlinie ergibt sich aus Art. 1 Rom-I-VO ergeben. Der räumliche Anwendungsbereich bezieht sich insoweit auf alle Mitgliedstaaten, auf die die Rom-I-Verordnung anwendbar ist, vgl. Art. 1 Abs. 4 Rom-I-VO.[151] Die Digitale-Inhalte-Richtlinie gilt hierbei sowohl für grenzüberschreitende Verträge in den Mitgliedstaaten als auch für nationale Verträge über die Bereitstellung digitaler Inhalte oder Dienstleistungen.[152] Dieser Umstand steht auf der einen Seite im Widerspruch zu der vermeintlich bezweckten Förderung grenzüberschreitender Angebote digitaler Inhalte und

---

148 Druschel/Lehmann, in: CR 2016, 244 (247).

149 Spindler, in: MMR 2016, 147 (150); ders., in: MMR 2016, 147 (150); Druschel/Lehmann, in: CR 2016, 244 (247); Spindler/Sein, in: MMR 2019, 415 (418).

150 Spindler, in: MMR 2016, 147 (150).

151 Vgl. Paulus, in: BeckOK, Rom-I-VO, Art. 1 Rn. 27.

152 Stürner, in: Jura 2017, 171 (173).

Dienstleistungen.[153] Auf der anderen Seite wird hierdurch eine Rechtszersplitterung zwischen nationalen und grenzüberschreitenden Verträgen verhindert.

C. Zwischenergebnis

Welche Rechte und Pflichten der Parteien eines Cloud-Computing-Vertrags bei Mangelhaftigkeit der Cloud-Dienste bestehen, richtet sich nach den jeweils anwendbaren gesetzlichen Regelungen. Nach dem bisher anwendbaren deutschen Recht hängen die Rechte und Pflichten der Parteien bei Vorliegen eines Mangels von der Vertragsnatur des jeweils vorliegenden Cloud-Computing-Vertrags ab. Mit Verabschiedung der Digitale-Inhalte-Richtlinie besteht nunmehr ein Regelungskonstrukt auf Unionsebene, das die wesentlichen Rechte und Pflichten der Parteien von Cloud-Computing-Verträgen im Anwendungsbereich der Richtlinie festlegt. Ihre Rechtsgrundlage findet die Digitale-Inhalte-Richtlinie in Art. 114 AEUV und gem. Art. 4 DIRL ist eine Vollharmonisierung der Richtlinie vorgesehen.

153 Stürner, in: Jura 2017, 171 (173).

§ 4 Vertragstypologische Einordnung von Cloud-Computing-Verträgen

Da jedenfalls nach bisheriger deutscher Rechtslage die maßgeblichen Regelungen für die Rechte und Pflichten der Parteien bei Mangelhaftigkeit der Cloud-Dienste von der vertragstypologischen Einordnung des konkret vorliegenden Cloud-Computing-Vertrags abhängen[154], bedarf es einer näheren Untersuchung der Vertragstypologie von Cloud-Computing-Verträgen. Hierbei ist zunächst zu erörtern, welchen Vertragsarten Cloud-Computing-Verträge nach bisheriger deutscher Gesetzeslage entsprechen können (hierzu **A.**). Darüber hinaus ist unter Berücksichtigung der Hauptleistungspflichten der Vertragsparteien näher darauf einzugehen, inwieweit die Digitale-Inhalte-Richtlinie eine Regelung zur Vertragstypologie von Verträgen über die Bereitstellung digitaler Inhalte oder Dienstleistungen, und damit auch von Cloud-Computing-Verträgen, trifft (hierzu **B.**).

A. Vertragstypologische Einordnung von Cloud-Computing-Verträgen nach bisher anwendbarer deutscher Gesetzeslage

Im deutschen Recht werden Verträge je nach Gegenstand der Hauptleistungspflichten unterschieden und dementsprechend den im BGB existierenden Vertragstypen zugeordnet.[155] Die vertragstypologische Einordnung von Cloud-Computing-Verträgen richtet sich somit nach den Hauptleistungspflichten der Vertragsparteien. Es muss daher für jeden Vertrag im Einzelfall durch Auslegung der konkret geschuldeten Leistung festgestellt werden, welchem Vertragstyp der spezifische Cloud-Computing-Vertrag am ehesten entspricht.[156] Bei der Auslegung des konkret vorliegenden Vertrags können folgende Erwägungen herangezogen werden.

---

154 Hierzu bereits § 3.A.

155 Specht, in: OdW 2017, 121 (122).

156 Borges, in: Borges/Meents, Cloud-Computing Rechtshandbuch, § 4 Rn. 40; Borges/Brennscheidt, Rechtsfragen des Cloud Computing, in: Borges/Schwenk, Daten- und Identitätsschutz, S. 54; Splittgerber/Rockstroh, in: BB 2011, 2179.

I. Der Cloud-Computing-Vertrag als insgesamt typengemischter Vertrag

Vor dem Hintergrund, dass Cloud-Computing-Verträge oftmals aus verschiedenen und sehr unterschiedlichen Leistungsbestandteilen mit Kombinationen von IaaS-, PaaS- und/oder SaaS-Elementen bestehen, sind Cloud-Computing-Verträge i.d.R. als typengemischte Verträge anzusehen.[157] Uneinigkeit besteht aber über die Frage, welchem Vertragsregime ein typengemischter Vertrag unterfällt. Die Rechtsprechung bevorzugt in diesem Zusammenhang eine differenzierende Betrachtungsweise. Demzufolge ist nach den Umständen des konkreten Einzelfalls zu beurteilen, worin der Sinn und Zweck des vorliegenden Vertrags liegen soll: Ist ein Vertragsbestandteil „für das Wesen dieses Vertrags prägend", so ist der gesamte Vertrag nach den für das konkrete Leistungselement einschlägigen Vorschriften zu beurteilen.[158] Liegen dem Vertrag hingegen mehrere gleichwertige Leistungselemente zugrunde, ist das einschlägige Recht für jede einzelne Leistung zu beurteilen.[159] Bei der Bestimmung der Vertragsart eines Cloud-Computing-Vertrags fragt sich daher, ob der Vertrag ein Leistungselement enthält, welches dem Vertrag sein rechtliches und wirtschaftliches Gepräge verleiht. Obwohl solche Konstellationen zwar theoretisch denkbar sind[160], ist aufgrund der Verschiedenartigkeit der Teilleistungen i.d.R. keine Leistung derart vertragsprägend.[161] Neben der Bereitstellung von Software und bzw. oder Hardware können etwa Absprachen zu Datensicherung, Back-up-Lösungen, Supportdiensten oder Exit-Management getroffen werden, wobei je nach Vereinbarung vor allem eine Einstufung sowohl als Miet-, Dienst- oder Werkvertrag, aber auch als Kaufvertrag in Betracht kommt.[162] Die vertragstypologische Einordnung des Vertrags

---

157 Bräutigam/Thalhofer, in: Bräutigam, IT-Outsourcing und Cloud-Computing, Teil 14 Rn. 127; Giedke, Cloud-Computing, S. 122; Niemann/Paul, in: K&R 2009, 444 (447); Peltzer/Wülbern, in: DB 2016, 2279 (2283); Pohle/Ammann, in: K&R 2009, 625 (627); Splittgerber/Rockstroh, in: BB 2011, 2179; Stögmüller, in: Leupold/Glossner, IT-Recht, S. 456; Strittmatter, in: Auer-Reinsdorff/Conrad, IT- und Datenschutzrecht, § 22 Rn. 32; vgl. LG Essen BeckRS 2016, 110851.

158 BGH NJW 1995, 324 (326).

159 Vgl. BGH NJW 1981, 341 (342); BGH NJW 1975, 305 (306); BGH NJW 1972, 46; Borges, in: Borges/Meents, Cloud-Computing Rechtshandbuch, § 4 Rn. 33.

160 Paul, in: Niemann/Paul, Rechtsfragen des Cloud-Computing, Kap. 8 Rn. 32.

161 Giedke, Cloud-Computing, S. 122; Paul, in: Niemann/Paul, Rechtsfragen des Cloud-Computing, Kap. 8 Rn. 32; Splittgerber/Rockstroh, in: BB 2011, 2179.

162 Deister/Meyer-Spasche, in: HMD 2014, 795 (796); Schulz/Rosenkranz, in: ITRB 2009, 232 (234).

hängt damit in erster Linie von der Natur des im konkreten Einzelfall betroffenen Leistungselements ab.

II. Vertragstypologische Einordnung einzelner Leistungselemente

Da Cloud-Computing-Verträge eine Vielzahl von Kombinationen unterschiedlicher Leistungselemente zum Gegenstand haben können, kann im Folgenden allenfalls untersucht werden, welche Leistungselemente typischerweise in Cloud-Computing-Verträgen enthalten sind und wie diese vertragstypologisch eingeordnet werden können.

1. Kaufvertragliche Leistungselemente

Zunächst können Leistungselemente im Rahmen von Cloud-Computing-Verträgen kaufvertraglichen Charakter i.S.d. §§ 433 ff. BGB haben. Bei einem Kaufvertrag schuldet der Verkäufer gem. § 433 Abs. 1 BGB die Übergabe und Übereignung einer mangelfreien Sache und der Käufer gem. § 433 Abs. 2 BGB die Abnahme der Sache und die Zahlung des vereinbarten Kaufpreises.

Denkbar ist eine Qualifizierung als Kaufvertrag etwa, wenn die Cloud des Anbieters einen „virtuellen Marktplatz" für digitale Inhalte (bspw. Musiktitel) bietet, in dem der Anbieter die Zuordnung innerhalb der Cloud derart ändern muss, dass nicht mehr eine Vielzahl von Nutzern, sondern nur noch der Erwerber Zugang zu dem gekauften Programm hat und dieses künftig nur noch alleine nutzen kann.[163] Auch bei sog. *Cloud-to-Cloud*-Transaktionen kann von einer kaufvertraglichen Konstellation ausgegangen werden. Hierbei verlassen die Daten die Cloud des Anbieters und wandern in die eigene Cloud des Erwerbers oder eines Dritten, sodass der Erwerber unter Ausschluss anderer Personen die Daten nunmehr allein und dauerhaft nutzen kann.[164]

Derartige Konstellationen können aber nur dann kaufvertraglichen Charakter haben, wenn die durch Einsatz der Cloud übertragenen digitalen Inhalte als Kaufsachen i.S.v. § 433 Abs. 1 S. 1 BGB angesehen werden können (hierzu **a.**). Weitere Voraussetzung ist, dass eine Übergabe und Übereignung i.S.v. § 433 Abs. 1 S. 1 BGB stattfindet (hierzu **b.**) und der Nutzer zur Zahlung eines Kaufpreises i.S.v. § 433 Abs. 2 BGB verpflichtet ist (hierzu **c.**).

---

163 Druschel/Oehmichen, in: CR 2015, 233 (236); vgl. Druschel, in: GRUR Int. 2015, 125 (128).

164 Druschel/Oehmichen, in: CR 2015, 233 (236); Druschel, Die Behandlung digitaler Inhalte im GEK, S. 98f.; ders., in: GRUR Int. 2015, 125 (130).

a. Digitale Inhalte als Sachen i.S.v. § 90 BGB?

Voraussetzung für eine kaufvertragliche Qualifizierung ist gem. § 433 Abs. 1 S. 1 BGB zunächst die Übergabe und Übereignung einer „Sache". Insoweit stellt sich die Frage, ob digitale Inhalte (wie bspw. Musik- oder Filmtitel) als „Sachen" i.S.v. § 90 BGB aufgefasst werden können. Dies kann jedenfalls vor dem Hintergrund bezweifelt werden, dass digitale Inhalte selbst nicht fassbar sind. Mithin könnten sie auch „sonstige Gegenstände" i.S.v. § 453 Abs. 1 Var. 2 BGB darstellen, sodass die §§ 433 ff. BGB entsprechend Anwendung fänden.

aa. Verkörperung in einem Datenträger

In der überwiegenden Ansicht der Rechtsprechung[165] und einem Teil der Literatur[166] hat sich die Ansicht gefestigt, dass digitale Inhalte als Sachen i.S.v. § 90 BGB anzusehen sind. Diese Ansicht lässt sich auf eine Entscheidung des BGH[167] zur vertragstypologischen Einordnung eines Application Service Providing-Vertrags (im Folgenden: ASP-Vertrag) zurückführen.

In dem zu entscheidenden Fall schuldete die Beklagte der Klägerin u.a. die entgeltliche Überlassung von Software sowie damit zusammenhängende Dienstleistungen wie bspw. Programmpflegemaßnahmen. Der BGH entschied, dass die entgeltliche Überlassung von Software an die Klägerin mietvertraglichen Charakter habe, da die Beklagte die Software auf ihrem eigenen Server bereitstelle und der Klägerin gestatte, diese Software für eine begrenzte Zeit über das Internet oder andere elektronische Netze zu nutzen.[168] Die Software verbleibe während der gesamten Nutzungsdauer auf dem Rechner der Beklagten.[169] Bei einer derartigen Gewährung der Onlinenutzung von Software für eine begrenzte Zeit liege es nahe, das Mietrecht anzuwenden.

Der Anwendung des Mietrechts stand nach Ansicht des BGH nicht entgegen, dass es sich bei einer Software selbst mangels Körperlichkeit um keine Sache i.S.v. § 90 BGB (i.V.m. § 535 Abs. 1 S. 1 BGB) handelt.[170] Standardsoftware sei nämlich regelmäßig durch ihre Verkörperung auf einem (seinerseits beweglichen)

---

165 BGH NJW 1990, 320 (321); OLG Stuttgart NJW 1989, 2635 (2636); BGH NJW 1993, 2436 (2437f.); OLG Karlsruhe NJW 1996, 200 (201); BGH NJW 1990, 3011ff.

166 Marly, in: BB 1991, 432 (435f.); Bartsch, in: CR 1992, 393 (395); König, in: NJW 1993, 3121 (3122ff.); Sedlmeier/Kolk, in: MMR 2002, 75 (77).

167 BGH, Urt. v. 15.11.2006 – XII ZR 120/04.

168 BGH, Urt. v. 15.11.2006 – XII ZR 120/04, Rn. 12.

169 BGH, Urt. v. 15.11.2006 – XII ZR 120/04, Rn. 12.

170 BGH, Urt. v. 15.11.2006 – XII ZR 120/04, Rn. 14ff.

Datenträger, wie etwa einer CD, Festplatte oder einem USB-Stick, als bewegliche Sache anzusehen.[171] Je nach der vereinbarten Überlassungsform sei daher in derartigen Fällen regelmäßig das Miet- oder das Kaufrecht anwendbar.[172] Da auch beim ASP-Vertrag die geschuldeten Softwareprogramme auf einem Datenträger verkörpert seien müssten, um überhaupt nutzbar zu sein, sei die Sacheigenschaft der Software hier hergestellt.[173] Die Ansicht des BGH wird auch von weiten Teilen der Literatur mitgetragen.[174]

Diese Einschätzung ist jedenfalls insoweit überzeugend, als dass digitale Inhalte immer auf irgendeine Weise auf einem Datenträger verkörpert sein müssen, um ihre Funktion zu erfüllen und überhaupt nutzbar zu sein. Alle Dateien, die sich in einer „Cloud" befinden, sind mithin immer auf einem fassbaren Server gespeichert. Lädt der Nutzer hingegen Filme, Musik- oder Lesetitel herunter, dient sein eigenes Endgerät als Speichermedium. Selbst beim Live-Streaming, bei dem Inhalte in Echtzeit übertragen werden und der Nutzer über keine eigene Kopie auf seinem Endgerät verfügt, findet immer auch eine Zwischenspeicherung auf einem Datenträger statt. Die übermittelten Daten werden nämlich vom Übertragungsort an einen Streaming-Server übermittelt, welcher die Daten seinerseits an das Endgerät des Nutzers versendet.[175] Es ist daher keine Situation denkbar, in der digitale Inhalte existieren können, ohne auf einem körperlichen Datenträger gespeichert zu sein. Die Verkörperung auf dem Datenträger ist insoweit ihre notwendige „Lebensbedingung".[176]

Hiergegen ließe sich zwar die Möglichkeit einer Datenfernübertragung anbringen, bei der digitale Inhalte unabhängig vom Datenträger übermittelt werden.[177] Hierin ist allerdings kein überzeugendes Gegenargument zu sehen, da die digitalen Programme nach der Übertragung schließlich wieder notwendigerweise auf einem Datenträger gespeichert werden müssen.[178] Die technischen Zwischenschritte sind folglich weitgehend unbeachtlich.[179]

171 BGH, Urt. v. 15.11.2006 – XII ZR 120/04, Rn. 16.
172 BGH, Urt. v. 15.11.2006 – XII ZR 120/04, Rn. 15.
173 BGH, Urt. v. 15.11.2006 – XII ZR 120/04, Rn. 16.
174 Intveen/Hilber/Rabus, in: Hilber, Handbuch Cloud-Computing, Teil 2 Rn. 155; Kirn/Müller-Hengstenberg, in: NJW 2017, 433 (435); Pohle/Ammann, in: CR 2009, 273 (275).
175 Čandrlić, How Live Video Streaming works, 16.07.2013, abrufbar unter: https://www.globaldots.com/how-live-video-streaming-works/ (Stand: 17.07.2020).
176 Härting, in: CR 2016, 646 (647); vgl. Bartsch, in: CR 2010, 553 (554).
177 Müller-Hengstenberg, in: CR 2004, 161 (164); ders., in: NJW 1994, 3128 (3130); Bartsch, in: CR 2010, 553 (558).
178 Marly, in: BB 1991, 432 (435); Sedlmeier/Kolk, in: MMR 2002, 75 (77).
179 Marly, in: BB 1991, 432 (435).

bb. Untergeordnete Bedeutung der Verkörperung gegenüber der geistigen Leistung?

Die Sacheigenschaft von digitalen Inhalten könnte aber vor allem mit der Begründung abgelehnt werden, dass die Verkörperung auf einem Datenträger neben der geistigen Schöpfung nur untergeordnete Bedeutung hat.[180] Der eigentliche wirtschaftliche Wert von digitalen Inhalten liegt nämlich in der geistigen Leistung der gespeicherten Informationen und Befehlsfolgen.[181] Etwaige Fehlfunktionen von digitalen Inhalten sind schließlich auch regelmäßig nicht auf Mängel des Datenträgers zurückzuführen, sondern auf immaterielle Aspekte wie etwa inhaltliche Programmänderungen.[182] Digitale Inhalte könnten aus diesem Grunde nicht als Sachen, sondern als sonstige Gegenstände nach § 453 Abs. 1 Var. 2 BGB anzusehen sein.

Dem kann allerdings entgegengesetzt werden, dass die Programmierung zwar eine beachtliche immaterielle Leistung darstellt, diese aber in keinem Fall den Gegenstand des Vertrags ausmacht.[183] Bei der dauerhaften und punktuellen Überlassung digitaler Inhalte wird schließlich nicht die geistige Schöpfung selbst überlassen. Vielmehr wird dem Nutzer lediglich eines von vielen Exemplaren der verkörperten geistigen Leistung permanent und punktuell bereitgestellt.[184] So stellen auch CDs, DVDs oder Theatertickets Sachen i.S.v. § 90 BGB dar, ohne dass das immaterielle Werk der geistigen Schöpfung hierbei eine Rolle spielt.[185]

Insoweit unterscheidet sich auch der Kauf eines verkörperten digitalen Programms nicht von dem Kauf eines Buchs. Ein Buch ist ebenfalls das Ergebnis einer schöpferischen Geistestätigkeit und wird ausschließlich aufgrund der immateriellen Leistung erworben.[186] Die Sachqualität eines Buchs wird im

---

180 Redeker, in: NJW 1992, 1739f.; Diedrich, in: CR 2002 473 (475); vgl. Kort, in: DB 1994, 1505ff.; Mehrings, in: NJW 1986, 1904 (1907); Müller-Hengstenberg/Kirn, in: NJW 2007, 2370 (2373); Stieper, in: FS Köhler, 729 (736); Völzmann-Stieckelbrock, in: Prütting/Wegen/Weinreich, BGB, § 90 Rn. 5; Zahn, in: ZEuP 2014, 77 (79).

181 Moritz, in: CR 1994, 257 (262f.); Müller-Hengstenberg, in: NJW 1994, 3128 (3131); ders., in: CR 2004, 161 (164); Müller-Hengstenberg/Kirn, in: NJW 2007, 2370 (2373); Stieper, in: FS Köhler, 729 (736); Völzmann-Stieckelbrock, in: Prütting/Wegen/Weinreich, BGB, § 90 Rn. 5; Zahn, in: ZEuP 2014, 77 (79).

182 BGH NJW 1988, 406 (407); Heydn, in: CR 2010, 765 (769 u. 771).

183 König, in: NJW 1993, 3121 (3122).

184 König, in: NJW 1993, 3121 (3122).

185 König, in: NJW 1993, 3121 (3122).

186 Marly, in: BB 1991, 432 (433).

Gegensatz zu digitalen Inhalten wie Software aber nicht bezweifelt.[187] Dem Nutzer von Cloud-Diensten kommt es ebenfalls nicht auf die geistige Leistung des Programmierers, sondern auf die Funktionstüchtigkeit der digitalen Inhalte an, die unter Einsatz der Cloud bereitgestellt werden.[188] Jedenfalls steht die geistige Leistung nicht im Vordergrund. Vielmehr wird die immaterielle Leistung erst durch die Fixierung auf einem Datenträger materialisiert und hierdurch die Existenz der digitalen Inhalte begründet.

cc. Notwendige Kenntnis von Verortung des Datenträgers?

Gegen die Sachqualität von digitalen Inhalten aufgrund ihrer Verkörperung in einem materiellen Datenträger lässt sich allenfalls noch ins Feld führen, dass der Nutzer ggf. gar keine Kenntnis von der Lokalität des Datenträgers hat. Dem Nutzer ist etwa i.d.R. nicht bekannt, wo genau und mit welchem Teil der Hardware die Datenspeicherung oder -verarbeitung stattfindet.[189] Es kann oftmals auch gar nicht festgestellt werden, welche Anwendungsprogramme genau auf welchen Prozessoren und Speichereinheiten ausgeführt werden, um dem Nutzer die Inanspruchnahme der Dienste zu ermöglichen.[190] Darüber hinaus kann etwa eine Software von Rechnern betrieben werden, die in Abhängigkeit von den jeweils bestehenden Anforderungen wechseln können und deren Standort durch den Anbieter der Cloud-Dienste bestimmt wird.[191] Hierdurch kann die Standortbestimmung des Datenträgers zusätzlich erschwert werden.

Es ist aber nicht ersichtlich, warum es überhaupt von Bedeutung sein sollte, auf welchem Informationsträger der konkrete digitale Inhalt gespeichert ist und an welchem Ort sich der jeweilige Datenträger befindet. Maßgeblich ist allein, dass überhaupt eine Verkörperung angenommen werden kann. Nach vorzugswürdiger Ansicht ist daher die Sachqualität von digitalen Inhalten zu bejahen.

b. Übergabe und Übereignung, § 433 Abs. 1 S. 1 BGB

Die Übertragung von digitalen Inhalten unter Einsatz einer Cloud kann nur dann kaufvertraglichen Charakter haben, wenn die digitalen Inhalte auch nach

187 BGH, Urt. v. 15.11.2006 – XII ZR 120/04, Rn. 16; OLG Stuttgart NJW 1989, 2635 (2636).

188 Sedlmeier/Kolk, in: MMR 2002, 75 (77); Bartsch, in: CR 1992, 393 (395).

189 Vgl. Mitteilung KOM(2012) 529 endg. vom 27.09.2012, S. 3.

190 Müller-Hengstenberg/Kirn, in: NJW 2007, 2370 (2373).

191 Rogge, in: BB 2015, 1823 (1826).

§ 433 Abs. 1 S. 1 BGB übereignet und übergeben werden. Problematisch ist hierbei, ob bei einer Bereitstellung digitaler Inhalte von einer Übergabe ausgegangen werden kann. Unter einer Übergabe ist grds. die Verschaffung des unmittelbaren Besitzes nach § 854 Abs. 1 oder 2 BGB zu verstehen.[192] Ein Übergabeersatz durch die Verschaffung mittelbaren Besitzes oder durch Abtretung des Herausgabeanspruchs genügt nur dann, wenn eine entsprechende Vereinbarung getroffen wurde oder nach Vertragsschluss getroffen wird.[193] Sofern digitale Inhalte als sonstige Gegenstände i.S.v. § 453 Abs. 1 Var. 2 BGB qualifiziert werden, bedarf es einer Übergabe in diesem Sinne nicht, da die §§ 433 ff. BGB nur entsprechende Anwendung finden. Eine Anwendung der §§ 433 ff. BGB kommt daher nur dann in Betracht, wenn dies mit den Besonderheiten des Rechtskaufs vereinbar ist.[194] Dies ist im Hinblick auf die Übergabe gerade nicht der Fall, da Rechte und sonstige Gegenstände gerade nicht übergeben werden.

Erforderlich ist eine Übergabe im Sinne der oben genannten Definition daher nur, sofern mit der vorzugswürdigen Ansicht die Sachqualität von digitalen Inhalten bejaht und eine direkte Anwendung der §§ 433 ff. BGB angenommen wird. Unproblematisch kann eine Übergabe etwa bei *Cloud-to-Cloud*-Transaktionen[195] vorliegen, bei denen die Daten aus der Cloud des Anbieters in die Cloud des Nutzers übermittelt und nur noch in dieser Cloud gespeichert werden. Damit verlassen die Daten den Zugriffsbereich des Anbieters vollständig und werden durch Veränderung des Speicherorts in den alleinigen Zugriffsbereich des Nutzers übertragen.

Demgegenüber kommt eine Übergabe nicht in Betracht, wenn der Anbieter dem Nutzer nur den Zugriff auf den digitalen Inhalt in der anbietereigenen Cloud ermöglicht, da sowohl der digitale Inhalt als auch der Datenträger in der Verfügungsgewalt des Anbieters verbleiben.[196] Problematisch ist indes, ob eine Übergabe bejaht werden kann, wenn der Anbieter eine Kopie des digitalen Inhalts von seinem Server auf den Server des Nutzers überträgt, der Anbieter aber eine eigene Kopie des digitalen Inhalts behält. Zu untersuchen ist daher, ob hierin eine Übergabe i.S.v. § 433 Abs. 1 S. 1 BGB gesehen werden kann.

---

192 Schmidt, in: Prütting/Wegen/Weinreich, BGB, § 433 Rn. 14; Weidenkaff, in: Palandt, BGB, § 433 Rn. 13.

193 Weidenkaff, in: Palandt, BGB, § 433 Rn. 13.

194 Martinek, in: Staudinger, BGB § 453 Rn. 7.

195 Hierzu bereits § 4 A.II.1.

196 Rogge, in: BB 2015, 1823 (1826).

Der Wortlaut des § 433 Abs. 1 S. 1 BGB verlangt, dass „die" Kaufsache zu übergeben ist. Erforderlich ist daher in Anknüpfung an die oben genannte Definition, dass der Erwerber unmittelbaren Besitz genau an der Kaufsache erlangt, die sich vorher in dem Herrschaftsbereich des Verkäufers befand. Der digitale Inhalt muss also den Herrschaftsbereich des Anbieters verlassen und dem Herrschaftsbereich des Nutzers zugeführt werden. Die Kopie des Anbieters verlässt jedoch i.d.R. nicht dessen Herrschaftsbereich, da dem Nutzer regelmäßig nur eine Kopie des digitalen Inhalts zur Verfügung gestellt wird, der Anbieter seine eigene Kopie aber behält. Darüber hinaus wird dem Nutzer nicht genau die Kopie des Anbieters übertragen. Die Kopie des Nutzers entsteht nämlich i.d.R. erst in der Sphäre des Nutzers durch eine von ihm selbst veranlasste Vervielfältigungshandlung.[197] Der Anbieter verschafft dem Nutzer daher gar keinen Besitz an der Kopie, die sich vorher in seinem Zugriffsbereich befunden hat, sondern dem Nutzer wird eine eigene neue Kopie bereitgestellt. Es fehlt daher grds. an der für die Übergabe konstitutiven dauerhaften Besitzaufgabe aufseiten des Anbieters.

Eine Anwendung dieser restriktiven Definition der Übergabe kann aber den Besonderheiten von digitalen Inhalten nicht gerecht werden. Digitale Inhalte zeichnen sich schließlich gerade dadurch aus, dass sie unendlich vervielfältigt werden können und jede Kopie von dem Original sowie von jeder anderen Kopie nicht zu unterscheiden ist.[198] Die Kopie des Erwerbers ist vor allem nicht weniger wertvoll als diejenige des Anbieters. Ob der Nutzer also genau den digitalen Inhalt des Anbieters erhält oder ob er eine Kopie des digitalen Inhalts erhält, kann keinen Unterschied machen, da sie sich in keiner Weise unterscheiden. Dies ist vor allem vor dem Hintergrund zu sehen, dass der Anbieter als Vertriebshändler oftmals selbst nur über eine Kopie des digitalen Inhalts verfügt und nicht über die Originalversion des Herstellers.

Darüber hinaus wird dem Nutzer auch dann eine umfassende Rechtsposition an dem digitalen Inhalt eingeräumt, wenn der Anbieter seine eigene Kopie des digitalen Inhalts behält. Es kommt dem Erwerber nämlich i.d.R. gar nicht darauf an, dass der Anbieter jede Rechtsposition an dem digitalen Inhalt verliert und dass der Erwerber genau die Kopie erlangt, die sich vorher im Machtbereich des Anbieters befunden hat. Vielmehr kommt es dem Erwerber allein darauf an, dass ihm eine eigene Kopie des digitalen Inhalts endgültig überlassen wird,

197 Stieper, in: FS Köhler, 729 (736); ders., in: ZUM 2012 (668).
198 Vgl. Haberstumpf, in: NJOZ 2015, 793 (795).

welche er dauerhaft nutzen kann.[199] Mit der Bereitstellung der Kopie auf den Server des Nutzers gelangt der digitale Inhalt auch in dessen Herrschaftssphäre mit der Folge des punktuellen und endgültigen Eintritts des Leistungsgegenstandes in seinen Einflussbereich.[200] Dabei steht die Übertragung des digitalen Inhalts auf einen Datenträger des Nutzers derart im Vordergrund der Parteiinteressen, dass der Datenträger des Anbieters, auf dem ebenfalls eine Kopie gespeichert ist, in den Hintergrund tritt.[201] Es kann sogar im Interesse des Erwerbers liegen, dass der Anbieter noch über eine eigene Kopie des digitalen Inhalts verfügt. Stellt sich nämlich heraus, dass die Kopie des Erwerbers beschädigt ist, kann ihm der Anbieter nur eine andere ordnungsgemäße Kopie zur Verfügung stellen, wenn er selbst noch über eine eigene Kopie verfügt.

Es erscheint daher nicht sachgerecht, bei der dauerhaften und punktuellen Bereitstellung von digitalen Inhalten die Verschaffung des unmittelbaren Besitzes an dem digitalen Inhalt des Anbieters zu fordern. Da die Übergabe i.S.v. § 433 Abs. 1 S. 1 BGB dies aber voraussetzt, besteht insoweit Handlungsbedarf für den Gesetzgeber, um die Vorschrift aus dem Kaufrecht auch im digitalen Bereich zukunftsfähig zu gestalten. In § 433 BGB sollte daher eine Regelung aufgenommen werden, wonach eine Übergabe bei dem Kauf digitaler Inhalte bereits dann anzunehmen ist, wenn dem Erwerber eine eigene Kopie des digitalen Inhalts endgültig überlassen wird, welche dieser dauerhaft nutzen kann, ohne dass es darauf ankommt, ob der Anbieter seine eigene Kopie aufgibt oder nicht.

c. *Kaufpreiszahlung bei einer Zahlung von Geld und bei Bereitstellung personenbezogener Daten, § 433 Abs. 2 BGB*

Die Bereitstellung digitaler Inhalte unter Einsatz einer Cloud hat nur dann kaufvertraglichen Charakter, wenn der Nutzer auch zur Zahlung eines Kaufpreises i.S.v. § 433 Abs. 2 BGB verpflichtet ist. Das ist unproblematisch der Fall, wenn der Nutzer im Gegenzug eine Geldleistung schuldet. Oftmals werden digitale Inhalte aber zur Verfügung gestellt, ohne dass der Nutzer eine Geldleistung erbringen muss.[202] Regelmäßig besteht die Gegenleistung des Nutzers in diesem Fall aber darin, dass er dem Anbieter im Gegenzug personenbezogene Daten zur Verfügung stellt. Es ist daher zu untersuchen, ob in der Bereitstellung

199 Zahn, in: ZEuP 2014, 77 (80).
200 Zahn, in: ZEuP 2014, 77 (86).
201 Marly, in: BB 1991, 432 (435).
202 Schmidt-Kessel, in: K&R 2014, 475 (479).

personenbezogener Daten auch eine Kaufpreiszahlung i.S.v. § 433 Abs. 2 BGB gesehen werden kann.

aa. Bereitstellung personenbezogener Daten als synallagmatische Gegenleistung im Allgemeinen?

Zunächst ist zu analysieren, ob die Bereitstellung personenbezogener Daten durch einen Nutzer an den Anbieter von Cloud-Diensten als synallagmatische Gegenleistung im Allgemeinen angesehen werden kann.

(1) Fehlende Einbuße aufseiten des Nutzers?

Der Gegenleistungscharakter der Bereitstellung personenbezogener Daten kann zunächst vor dem Hintergrund bezweifelt werden, dass es aufseiten des Nutzers an einer konkreten monetär berechenbaren Einbuße fehlt. Schließlich erbringt der Nutzer bei Bereitstellung personenbezogener Daten keinen eindeutig messbaren Gegenwert.[203] Demgegenüber findet bei einer Geldzahlung stets ein messbarer und eindeutig negativer Abfluss vom Vermögen des Zahlenden statt. Die Bereitstellung personenbezogener Daten kann hingegen einen positiven, negativen oder gar keinen Einfluss auf das Vermögen des Nutzers haben.[204] Es kann ihm im Einzelfall daher gar nichts ausmachen, dass die andere Vertragspartei über seine Daten verfügt. Der Nutzer kann dies sogar begrüßen, etwa vor dem Hintergrund, dass er nunmehr individuell angepasste Werbeangebote im Internet erhält. Jedenfalls fehlt es an einem Verlust aufseiten des Nutzers, da Daten immer wieder reproduziert werden können.[205] Insoweit könnte der Gegenleistungscharakter der Bereitstellung von personenbezogenen Daten mangels Einbuße beim Erwerber verneint werden.

In diesem Zusammenhang drängt sich aber die Frage auf, warum eine synallagmatische Gegenleistung überhaupt voraussetzen soll, dass die gegenleistende Partei eine Einbuße erleiden muss. Das BGB geht grds. von einem sehr weit gefassten Leistungsbegriff aus, der die Zuwendung eines wirklichen oder vermeintlichen Vorteils erfasst, der typischerweise, aber eben nicht notwendig einen Vermögenswert hat.[206] Die Leistung kann hierbei in jedem Tun oder

---

203 Vgl. Lurger, Anwendungsbereich und kaufvertragliche Ausrichtung der DIRL- und FWRL-Entwürfe, in: Wendehorst/Zöchling-Jud, Ein neues Vertragsrecht für den digitalen Binnenmarkt?, S. 35.

204 Klasse/Wiethaus, in: WuW 2017, 354 (362); vgl. Englisch, in: DB 2017, M4-M5.

205 Klasse/Wiethaus, in: WuW 2017, 354 (362).

206 Grüneberg, in: Palandt, BGB, § 241 Rn. 4.

Unterlassen bestehen.[207] Insoweit kommt es gar nicht darauf an, wie viel der Nutzer durch die Bereitstellung personenbezogener Daten verliert, sondern darauf, wie viel der Anbieter im Gegenzug gewinnt.

Der materielle Wert personenbezogener Daten liegt für den Anbieter in ihrer sog. Kommerzialisierbarkeit.[208] Die Daten geben Aufschluss über die Aktivitäten eines Nutzers, da hierdurch das Nutzungsverhalten analysiert und auf bestimmte Interessen oder Präferenzen geschlossen werden kann.[209] Die Daten kann der Anbieter selbst zu Vermarktungszwecken einsetzen, er kann sie mit Gewinn an Dritte weiterverkaufen oder mit ihnen ein Profil einzelner Nutzer erstellen, um sie durch individuell angepasste Angebote zur Inanspruchnahme weiterer Leistungen zu bewegen.[210] Darüber hinaus kann das Nutzerverhalten ausgewertet werden, um die Weiterentwicklung des jeweiligen digitalen Inhalts zu fördern und diesem einen größtmöglichen Marktzugang zu verschaffen. Obwohl dem Nutzer bei der Bereitstellung personenbezogener Daten keine Einbuße entsteht, so erlangt der Anbieter hiermit doch weitreichende – und mittelbar auch monetär bezifferbare – Vorteile. Insoweit steht die fehlende Einbuße aufseiten des Nutzers dem Gegenleistungscharakter nicht entgegen.

(2) Erfordernis einer datenschutzrechtlichen Einwilligung

Zu bezweifeln ist aber, dass die Bereitstellung personenbezogener Daten allein eine Gegenleistung des Nutzers begründen kann. Die Datenverarbeitung durch den Anbieter ist ohne gesetzliche Erlaubnis oder datenschutzrechtliche Einwilligung gem. Art. 6 DSGVO nämlich unzulässig.[211] Dem Anbieter kann die Verarbeitung der personenbezogenen Daten etwa gesetzlich nach Art. 6 Abs. 1 lit. b DSGVO gestattet sein. Hiernach dürfen Daten zur Erfüllung eines Vertrags oder zur Durchführung einer vorvertraglichen Maßnahme verarbeitet werden.

Bei Fehlen einer gesetzlichen Erlaubnis kann der Anbieter den ökonomischen Wert der personenbezogenen Daten hingegen nur dann legal realisieren, wenn der Nutzer eine entsprechende Einwilligung erteilt.[212] Damit ist das Interesse des Anbieters neben der Bereitstellung der personenbezogenen Daten auch auf die

---

207 Bachmann, in: MüKo, BGB, Bd. 2, § 241 Rn. 19; Mansel, in: Jauernig, BGB, § 241 Rn. 8; Schlechtriem/Schmidt-Kessel, Schuldrecht AT, Rn. 160ff.

208 Unseld, in: GRUR 2011, 982.

209 Peltzer/Wülbern, in: DB 2016, 2279; Schafft/Ruoff, in: CR 2006, 499.

210 Loos, in: euvr 2014, 146 (148); Schmidt-Kessel et al., in: GPR 2016, 54 (58).

211 Specht, in: JZ 2017, 763 (764).

212 Schmidt-Kessel/Grimm, in: ZfPW 2017, 84 (89f.); vgl. Bull, in: CR 2018, 425 (431).

Erteilung der datenschutzrechtlichen Einwilligung gerichtet.[213] Eine synallagmatische Gegenleistung kann daher nur angenommen werden, wenn der Nutzer auch die datenschutzrechtliche Einwilligung erteilt.

Voraussetzung für die Wirksamkeit der Einwilligung ist gem. Art. 4 Nr. 11 DSGVO eine freiwillige, in informierter Weise und unmissverständlich abgegebene Willensbekundung in Form einer Erklärung oder einer sonstigen eindeutig bestätigenden Handlung, mit der der Nutzer zu verstehen gibt, mit der Verarbeitung seiner personenbezogenen Daten einverstanden zu sein. Mithin kann in der Bereitstellung personenbezogener Daten nur dann eine synallagmatische Gegenleistung liegen, wenn der Nutzer seine Einwilligung in die Verarbeitung der Daten erteilt und der Anbieter nicht bereits gesetzlich zu deren Verarbeitung befugt ist.

(3) Jederzeitige Widerruflichkeit der datenschutzrechtlichen Einwilligung

Selbst wenn der Nutzer personenbezogene Daten bereitstellt und seine datenschutzrechtliche Einwilligung erteilt, kann einer Charakterisierung als synallagmatische Gegenleistung aber entgegenstehen, dass die Einwilligung gem. Art. 7 Abs. 3 S. 1 DSGVO jederzeit widerrufen werden kann.[214] Der Nutzer kann seine Gegenleistung daher gewissermaßen durch Widerruf zu jeder Zeit „zurückholen".[215] Dem Anbieter wird dies hingegen nicht immer gleichermaßen möglich sein; so hat etwa die Inanspruchnahme von sozialen Medien durch den Nutzer bereits stattgefunden.[216]

Dieser Wertungswiderspruch lässt sich nach ganz herrschender Meinung nicht durch einen vertraglichen Ausschluss des Widerrufsrechts lösen. Schließlich ist der Schutz personenbezogener Daten und damit auch die Widerruflichkeit der Einwilligung durch Art. 8 EUGRCh, Art. 8 EMRK und Art. 16 AEUV sowie verfassungsrechtlich durch Art. 1 Abs. 1 i.V.m. Art. 2 Abs. 1 GG abgesichert.[217] Dieser Schutz würde durch einen vertraglichen Ausschluss unterlaufen, sodass eine entsprechende Vereinbarung nicht wirksam getroffen werden könnte.[218]

---

213 Buchner, in: DuD 2010, 39 (40); Langhanke/Schmidt-Kessel, in: EuCML 2015, 218 (220f.); Schmidt-Kessel et al., in: GPR 2016, 54 (58f.).

214 Langhanke, Daten als Leistung, S. 116; Schmidt-Kessel et al., in: GPR 2016, 54 (60); Specht, in: OdW 2017, 121; Metzger, in: AcP 216 (2016), 817 (825).

215 Specht, in: OdW 2017, 121 (125).

216 Specht, in: OdW 2017, 121 (125).

217 Schmidt-Kessel/Grimm, in: ZfPW 2017, 84 (92); Langhanke/Schmidt-Kessel, in: EuCML 2015, 218 (221).

218 Langhanke, Daten als Leistung, S. 118; Heckmann/Paschke, in: Ehmann/Selmayr, DSGVO-Kommentar, Art. 7 Rn. 93; Bräutigam, in: MMR 2012, 635 (636).

Zum Teil wird stattdessen vertreten, dass die Widerruflichkeit einer Einwilligung, die im Rahmen eines Vertrags erteilt wurde, nur noch unter der zusätzlichen Voraussetzung möglich sein soll, dass eine fortdauernde Datenverarbeitung für den Betroffenen unzumutbar ist und sich die maßgeblichen Umstände, die zum Zeitpunkt des Vertragsschlusses bestanden, wesentlich geändert haben.[219] Hiervon sei etwa auszugehen, wenn bestimmte Informationen, auf die sich die Einwilligung bezieht, für das Zustandekommen des Vertrags von Bedeutung sind, das Informationsinteresse aber nach Vertragsschluss nicht mehr besteht (bspw. bei Daten zur Kreditwürdigkeit eines potentiellen Vertragspartners).[220] Hieran ist allerdings zu kritisieren, dass die Erteilung einer Einwilligung, sofern deren Widerruf an derart strenge Voraussetzungen geknüpft wird, nicht als freiwillig i.S.v. Art. 7 Abs. 3 S. 1 i.V.m. Art. 4 Abs. 11 DSGVO angesehen werden kann.[221]

Überzeugender ist es, in dem Widerruf der Einwilligung zugleich auch eine Kündigung des Vertrags mit Wirkung für die Zukunft zu sehen.[222] Dieser Ansatz entspricht jedenfalls bei Dauerschuldverhältnissen am ehesten den Parteiinteressen. Der Widerruf der datenschutzrechtlichen Einwilligung entfaltet nämlich nur Wirkung für die Zukunft (sog. *ex nunc*-Wirkung).[223] Dies hat zur Folge, dass die Datenverarbeitung durch den Anbieter in der Vergangenheit weiterhin rechtmäßig bleibt, er darf die Daten des Nutzers lediglich nicht mehr in Zukunft verarbeiten und muss diese ggf. löschen.[224] Wird in dem Widerruf gleichzeitig auch eine Kündigung gesehen, so muss der Nutzer die gezogenen Vorteile ebenfalls nicht herausgeben, da auch eine Kündigung Wirkung für die Zukunft entfaltet.

---

219 Spindler/Dalby, in: Spindler/Schuster, Recht der elektronischen Medien, Art. 7 DSGVO Rn. 12; Buchner/Kühling, in: Kühling/Buchner, DSGVO/BDSG-Kommentar, Art. 7 DSGVO Rn. 38; Langhanke, Daten als Leistung, S. 117.

220 Spindler/Dalby, in: Spindler/Schuster, Recht der elektronischen Medien, Art. 7 DSGVO Rn. 12; Buchner/Kühling, in: Kühling/Buchner, DSGVO/BDSG-Kommentar, Art. 7 DSGVO Rn. 39; Langhanke, Daten als Leistung, S. 117.

221 Spindler/Dalby, in: Spindler/Schuster, Recht der elektronischen Medien, Art. 7 DSGVO Rn. 12.

222 Spindler/Dalby, in: Spindler/Schuster, Recht der elektronischen Medien, Art. 7 DSGVO Rn. 13; vgl. Specht, in: JZ 2017, 763 (768), die davon ausgeht, dass ein außerordentliches Kündigungsrecht aus dem Widerruf der Einwilligung „resultiert".

223 Heckmann/Paschke, in: Ehmann/Selmayr, DSGVO-Kommentar, Art. 7 Rn. 92; Schulz, in: Gola, DSGVO-Kommentar, Art. 7 Rn. 54; Stemmer, in: BeckOK, DSGVO, Art. 7 Rn. 89.

224 Metzger, in: AcP 216 (2016), 817 (825); Stemmer, in: BeckOK, DSGVO, Art. 7 Rn. 89 u. 91.

Mithin können beide Parteien an den Vorteilen festhalten, die sie vor Ausübung des Widerrufs gezogen haben. Der Nutzer könnte folglich auch nicht seine Leistung durch Widerruf „zurückholen". Die Möglichkeit eines von der Willkür des Nutzers abhängenden Widerrufs einer zuvor mit Rechtsbindungswillen erteilten Willenserklärung ist der deutschen und europäischen Rechtsordnung (etwa angesichts der Verbraucherrechterichtlinie und der Umsetzungsnormen in §§ 355 ff. BGB) nicht fremd und steht der Annahme einer Leistungspflicht nicht entgegen.[225]

Die Bereitstellung personenbezogener Daten mit Erteilung der Einwilligung zur datenschutzrechtlichen Verarbeitung kann folglich im Allgemeinen als synallagmatische Gegenleistung angesehen werden.

bb. Bereitstellung personenbezogener Daten als Kaufpreiszahlung i.S.v. § 433 Abs. 2 BGB?

Problematisch ist aber, ob eine derartige Bereitstellung personenbezogener Daten auch eine „Kaufpreiszahlung" i.S.v. § 433 Abs. 2 BGB darstellen kann. Unter einem „Kaufpreis" ist das Entgelt für die Übertragung des Kaufgegenstandes zu verstehen.[226] Nach dem Wortlaut des § 433 Abs. 2 BGB ist hierfür ausdrücklich die Zahlung des vereinbarten „Kauf*preises*" durch den Käufer erforderlich. Mit dieser eindeutigen Formulierung wird der Wille des deutschen Gesetzgebers offenbar, nur die Zahlung von Geld als Gegenleistung i.S.d. § 433 Abs. 2 BGB anzuerkennen.[227] Eine „Zahlung mit personenbezogenen Daten" scheidet im Rahmen der §§ 433 ff. BGB daher aus. In Betracht käme insoweit aber ein Tauschvertrag nach § 480 BGB, auf den die Vorschriften über den Kauf entsprechend Anwendung finden. Dem Tauschvertrag liegt der Austausch von Gegenständen zugrunde, auf die sich auch ein Kaufvertrag beziehen könnte.[228] Personenbezogene Daten sind zwar keine Sachen i.S.v. § 433 Abs. 1 S. 1 BGB. Sie stellen aber als „Daten" sonstige Gegenstände nach § 453 Abs. 1 Var. 2 BGB dar, auf die sich ein Kaufvertrag beziehen kann.[229] In der Folge können die §§ 433 ff. BGB über § 480 BGB entsprechend angewendet werden.

---

225 Langhanke, Daten als Leistung, S. 119; vgl. Langhanke/Schmidt-Kessel, in: EuCML 2015, 218 (221).

226 Schmidt, in: Prütting/Wegen/Weinreich, BGB, § 433 Rn. 31; Weidenkaff, in: Palandt, BGB, § 433 Rn. 38.

227 Grunewald, in: Erman, BGB, § 433 Rn. 43; Schmidt, in: Prütting/Wegen/Weinreich, BGB, § 433 Rn. 31; Weidenkaff, in: Palandt, BGB, § 433 Rn. 38.

228 Grunewald, in: Erman, BGB, § 480 Rn. 1.

229 Leible/Müller, in: jurisPK-BGB, Bd. 2, § 453 Rn. 20.

2. *Mietvertragliche Leistungselemente*

Cloud-Computing-Verträge können darüber hinaus mietvertragliche Leistungselemente i.S.d. §§ 535 ff. BGB enthalten. Bei Vorliegen eines Mietvertrags schuldet der Vermieter gem. § 535 Abs. 1 BGB die Überlassung und Erhaltung einer Mietsache und der Mieter gem. § 535 Abs. 2 BGB die Entrichtung der vereinbarten Miete. Im Rahmen von Cloud-Computing-Verträgen kommt eine mietvertragliche Qualifizierung etwa in Betracht, wenn der Anbieter die zeitweise Überlassung von Hard- oder Software an den Nutzer schuldet. Das ist indes nur der Fall, wenn nach der konkreten Hauptleistungspflicht eine Mietsache gegen Entgelt überlassen und erhalten werden soll.

a. *Digitale Inhalte als Sachen?*

Da es im Mietrecht an einer dem § 453 BGB entsprechenden Norm fehlt, sind die §§ 535 ff. BGB direkt nur anwendbar, wenn digitale Inhalte als Sachen angesehen werden können. Dies ist nach vorzugswürdiger Ansicht zu bejahen.[230] Sofern die Sachqualität digitaler Inhalte abgelehnt wird, kommt eine Anwendbarkeit des Mietrechts allenfalls gem. § 581 Abs. 2 BGB neben dem Pachtrecht in Betracht.[231]

b. *Überlassung und Erhaltung von Cloud-Diensten, § 535 Abs. 1 BGB*

Die Bereitstellung von Hard- oder Software auf Zeit kann nur dann mietvertraglich qualifiziert werden, wenn der Anbieter auch die Überlassung und Erhaltung der Hard- oder Software nach § 535 Abs. 1 BGB schuldet. Voraussetzung für die Überlassung einer Mietsache ist, dass der Vermieter den Mieter in die Lage versetzt, die Mietsache vertragsgemäß gebrauchen zu können.[232] Bei der Überlassung i.S.v. § 535 Abs. 1 BGB ist im Gegensatz zur Übergabe nach § 433 Abs. 1 S. 1 BGB eine Besitzverschaffung gerade nicht erforderlich, sondern es genügt die Einräumung des vertragsgemäßen Gebrauchs.[233] Folglich kann auch dann von einer Überlassung ausgegangen werden, wenn dem Nutzer lediglich der Zugang

---

230 Hierzu bereits § 4 A.II.1.a.

231 Hierzu § 4 A.II.2.d.

232 Lützenkirchen, in: Erman, BGB, § 535 Rn. 33; Weidenkaff, in: Palandt, BGB, § 535 Rn. 35.

233 BGH, Urt. v. 15.11.2006 – XII ZR 120/04, Rn. 19; Emmerich, in: Staudinger, BGB, § 535 Rn. 15a; Sedlmeier/Kolk, in: MMR 2002, 75 (78); Weidenkaff, in: Palandt, BGB, § 535 Rn. 35.

zu der Hard- oder Software eingeräumt wird, obwohl sich diese im Herrschaftsbereich des Anbieters befinden.[234]

Zu der Erhaltungspflicht des Vermieters gehört neben der Beseitigung von Schäden durch Reparatur vor allem die Instandhaltung der Mietsache, die auf die Vermeidung von Schäden abzielt und dem Erhalt des vertragsgemäßen Zustands der Mietsache dient.[235] Es ist daher erforderlich, dass sich der Anbieter auch zur Instandhaltung der Hard- oder Software während der gesamten Vertragslaufzeit verpflichtet.

c. *Entrichtung der vereinbarten Miete, § 535 Abs. 2 BGB*

Die Qualifizierung als Mietvertrag setzt ferner voraus, dass der Nutzer gem. § 535 Abs. 2 BGB im Gegenzug für die zeitweise Überlassung der Hard- oder Software zur Entrichtung eines Mietzinses verpflichtet ist. § 535 Abs. 2 BGB setzt hierbei keine Zahlung eines Geldpreises voraus. Vielmehr schuldet der Mieter lediglich die Entrichtung der „vereinbarten Miete". Diese muss nicht notwendigerweise in einer Geldzahlung bestehen, sondern kann in jeder Geld- oder geldwerten Leistung bestehen.[236] Folglich kann die Gegenleistung des Nutzers auch in der Bereitstellung personenbezogener Daten mit Erteilung der datenschutzrechtlichen Einwilligung liegen.

Liegen alle genannten Voraussetzungen vor, hat die zeitweise Überlassung von Hard- oder Software mietvertraglichen Charakter, sodass die §§ 535 ff. BGB Anwendung finden.

d. *Anwendbarkeit von Miet- und Pachtrecht bei Recht zur Fruchtziehung nach § 581 BGB?*

Die §§ 535 ff. BGB können zudem über § 581 Abs. 1 BGB neben den Vorschriften des Pachtvertrags (§§ 581–584b BGB) auf Cloud-Computing-Verträge Anwendung finden. Das Pachtrecht setzt gem. § 581 Abs. 1 S. 1 BGB voraus, dass dem Pächter der Gebrauch eines „Gegenstands" und der „Genuss der Früchte", soweit sie nach den Regeln einer ordnungsmäßigen Wirtschaft als Ertrag anzusehen sind, während der Pachtzeit zu gewähren sind. Da § 581 Abs. 1 S. 1 BGB insoweit anders als § 535 Abs. 1 BGB nicht die Überlassung einer „Sache" voraussetzt, kommt die Anwendung des Pachtrechts vor allem dann in Betracht,

---

234 BGH, Urt. v. 15.11.2006 – XII ZR 120/04, Rn. 19; vgl. BGH BeckRS 9998, 77893; Wicker, in: MMR 2012, 783 (786).

235 Häublein, in: MüKo, BGB, Bd. 4, § 535 Rn. 101.

236 Weidenkaff, in: Palandt, BGB, § 535 Rn. 71.

wenn entgegen der vorzugswürdigen Ansicht[237] digitale Inhalte nicht als Sachen qualifiziert werden.[238] Darüber hinaus kann das Pachtrecht aber auch einschlägig sein, wenn digitale Inhalte zwar als Sachen angesehen werden, dem Nutzer aber über die Überlassung des digitalen Inhalts hinaus zusätzlich das Recht zur Fruchtziehung eingeräumt wird. Früchte einer Sache (mithin nach vorzugswürdiger Ansicht auch eines digitalen Inhalts) sind nach § 99 Abs. 1 BGB die Erzeugnisse der Sache und die sonstige Ausbeute, welche aus der Sache ihrer Bestimmung gemäß gewonnen wird. Sofern die Sachqualität von digitalen Inhalten verneint wird, ist stattdessen die entsprechende Definition für Früchte eines Rechts nach § 99 Abs. 2 BGB heranzuziehen. Früchte einer Software können bspw. darin bestehen, dass der Nutzer mittels der Software Dateien erstellt, die für sich genommen einen wirtschaftlichen Wert haben können.[239] Eine Qualifizierung als Pacht kann aber – auch wenn der Nutzer derartige Dateien herstellen kann – nur vorgenommen werden, wenn nach dem Inhalt des Vertrags sämtliche Ergebnisse der Softwarenutzung dem Nutzer und nicht etwa dem Softwarehersteller zustehen.[240]

3. *Werkvertragliche Leistungselemente*

Des Weiteren können Cloud-Computing-Verträge werkvertragliche Leistungselemente i.S.d. §§ 631 ff. BGB enthalten. Voraussetzung hierfür ist, dass der Anbieter gem. § 631 Abs. 1 BGB zur Herstellung eines Werks (hierzu **a.**) und der Nutzer zur Entrichtung der vereinbarten Vergütung verpflichtet ist (hierzu **b.**).

a. *Werkleistung des Anbieters, § 631 Abs. 1 BGB*

Die Werkleistung i.S.d. § 631 Abs. 1 BGB kann gem. § 631 Abs. 2 BGB sowohl in der Herstellung oder Veränderung einer Sache als auch in einem anderen durch Arbeit oder Dienstleistung herbeizuführenden Erfolg liegen. Das Werk muss hierbei nicht notwendigerweise aus einem körperlichen Produkt bestehen, sondern kann auch ein unkörperliches Arbeitsergebnis (bspw. die Erstellung eines Datenverarbeitungsprogramms) sein.[241] Maßgeblich ist vielmehr, dass nicht

---

237 Hierzu bereits § 4 A.II.1.a.
238 Druschel/Oehmichen, in: CR 2015, 233 (234).
239 Heydn, in: CR 2010, 772 (773).
240 Vgl. Heydn, in: CR 2010, 772 (773).
241 BGH NJW 2002, 3323 (3325f.); Sprau, in: Palandt, BGB, Einf v § 631 Rn. 1.

das bloße Tätigwerden als solches, sondern die Herbeiführung eines fassbaren Erfolgs geschuldet ist.[242]

aa. Softwarepflegemaßnahmen

Eine Werkleistung kommt zunächst in Betracht, wenn der Anbieter Softwarepflegemaßnahmen, wie etwa Maßnahmen zur Datensicherung oder die Durchführung von regelmäßigen Back-ups schuldet. Sofern der Anbieter auch zur zeitweisen Überlassung von Hard- oder Software verpflichtet ist, muss er allerdings bereits gem. § 535 Abs. 1 S. 2 BGB Maßnahmen zur Erhaltung der Hard- und Software ergreifen. Derartige Pflegemaßnahmen unterfallen daher auch dem Mietvertragsrecht. Gehen die geschuldeten Maßnahmen aber über die nach § 535 Abs. 1 S. 2 BGB zu ergreifenden Erhaltungsmaßnahmen hinaus und überschreiten den üblichen Leistungsinhalt, kann ihnen ein eigenständiger werkvertraglicher Charakter zukommen.[243] Das kann etwa der Fall sein, wenn der Anbieter die Verbesserung des ursprünglichen Leistungsangebots oder individuelle Anpassungen des Leistungsangebots an die spezifischen Wünsche des Nutzers schuldet.[244] Gleiches gilt für Leistungselemente, in denen sich der Anbieter zur Anpassung von Standard-Software[245] oder zur Vornahme von Installations-, Implementierungs- oder Anpassungsmaßnahmen verpflichtet.[246]

bb. Live-Streaming-Services

Darüber hinaus kann eine Werkleistung vorliegen, wenn der Anbieter dem Nutzer Live-Streaming-Services bereitstellt.[247] Diesem Service kommt insbesondere im Unternehmer-Verbraucher-Verkehr große Bedeutung zu. Im Gegensatz zum einfachen Streaming eines Films, bspw. über die Amazon-Prime-Plattform, ist beim Live-Streaming eines Ereignisses der konkrete Erfolg dergestalt geschuldet,

---

242 Leupertz/Halfmeier, in: Prütting/Wegen/Weinreich, BGB, Vor § 631 Rn. 20; Mansel, in: Jauernig, BGB, Vor § 631 Rn. 3; Sprau, in: Palandt, BGB, Einf v § 631 Rn. 1.

243 Pohle/Ammann, in: CR 2009, 273 (275); Fritzemeyer, in: NJW 2011, 2918 (2920); BGH NJW 2010, 1449 (1451).

244 Pohle/Ammann, in: CR 2009, 273 (275).

245 Müller-Hengstenberg, in: NJW 2010, 1181; Spindler/Klöhn, in: CR 2003, 81 (82).

246 Borges, in: Borges/Meents, Cloud-Computing Rechtshandbuch, § 4 Rn. 61f.; Giedke, Cloud-Computing, S. 125; Nägele/Jacobs, in: ZUM 2010, 281 (284); Niemann/Paul, in: K&R 2009, 444 (447); Paul, in: Niemann/Paul, Rechtsfragen des Cloud-Computing, Kap. 8 Rn. 34ff.; Pohle/Ammann, in: CR 2009, 273 (275); Splittgerber/Rockstroh, in: BB 2011, 2179.

247 Schmidt-Kessel, in: Toyohogaku 2017, 141 (155); vgl. ders., in: K&R 2014, 475 (479).

dass der Nutzer das Ereignis in Echtzeit miterleben kann. Er hat regelmäßig kein Interesse daran, die Aufzeichnung erst später anzusehen oder anhören zu können. So entspricht es etwa i.d.R. nicht dem Interesse des Nutzers, das Fußball-WM-Finale einen Tag später anschauen zu können. Vielmehr kommt es ihm darauf an, das Sportereignis live mitverfolgen zu können. In derartigen Fällen ist die Nutzbarkeit des Live-Streams der konkret geschuldete Erfolg i.S.d. § 631 Abs. 1 BGB.

cc. Herstellung von Software

In Betracht kommt eine Werkleistung auch dann, wenn der Anbieter zur Herstellung einer Software verpflichtet ist. In diesem Fall kommt sowohl eine Qualifizierung als Werkvertrag als auch eine Qualifizierung als Werklieferungsvertrag nach § 650 S. 1 BGB in Betracht. Bei einem Werklieferungsvertrag ist die Lieferung herzustellender oder zu erzeugender beweglicher Sachen geschuldet, mit der Folge, dass gem. § 650 S. 1 BGB die Vorschriften über den Kauf Anwendung finden. Relevant ist eine Differenzierung vor allem im Hinblick auf die unterschiedlichen Verjährungsfristen der Mängelrechte in § 438 BGB und § 634a BGB.[248] Darüber hinaus besteht bei werkvertraglicher Einstufung ein Recht auf Selbstvornahme nach § 637 BGB sowie die Pflicht zur Abnahme gem. § 640 BGB.[249] Ferner hat der Besteller nach § 635 Abs. 1 BGB im Gegensatz zu dem Käufer nach § 439 Abs. 1 BGB keine Wahl bezüglich der durchzuführenden Nacherfüllungsmaßnahme.

Für die Anwendung des 650 S. 1 BGB spricht zunächst eine einheitliche Behandlung von Sachen und Software, die nach vorzugswürdiger Ansicht aufgrund ihrer Verkörperung auf einem materiellen Datenträger Sachen i.S.v. § 90 BGB gleichzustellen sind.

Dagegen wird allerdings vorgebracht, dass eine Anwendung des § 650 S. 1 BGB auf die Herstellung von Software nicht sachgerecht sei: Hinter der Anwendbarkeit des Kaufvertragsrechts nach § 650 S. 1 BGB steht die Erwägung, dass bei der Herstellung beweglicher Sachen die Übergabe und Übereignung der Sache im Vordergrund stehen.[250] Bei der Herstellung von Software sei aber, ähnlich wie bei der Erstellung von Bauplänen durch einen Architekten, nicht der Erwerb der Software, sondern die geistige Leistung des Herstellers maßgeblich.[251]

---

248 Dechamps, in: AnwBl 2016, 628 (630); Spindler/Klöhn, in: CR 2003, 81.

249 Fritzemeyer, in: NJW 2011, 2918 (2919f.); Redeker, IT-Recht, Rn. 297.

250 Faust, DJT-Gutachten, S. 37.

251 Faust, DJT-Gutachten, S. 37; Spindler, in: JZ 2016, 805 (810); OLG München BeckRS 2010, 5775; a.A. Druschel, in: GRUR Int. 2015, 125 (137).

Dieses Argument vermag indes nicht überzeugen. Zwar stellt die Herstellung der Software eine immense geistige Leistung dar, allerdings soll nicht die geistige Schöpfung übertragen werden, sondern lediglich eine Kopie der Software, sodass die geistige Leistung wieder in den Hintergrund tritt.[252] Durch ihre Verkörperung nehmen digitale Inhalte mithin wie Sachen am Wirtschaftsverkehr teil.[253] Nach überzeugender Ansicht liegt in der Herstellung von Software daher keine Werkleistung i.S.v. § 631 Abs. 1 BGB. Vielmehr findet das Kaufvertragsrecht über § 650 S. 1 BGB Anwendung.

b. Entrichtung der Vergütung, § 631 Abs. 1 BGB

Ein Leistungselement eines Cloud-Computing-Vertrags hat zudem nur dann werkvertraglichen Charakter, wenn der Nutzer gem. § 631 Abs. 1 BGB zur Entrichtung einer Vergütung verpflichtet ist. Unproblematisch kann hiervon bei Zahlung einer Geldleistung ausgegangen werden. Die Entrichtung einer Vergütung setzt aber nicht notwendigerweise die Zahlung einer Geldsumme voraus, sondern kann auch in anderen Formen auftreten.[254] Folglich genügt es auch, wenn sich der Nutzer zur Bereitstellung personenbezogener Daten verpflichtet und die datenschutzrechtliche Einwilligung in ihre Verarbeitung erteilt. Sofern diese Voraussetzungen kumulativ erfüllt sind, hat das entsprechende Leistungselement werkvertraglichen Charakter i.S.d. §§ 631 ff. BGB.

4. Dienstvertragliche Leistungselemente

Schließlich können Cloud-Computing-Verträge dienstvertraglich zu qualifizierende Leistungselemente enthalten. Im Rahmen eines Dienstvertrags verpflichtet sich der Dienstverpflichtete gem. § 611 Abs. 1 BGB zur Leistung der versprochenen Dienste. Gegenstand des Dienstvertrags können gem. § 611 Abs. 2 BGB Dienste jeder Art sein. Im Gegensatz zum Werkvertrag ist beim Dienstvertrag allein eine Tätigkeit und nicht das Erzielen eines konkreten Erfolgs geschuldet.[255] Der Anbieter schuldet etwa dann eine Dienstleistung i.S.v. § 611 BGB, wenn er sich gegenüber dem Nutzer zur Erbringung von Schulungs- und Unterstützungsleistungen verpflichtet, da bei diesen i.d.R. nicht die Herbeiführung eines

---

252 Hierzu bereits § 4 A.II.1.a.bb.

253 Druschel/Oehmichen, in: CR 2015, 233 (234).

254 Sprau, in: Palandt, BGB, § 632 Rn. 4; Shmatenko/Möllenkamp, in: MMR 2018, 495 (500).

255 Leupertz/Halfmeier, in: Prütting/Wegen/Weinreich, BGB, Vor § 631 Rn. 22; Mansel, in: Jauernig, BGB, Vor § 631 Rn. 3; Sprau, in: Palandt, BGB, Einf v § 631 Rn. 10.

bestimmten Erfolgs, sondern allein die ordnungsgemäße Ausübung der Tätigkeit geschuldet ist.[256]

Im Gegenzug muss der Nutzer gem. § 611 Abs. 1 BGB zur Gewährung einer Vergütung verpflichtet sein. Diese kann sowohl in einer Geldleistung als auch in einem anderen Lohn bestehen.[257] Folglich kann auch dann von einem dienstvertraglichen Leistungselement ausgegangen werden, wenn der Nutzer im Gegenzug für die Dienstleistung personenbezogene Daten bereitstellt und seine Einwilligung zu deren Verarbeitung erteilt.

III. Zwischenergebnis

Cloud-Computing-Verträge sind nach bisher anwendbarer deutscher Rechtslage i.d.R. insgesamt als typengemischte Verträge anzusehen. Sind im Rahmen eines Cloud-Computing-Vertrags mehrere gleichwertige Leistungselemente geschuldet, ist das einschlägige Recht für jedes einzelne Leistungselement zu beurteilen. Den Leistungselementen kann hierbei insbesondere ein kauf-, miet-, werk- oder dienstvertraglicher Charakter zukommen.

B. Vertragstypologische Einordnung von Cloud-Computing-Verträgen nach der Digitale-Inhalte-Richtlinie

Da Cloud-Dienste als digitale Dienstleistungen i.S.d. Digitale-Inhalte-Richtlinie anzusehen sind, hängt die vertragstypologische Einordnung von Cloud-Computing-Verträgen innerhalb des Anwendungsbereichs der Richtlinie nunmehr davon ab, welcher Vertragsnatur Verträge über die Bereitstellung digitaler Inhalte oder Dienstleistungen entsprechen.

I. Die Hauptleistungspflichten der Parteien eines Vertrags über die Bereitstellung digitaler Inhalte oder Dienstleistungen

Im Folgenden sind zunächst die Hauptleistungspflichten der Parteien eines Vertrags über die Bereitstellung digitaler Inhalte oder Dienstleistungen zu erörtern.

256 Borges, in: Borges/Meents, Cloud-Computing Rechtshandbuch, § 4 Rn. 60; Giedke, Cloud-Computing S. 125; Intveen/Hilber/Rabus, in: Hilber, Handbuch Cloud-Computing, Teil 2 Rn. 167; Nägele/Jacobs, in: ZUM 2010, 281 (284); Niemann/Paul, in: K&R 2009, 444 (447); Paul, in: Niemann/Paul, Rechtsfragen des Cloud-Computing, Kap. 8 Rn. 34ff.; Pohle/Ammann, in: CR 2009, 273 (275); Splittgerber/Rockstroh, in: BB 2011, 2179.

257 Weidenkaff, in: Palandt, BGB, § 611 Rn. 56.

1. *Pflicht des Unternehmers zur Bereitstellung digitaler Inhalte oder Dienstleistungen, Art. 5 DIRL*

Nach Art. 5 Abs. 1 S. 1 DIRL schuldet der Unternehmer die Bereitstellung digitaler Inhalte oder Dienstleistungen an den Verbraucher. Der Begriff der „Bereitstellung" ist weit zu verstehen und umfasst bspw. die Übermittlung auf einem körperlichen Datenträger, das Herunterladen auf Geräte des Verbrauchers, das Streaming sowie die Ermöglichung des Zugangs zu Speicherkapazitäten oder zur Nutzung von sozialen Medien.[258] Es bedarf aber einer Erörterung, unter welchen Voraussetzungen davon ausgegangen werden kann, dass der Unternehmer seine Bereitstellungspflicht erfüllt hat. Laut ErwG 41 S. 3 DIRL kann dies allgemein angenommen werden, wenn die digitalen Inhalte oder Dienstleistungen die Sphäre des Verbrauchers erreicht haben und keine weiteren Handlungen vonseiten des Unternehmers erforderlich sind, damit der Verbraucher diese vertragsgemäß nutzen kann. Art. 5 Abs. 2 DIRL legt vor diesem Hintergrund für digitale Inhalte einerseits und für digitale Dienstleistungen andererseits fest, wann die Bereitstellungspflicht als erfüllt anzusehen ist.

Nach Art. 5 Abs. 2 lit. a DIRL hat der Unternehmer seine Bereitstellungspflicht in Bezug auf digitale Inhalte erfüllt, wenn die digitalen Inhalte oder jedes Mittel, die bzw. das für den Zugang zu den digitalen Inhalten oder deren Herunterladen geeignet ist, dem Verbraucher oder einer von ihm zu diesem Zweck bestimmten körperlichen oder virtuellen Einrichtung zur Verfügung gestellt oder zugänglich gemacht worden ist.

In Bezug auf digitale Dienstleistungen hat der Unternehmer seiner Bereitstellungspflicht gem. Art. 5 Abs. 2 lit. b DIRL dann genüge getan, wenn die Dienstleistung dem Verbraucher oder einer von ihm zu diesem Zweck bestimmten körperlichen oder virtuellen Einrichtung zugänglich gemacht worden ist. Sofern die Parteien nichts anderes vereinbart haben, muss dies gem. Art. 5 Abs. 1 S. 2 DIRL unverzüglich nach Vertragsschluss erfolgen.

a. *Zugangsverschaffung oder Zurverfügungstellung*

In Art. 5 Abs. 2 DIRL wird zwischen der Verpflichtung des Unternehmers unterschieden, digitale Inhalte „zur Verfügung zu stellen" oder „zugänglich" zu machen (lit. a) und digitale Dienstleistungen allenfalls „zugänglich" zu machen (lit. b). Die Begriffe der Zugangsverschaffung und des Zurverfügungstellens sind nach dem Maß der Verschaffung der tatsächlichen Verfügungsgewalt zu

258 Hierzu bereits § 3 B.III.2.c.

unterscheiden.[259] Mit der Verschaffung des Zugangs ist lediglich ein eingeschränkter Zugriff auf die digitalen Inhalte oder Dienstleistungen gemeint; ein Zurverfügungstellen geht hingegen weiter und erfordert die Einräumung einer umfassenden Verfügungsgewalt.[260] Bei einer Zugangsverschaffung bleiben die digitalen Inhalte oder Dienstleistungen also im Herrschaftsbereich des Unternehmers, während der Verbraucher lediglich auf sie zugreifen kann. Bei einem Zurverfügungstellen hingegen finden die digitalen Inhalte oder Dienstleistungen Eingang in den Herrschaftsbereich des Verbrauchers. Ob der Verbraucher jenseits der Schnittstelle des Unternehmers tatsächlich den Zugang zu den digitalen Inhalten oder Dienstleistungen erhält, ist nicht von Bedeutung.[261] Der Unternehmer hat nämlich keinen Einfluss auf die vom Verbraucher ausgewählte Plattform oder den ausgewählten Provider, auf die Leistungsfähigkeit des Internets oder auf die Speicherkapazität des nutzereigenen Endgeräts.[262] Derartige Faktoren liegen vielmehr in der Herrschaftssphäre des Verbrauchers und dürfen nicht zulasten des Unternehmers fallen.

Nach Art. 5 Abs. 2 lit. a DIRL hat der Unternehmer die Wahl, dem Verbraucher zum einen nur den Zugang zu den digitalen Inhalten einzuräumen, etwa indem er dem Verbraucher ermöglicht, Text- oder Bilddateien auf einer Datenbank abzurufen, ohne dass der Verbraucher diese exportieren und speichern kann.[263] Zum anderen kann der Unternehmer dem Verbraucher eine umfassende Verfügungsmacht über die digitalen Inhalte einräumen, etwa durch Ermöglichung eines Exports der Dateien.[264]

Art. 5 Abs. 2 lit. b DIRL hingegen verpflichtet den Unternehmer, die digitalen Dienstleistungen „zugänglich“ zu machen. Denkbarer Hintergrund hierfür ist, dass dem Verbraucher bei der Bereitstellung einer digitalen Dienstleistung i.d.R. keine umfassende Verfügungsgewalt über die Dienstleistung eingeräumt wird. So hat der Nutzer des Prime-Video-Programms etwa keine Verfügungsgewalt über die Filmdatei, auf die er zugreift. Gleiches gilt, wenn der Verbraucher soziale Mediendienste wie Facebook nutzt. Sollte der Unternehmer dem Verbraucher im Einzelfall aber doch eine digitale Dienstleistung „zur Verfügung“

259 Wendland, in: GPR 2016, 8 (13).

260 Wendland, in: EuZW 2016, 126 (127); ders., in: GPR 2016, 8 (13).

261 Spindler, in: MMR 2016, 147 (151); vgl. Faber, Bereitstellungspflicht, Mangelbegriff und Beweislast in der DIRL, in: Wendehorst/Zöchling-Jud, Ein neues Vertragsrecht für den digitalen Binnenmarkt?, S. 96.

262 Spindler, in: MMR 2016, 147 (151).

263 Wendland, in: GPR 2016, 8 (13).

264 Wendland, in: GPR 2016, 8 (13).

stellen, ist davon auszugehen, dass er seine Bereitstellungspflicht hiermit erfüllt hat. Schließlich sind strengere Anforderungen an ein Zurverfügungstellen als an eine Zugangsverschaffung zu stellen. Mithin muss der Unternehmer bei einem Zurverfügungstellen der digitalen Dienstleistung erst recht seiner Bereitstellungspflicht nachgekommen sein.

b. Bereitstellung an den Verbraucher oder an eine körperliche oder virtuelle Einrichtung

Weitere Voraussetzung ist gem. Art. 5 Abs. 2 DIRL, dass der Unternehmer die digitalen Inhalte oder Dienstleistungen dem Verbraucher oder einer von ihm zu diesem Zweck bestimmten körperlichen oder virtuellen Einrichtung bereitstellt. ErwG 41 S. 4 DIRL nennt als Beispiel für eine derartige Einrichtung etwa eine elektronische Plattform oder eine Einrichtung zur Cloud-Speicherung. Da der Unternehmer grds. nicht für Handlungen oder Unterlassungen eines Dritten haften soll, der eine körperliche oder virtuelle Einrichtung betreibt, genügt eine Bereitstellung an die Einrichtung. Etwaige Pflichtverletzungen des Dritten bei der Bereitstellung an den Verbraucher sind dem Unternehmer nicht zuzurechnen.

Dies gilt allerdings nur, wenn der Verbraucher die Einrichtung selbst bestimmt hat. Hiervon ist nicht auszugehen, wenn die Einrichtung vom Unternehmer kontrolliert wird, wenn sie mit dem Unternehmer vertraglich verbunden ist oder wenn der Verbraucher die Einrichtung zwar ausgewählt hat, diese Wahl aber vom Unternehmer als einzige angeboten wurde.[265] In diesem Fall hat der Unternehmer seine Pflicht zur Bereitstellung nicht erfüllt, wenn er die digitalen Inhalte oder Dienstleistungen der körperlichen oder virtuellen Einrichtung bereitgestellt hat, der Verbraucher die digitalen Inhalte oder Dienstleistungen jedoch nicht empfangen hat oder nicht auf diese zugreifen kann.[266] ErwG 41 S. 7 DIRL stellt für diesen Fall klar, dass dem Verbraucher dieselben Rechtsbehelfe zur Verfügung stehen sollen wie im Fall der nicht erfolgten Bereitstellung mit der Folge, dass der Unternehmer nach Art. 11 Abs. 1 DIRL haftet.

2. Pflicht des Verbrauchers zur Zahlung eines Preises oder zur Bereitstellung personenbezogener Daten, Art. 3 Abs. 1 DIRL

Die Hauptleistungspflichten des Verbrauchers sind in Art. 5 DIRL nicht explizit festgelegt. Ein Rückschluss auf die Hauptleistungspflichten des Verbrauchers

265 ErwG 41 S. 5 DIRL.
266 ErwG 41 S. 6 DIRL.

lässt sich aber aus Art. 3 Abs. 1 DIRL ziehen.[267] Nach Art. 3 Abs. 1 UAbs. 1 DIRL gilt die Digitale-Inhalte-Richtlinie zunächst für Verträge, auf deren Grundlage der Verbraucher im Gegenzug für die Bereitstellung der digitalen Inhalte oder Dienstleistungen „einen Preis zahlt oder dessen Zahlung zusagt". Nach Art. 3 Abs. 1 UAbs. 2 DIRL erstreckt sich der Anwendungsbereich der Digitale-Inhalte-Richtlinie darüber hinaus auf solche Fälle, in denen der Verbraucher keine Geldzahlung erbringt, sondern dem Unternehmer personenbezogene Daten bereitstellt oder deren Bereitstellung zusagt. Hieraus lässt sich schließen, dass die Gegenleistungspflicht des Verbrauchers entweder in einer Zahlung oder Zusage zur Zahlung oder in einer Bereitstellung oder Zusage zur Bereitstellung personenbezogener Daten besteht. In Bezug auf die inhaltlichen Anforderungen dieser Pflichten des Verbrauchers kann auf die Ausführungen zum Anwendungsbereich der Digitale-Inhalte-Richtlinie verwiesen werden.[268]

II. Vertragstypologische Einordnung nach der Digitale-Inhalte-Richtlinie

Da die Bereitstellung lediglich voraussetzt, dass dem Verbraucher oder der von ihm bestimmten Einrichtung die digitalen Inhalte oder Dienstleistungen verfügbar oder zugänglich gemacht werden, trifft die Digitale-Inhalte-Richtlinie keine eindeutige Wertung bezüglich einer vertragstypologischen Einordnung von Verträgen über die Bereitstellung digitaler Inhalte oder Dienstleistungen. Eine Bereitstellung kann etwa sowohl in einer permanenten Übertragung digitaler Inhalte im Rahmen eines punktuellen Leistungsaustauschs geschuldet sein als auch bei einer Gebrauchsüberlassung digitaler Inhalte auf Zeit. Ferner kann eine Bereitstellung digitaler Dienstleistungen angenommen werden, wenn der Unternehmer die Vornahme erfolgsbezogener, aber auch nicht-erfolgsbezogener Dienstleistungen schuldet. Insoweit können verschiedene, vom Unternehmer geschuldete Handlungen, die im deutschen Recht u.a. dem Kauf-, Miet-, Werk- oder Dienstvertragsrecht unterfallen würden, als Bereitstellung i.S.d. Richtlinie aufgefasst werden. Die Digitale-Inhalte-Richtlinie trifft folglich keine Regelung darüber, wie ein Vertrag über die Bereitstellung digitaler Inhalte oder Dienstleistungen vertragstypologisch einzustufen ist. Dies steht vor allem vor dem Hintergrund, dass es bisher auch kein europäisches Vertragsrecht und keine europäische Vertragstypologie gibt. Wie Verträge über die Bereitstellung

---

267 Vgl. Faust, Regelungsbereich und Harmonisierungsintensität des DIRL-Vorschlags, in: Artz/Gsell, Verbrauchervertragsrecht und digitaler Binnenmarkt, S. 102f.

268 Hierzu § 3 B.III.2.d und e.

digitaler Inhalte oder Dienstleistungen künftig vertragstypologisch einzuordnen sind, wird indes aus ErwG 12 S. 2 DIRl deutlich. Methodologisch lassen sich Erwägungsgründe als leitende Maßstäbe zur systematischen und teleologischen Auslegung eines Rechtsakts heranziehen.[269] Insoweit wird aus ErwG 12 S. 2 DIRL die Erwägung des europäischen Gesetzgebers deutlich, dass dieser bewusst von einer vertraglichen Einordnung abgesehen hat: Die Klärung der Frage, ob Verträge über die Bereitstellung digitaler Inhalte oder Dienstleistungen etwa Kauf-, Dienstleistungs- oder Mietverträge oder Verträge *sui generis* darstellen, soll vielmehr den Mitgliedstaaten obliegen. Möglich wäre zum einen etwa die Kodifizierung eines neuen Vertragstyps über die Bereitstellung digitaler Inhalte oder Dienstleistungen im Besonderen Schuldrecht des BGB.[270] Zum anderen könnten Verträge, die eine Bereitstellung digitaler Inhalte oder Dienstleistungen vorsehen, den im BGB bereits existierenden Vertragstypen zugeordnet werden. In diesem Fall könnten die Vorschriften der Digitale-Inhalte-Richtlinie entweder in den Abschnitten zu den einzelnen Vertragstypen im Besonderen Schuldrecht oder in einem Unterabschnitt des Allgemeinen Schuldrechts aufgenommen werden.[271]

C. Zwischenergebnis

Nach bisheriger deutscher Gesetzeslage hängen die maßgeblichen Regelungen für die Rechte und Pflichten der Parteien bei Mangelhaftigkeit der Cloud-Dienste von der vertragstypologischen Einordnung des konkret vorliegenden Cloud-Computing-Vertrags ab. Nach deutschem Verständnis sind Cloud-Computing-Verträge i.d.R. typengemischte Verträge, deren vertragstypologische Einordnung von dem konkret betroffenen Leistungselement abhängt. Diese können insbesondere kauf-, miet-, werk- oder dienstvertraglichen Charakter haben, möglich sind aber auch tausch- oder pachtvertragliche Elemente. Die Digitale-Inhalte-Richtlinie bezieht sich hingegen auf sämtliche Arten von „Bereitstellungs"-Verträgen, die keiner bestimmten Vertragstypologie entsprechen müssen. Wie Verträge über die Bereitstellung digitaler Inhalte oder Dienstleistungen, und damit auch Cloud-Computing-Verträge, in Zukunft vertragstypologisch einzuordnen sind, hängt damit vom künftigen Vorgehen des deutschen Gesetzgebers ab.

---

269 Hess, Europäisches Zivilprozessrecht, § 4 Rn. 56.

270 Vgl. Stürner, in: Jura 2017, 171 (173).

271 Schmidt-Kessel, in: Toyohogaku 2017, 141 (155f.); vgl. Baldus et al., in: GPR 2019, 258 (259 u. 261).

§ 5 Vorliegen eines Mangels im Rahmen von Cloud-Computing-Verträgen

Sowohl nach bisherigem deutschen Recht als auch nach der Digitale-Inhalte-Richtlinie ist Voraussetzung für die Haftung des Anbieters, dass ein Mangel an den bereitgestellten Cloud-Diensten vorliegt. Unter welchen Voraussetzungen von dem Bestehen eines Mangels auszugehen ist, ist im Folgenden sowohl nach bisheriger deutscher Rechtslage (hierzu **A.**) als auch nach der Digitale-Inhalte-Richtlinie (hierzu **B.**) zu erörtern.

A. Voraussetzungen für das Vorliegen eines Mangels nach bisheriger deutscher Rechtslage

Welche Voraussetzungen im Rahmen von Cloud-Computing-Verträgen an das Bestehen eines Mangels zu stellen sind, hängt nach bisheriger deutscher Rechtslage von der vertragstypologischen Einordnung des konkret vorliegenden Vertrags ab. Im Folgenden ist auf Cloud-Computing-Verträge mit kauf- (hierzu **I.**), miet- (hierzu **II.**), werk- (hierzu **III.**) und dienstvertraglichen Elementen (hierzu **IV.**) einzugehen.

I. Vorliegen eines Mangels bei Cloud-Computing-Verträgen mit kaufvertraglichen Leistungselementen

Im Rahmen von kaufvertraglichen Cloud-Computing-Verträgen ist der Anbieter gem. § 433 Abs. 1 S. 1 und 2 BGB verpflichtet, dem Nutzer den Vertragsgegenstand frei von Sach- und Rechtsmängel zu übergeben und zu übereignen. Die in § 437 BGB normierten Gewährleistungsrechte stehen dem Nutzer von Cloud-Diensten nur dann zu, sofern der Anbieter dieser Pflicht nicht nachkommt und dem Nutzer eine mangelhafte Sache verschafft. Zentrale Voraussetzung für das Bestehen von Gewährleistungsrechten im Rahmen von kaufvertraglichen Cloud-Computing-Verträgen ist daher das Vorliegen eines Mangels zum maßgeblichen Zeitpunkt. Ein Mangel kann zum einen als Sachmangel i.S.v. § 434 BGB oder als Rechtsmangel i.S.v. § 435 BGB auftreten.

1. *Sachmangel, § 434 BGB*

Von einem Sachmangel ist grds. auszugehen, wenn die tatsächliche „Ist-Beschaffenheit" von der geschuldeten „Soll-Beschaffenheit" abweicht.[272] Welche Anforderungen an die geschuldete Beschaffenheit einer Kaufsache zu stellen sind, richtet sich hierbei nach § 434 BGB.

Die Kaufsache ist nach § 434 Abs. 1 S. 1 BGB zunächst als mangelfrei anzusehen, wenn sie der vereinbarten Beschaffenheit entspricht. Maßgeblich für die geschuldete „Soll-Beschaffenheit" von digitalen Inhalten, die unter Einsatz einer Cloud dauerhaft bereitgestellt werden, sind damit in erster Linie die vertraglichen Absprachen der Parteien.

Sofern die Parteien keine Beschaffenheit vereinbart haben, sind die digitalen Inhalte gem. § 434 Abs. 1 S. 2 Nr. 1 BGB frei von Mängeln, wenn sie sich für die nach dem Vertrag vorausgesetzte Verwendung eignen.

Fehlt es auch an einer vertraglich vorausgesetzten Verwendung, ist der digitale Inhalt nach § 434 Abs. 1 S. 2 Nr. 2 BGB frei von Sachmängeln, wenn sich dieser für die gewöhnliche Verwendung eignet und eine Beschaffenheit aufweist, die bei digitalen Inhalten der gleichen Art gewöhnlich ist und vom Käufer erwartet werden kann. Zu der Beschaffenheit nach § 434 Abs. 1 S. 2 Nr. 2 BGB gehören gem. § 434 Abs. 1 S. 3 BGB auch Eigenschaften, die der Käufer nach den öffentlichen Äußerungen des Verkäufers, des Herstellers oder seines Gehilfen über bestimmte Eigenschaften der Sache erwarten kann. Dies gilt nur dann nicht, wenn der Verkäufer die Äußerung nicht kannte und auch nicht Kenntnis davon haben musste, dass sie im Zeitpunkt des Vertragsschlusses berichtigt war oder sie die Kaufentscheidung nicht beeinflussen konnte.

Darüber hinaus ist ein Sachmangel nach § 434 Abs. 2 BGB gegeben, wenn eine vereinbarte Montage unsachgemäß durchgeführt worden ist oder wenn die Montageanleitung einer vom Käufer fehlerhaft montierten Sache mangelhaft ist. Schließlich steht es gem. § 434 Abs. 3 BGB einem Sachmangel gleich, wenn der Verkäufer eine andere Sache oder eine zu geringe Menge liefert.

Maßgeblicher Zeitpunkt für das Vorliegen eines Sachmangels ist bei kaufvertraglich zu qualifizierenden Leistungselementen eines Cloud-Computing-Vertrags der Zeitpunkt des Gefahrübergangs.[273] Wann der Gefahrübergang eintritt,

---

272 Berger, in: Jauernig, BGB, § 434 Rn. 8; Westermann, in: Erman, BGB, § 434 Rn. 2.
273 Faust, in: BeckOK, BGB, § 434 Rn. 35; Martinek, in: Staudinger, BGB, § 434 Rn. 160; Westermann, in: Erman, BGB, § 434 Rn. 66.

richtet sich nach §§ 446, 447, 475 Abs. 2 BGB.[274] Regelmäßig ist dies nach § 446 S. 1 bzw. S. 3 BGB der Fall, wenn der Nutzer den digitalen Inhalt annimmt oder wenn er sich im Verzug mit der Annahme nach §§ 293 ff. BGB befindet.

2. Rechtsmangel, § 435 BGB

Während § 434 BGB das Vorliegen eines Sachmangels konkretisiert, kann ein Mangel nach § 435 BGB auch in Gestalt eines Rechtsmangels auftreten. Hiernach ist die Kaufsache frei von Rechtsmängeln, wenn Dritte in Bezug auf die Sache keine oder nur die im Kaufvertrag übernommenen Rechte gegen den Käufer geltend machen können. Im Rahmen von Cloud-Computing-Verträgen kommen als Rechte Dritter insbesondere Immaterialgüterrechte in Betracht, bspw. in Form eines Urheberrechts des Softwareherstellers.

Maßgeblicher Zeitpunkt für die Freiheit der Kaufsache von Rechtsmängeln ist im Gegensatz zur Sachmängelhaftung nach allgemeiner Ansicht der Zeitpunkt, in dem sich der Erwerb vollziehen soll, i.d.R. also der Eigentumserwerb.[275] Vor diesem Hintergrund kann es auch für Cloud-Computing-Verträge von Bedeutung sein, zwischen einem Rechts- und einem Sachmangel zu unterscheiden, obwohl beide zur Anwendbarkeit der §§ 434 ff. BGB führen. Sofern nämlich nach dem Gefahrübergang, aber vor der Eigentumsübertragung des digitalen Inhalts ein Mangel auftritt, der auch ein Recht eines Dritten begründet, so sind die §§ 434 ff. BGB nur eröffnet, wenn ein Rechtsmangel gegeben ist. Nach überzeugender Ansicht fallen unter § 435 BGB aber nur solche Immaterialgüterrechte, aufgrund derer der Käufer den Gebrauch oder die Weiterveräußerung des Kaufgegenstands unterlassen muss.[276] Solche Mängel hingegen, die an die Beschaffenheit des Kaufgegenstands anknüpfen, sind dem Sachmängelrecht nach § 434 BGB zuzuordnen, auch wenn sie dazu führen, dass Dritte Rechte gegen den Käufer geltend machen können.[277]

Eine andere Ansicht erkennt auch in derartigen Konstellationen einen Rechtsmangel an, da der Verkäufer bis zum Eigentumsübergang für die Freiheit des Kaufgegenstands von Rechten Dritter hafte.[278] Sie zieht aber in Betracht, die Rechtsmängelhaftung auszuschließen, wenn das Drittrecht erst nach

---

274 Faust, in: BeckOK, BGB, § 434 Rn. 36; Westermann, in: Erman, BGB, § 434 Rn. 67; ders., in: MüKo, BGB, Bd. 4, § 434 Rn. 50.

275 Westermann, in: MüKo, BGB, Bd. 4, § 435 Rn. 6;

276 Faust, in: BeckOK, BGB, § 435 Rn. 11; Martinek, in: Staudinger, BGB, § 435 Rn. 18.

277 Faust, in: BeckOK, BGB, § 435 Rn. 10; Martinek, in: Staudinger, BGB, § 435 Rn. 6.

278 BGH MDR 1991 (525); Westermann, in: MüKo, BGB, Bd. 4, § 435 Rn. 8.

Gefahrübergang eingreift.[279] Diese Ansicht ist indes nicht sachgerecht, da Veränderungen des Kaufgegenstands nach Gefahrübergang grds. in den Risikobereich des Käufers fallen.[280] Darüber hinaus beeinträchtigt das Drittrecht in einer derartigen Konstellation unmittelbar die Verwendbarkeit des Kaufgegenstands, die schon ab Gefahrübergang und nicht erst ab Eigentumsübergang gewährleistet sein muss.[281] Ein konkreter Mangel kann auch im Rahmen von Cloud-Computing-Verträgen daher nur einen Rechtsmangel darstellen, wenn er nicht an die Beschaffenheit des digitalen Inhalts anknüpft. Ansonsten ist der Mangel vielmehr als Sachmangel i.S.v. § 434 BGB anzusehen.

Ob der Dritte das Recht geltend macht und der Käufer hierdurch in der intendierten Verwendung des Kaufgegenstands beeinträchtigt wird, ist hingegen nicht relevant.[282]

II. Vorliegen eines Mangels bei Cloud-Computing-Verträgen mit mietvertraglichen Leistungselementen

Auch im Rahmen eines Cloud-Computing-Vertrags mit mietvertraglichen Leistungselementen greifen die besonderen Gewährleistungsrechte nach § 536 Abs. 1 BGB und § 536a BGB nur dann ein, wenn die Mietsache mangelhaft ist. Auch insofern ist das Bestehen eines Mangels essentiell für die Möglichkeit des Nutzers zur Geltendmachung von Gewährleistungsrechten. Auch im Rahmen von mietvertraglichen Leistungselementen eines Cloud-Computing-Vertrags liegt ein Mangel bei jeder nachteiligen Abweichung der tatsächlichen „Ist-Beschaffenheit“ von der vereinbarten „Soll-Beschaffenheit“ vor.[283] Nach § 536 Abs. 1 S. 1 und 2 BGB muss der Mangel die Tauglichkeit der Mietsache zum vertragsgemäßen Gebrauch aufheben oder mindern. Wann sich die Mietsache zum vertragsgemäßen Gebrauch eignet, richtet sich in erster Linie nach dem Vorliegen einer entsprechenden Beschaffenheits- oder Verwendungsabrede und hilfsweise unter Berücksichtigung des üblichen oder gewöhnlichen Gebrauchs.[284] Eine einseitige Bestimmung des Mieters

279 BGH MDR 1991 (525); vgl. Faust, in: BeckOK, BGB, § 435 Rn. 10.
280 Faust, in: BeckOK, BGB, § 435 Rn. 10; Martinek, in: Staudinger, BGB, § 435 Rn. 18.
281 Faust, in: BeckOK, BGB, § 435 Rn. 11.
282 Faust, in: BeckOK, BGB, § 435 Rn. 7.
283 Häublein, in: MüKo, BGB, Bd. 4, § 536 Rn. 3.
284 Emmerich, in: Staudinger, BGB, § 536 Rn. 5; Häublein, in: MüKo, BGB, Bd. 4, § 536 Rn. 4; Teichmann, in: Jauernig, BGB, § 536 Rn. 4.

genügt hierbei nicht, solange der Vermieter jedenfalls nicht „zustimmend reagiert".[285]

Sofern die Tauglichkeit zum vertragsgemäßen Gebrauch allerdings nur unerheblich gemindert ist, werden hierdurch gem. § 536 Abs. 1 S. 3 BGB grds. keine Mängelrechte ausgelöst. Von einer Unerheblichkeit der Gebrauchsbeeinträchtigung ist auszugehen, wenn sie bei objektiver Betrachtung nicht spürbar ins Gewicht fällt oder der Fehler leicht erkennbar und er mit geringen Kosten schnell beseitigt werden kann.[286]

Neben dem Fehlen oder dem Wegfall einer zugesicherten Eigenschaft gem. § 536 Abs. 2 BGB kann ein Mangel gem. § 536 Abs. 3 BGB außerdem darin bestehen, dass der vertragsgemäße Gebrauch der Mietsache durch das Recht eines Dritten ganz oder zum Teil entzogen wird. Aus dem Wortlaut des § 536 Abs. 3 BGB geht eindeutig hervor, dass das alleinige Bestehen von Rechten Dritter nicht genügt. Vielmehr ist ein Rechtsmangel erst dann anzunehmen, wenn das Drittrecht geltend gemacht wird, sodass der Vermieter seiner Überlassungspflicht nicht mehr ordnungsgemäß nachkommen kann.[287]

Im Mietvertragsrecht muss der Mangel gem. § 536 Abs. 1 S. 1 BGB zum Zeitpunkt der Überlassung vorliegen oder während der Mietzeit entstehen. Anders als bei kaufvertraglichen Leistungselementen eines Cloud-Computing-Vertrags kann ein Mangel also auch dann eine Haftung des Anbieters begründen, wenn die Mietsache zwar bei der Überlassung noch nicht mangelhaft war, im Laufe der Mietzeit aber mangelhaft wird.

III. Vorliegen eines Mangels bei Cloud-Computing-Verträgen mit werkvertraglichen Leistungselementen

Auch im Rahmen von Cloud-Computing-Verträgen mit werkvertraglichen Leistungselementen hat der Anbieter dem Nutzer das Werk gem. § 633 Abs. 1 BGB frei von Sach- und Rechtsmängeln zu verschaffen. Sofern der Anbieter dieser Verpflichtung nicht nachkommt, besteht für den Nutzer die Möglichkeit, die in § 634 BGB aufgeführten Mängelrechte geltend zu machen. Ein Mangel liegt auch hier bei einer Abweichung zwischen der „Ist-Beschaffenheit" und

285 BGH NJW 2010, 1133 (1135); Häublein, in: MüKo, BGB, Bd. 4, § 536 Rn. 4; vgl. Emmerich, in: Staudinger, BGB, § 536 Rn. 6.

286 Emmerich, in: Staudinger, BGB, § 536 Rn. 21; Teichmann, in: Jauernig, BGB, § 536 Rn. 4.

287 Emmerich, in: Staudinger, BGB, § 536 Rn. 79.

der „Soll-Beschaffenheit" des Werks vor.[288] Wie die „Soll-Beschaffenheit" eines Werks zu bestimmen ist, wird weiter in § 633 BGB konkretisiert.

Ebenso wie im Kaufvertragsrecht ist die Mangelfreiheit des Werks nach § 633 Abs. 2 S. 1 BGB in erster Linie nach der vertraglich vereinbarten Beschaffenheit zu beurteilen. Sofern es an einer Beschaffenheitsvereinbarung fehlt, ist die Mangelfreiheit des Werks gem. § 633 Abs. 2 S. 2 Nr. 1 BGB nach der vertraglich vorausgesetzten Verwendung und sonst nach § 633 Abs. 2 S. 2 Nr. 2 BGB nach der gewöhnlichen Verwendung zu bestimmen. Einem Sachmangel steht es nach § 633 Abs. 1 S. 3 BGB gleich, wenn der Anbieter ein anderes als das bestellte Werk oder eine zu geringe Menge herstellt. Frei von Rechtsmängeln ist das Werk hingegen nach § 633 Abs. 3 BGB, wenn Dritte in Bezug auf das Werk keine oder nur die im Vertrag übernommenen Rechte gegen den Besteller geltend machen können.

Maßgeblicher Zeitpunkt für das Vorliegen eines Sach- oder Rechtsmangels ist regelmäßig der Zeitpunkt der Abnahme des Werks nach § 640 BGB.[289] Bis zu diesem Zeitpunkt trägt grds. der Unternehmer gem. § 644 Abs. 1 S. 1 BGB die Gefahr. Unter einer Abnahme i.S.v. § 640 BGB ist die Entgegennahme unter Billigung des Werks als in der Hauptsache vertragsgemäß zu verstehen.[290] Der Sach- oder Rechtsmangel löst also regelmäßig eine Mängelhaftung des Anbieters aus, wenn er zu dem Zeitpunkt vorliegt, in dem der Nutzer den Cloud-Dienst entgegennimmt und ihn als in der Hauptsache vertragsgemäß billigt.

Die Gefahr geht aber gem. § 644 Abs. 1 S. 2 BGB auch ohne eine Abnahme in diesem Sinne auf den Besteller über, wenn sich der Besteller im Verzug der Annahme gem. §§ 293 ff. BGB befindet. Darüber hinaus gilt die besondere Gefahrregelung nach § 447 BGB über § 644 Abs. 2 BGB auch im Werkvertragsrecht, wenn der Unternehmer das Werk auf Verlangen des Bestellers an einen anderen Ort als den Erfüllungsort versendet.

IV. Vorliegen eines Mangels bei Cloud-Computing-Verträgen mit dienstvertraglichen Leistungselementen

Im Rahmen von Cloud-Computing-Verträgen mit dienstvertraglichen Elementen stellt sich die Frage, ob eine Mängelhaftung des Anbieters in Betracht kommt, wenn die Dienstleistung durch den Anbieter mangelhaft ausgeführt wird. Zunächst muss hierfür jedenfalls eine Abweichung der tatsächlich

---

288 Busche, in: MüKo, BGB, Bd. 5–1, § 633 Rn. 7.
289 Mangel, in: Jauernig, BGB, § 633 Rn. 3; Westermann, in: Erman, BGB, § 633 Rn. 7.
290 Sprau, in: Palandt, BGB, § 640 Rn. 3.

erbrachten Dienstleistung vom geschuldeten Leistungsstandard feststehen, was voraussetzt, dass der vertraglich geschuldete Standard so präzise festgelegt ist, dass ein Abweichen der tatsächlich erbrachten Dienstleistung positiv festgestellt werden kann.[291]

Steht dies fest, so liegt nach einer Ansicht eine nicht vertragsgemäße Leistung vor.[292] Nach anderer Ansicht kommt es hierdurch zu einer versteckten Einführung eines Gewährleistungsrechts im Dienstvertrag.[293] Diese Ansicht versagt stattdessen einen Anspruch auf Vergütung und spricht dem Dienstberechtigten einen gem. § 249 Abs. 1 BGB auf die Befreiung von der Vergütungspflicht gerichteten Schadensersatzanspruch aus § 280 Abs. 1 BGB zu.[294] Gegen diese Ansicht spricht aber, dass auch hierdurch indirekt ein Gewährleistungsanspruch in den Dienstvertrag eingeführt würde.[295] Da sich dies letztlich nicht verhindern lässt, um eine sachgerechte Lösung zu finden, scheint es vorzugswürdig, auch im Dienstvertragsrecht eine mangelhafte Leistung annehmen zu können. Selbst wenn im Rahmen eines Dienstvertrags kein konkreter Erfolg geschuldet ist, muss die Dienstleistung schließlich regelmäßig bestimmten qualitativen Anforderungen entsprechen.[296] Hierbei können die Parteien eines Dienstvertrags zunächst besondere Anforderungen vereinbaren, bei deren Nichteinhaltung von einer mangelhaften Ausführung des Dienstes auszugehen ist.[297] Sofern dies nicht erfolgt ist, muss der Dienstverpflichtete die geschuldete Tätigkeit unter Berücksichtigung seiner persönlichen Fähigkeiten nach den jeweils anerkannten Regeln und Standards für die geschuldete Tätigkeit (*lege artis*) ausführen.[298] Schuldet der Anbieter etwa die Durchführung von Schulungsleistungen, kann der Nutzer im Rahmen eines Anfängerkurses einfache und klar verständliche Anweisungen erwarten, die keine besondere Fachkenntnis voraussetzen. Wird der Dienst nicht auf diese Weise erbracht, kann auch ein mangelhafter Cloud-Dienst vorliegen. Ob hierauf aber konkrete Gewährleistungsrechte aufbauen dürfen, bedarf einer genauen Prüfung in Bezug auf die jeweiligen Gewährleistungsansprüche, um

291 Hau/Poseck, in: BeckOK, BGB, § 611 Rn. 54.
292 Alexander, in: JA 2015, 321 (323).
293 Hau/Poseck, in: BeckOK, BGB, § 611 Rn. 54.
294 OLG Köln, Urt. v. 24.11.1993 – 27 U 44/93, Rn. 6; OLG München, Urt. v. 12.06.1997 – 1 U 1704/97, Rn. 3.
295 Hau/Poseck, in: BeckOK, BGB, § 611 Rn. 54.
296 Alexander, in: JA 2015, 321 (323).
297 Alexander, in: JA 2015, 321 (323).
298 Alexander, in: JA 2015, 321 (323).

nicht das Fehlen eines speziellen Gewährleistungsrechts in den §§ 611 ff. BGB zu unterwandern.[299]

B. Voraussetzungen für das Vorliegen eines Mangels nach der Digitale-Inhalte-Richtlinie

Die Anforderungen an die Mangelhaftigkeit bereitgestellter Cloud-Dienste richten sich nunmehr nach den Vorgaben der Digitale-Inhalte-Richtlinie. Diese regelt in Art. 6 DIRL, unter welchen Voraussetzungen digitale Inhalte oder Dienstleistungen (mithin auch Cloud-Dienste) als „vertragsgemäß" anzusehen sind. Sofern die Richtlinie von einer „Vertragswidrigkeit" spricht (bspw. in Art. 8, 9 oder 10 DIRL), so ist hiermit ein Mangel gemeint. Nach Art. 6 DIRL sind digitale Inhalte oder Dienstleistungen vertragsgemäß (also mangelfrei), wenn sie, unbeschadet des Art. 10 DIRL, die Anforderungen der Art. 7, 8 und 9 DIRL erfüllen.

I. Subjektive Vertragsmäßigkeitsanforderungen, Art. 7 DIRL

Art. 7 DIRL regelt die subjektive Vertragsmäßigkeit von digitalen Inhalten oder Dienstleistungen. Hiernach sind digitale Inhalte oder Dienstleistungen zunächst dann vertragsgemäß, wenn sie die in lit. a-d aufgezählten Kriterien kumulativ („und") erfüllen. Die Reichweite der in Art. 7 lit. a-d DIRL aufgezählten Kriterien hängt jeweils von den vertraglichen Vereinbarungen der Parteien ab. Insoweit können die Parteien durch vertragliche Vereinbarung des Pflichtenprogramms bestimmen, wann eine subjektive Vertragswidrigkeit i.S.v. Art. 7 DIRL vorliegt. Im Folgenden ist auf die einzelnen Kriterien in Art. 7 lit. a-d DIRL einzugehen.

1. Vertraglich festgelegte Leistungsmerkmale, Art. 7 lit. a DIRL

Gem. Art. 7 lit. a DIRL sind digitale Inhalte oder Dienstleistungen zunächst vertragsgemäß, wenn sie hinsichtlich ihrer Beschreibung, Quantität und Qualität, ihrer Funktionalität, Kompatibilität, Interoperabilität und sonstiger Merkmale den Anforderungen entsprechen, die sich aus dem Vertrag ergeben. Die geschuldeten Leistungsmerkmale können die Parteien nach Art. 7 lit. a DIRL insoweit grds. selbst festlegen, wie dies im deutschen Recht etwa aus § 434 Abs. 1 S. 1 BGB bekannt ist. Art. 7 lit. a DIRL ermöglicht dem Unternehmer hiermit, weitgehend selbst festzulegen, welche digitalen Inhalte oder Dienstleistungen

---

299 Hierzu § 6 A.I.4., § 6 B.I.4. und § 6 C.I.4.

von welcher Qualität und in welcher Quantität bereitgestellt werden sollen und welche Anforderungen sie hinsichtlich ihrer Funktionalität, Kompatibilität und Interoperabilität erfüllen müssen. So können der Nutzer und der Anbieter des Speicherdienstes Dropbox vereinbaren, ob ein Speicherplatz bspw. von 2 TB, 3 TB oder 5 TB zur Verfügung gestellt werden soll.

Darüber hinaus können die Parteien etwa Verfügbarkeitsquoten[300] festlegen oder urheberrechtliche Beschränkungen in den Vertrag mitaufnehmen.[301] Ferner ermöglicht Art. 7 lit. a DIRL dem Anbieter den Einsatz von sog. Beta-Versionen. Hierunter sind Versionen eines digitalen Inhalts zu verstehen, von denen zu erwarten ist, dass sie noch mit Fehlern behaftet sind, ohne dass die Fehler im Einzelnen schon bekannt sind.[302] Die Anbieter von Beta-Versionen warten vielmehr auf die Reaktionen der Nutzer, um die Beta-Produkte dann verbessern zu können.[303] Durch vertragliche Regelung von Beta-Versionen i.S.v. Art. 7 lit. a DIRL kann der Unternehmer verhindern, dass Fehler eines Beta-Produkts eine Haftung auslösen.[304]

Zu den vertraglichen Anforderungen i.S.v. Art. 7 lit. a DIRL gehören laut ErwG 42 S. 4 DIRL auch solche Anforderungen, die sich aus den vorvertraglichen Informationen ergeben, die nach der Verbraucherrechterichtlinie fester Bestandteil des Vertrags sind. Hiermit nimmt die Digitale-Inhalte-Richtlinie in erster Linie Bezug auf die Regelung in Art. 6 Abs. 5 VRRL, welche die Informationspflichten nach Art. 6 Abs. 1 VRRL als feste Bestandteile von Fernabsatz- und außerhalb von Geschäftsräumen abgeschlossenen Verträgen erklärt.[305] Für andere als Fernabsatzverträge oder außerhalb von Geschäftsräumen geschlossene Verträge stellt Art. 5 Abs. 1 entsprechende Informationspflichten auf. Derartige durch den Unternehmer gewährte Informationen werden nunmehr auch in der Digitale-Inhalte-Richtlinie über Art. 7 lit. a DIRL zur subjektiven Anforderung an die Vertragsmäßigkeit.

---

300 Hierzu Böken, in: iX Kompakt 2016, 160.

301 Hierzu Staudenmayer, in: ZEuP 2016, 801 (812f.); ders., in: NJW 2016, 2719 (2721).

302 Staudenmayer, in: NJW 2016, 2719 (2721); ders., in: ZEuP 2016, 801 (803); Grünberger, in: AcP 218 (2018), 213 (253).

303 Staudenmayer, in: NJW 2016, 2719 (2721); ders., in: ZEuP 2016, 801 (803).

304 Staudenmayer, in: ZEuP 2016, 801 (813).

305 Mańko, Verträge über die Bereitstellung digitaler Inhalte, S. 23.

2. Besondere Zweckvereinbarung, Art. 7 lit. b DIRL

Nach Art. 7 lit. b DIRL können die Parteien einen bestimmten, vom Verbraucher angestrebten Zweck festlegen, zu dem sich die digitalen Inhalte oder Dienstleistungen eignen müssen. Hierfür muss der Verbraucher dem Unternehmer den angestrebten Zweck spätestens bei Vertragsschluss zur Kenntnis gebracht und der Unternehmer diesem zugestimmt haben. Hierbei genügt es nicht, dass der besondere Zweck für den Unternehmer nur erkennbar ist, sondern er muss dem Unternehmer aktiv vom Verbraucher „zur Kenntnis gebracht" werden. Unklar ist aber, ob die Zustimmung des Unternehmers ausdrücklich erfolgen muss oder auch konkludent erteilt werden kann, etwa durch kommentarlose Bereitstellung der digitalen Inhalte oder Dienstleistungen.[306]

Der Wortlaut des Art. 7 lit. b DIRL spricht für die Möglichkeit einer konkludenten Zustimmung des Unternehmers. Dieser setzt lediglich voraus, dass der Unternehmer dem angestrebten Zweck (auf einfache Art und Weise) „zugestimmt hat". Eine Zustimmung kann schließlich sowohl ausdrücklich als auch konkludent erfolgen. Art. 7 lit. b DIRL schreibt hierbei nicht explizit vor, dass die Erteilung der Zustimmung ausdrücklich erfolgen muss.

Unterstützt wird dieses Verständnis der Norm auch durch einen systematischen Vergleich mit der nahezu identischen Regelung in Art. 2 Abs. 2 lit. b VerbrGKRL (nunmehr Art. 6 lit. b WH-RL), die ebenfalls nur voraussetzt, dass der Unternehmer dem vom Verbraucher bestimmten Zweck „zugestimmt" hat. In Bezug auf Art. 2 Abs. 2 lit. b VerbrGKRL wird von einer Zustimmung des Verkäufers ausgegangen, wenn dieser den Vertrag abschließt, nachdem ihm der bestimmte Zweck bekannt gemacht worden ist, solange der Verkäufer dem nicht deutlich erkennbar widersprochen hat.[307] Mithin ist nach Art. 2 Abs. 2 lit. b VerbrGKRL auch eine konkludente Erklärung ausreichend.[308] Dass diese Auslegung auch für Art. 7 lit. b DIRL eingreifen muss, zeigt eine innersystematische Untersuchung der Digitale-Inhalte-Richtlinie: In Art. 7 lit. b DIRL hat der europäische Gesetzgeber im Unterschied zu Art. 8 Abs. 5 DIRL von dem Erfordernis abgesehen, dass der Unternehmer den Vertragszweck „ausdrücklich und gesondert akzeptiert" haben muss. Im Umkehrschluss ist eine ausdrückliche Zustimmung ebenso wie in Bezug auf Art. 2 Abs. 2 lit. b VerbrGKRL nicht erforderlich.

Dies entspricht auch dem Sinn und Zweck des Art. 7 lit. b DIRL, der dem Verbraucher ein Instrument an die Hand geben soll, seine eigenen Zwecke in

---

306 Stürner, Stellungnahme DIRL, S. 14; ders., in: Jura 2017, 171 (174).
307 Grundmann, in: Grundmann/Bianca, VerbrGKRL Kommentar, Art. 2 Rn. 25.
308 Micklitz, in: EuZW 1999, 485 (486).

den Vertrag miteinzubringen. Dies soll ihm nicht unnötig erschwert werden. Im Ergebnis kann die Zustimmung des Unternehmers daher auch konkludent erfolgen.

3. *Bereitstellung von Zubehör, Anleitungen und Kundendienst, Art. 7 lit. c DIRL*

Nach Art. 7 lit. c DIRL sind die digitalen Inhalte und Dienstleistungen den Anforderungen des Vertrags entsprechend mit sämtlichem Zubehör, Anleitungen und Kundendienst bereitzustellen. Sofern der Unternehmer dem Verbraucher also die digitalen Inhalte oder Dienstleistungen, nicht aber das vertraglich vereinbarte Zubehör, die Anleitungen und den Kundendienst ordnungsgemäß bereitstellt, wird hierdurch eine subjektive Vertragswidrigkeit begründet. Subjektive Vertragsvereinbarungen über notwendiges Zubehör, Anleitungen und Kundendienst fallen insoweit unter Art. 7 lit. c DIRL und nicht unter Art. 7 lit. a DIRL, der sich nur auf subjektiv festgelegte Leistungsmerkmale hinsichtlich der Bereitstellung der digitalen Inhalte oder Dienstleistungen selbst bezieht.

4. *Durchführung von Aktualisierungen, Art. 7 lit. d DIRL*

Schließlich bestimmt Art. 7 lit. d DIRL, dass die digitalen Inhalte oder Dienstleistungen wie im Vertrag bestimmt aktualisiert werden müssen. Art. 7 lit. d DIRL verlangt vom Unternehmer nicht, die digitalen Inhalte oder Dienstleistungen stets auf dem aktuellsten Niveau zu halten. Die Parteien können vielmehr vereinbaren, ob überhaupt und in welchem Umfang der Unternehmer zu Aktualisierungen verpflichtet sein soll. Insoweit können die Parteien selbst für fehleranfällige Software (etwa Beta-Versionen) durch entsprechende Leistungsbeschreibung die Verpflichtung des Unternehmers ausschließen, Korrekturbestände (sog. Patches) bereitzustellen.[309] Es besteht nämlich kein zwingendes Bedürfnis von Verbraucher und Unternehmer, die digitalen Inhalte oder Dienstleistungen stets auf dem neuesten Stand zu halten. Ein Update kann etwa dazu führen, dass die neue Version der digitalen Inhalte oder Dienstleistungen nicht mehr mit der nicht aktualisierten digitalen Umgebung des Verbrauchers kompatibel ist.[310] Der Unternehmer kann mit dem Verbraucher daher auch vereinbaren, gar nicht zur Durchführung von Updates verpflichtet zu sein. Der Unternehmer muss unabhängig hiervon allerdings gem. Art. 11 Abs. 3 S. 1 DIRL dafür sorgen,

309 Spindler, in: MMR 2016, 147 (152).
310 Faust, DJT-Gutachten, S. 34.

dass die digitalen Inhalte oder Dienstleistungen während der Vertragslaufzeit vertragsgemäß genutzt werden können. In diesem Rahmen kann er unabhängig von den vertraglichen Absprachen nach Art. 7 lit. d DIRL zu Aktualisierungen verpflichtet sein, um die nach Art. 7 lit. a DIRL vereinbarte Qualität der digitalen Inhalte oder Dienstleistungen zu erhalten. Darüber hinaus kann ihn nach Art. 8 Abs. 2 DIRL eine objektive (aber ggf. ausschließbare) Pflicht zur Bereitstellung von Aktualisierungen treffen.[311]

II. Objektive Vertragsmäßigkeitsanforderungen, Art. 8 DIRL

Neben den subjektiven Vertragsmäßigkeitsanforderungen nach Art. 7 DIRL sind die digitalen Inhalte oder Dienstleistungen nur dann vertragsgemäß, wenn sie auch („zusätzlich") die objektiven Anforderungen nach Art. 8 DIRL erfüllen. Hiermit soll verhindert werden, dass der Unternehmer in seinen Allgemeinen Geschäftsbedingungen (im Folgenden: AGB) eine vom üblichen Standard negativ abweichende Leistung verspricht, ohne dass sich der Verbraucher dessen bewusst ist.[312] Verbraucher lesen nämlich i.d.R. nicht den gesamten Vertrag samt AGB, um sich über die Leistungspflichten des Unternehmers zu informieren.[313] Im Folgenden ist näher auf die objektiven Vertragsmäßigkeitsanforderungen des Art. 8 DIRL einzugehen.

1. Objektiv geschuldete Leistungsmerkmale, Art. 8 Abs. 1 DIRL

Nach Art. 8 Abs. 1 DIRL sollen die digitalen Inhalte oder Dienstleistungen zusätzlich zu den subjektiven Vertragsabsprachen i.S.v. Art. 7 DIRL zunächst die in Art. 8 Abs. 1 lit. a-d DIRL aufgeführten objektiven Leistungsmerkmale erfüllen.

a. Übliche Zweckeignung, Art. 8 Abs. 1 lit. a DIRL

Nach Art. 8 Abs. 1 lit. a DIRL müssen sich die digitalen Inhalte oder Dienstleistungen für die Zwecke eignen, für die digitale Inhalte oder Dienstleistungen derselben Art i.d.R. genutzt werden. Mithin müssen digitale Inhalte oder

---

311 Hierzu § 5 B.II.2.

312 Grünberger, Arbeitssitzung am 10.11.2017 „Verträge über digitale Inhalte – Überblick und Auswirkungen auf das Urheberrecht", siehe Tagungsbericht nach Grandjean, in: ZUM 2018, 102 (103); Staudenmayer, in: ZEuP 2016, 801 (813).

313 Beale, The New Rules for Contracts in the Digital Environment, S. 21; Grandjean, in: ZUM 2018, 102 (103); Zöchling-Jud, Vertragsmäßigkeit von Waren und digitalin Inhalten, in: Artz/Gsell, Verbrauchervertragsrecht und digitaler Binnenmarkt, S. 123.

Dienstleistungen nicht nur einem vertraglich vereinbarten Zweck nach Art. 7 lit. b DIRL entsprechen, sondern sie müssen sich auch zu einem objektiv vorausgesetzten Zweck eignen.

Was indes unter digitalen Inhalten oder Dienstleistungen „derselben Art" zu verstehen ist, wird nicht näher konkretisiert. Zu verstehen sind hierunter wohl digitale Inhalte oder Dienstleistungen, die im Hinblick auf das Leistungsprogramm eine Alternative für den Nutzer darstellen könnten und zur Erreichung eines ähnlichen Ziels eingesetzt werden könnten. So könnte etwa der Speicherdienst Dropbox mit vergleichbaren Diensten wie etwa Amazon Drive, Apple iCloud oder Google Drive verglichen werden. So könnte ermittelt werden, ob sich der Speicherdienst des Anbieters Dropbox ebenfalls für die Zwecke eignet, für die die übrigen Speicherdienste i.d.R. genutzt werden (mithin, ob sich das Dropbox-Programm in erster Linie zum Abspeichern von Dateien eignet).

Zu berücksichtigen sind bei der Beurteilung der Zweckeignung zudem nach Art. 8 Abs. 1 lit. a DIRL – soweit anwendbar – das geltende Unions- und nationale Recht, technische Normen oder, in Ermangelung technischer Normen, anwendbare sektorspezifische Verhaltenskodizes. Erleichterungen bei der Feststellung des objektiven Leistungsprogramms könnten insoweit vor allem die „technische Normen" bieten. Hierunter sind wohl in erster Linie die von der Internationalen Organisation für Normung (ISO) entwickelten Normen gemeint.[314] Relevanz für vertragsrechtliche Aspekte in Bezug auf digitale Inhalte und digitale Dienstleistungen kann insbesondere folgenden Normen zukommen[315]: Guidelines for business-to-consumer electronic commerce transactions[316], Guidelines for the application of ISO 9001:2008 to computer software[317], Recommendations for addressing consumer issues[318], Comparative testing of consumer products and related services – General principles[319] sowie Consumer product recall – Guidelines for suppliers[320].

Darüber hinaus existiert eine Reihe von ISO-Standards, die spezielle Normen für den Bereich Cloud-Computing vorsehen.[321] Diese spezifizieren nicht nur allgemeine Begrifflichkeiten im Rahmen von Cloud-Computing-Verträgen[322],

314 Mańko, Verträge über die Bereitstellung digitaler Inhalte, S. 25.
315 Mańko, Verträge über die Bereitstellung digitaler Inhalte, S. 25.
316 Abrufbar unter: https://www.iso.org/standard/54081.html (Stand: 17.07.2020).
317 Abrufbar unter: https://www.iso.org/standard/66240.html (Stand: 17.07.2020).
318 Abrufbar unter: https://www.iso.org/standard/45417.html (Stand: 17.07.2020).
319 Abrufbar unter: https://www.iso.org/standard/19752.html (Stand: 17.07.2020).
320 Abrufbar unter: https://www.iso.org/standard/45968.html (Stand: 17.07.2020).
321 Mańko, Verträge über die Bereitstellung digitaler Inhalte, S. 25.
322 Abrufbar unter: https://www.iso.org/standard/60544.html (Stand: 17.07.2020).

sondern auch die Referenzarchitektur von Cloud-Computing-Modellen[323] und Interaktionen zwischen dem IaaS-Anbieter und dem Nutzer[324]. Ferner geben sie Richtlinien für Informationssicherheitskontrollen, die auf die Bereitstellung und Nutzung von Cloud-Diensten anwendbar sind[325] und stellen einen Verhaltenskodex für den Schutz von persönlich identifizierbaren Informationen in Public Clouds auf[326].

b. Übliche Quantität, Eigenschaften und Leistungsmerkmale, Art. 8 Abs. 1 lit. b DIRL

Die digitalen Inhalte oder Dienstleistungen müssen gem. Art. 8 Abs. 1 lit. b DIRL außerdem der Quantität, den Eigenschaften und den Leistungsmerkmalen entsprechen, die bei vergleichbaren digitalen Inhalten oder Dienstleistungen üblich sind und erwartet werden können. Problematisch ist hierbei, dass digitale Inhalte und Dienstleistungen in der heutigen Zeit noch ein verhältnismäßig neues Phänomen darstellen, sodass sich jedenfalls bisher noch kein eindeutiger Standard dazu entwickelt hat, welche Quantität, Eigenschaften und Leistungsmerkmale üblich sind und vom Verbraucher erwartet werden können.[327]

Hinzu kommt, dass digitale Inhalte und Dienstleistungen in technischer Hinsicht stets weiterentwickelt, verändert und verbessert werden. Der Standard, den der Verbraucher üblicherweise erwarten kann, erfährt hiermit ebenfalls regelmäßig Veränderungen. Aufgrund der stetigen Fortentwicklung von digitalen Inhalten und Dienstleistungen lässt sich nur mit Schwierigkeiten feststellen, welche Leistungsmerkmale üblich und zu erwarten sind. Da dies letztlich immer nur *ex post* gerichtlich festgestellt werden kann, begründet Art. 8 Abs. 1 lit. b DIRL für den Unternehmer insoweit eine empfindliche Haftungsfalle und große Rechtsunsicherheit.[328]

Die Frage nach diesem Bezugszeitpunkt kann nur differenziert und in systematischem Zusammenspiel mit Art. 11 DIRL beantwortet werden: Bei der punktuellen und dauerhaften Bereitstellung muss es auf den Zeitpunkt der Bereitstellung an den Nutzer ankommen. Art. 11 Abs. 2 UAbs. 1 DIRL sieht

323 Abrufbar unter: https://www.iso.org/standard/60545.html (Stand: 17.07.2020).
324 Abrufbar unter: https://www.iso.org/standard/66296.html (Stand: 17.07.2020).
325 Abrufbar unter: https://www.iso.org/standard/43757.html (Stand: 17.07.2020).
326 Abrufbar unter: https://www.iso.org/standard/61498.html (Stand: 17.07.2020).
327 Loos et al., in: ERPL 2011, 729 (741); Grünberger, in: AcP 218 (2018), 213 (259f.); vgl. Spindler, in: ERCL 2016, 183 (197).
328 Riehm/Abold, in: ZUM 2018, 82 (86). Wie der Unternehmer seine Haftung nach Art. 8 Abs. 1 lit. b DIRL einschränken kann, wird unter § 8 C.II. diskutiert.

nämlich vor, dass der Anbieter bei einmaliger Bereitstellung oder einer Reihe einzelner Bereitstellungen für Vertragswidrigkeiten haftet, die „zum Zeitpunkt der Bereitstellung" bestehen. Jede andere Lösung wäre auch nicht sachgerecht, da bei einer punktuellen Bereitstellung gerade keine dauerhafte Erhaltung des digitalen Inhalts geschuldet ist. Der Anbieter muss also die technischen Standards digitaler Inhalte oder Dienstleistungen gleicher Art herausarbeiten, die zum Zeitpunkt der Bereitstellung erwartet werden können.

Sieht ein Vertrag hingegen eine fortlaufende Bereitstellung digitaler Inhalte oder Dienstleistungen vor, so haftet der Unternehmer gem. Art. 11 Abs. 3 UAbs. 1 DIRL für Vertragswidrigkeiten, die während des Zeitraums auftreten, in dem diese aufgrund des Vertrags bereitzustellen sind. Hieraus folgt für Art. 8 Abs. 1 lit. b DIRL, dass der Anbieter die digitalen Inhalte oder Dienstleistungen während des gesamten Bereitstellungszeitraums auf dem technischen Stand halten muss, der während dieser Zeit jeweils bei digitalen Inhalten oder Dienstleistungen derselben Art erwartet werden kann.

Bei der Beurteilung, welche Quantität, Eigenschaften und Leistungsmerkmale der Verbraucher üblicherweise erwarten darf, sind nach Art. 8 Abs. 1 lit. b DIRL nicht nur Erklärungen des Unternehmers zu berücksichtigen, sondern auch öffentliche Erklärungen, die von anderen Personen in vorhergehenden Gliedern der Vertragskette oder in deren Namen abgegeben werden. Dies gilt nach Art. 8 Abs. 1 lit. b DIRL nur dann nicht, wenn der Unternehmer nachweist, dass er (i) die betreffende öffentliche Erklärung nicht kannte und vernünftigerweise nicht kennen konnte, (ii) die öffentliche Erklärung bis zum Zeitpunkt des Vertragsschlusses berichtigt worden ist, oder (iii) die Entscheidung des Verbrauchers, die digitalen Inhalte oder Dienstleistungen zu erwerben, nicht durch die öffentliche Erklärung beeinflusst worden sein konnte.

Dass sich der Unternehmer an seinen und auch an den Erklärungen des Herstellers oder dessen Vertreters festhalten lassen muss, ist bereits aus Art. 2 Abs. 2 lit. d VerbrGKRL mit entsprechenden Ausnahmen in Art. 2 Abs. 4 VerbrGKRL bekannt.[329] Art. 8 Abs. 1 lit. b DIRL erweitert diesen Kreis aber auf sämtliche „andere Personen", die Erklärungen im Namen anderer Glieder der Vertragskette abgeben. Hieraus folgt, dass der Unternehmer nunmehr grds. an sämtliche Aussagen beliebiger Dritter gebunden ist, die in seinem Namen oder im Namen anderer Glieder der Vertragskette auftreten, unabhängig von der Beziehung des Dritten zum Unternehmer und dessen Einfluss auf oder Kenntnis von den Eigenschaften der bereitgestellten digitalen Inhalte oder Dienstleistungen.

---

329 Riehm/Abold, in: ZUM 2018, 82 (85); Spindler, in: MMR 2016, 147 (151).

Dies kann etwa zu dem absurden Ergebnis führen, dass öffentliche Behauptungen eines Konkurrenten mitbestimmend für die Sollbeschaffenheit der digitalen Inhalte oder Dienstleistungen sein können, sofern der Unternehmer nicht nachweist, dass er die Erklärung nicht kannte oder kennen konnte.[330] Da eine derart weite Haftung vom europäischen Gesetzgeber nicht gewollt sein kann, muss Art. 8 Abs. 1 lit. b DIRL nach seinem Sinn und Zweck darauf reduziert werden, dass der Unternehmer nur für solche öffentlichen Erklärungen einstehen muss, die Mitglieder der Vertragskette oder deren Vertreter abgegeben haben. In anderen Worten kann eine Äußerung „in deren Namen" nicht genügen, es muss dahingehend jedenfalls auch eine Vertretungsmacht bestehen.

c. Bereitstellung von Zubehör und Anleitungen, Art. 8 Abs. 1 lit. c DIRL

Nach Art. 8 Abs. 1 lit. c DIRL sollen die digitalen Inhalte oder Dienstleistungen darüber hinaus mit dem Zubehör und den Anleitungen, deren Erhalt der Verbraucher vernünftigerweise erwarten kann, bereitgestellt werden. Der Unternehmer schuldet folglich grds. nicht nur die nach Art. 7 lit. c DIRL vertraglich festgelegte Unterstützung. Vielmehr muss er den Verbraucher ggf. darüber hinaus mit vernünftigerweise zu erwartendem Zubehör, Kundendienst und Anleitungen ausstatten. Stellt er diese nicht bereit, wird hierdurch auch dann eine Vertragswidrigkeit begründet, wenn die digitalen Inhalte oder Dienstleistungen selbst ordnungsgemäß funktionieren.

d. Übereinstimmung mit Testversionen oder Voranzeigen, Art. 8 Abs. 1 lit. d DIRL

Die digitalen Inhalte oder Dienstleistungen müssen gem. Art. 8 Abs. 1 lit. d DIRL einer etwaigen durch den Unternehmer vor Vertragsschluss zur Verfügung gestellten Testversion oder Voranzeige der digitalen Inhalte oder Dienstleistungen entsprechen. Sofern der Anbieter Amazon etwa seinen Neukunden eine 30-tägige kostenfreie Nutzung des Amazon-Prime-Programms ermöglicht, so werden die Eigenschaften der gestellten Testversion zu objektiv geschuldeten Beschaffenheitsmerkmalen des kostenpflichtigen Amazon-Prime-Programms nach Ablauf des Gratiszeitraums. Entspricht das kostenpflichtige Amazon-Prime-Programm nicht in jeder Hinsicht der gratis bereitgestellten Testversion, wird hierdurch eine Vertragswidrigkeit begründet.

330 Riehm/Abold, in: ZUM 2018, 82 (85).

2. *Bereitstellung von Aktualisierungen, Art. 8 Abs. 2 und Abs. 3 DIRL*

Nach Art. 8 Abs. 2 DIRL hat der Unternehmer sicherzustellen, dass der Verbraucher über Aktualisierungen, einschließlich Sicherheitsaktualisierungen, die für den Erhalt der Vertragsmäßigkeit der digitalen Inhalte und Dienstleistungen erforderlich sind, informiert wird und ihm diese bereitgestellt werden. Eine Ausnahme hierzu statuiert Art. 8 Abs. 3 DIRL.

a. *Verträge über eine fortlaufende Bereitstellung, Art. 8 Abs. 2 lit. a DIRL*

Wenn der Vertrag eine fortlaufende Bereitstellung der digitalen Inhalte oder Dienstleistungen über einen Zeitraum vorsieht, muss der Unternehmer den Verbraucher gem. Art. 8 Abs. 2 lit. a DIRL während des gesamten Bereitstellungszeitraums über Aktualisierungen informieren und ihm diese bereitstellen. Diese Anforderung steht im Einklang mit der Verpflichtung des Unternehmers gem. Art. 8 Abs. 4 und Art. 11 Abs. 3 UAbs. 1 DIRL, die Vertragsmäßigkeit der digitalen Inhalte oder Dienstleistungen während der gesamten Vertragslaufzeit zu erhalten.

b. *Verträge über eine einmalige oder eine Reihe einzelner Bereitstellungen, Art. 8 Abs. 2 lit. b DIRL*

Bei einer einmaligen Bereitstellung oder einer Reihe einzelner Bereitstellungen gilt die Pflicht zur Information über und zur Bereitstellung von Aktualisierungen hingegen gem. Art. 8 Abs. 2 lit. b DIRL während des Zeitraums, den der Verbraucher aufgrund der Art und des Zwecks der digitalen Inhalte oder Dienstleistungen und unter Berücksichtigung der Umstände und der Art des Vertrags vernünftigerweise erwarten kann.

Dies steht nicht im Einklang mit der bisherigen rechtlichen Handhabung punktueller Austauschverträge.[331] So sieht insbesondere Art. 3 Abs. 1 VerbrGKRL vor, dass der Verkäufer nur für Vertragswidrigkeiten haftet, die zum Zeitpunkt der Lieferung bestanden. Zwar haftet der Unternehmer bei einmaliger oder einer Reihe einzelner Bereitstellungen digitaler Inhalte oder Dienstleistungen gem. Art. 11 Abs. 2 UAbs. 1 DIRL grds. ebenfalls nur für Vertragswidrigkeiten, die zum Zeitpunkt der Bereitstellung bestehen. Dies gilt allerdings nur „unbeschadet des Art. 8 Abs. 2 lit. b DIRL". Folglich haftet der Unternehmer nach Art. 8 Abs. 2 lit. b DIRL auch dann, wenn er nicht innerhalb des angemessenen Zeitraums Aktualisierungen bereitstellt und den Verbraucher hierüber informiert. Art. 8

331 Riehm/Abold, in: ZUM 2018, 82 (87).

Abs. 2 lit. b DIRL hat insoweit zur Folge, dass vor allem kaufartigen Verträgen über die Bereitstellung digitaler Inhalte oder Dienstleistungen eine dauerschuldrechtliche Komponente verliehen wird.[332]

c. *Keine Haftung bei nicht oder nicht sachgemäß installierter Aktualisierung durch den Verbraucher, Art. 8 Abs. 3 DIRL*

Nur sofern der Verbraucher die bereitgestellten Aktualisierungen nicht innerhalb einer angemessenen Frist installiert, haftet der Unternehmer gem. Art. 8 Abs. 3 DIRL nicht für eine hierdurch hervorgerufene Vertragswidrigkeit. Dies gilt allerdings nur, sofern der Unternehmer den Verbraucher über die Verfügbarkeit und die Folgen einer fehlenden Installation aufgeklärt hat (lit. a) und die nicht oder nicht sachgemäß durchgeführte Installation nicht auf eine mangelhafte Installationsanleitung zurückzuführen ist (lit. b). Aus Art. 8 Abs. 3 DIRL wird deutlich, dass der Verbraucher nicht dazu verpflichtet sein soll, die ihm nach Art. 8 Abs. 2 DIRL bereitgestellten Aktualisierungen durchzuführen. Es soll ihm laut ErwG 47 S. 3 DIRL vielmehr freistehen, die Aktualisierungen zu installieren oder nicht. Für den Verbraucher kann es auch von Vorteil sein, hiervon abzusehen, etwa sofern eine Aktualisierung die Nachrüstung eines Betriebssystems erforderlich machen würde.[333] Installiert der Verbraucher aber Aktualisierungen nicht, die ihm vom Unternehmer bereitgestellt wurden, so läuft er Gefahr, dass hierdurch eine Vertragswidrigkeit auftritt, für die der Unternehmer bei Vorliegen der Voraussetzungen des Art. 8 Abs. 3 DIRL nicht haftet.

3. *Verpflichtung zur Erhaltung des vertragsgemäßen Zustands, Art. 8 Abs. 4 DIRL*

Des Weiteren stellt Art. 8 Abs. 4 DIRL die objektive Pflicht des Unternehmers auf, die Vertragsmäßigkeit von digitalen Inhalten oder Dienstleistungen, die fortlaufend über einen Zeitraum bereitgestellt werden, während des gesamten Zeitraums zu erhalten. Dies steht im Einklang mit Art. 11 Abs. 3 DIRL, wonach der Unternehmer bei fortlaufender Bereitstellung über einen Zeitraum für jede Vertragswidrigkeit haftet, die im Laufe dieses Zeitraums eintritt oder offenbar wird.

---

332 Vgl. Riehm/Abold, in: ZUM 2018, 82 (87).

333 ErwG 28a S. 3 DIRL in der Version des Ausschusses für Binnenmarkt und Verbraucherschutz, abrufbar unter: http://www.europarl.europa.eu/sides/getDoc.do?pubRef=-//EP//TEXT+REPORT+A8-2017-0375+0+DOC+XML+V0//DE (Stand: 17.07.2020).

4. Verpflichtung zur Bereitstellung der neuesten verfügbaren Version, Art. 8 Abs. 6 DIRL

Ein letztes objektives Vertragsmäßigkeitskriterium ist in Art. 8 Abs. 6 DIRL vorgesehen. Hiernach hat der Unternehmer dem Verbraucher die digitalen Inhalte oder Dienstleistungen grds. in der zum Zeitpunkt des Vertragsschlusses neuesten verfügbaren Version bereitzustellen. Dies gilt allerdings nur, „sofern die Vertragsparteien nichts anderes vereinbart haben". Mithin findet Art. 8 Abs. 6 DIRL keine Anwendung, wenn die Parteien bereits nach Art. 7 lit. a DIRL festgelegt haben, in welcher Version die digitalen Inhalte oder Dienstleistungen bereitgestellt werden sollen.

III. Haftung aufgrund unsachgemäßer Integration, Art. 9 DIRL

Art. 9 DIRL begründet unter bestimmten Voraussetzungen eine Haftung des Unternehmers für Mängel digitaler Inhalte oder Dienstleistungen, die infolge einer unsachgemäßen Integration auftreten. Unter einer „Integration" ist gem. Art. 2 Nr. 4 DIRL die Verbindung und Einbindung von digitalen Inhalten oder Dienstleistungen mit den bzw. in die Komponenten der digitalen Umgebung des Verbrauchers zu verstehen. Voraussetzung für die Haftung nach Art. 9 DIRL ist, dass dieser Vorgang „unsachgemäß" durchgeführt wurde (hierzu **1.**). Art. 9 DIRL unterscheidet darüber hinaus in lit. a und b DIRL zwischen der Konstellation, in der die unsachgemäße Integration vom Unternehmer oder einem Dritten unter seiner Verantwortung durchgeführt wird (hierzu **2.**), und der Konstellation, in der der Verbraucher selbst die digitalen Inhalte oder Dienstleistungen aufgrund einer mangelhaften Anleitung unsachgemäß installiert (hierzu **3.**).

1. Vorliegen einer „unsachgemäßen" Integration

Wann eine Integration als „unsachgemäß" anzusehen ist, wird in der Digitale-Inhalte-Richtlinie selbst nicht konkretisiert. In Art. 7 und 8 DIRL werden allenfalls Ausführungen dazu getroffen, wann die digitalen Inhalte oder Dienstleistungen als nicht „vertragsgemäß" anzusehen sind. Denkbar ist insoweit, den Maßstab der Art. 7 und 8 DIRL auf die Sachgemäßheit der Integration zu übertragen. Eine Integration wäre also dann sachgemäß, wenn sie eine Nutzung der digitalen Inhalte oder Dienstleistungen nach Maßgabe der Art. 7 und 8 DIRL ermöglicht.

Hierfür spricht ein systematischer Vergleich mit der Regelung in Art. 2 Abs. 5 VerbrGKRL, die eine dem Art. 9 DIRL entsprechende Regelung für den Verbrauchsgüterkauf trifft. Die Unsachgemäßheit der Montage nach Art. 2 Abs. 5 VerbrGKRL bestimmt sich ebenfalls zunächst nach den vertraglichen Abreden der Parteien gem. Art. 2 Abs. 1 VerbrGKRL und bei Fehlen spezieller Abreden nach dem objektiven Maßstab des Art. 2 Abs. 2 VerbrGKRL.[334] Es scheint geboten, diese Erwägungen auch auf die Beurteilung der Unsachgemäßheit der Integration von digitalen Inhalten oder Dienstleistungen anzuwenden. Art. 9 DIRL ist nämlich eindeutig an die Regelung in Art. 2 Abs. 5 VerbrGKRL angelehnt, wie an dem nahezu identischen Wortlaut der Vorschriften und der übereinstimmenden Aufteilung der beiden Haftungskonstellationen in Art. 9 lit. a und b DIRL und Art. 2 Abs. 5 S. 1 und 2 VerbrGKRL zu erkennen ist. Dass der spezifische Charakter von digitalen Inhalten oder Dienstleistungen eine systematisch von Art. 2 Abs. 5 VerbrGKRL abweichende Auslegung der „Unsachgemäßheit" erfordert, ist ebenfalls nicht ersichtlich.

Denkbar wäre es zwar auch, allein auf objektive Anforderungen an die Unsachgemäßheit abzustellen. Hierfür spricht, dass die Modalitäten der Integration i.d.R. nicht Gegenstand der Parteiabreden sind und auf diese Weise der Gefahr eines Missbrauchs durch den Unternehmer begegnet werden kann. Hiergegen lässt sich aber einwenden, dass die objektiven Beschaffenheitskriterien des Art. 8 DIRL anders als im Verbrauchsgüterkauf nicht subsidiär im Fall des Fehlens vertraglicher Vereinbarungen eingreifen, sondern neben den subjektiv vereinbarten Beschaffenheitskriterien des Art. 7 DIRL vorliegen müssen. Vor diesem Hintergrund besteht keine wesentliche Gefahr eines Missbrauchs, da der Unternehmer nicht ohne Weiteres nach Art. 7 DIRL die Modalitäten der Integration festlegen kann. Er ist schließlich verpflichtet, auch die objektiven Anforderungen des Art. 8 DIRL einzuhalten.

Allenfalls könnte man gegen die Anwendung der Art. 7 und 8 DIRL bei der Beurteilung der Unsachgemäßheit der Integration einwenden, dass hiermit zwei Tatbestandsmerkmale des Art. 9 DIRL zusammengezogen würden. Schließlich wären sowohl die Unsachgemäßheit der Integration als auch die hierdurch hervorgerufene Vertragswidrigkeit der digitalen Inhalte oder Dienstleistungen an Art. 7 und 8 DIRL zu messen. Dieses Argument lässt sich aber auch in sein Gegenteil umkehren: Es ist nicht ersichtlich, warum die Unsachgemäßheit der Integration nur durch objektive Anforderungen, die hierdurch hervorgerufene Vertragswidrigkeit der digitalen Inhalte oder Dienstleistungen hingegen durch subjektive und objektive Anforderungen beurteilt werden sollte. Überzeugend ist es daher, auch die Unsachgemäßheit der Integration danach zu bewerten, ob die Integration eine Nutzung der digitalen Inhalte oder Dienstleistungen im

334 Doehner, Die Schuldrechtsreform, S. 202.

Einklang mit der subjektiv und objektiv geschuldeten Beschaffenheit nach Art. 7 und 8 DIRL ermöglicht.

2. *Integration „vom Unternehmer oder unter seiner Verantwortung", Art. 9 lit. a DIRL*

Art. 9 lit. a DIRL erfasst die Konstellation, in der die unsachgemäße Integration „vom Unternehmer oder unter seiner Verantwortung" vorgenommen und hierdurch eine Vertragswidrigkeit der digitalen Inhalte oder Dienstleistungen begründet wird. Hierunter fallen jedenfalls solche Konstellationen, in denen der Unternehmer aktiv den Integrationsprozess ohne Mitwirkung des Verbrauchers durchführt, etwa indem er die digitalen Inhalte oder Dienstleistungen persönlich oder per Fernzugriff auf dem Endgerät des Verbrauchers installiert.

a. Integration „unter Verantwortung" des Unternehmers

Wann von einer Integration der digitalen Inhalte oder Dienstleistungen durch einen Dritten „unter Verantwortung" des Unternehmers auszugehen ist, wird in Art. 9 DIRL nicht näher erläutert. In Bezug auf die Installation digitaler Inhalte war eine entsprechende Regelung bereits in Art. 101 Abs. 1 lit. a GEK-E vorgesehen. Voraussetzung für eine Integration „unter Verantwortung" des Anbieters i.S.v. Art. 101 Abs. 1 lit. a GEK-E sollte sein, dass die Installation von einer Person ausgeführt wird, die mit Zustimmung des Anbieters dessen Pflicht zur Installierung der digitalen Inhalte erfüllt.[335] Es bestehen keine Bedenken dagegen, diese Erwägungen zur unsachgemäßen Installation digitaler Inhalte oder Dienstleistungen aufgrund des weitgehend übereinstimmenden Wortlauts auf Art. 9 lit. a DIRL zu übertragen.

b. Integration durch den Unternehmer bei Mitwirkung des Verbrauchers

Einer näheren Begutachtung bedarf darüber hinaus die Frage, ob eine Integration durch den Unternehmer oder unter seiner Verantwortung auch dann angenommen werden kann, wenn eine Mitwirkung des Verbrauchers bei der Integration erforderlich ist. So kann der Unternehmer dem Verbraucher etwa eine Installationsroutine bereitstellen, die der Verbraucher selbst noch aktivieren muss (bspw. durch Anklicken des Download-Buttons).[336] Der Unternehmer

335 Zoll, in: Schulze, Common European Sales Law, Art. 101 Rn. 8.
336 Spindler, in: MMR 2016 (219).

kann dem Verbraucher auch eine App-Routine bereitstellen, mit der der Verbraucher eine bestimmte App auf seinem Endgerät installieren kann.[337]

Problematisch ist, inwieweit eine Vertragswidrigkeit nach Art. 9 DIRL vorliegt, wenn die bereitgestellte Installations- oder App-Routine selbst nicht fehlerfrei funktioniert, sodass der Verbraucher die digitalen Inhalte oder Dienstleistungen nicht oder nicht fehlerfrei integrieren kann. Sofern keine mangelhafte Anleitung i.S.v. Art. 9 lit. b DIRL vorliegt, kommt nur eine Vertragswidrigkeit nach Art. 9 lit. a DIRL in Betracht. Dies setzt aber voraus, dass bei Bereitstellung einer fehlerhaften Installations- oder App-Routine eine Integration „vom Unternehmer oder unter seiner Verantwortung" angenommen werden kann, auch wenn diese noch vom Verbraucher eigenständig bedient werden muss.

Sinn und Zweck des Art. 9 DIRL sprechen dafür, auch in diesem Fall von einer Integration „vom Unternehmer oder unter dessen Verantwortung" auszugehen. Die Vorschrift dient nämlich dem Zweck, dass der Verbraucher seine Abhilferechte auch für Vertragswidrigkeiten geltend machen kann, die infolge einer Integration auftreten, deren Durchführung der Unternehmer zu verantworten hat und auf deren ordnungsgemäßes Funktionieren der Verbraucher keinen Einfluss hat. Bei fehlerfreier Bedienung hat der Verbraucher keinen Einfluss auf die Funktionstüchtigkeit der bereitgestellten Installations- oder App-Routine. Er ist vielmehr darauf angewiesen, dass diese die fehlerfreie Durchführung der verbleibenden Integrationsschritte ermöglicht.

Der Verbraucher wäre weitgehend schutzlos gestellt, wenn bei Bereitstellung einer fehlerhaften Installations- oder App-Routine ausschließlich von einer Integration durch den Verbraucher i.S.v. Art. 9 lit. b DIRL auszugehen wäre, da er seine Abhilferechte dann nur geltend machen könnte, wenn auch die bereitgestellte Anleitung mangelhaft wäre. Der Unternehmer könnte mithin eine fehlerhafte Installations- oder App-Routine bereitstellen, sich aber einer Haftung mit der Begründung entziehen, dass die Integration durch den Verbraucher i.S.v. Art. 9 lit. b DIRL vorgenommen worden sei und diesem eine mangelfreie Anleitung bereitgestellt wurde. Überzeugend ist es daher, auch dann von einer Integration „vom Unternehmer oder unter seiner Verantwortung" nach Art. 9 lit. a DIRL auszugehen, wenn dem Verbraucher eine fehlerhafte Installations- oder App-Routine bereitgestellt wurde, selbst wenn der Verbraucher diese noch eigenständig bedienen muss. Eine Fehlbedienung der Installations- oder App-Routine durch den Verbraucher ist dem Unternehmer hingegen nicht zuzurechnen. Nach Bereitstellung der Installations- oder App-Routine befinden sich die

---

337 Spindler, in: MMR 2016 (219).

digitalen Inhalte oder Dienstleistungen schließlich nicht mehr im Einflussbereich des Unternehmers.[338]

c. *„Verursachung“ der Vertragswidrigkeit durch den Unternehmer bei kumulativer Kausalität*

Zu klären ist schließlich, ob eine Vertragswidrigkeit durch eine unsachgemäße Integration durch den Unternehmer oder unter seiner Verantwortung i.S.v. Art. 9 lit. a DIRL „verursacht“ wurde, wenn die unsachgemäße Integration nur mitursächlich für den Eintritt der Vertragswidrigkeit ist. Hintergrund hierfür ist, dass eine Vertragswidrigkeit digitaler Inhalte oder Dienstleistungen unterschiedliche Ursachen haben kann, die einzeln aber auch in Kombination miteinander auftreten können. Art. 9 lit. a DIRL sieht insoweit keine Regelung zur Verantwortungsverteilung zwischen verschiedenen Anbietern, etwa von Betriebssystem, Browser, Plattform und Inhalt, vor.[339]

Der Wortlaut des Art. 9 DIRL unterscheidet jedenfalls nicht, in welchem Maße die unsachgemäße Integration kausal gewesen sein muss. Die Vorschrift setzt allenfalls voraus, dass die unsachgemäße Integration überhaupt ursächlich ist.

Darüber hinaus muss die Möglichkeit des Unternehmers bei Personen in vorhergehenden Gliedern der Vertragskette nach Art. 20 S. 1 DIRL Regress zu nehmen, berücksichtigt werden. Sofern die Vertragswidrigkeit der digitalen Inhalte oder Dienstleistungen bspw. zum Teil auf einer Fehlprogrammierung durch den Hersteller und zum Teil auf einer fehlerhaften Integration durch den Unternehmer beruht, kann der Unternehmer bei dem Hersteller Regress für den Teil der Vertragswidrigkeit nehmen, der auf den Programmierfehler zurückführt. Im Umkehrschluss muss es dem Verbraucher möglich sein, den Unternehmer auch dann in vollem Umfang in Anspruch nehmen zu können, wenn die fehlerhafte Integration nur zum Teil für die Vertragswidrigkeit kausal war.

Für diese Auslegung sprechen auch Sinn und Zweck des Art. 9 DIRL. Die Vorschrift soll dem Verbraucher ermöglichen, den Unternehmer bei unsachgemäßer Integration in Anspruch zu nehmen. Auch im Fall einer kumulativen Kausalität liegt aber eine zum Teil unsachgemäße Integration durch den Unternehmer vor. Jedenfalls darf der Verbraucher nicht dadurch an der Ausübung seiner Rechte gehindert werden, dass die Vertragswidrigkeit eine weitere Ursache hat, selbst wenn diese außerhalb des Verantwortungsbereichs des Unternehmers liegt.

---

338 Spindler, in: MMR 2016, 219.

339 Riehm/Abold, in: ZUM 2018, 82 (88).

Folglich ist auch dann von einer kausal durch die unsachgemäße Integration verursachten Vertragswidrigkeit auszugehen, wenn die unsachgemäße Integration durch den Unternehmer oder unter seiner Verantwortung nur mitursächlich für den Eintritt der Vertragswidrigkeit ist.

3. *Unsachgemäße Integration durch den Verbraucher aufgrund mangelhafter Anleitung, Art. 9 lit. b DIRL*

Nach Art. 9 lit. b DIRL haftet der Unternehmer zudem für Vertragswidrigkeiten, die aufgrund einer unsachgemäßen Integration durch den Verbraucher auftreten, wenn die unsachgemäße Integration auf eine mangelhafte, vom Unternehmer bereitgestellte Anleitung zurückzuführen ist. Zu klären ist daher, wann von einer mangelhaften Anleitung auszugehen ist. Unklarheiten können etwa in Bezug auf die Fragen bestehen, ob die bereitgestellte Anleitung bei verändertem Marktumfeld aktualisiert werden muss, ob sie auf Besonderheiten einer etwaigen Interaktion mit dem digitalen Umfeld des Verbrauchers eingehen muss oder ob die Anleitung eine etwaige außergewöhnliche Kundenumgebung zu berücksichtigen hat.[340]

Wann eine Anleitung als „mangelhaft" anzusehen ist, wird weder in Art. 9 lit. b DIRL noch an anderer Stelle konkretisiert. Allenfalls wird in ErwG 52 S. 2 DIRL a.E. als Beispiel die „Unvollständigkeit oder mangelnde Klarheit der Integrationsanweisungen, die dadurch von einem Durchschnittsverbraucher nur schwer zu nutzen sind", genannt.

Systematisch lässt sich aber an den Begriff der mangelhaften Montageanleitung in Art. 2 Abs. 5 VerbrGKRL anknüpfen: Wann im Verbrauchsgüterkauf von einer mangelhaften Montageanleitung auszugehen ist, richtet sich in erster Linie nach den vertraglichen Abreden der Parteien gem. Art. 2 Abs. 1 VerbrGKRL.[341] Sofern die Parteien keine speziellen Vereinbarungen getroffen haben, ist die Mangelfreiheit der Montageanleitung nach den objektiven Kriterien des Art. 2 Abs. 2 VerbrGKRL zu beurteilen, insbesondere also daran, ob sich die Montageanleitung gem. Art. 2 Abs. 2 lit. c VerbrGKRL für ihre gewöhnliche Verwendung (die fehlerfreie Montage) eignet.[342]

Anders als nach Art. 2 Abs. 2 VerbrGKRL greifen die objektiven Vertragsmäßigkeitskriterien nach Art. 8 DIRL aber nicht subsidiär beim Fehlen besonderer vertraglicher Absprachen ein, sondern müssen neben den subjektiven Kriterien

---

340 Riehm/Abold, in: ZUM 2018, 82 (88).

341 Doehner, Die Schuldrechtsreform, S. 204.

342 Doehner, Die Schuldrechtsreform, S. 204.

des Art. 7 DIRL vorliegen. Eine einheitliche Auslegung der Digitale-Inhalte-Richtlinie verlangt daher, die Mangelfreiheit der Installationsanleitung nach Art. 9 lit. b DIRL sowohl nach subjektiven als auch nach objektiven Kriterien zu bewerten. Die Installationsanleitung kann folglich nur als mangelfrei angesehen werden, wenn sie den vertraglichen Absprachen nach Art. 7 DIRL und darüber hinaus den objektiv zu erwartenden Standards nach Art. 8 DIRL entspricht, also insbesondere gem. Art. 8 Abs. 1 lit. a DIRL dazu geeignet ist, eine ordnungsgemäße Integration zu ermöglichen. Das ist etwa nicht der Fall, wenn in einer Anleitung nicht der korrekte Link für die Webseite angegeben ist, auf der die digitalen Inhalte oder Dienstleistungen heruntergeladen werden können oder wenn die Anleitung keinen Aufschluss darüber gibt, dass ein weiteres Programm (bspw. ein Adobe Flash Player) für die Installation erforderlich ist.

IV. Haftung aufgrund des Bestehens von Rechten Dritter, Art. 10 DIRL

Nach Art. 10 DIRL ist dem Verbraucher auch dann ein Anspruch auf die Abhilfen im Falle einer Vertragswidrigkeit gem. Art. 14 DIRL zuzusprechen, wenn die Nutzung der digitalen Inhalte oder Dienstleistungen nach Maßgabe der Art. 7 und 8 DIRL durch eine Beschränkung aufgrund eines Drittrechts verhindert oder eingeschränkt wird. Dies gilt nach Art. 10 DIRL nur dann nicht, wenn im nationalen Recht in solchen Fällen die Nichtigkeit oder Aufhebung des Vertrags vorgesehen ist. Eine Haftung für Rechtsmängel ist bei der Bereitstellung digitaler Inhalte und Dienstleistungen von großer Bedeutung, da diese regelmäßig urheberrechtlichen Beschränkungen und häufig auch vertraglichen Beschränkungen durch Lizenzverträge unterliegen.[343] Voraussetzung für die Rechtsmängelhaftung nach Art. 10 DIRL ist die Verletzung eines Drittrechts (hierzu **1.**), eine hierdurch verursachte Beschränkung der Nutzung i.S.d. Art. 7 und 8 DIRL (hierzu **2.**) sowie das Fehlen nationaler Vorschriften zu einer Nichtigkeit oder Aufhebung des Vertrags bei Bestehen eines Rechtsmangels (hierzu **3.**).

1. Verletzung eines Drittrechts

Eine Rechtsmängelhaftung des Unternehmers setzt nach Art. 10 DIRL zunächst die Verletzung von „Rechten Dritter“ voraus. Es stellt sich hierbei die Frage, ob das Drittrecht tatsächlich bestehen muss oder ob es genügt, wenn der Dritte

343 Faber, Bereitstellungspflicht, Mangelbegriff und Beweislast in der DIRL, in: Wendehorst/Zöchling-Jud, Ein neues Vertragsrecht für den digitalen Binnenmarkt?, S. 116.

ein vermeintliches Recht geltend macht. Sinn und Zweck der Richtlinie könnten insoweit dafür sprechen, dass das Drittrecht nur geltend gemacht werden muss, da dem Verbraucher die Geltendmachung von Mängelrechten vereinfacht werden soll und er aus der Rechtsbeziehung zwischen dem Anbieter und einem Dritten herausgehalten werden soll.

Allerdings unterscheidet sich der Wortlaut des Art. 10 DIRL deutlich von den entsprechenden Regelungen zum einen in Art. 102 GEK-E und zum anderen in Art. 41 und 42 UN-Kaufrecht. Nach diesen Vorschriften soll eine Haftung des Unternehmers nicht nur bei Bestehen tatsächlicher Drittrechte eingreifen, sondern bereits dann, wenn Dritte etwaige „Ansprüche“ behaupten, die sich letztlich aber als unbegründet erweisen.[344] In Art. 102 Abs. 1 GEK-E war sogar eine Haftung bereits bei Vorliegen von „Rechten oder nicht offensichtlich unbegründeten Ansprüchen Dritter“ vorgesehen. Im Gegensatz hierzu hat sich der europäische Gesetzgeber nach dem eindeutigen Wortlaut des Art. 10 DIRL darauf beschränkt, eine Haftung nur bei „Rechten“ Dritter anzuordnen. Im Umkehrschluss folgt: Wenn sich bei der Bereitstellung digitaler Inhalte oder Dienstleistungen herausstellt, dass ein Dritter eine Rechtsverletzung zu Unrecht behauptet hat, muss der Unternehmer dem Verbraucher nicht nach Art. 10 DIRL haften.[345]

Bedeutung hat dieser Umstand vor dem Hintergrund, dass nach der Digitale-Inhalte-Richtlinie nicht der Anbieter, sondern der Nutzer digitaler Inhalte oder Dienstleistungen darlegen und im Streitfall beweisen muss, dass das behauptete Drittrecht tatsächlich besteht.[346] Zwar sieht Art. 12 DIRL Beweiserleichterungen zugunsten des Nutzers vor.[347] Diese beziehen sich allerdings nur auf die „Vertragswidrigkeit“ von digitalen Inhalten oder Dienstleistungen i.S.v. Art. 6 DIRL. Nach Art. 6 DIRL sind digitale Inhalte oder Dienstleistungen dann vertragsgemäß, wenn sie „unbeschadet des Art. 10 DIRL“ die Anforderungen der Art. 7–9 DIRL erfüllen. Da sich Art. 6 DIRL insoweit nur direkt auf Art. 7, 8 und 9 DIRL

344 Faber, Bereitstellungspflicht, Mangelbegriff und Beweislast in der DIRL, in: Wendehorst/Zöchling-Jud, Ein neues Vertragsrecht für den digitalen Binnenmarkt?, S. 116f.; Lorenz, in: AcP 212 (2012), 702 (733); Metzger, Die Haftung des Verkäufers für Rechtsmängel gem. Art. 41, 42 CISG, S. 6, abrufbar unter: https://www.rewi.hu-berlin.de/de/lf/ls/mzg/pub/haftung-des-verkaeufers-fuer-rechtsmaengel-gem-art-41-42-csig (Stand: 17.07.2020).

345 Faber, Bereitstellungspflicht, Mangelbegriff und Beweislast in der DIRL, in: Wendehorst/Zöchling-Jud, Ein neues Vertragsrecht für den digitalen Binnenmarkt?, S. 116f.

346 Faber, Bereitstellungspflicht, Mangelbegriff und Beweislast in der DIRL, in: Wendehorst/Zöchling-Jud, Ein neues Vertragsrecht für den digitalen Binnenmarkt?, S. 117.

347 Hierzu § 7 B.

bezieht, gelten die Beweiserleichterungen in Art. 12 Abs. 2 und Abs. 3 DIRL nicht im Rahmen der Haftung des Unternehmers für das Bestehen von Drittrechten i.S.v. Art. 10 DIRL. Da die Richtlinie auch keine anderweitigen Regelungen vorsieht, richtet sich die Beweislast für das Vorliegen der Voraussetzungen des Art. 10 DIRL nach dem jeweiligen mitgliedstaatlichen Recht. Im deutschen Recht muss es also bei dem allgemeinen Grundsatz bleiben, wonach derjenige, der sich auf den für ihn günstigen Art. 10 DIRL beruft (der Nutzer), dessen Voraussetzungen auch beweisen muss.

Unklar ist darüber hinaus, ob das objektive Bestehen des Drittrechts genügt oder ob der Rechteinhaber dieses auch geltend gemacht haben muss. Im UN-Kaufrecht ist bereits dann eine Vertragswidrigkeit anzunehmen, wenn der Verkäufer eine Ware liefert, an der Rechte Dritter bestehen *oder* geltend gemacht werden.[348] Insoweit könnte auch für digitale Inhalte oder Dienstleistungen das objektive Bestehen eines Drittrechts genügen, ohne dass dieses geltend gemacht werden muss. Bei digitalen Inhalten oder Dienstleistungen besteht aber eine Besonderheit gegenüber körperlichen Waren: Digitale Inhalte oder Dienstleistungen unterliegen anders als Waren regelmäßig urheberrechtlichen Beschränkungen und daneben oft auch vertraglichen Beschränkungen durch Lizenzverträge.[349] Um den Unternehmer nicht einer uferlosen Haftung auszusetzen, könnte daher erforderlich sein, dass der Dritte sein Recht geltend macht.

Dieses Argument lässt sich aber dadurch entkräften, dass eine Begrenzung der Haftung bereits dadurch stattfindet, dass nicht jedes beliebige Drittrecht eine Haftung des Anbieters auslöst. Vielmehr findet eine Haftung nach Art. 10 DIRL nur statt, wenn das Drittrecht auch eine Einschränkung der Nutzbarkeit der digitalen Inhalte oder Dienstleistungen nach Maßgabe der Art. 7 und Art. 8 DIRL begründet.[350] So kann etwa das Bestehen des Urheberrechts eines Software-Herstellers nicht für sich zu einer Haftung des Anbieters (der nicht Hersteller ist) führen. Erst wenn der Anbieter entgegen seiner urheberrechtlichen Verpflichtungen dem Nutzer die Software zur Verfügung stellt und dem Nutzer in der Folge die uneingeschränkte Nutzbarkeit aufgrund seiner Verpflichtungen nicht mehr gewähren kann, kann eine Haftung nach Art. 10 DIRL eingreifen. Eine uferlose Haftung ist insoweit nicht zu befürchten.

---

348 Magnus, in: Staudinger, BGB, CISG, Art. 41 Rn. 7.

349 Faber, Bereitstellungspflicht, Mangelbegriff und Beweislast in der DIRL, in: Wendehorst/Zöchling-Jud, Ein neues Vertragsrecht für den digitalen Binnenmarkt?, S. 116.

350 Hierzu sogleich unter § 5 B.IV.2.

Wäre auf ein Geltendmachen des Drittrechts abzustellen, könnte der Verbraucher darüber hinaus nur dann von seinen Abhilferechten Gebrauch machen, wenn sich der Dritte auf sein Recht beruft, bevor die Abhilferechte des Verbrauchers verjährt sind. Da die Haftung des Unternehmers dann vom Zufall abhinge, muss schon das objektive Bestehen des Drittrechts genügen.

2. Beschränkung der Nutzung i.S.d. Art. 7 und Art. 8 DIRL

Eine Rechtsmängelhaftung des Unternehmers wird nach Art. 10 DIRL nur ausgelöst, wenn sich aus der Verletzung des Drittrechts auch eine Beschränkung ergibt, die die Nutzung der digitalen Inhalte oder Dienstleistungen i.S.d. Art. 7 und 8 DIRL verhindert oder einschränkt. Hierdurch wird sichergestellt, dass eine Haftung für Rechtsmängel nicht schon ausgelöst wird, wenn ein Drittrecht objektiv besteht, sondern erst wenn das verletzte Drittrecht eine Nutzungseinschränkung für den Verbraucher begründet.[351] ErwG 53 S. 3 DIRL stellt klar, dass eine Beschränkung der Nutzung etwa vorliegt, wenn dem Verbraucher in der Lizenzvereinbarung untersagt wird, bestimmte Merkmale im Zusammenhang der digitalen Inhalte oder Dienstleistungen zu nutzen. Dem Verbraucher kann darüber hinaus sogar die Nutzung insgesamt entzogen werden, etwa wenn der Dritte den Unternehmer rechtmäßig dazu zwingt, die Verletzung des Drittrechts einzustellen und die betreffenden digitalen Inhalte oder Dienstleistungen nicht mehr bereitzustellen.[352] Hierdurch kann die Nutzung der digitalen Inhalte oder Dienstleistungen nach Maßgabe der Art. 7 und Art. 8 DIRL eingeschränkt oder sogar ausgeschlossen werden.

3. Ausschluss bei Nichtigkeit oder Aufhebung des Vertrags

Art. 10 DIRL räumt den Mitgliedstaaten einen gewissen Abweichungsspielraum von der in Art. 10 DIRL angeordneten Rechtsfolge ein: Der Unternehmer soll grds. nach Art. 14 DIRL haften, „es sei denn, im nationalen Recht ist in solchen Fällen die Nichtigkeit oder Aufhebung" des Vertrags vorgesehen. Insoweit wird den Mitgliedstaaten die Möglichkeit eingeräumt, bei Vorliegen eines Rechtsmangels in der Rechtsfolge nicht die Abhilferechte aus Art. 14 DIRL bzw. den Umsetzungsnormen des Art. 14 DIRL, sondern eine im nationalen Recht vorgesehene Nichtigkeit oder Aufhebung des Vertrags anzuwenden oder einzuführen. Im deutschen Recht ist eine derartige Vorschrift bislang nicht vorgesehen: Vielmehr

351 Riehm/Abold, in: ZUM 2018, 82 (88).
352 ErwG 53 S. 4 DIRL.

kann das Vorliegen eines Rechtsmangels etwa bei Verträgen mit kauf- oder werkvertraglichen Elementen allenfalls zu einem Rücktrittsrecht nach §§ 437 Nr. 2, 323 ff. oder §§ 634 Nr. 3, 323 ff. BGB kommen.

Problematisch ist die dahingehende Regelung in Art. 10 DIRL im Hinblick darauf, dass mit der Digitale-Inhalte-Richtlinie eine weitgehende Rechtsvereinheitlichung für digitale Inhalte und Dienstleistungen hergestellt werden soll. Da die Regelung den Mitgliedstaaten aber die Möglichkeit einräumt, insoweit von der Richtlinie abzuweichen, kann das Vorliegen eines Rechtsmangels i.S.v. Art. 10 DIRL künftig in den Mitgliedstaaten unterschiedliche Rechtsfolgen entfalten.

C. Zwischenergebnis

Die Mängelhaftung des Anbieters setzt sowohl nach dem bisher anwendbaren deutschen Recht als auch nach der Digitale-Inhalte-Richtlinie das Bestehen eines Mangels an den bereitgestellten Cloud-Diensten voraus. Unter welchen Voraussetzungen von einer Mangelhaftigkeit der Cloud-Dienste ausgegangen werden kann, richtet sich nach bisheriger deutscher Gesetzeslage nach der Vertragsnatur des vorliegenden Cloud-Computing-Vertrags. In der Digitale-Inhalte-Richtlinie regelt Art. 6 DIRL, wann die digitalen Inhalte oder Dienstleistungen als vertragsgemäß anzusehen sind. Hiernach müssen, unbeschadet der Regelung für Rechte Dritter nach Art. 10 DIRL, die subjektiven und objektiven Vertragsmäßigkeitsanforderungen gem. Art. 7 und 8 DIRL vorliegen und die digitalen Inhalte oder Dienstleistungen sachgemäß nach Art. 9 DIRL integriert worden sein.

§ 6 Die Rechte und Pflichten der Parteien bei Mangelhaftigkeit der Cloud-Dienste

Im nachfolgenden Abschnitt wird untersucht, welche Rechte und Pflichten der Parteien eines Cloud-Computing-Vertrags im Fall einer Mangelhaftigkeit der bereitgestellten Cloud-Dienste bestehen. Gesondert ist hierbei auf die Nacherfüllung (hierzu **A.**), die Preisminderung und die Vertragsbeendigung (hierzu **B.**) sowie auf den Schadensersatz (hierzu **C.**) einzugehen.

A. Die Nacherfüllung

Von zentraler Bedeutung für die Gewährleistungsrechte im Rahmen von Cloud-Computing-Verträgen ist das Recht zur Nacherfüllung. Zunächst sind daher die maßgeblichen Nacherfüllungsregelungen für Cloud-Computing-Verträge nach bisher anwendbarer deutscher Gesetzeslage zu untersuchen (hierzu **I.**). Anschließend sollen die künftigen Rechte und Pflichten zur Nacherfüllung nach den einschlägigen Regelungen der Digitale-Inhalte-Richtlinie beleuchtet werden (hierzu **II.**). In diesem Zusammenhang ist schließlich zu erörtern, wie die Nacherfüllungsregelungen nach der Digitale-Inhalte-Richtlinie rechtspolitisch zu bewerten sind (hierzu **III.**).

I. Die Nacherfüllung nach bisheriger deutscher Gesetzeslage

Begonnen sei mit der Darstellung, wie die Nacherfüllung nach bisheriger deutscher Gesetzeslage ausgestaltet ist. Ob und inwieweit dem Nutzer von Cloud-Diensten ein Nacherfüllungsanspruch zusteht, hängt hiernach von der vertragstypologischen Einordnung des konkret vorliegenden Vertrags ab.

1. Cloud-Computing-Verträge mit kaufvertraglichen Leistungselementen

In Bezug auf Cloud-Computing-Verträge mit kaufvertraglichen Leistungselementen kann sich ein Anspruch des Nutzers auf Nacherfüllung aus §§ 437 Nr. 1, 439 BGB ergeben. Die Nacherfüllung ist gegenüber den übrigen Mängelansprüchen des § 437 BGB vorrangig, da der Käufer gem. §§ 437 Nr. 2 Var. 1, 323 Abs. 1 BGB, gem. §§ 437 Nr. 2 Var. 2, 441, 323 Abs. 1 BGB oder gem. §§ 437 Nr. 3, 281 Abs. 1 BGB grds. den erfolglosen Ablauf einer dem Verkäufer gesetzten Frist zur Nacherfüllung abwarten muss, bevor er sein Recht auf Rücktritt, Minderung oder Schadensersatz ausüben kann.

Voraussetzung für das Bestehen des Nacherfüllungsanspruchs ist das Vorliegen eines Mangels i.S.v. § 434 BGB zum Zeitpunkt des Gefahrübergangs.[353] Ist ein Mangel bei Gefahrübergang gegeben, kann der Nutzer gem. § 439 Abs. 1 BGB unabhängig von einem Vertretenmüssen des Anbieters gem. §§ 276, 278 BGB nach seiner Wahl Nachbesserung oder Neulieferung verlangen. Eine Neulieferung kann etwa dadurch vorgenommen werden, dass der Anbieter dem Nutzer ermöglicht, eine neue mangelfreie Kopie eines Programms herunterzuladen. Eine Nachbesserung kann bei Cloud-Computing-Verträgen hingegen bspw. durch Einsatz von Patches zur „Reparatur" einer mangelhaften Software durchgeführt werden.

Ferner hat der Anbieter gem. § 439 Abs. 2 BGB die Kosten für die zum Zwecke der Nacherfüllung erforderlichen Aufwendungen zu tragen und die erforderlichen Aufwendungen für das Entfernen des mangelhaften und den Einbau oder das Anbringen des nachgebesserten oder neugelieferten Programms nach § 439 Abs. 3 BGB zu ersetzen.

Der Anbieter kann die vom Nutzer gewählte Art der Nacherfüllung unbeschadet des § 275 Abs. 2 und 3 BGB nach § 439 Abs. 4 S. 1 BGB verweigern, wenn sie gegenüber der anderen Art der Nacherfüllung nur mit unverhältnismäßigen Kosten möglich ist (sog. relative Unverhältnismäßigkeit). In diesem Fall beschränkt sich der Anspruch des Nutzers gem. § 439 Abs. 4 S. 3 HS. 1 BGB auf die andere Art der Nacherfüllung. Bei der Beurteilung, wann die gewählte Art der Nacherfüllung gegenüber der anderen Art als unverhältnismäßig anzusehen ist, können Prozentangaben als Anhaltspunkte dienen: Der Verkäufer soll nach verbreiteter Ansicht die gewählte Art der Nacherfüllung verweigern können, wenn diese 20% höhere Kosten verursacht als die andere Alternative.[354] Wäre also der Einsatz eines Patches zur „Reparatur" einer mangelhaften Software 20% teurer als die Zusendung einer neuen Kopie des Programms, so könnte der Anbieter die vom Nutzer ursprünglich verlangte Reparatur verweigern.

Der Anbieter kann gem. § 439 Abs. 4 S. 3 HS. 2 BGB grds. auch die verbleibende Art der Nacherfüllung verweigern, wenn diese für sich gesehen mit unverhältnismäßigen Kosten verbunden ist (sog. absolute Unverhältnismäßigkeit).

---

353 Zu den Anforderungen an das Bestehen eines Mangels zum maßgeblichen Zeitpunkt im Rahmen eines Kaufvertrags bereits § 5 A.I.

354 Berger, in: Jauernig, BGB, § 439 Rn. 30; LG Ellwangen NJW 2003, 517 (517f.); vgl. Faust, in: BeckOK, BGB, § 439 Rn. 62.

Die Annahme einer absoluten Unverhältnismäßigkeit bedingt eine Bewertung aller Umstände des Einzelfalls.[355] Der BGH hat bei nicht zu vertretenden Mängeln eine absolute Unverhältnismäßigkeit bejaht, wenn die Kosten der Nacherfüllung 150% des Werts der Sache im mangelfreien Zustand oder 200% des mangelbedingten Minderwerts übersteigen.[356] Handelt es sich aber – wie bei den für diese Untersuchung gegenständlichen Verträgen – bei dem Verkäufer um einen Unternehmer und dem Käufer um einen Verbraucher, kann ersterer die verbleibende Art der Nacherfüllung nach bisher anwendbarem deutschen Recht gem. § 475 Abs. 4 S. 1 BGB nicht wegen absoluter Unverhältnismäßigkeit verweigern. Der Verkäufer ist vielmehr dazu verpflichtet, die verbleibende Art der Nacherfüllung zu erbringen. Ist die verbleibende Art der Nacherfüllung wegen der Höhe der Aufwendungen nach § 439 Abs. 2 oder 3 S. 1 BGB unverhältnismäßig, so kann der Anbieter den Aufwendungsersatz gem. § 475 Abs. 4 S. 2 BGB allenfalls auf einen angemessenen Betrag beschränken.

2. *Cloud-Computing-Verträge mit mietvertraglichen Leistungselementen*

Im Mietvertragsrecht, das auf Cloud-Computing-Verträge mit mietvertraglichen Leistungselementen Anwendung findet, fehlt es an einem normierten Nacherfüllungsanspruch. Allerdings besteht eine Hauptleistungspflicht des Vermieters gem. § 535 Abs. 1 S. 2 BGB darin, die Mietsache in einem zum vertragsgemäßen Gebrauch geeigneten Zustand zu erhalten. Von der Erhaltungspflicht sind alle Maßnahmen umfasst, die erforderlich sind, um dem Mieter während der gesamten Mietzeit den vertragsgemäßen Gebrauch zu ermöglichen.[357] Aus der Erhaltungspflicht des Anbieters ergibt sich insofern ein zur Nacherfüllung äquivalentes Recht des Mieters auf Wiederherstellung des vertragsgemäßen Zustands.[358]

Die übrigen Abhilfen des Nutzers bei mietvertraglich zu qualifizierenden Cloud-Computing-Verträgen sind gegenüber dem Erhaltungsanspruch aus § 535 Abs. 1 S. 2 BGB nicht subsidiär. Allerdings besteht ein Anspruch auf Wiederherstellung des vertragsgemäßen Zustands nur, wenn die vom Nutzer verlangte Handlung auch im Rahmen von § 535 Abs. 1 S. 2 BGB geschuldet ist. Sie muss also erforderlich sein, um dem Nutzer während der gesamten Mietzeit

355 Faust, in: BeckOK, BGB, § 439 Rn. 66.

356 BGH NJW 2009, 1660 (1661).

357 Weidenkaff, in: Palandt, BGB, § 535 Rn. 36.

358 Borges, in: Borges/Meents, Cloud-Computing Rechtshandbuch, § 4 Rn. 76; Paul, in: Niemann/Paul, Rechtsfragen des Cloud-Computing, Kap. 8 Rn. 142.

den vertragsgemäßen Gebrauch zu ermöglichen.[359] Das ist etwa der Fall, wenn sich die Dokumente und Dateien des Nutzers aufgrund eines Serverfehlers nicht mehr in der Cloud des Anbieters Dropbox abspeichern lassen. Der Anbieter muss in diesem Fall den Serverfehler beheben, um die vertragsgemäße Nutzbarkeit der Dropbox-Speicherdienste wiederherzustellen.

3. Cloud-Computing-Verträge mit werkvertraglichen Leistungselementen

Bei Cloud-Computing-Verträgen mit werkvertraglichem Charakter kann dem Nutzer nach Maßgabe der §§ 634 Nr. 1, 635 BGB ein Anspruch auf Nacherfüllung zustehen. Voraussetzung hierfür ist das Vorliegen eines Mangels zum Zeitpunkt der Abnahme i.S.v. § 640 BGB.[360] In diesem Fall kann der Nutzer unabhängig von einem etwaigen Vertretenmüssen des Anbieters die Nacherfüllung verlangen. Die Nacherfüllung hat ebenso wie im Kaufvertragsrecht Vorrang vor den übrigen Abhilferechten in § 634 BGB, da der Nutzer gem. §§ 634 Nr. 3 Var. 1, 323 Abs. 1 BGB, gem. §§ 634 Nr. 3 Var. 2, 638, 323 Abs. 1 BGB oder gem. §§ 634 Nr. 3, 281 Abs. 1 BGB grds. nur dann vom Vertrag zurücktreten, die Vergütung mindern oder Schadensersatz verlangen kann, wenn er dem Anbieter erfolglos eine Frist zur Nacherfüllung gesetzt hat.

Relevant wird ein Anspruch aus §§ 634 Nr. 1, 635 BGB im Rahmen von Cloud-Computing-Verträgen insbesondere dann, wenn sich der Anbieter zu Installations-, Implementierungs- und Programmpflegemaßnahmen verpflichtet, die über seine Erhaltungspflicht nach § 535 Abs. 1 S. 2 BGB hinausgehen. So kann etwa der Nutzer, der kostenpflichtige Speicherdienste des Anbieters Dropbox in Anspruch nimmt, mit dem Anbieter zusätzlich die Durchführung von Installations- und Programmpflegemaßnahmen vereinbaren. In diesem Fall schuldet der Anbieter über die Erhaltung der Speicherdienste hinaus auch die ordnungsgemäße Durchführung der Installations- und Programmpflegemaßnahmen. Führt er diese nicht ordnungsgemäß aus, hat der Nutzer einen Anspruch auf Nacherfüllung.

Hierbei kann allerdings gem. § 635 Abs. 1 BGB nicht der Nutzer, sondern der Anbieter die durchzuführende Nacherfüllungsmaßnahme wählen. Der Anbieter kann die Nacherfüllung gem. § 635 Abs. 3 BGB aber unbeschadet des § 275 Abs. 2 und 3 BGB verweigern, wenn sie nur mit unverhältnismäßigen Kosten möglich ist. Eine Unverhältnismäßigkeit i.S.v. § 635 Abs. 3 BGB ist

359 Vgl. Weidenkaff, in: Palandt, BGB, § 535 Rn. 36.

360 Zu den Anforderungen an das Bestehen eines Mangels bei werkvertraglichen Cloud-Computing-Verträgen bereits § 5 A.III.

hierbei anzunehmen, wenn die Kosten der durchzuführenden Nacherfüllungsmaßnahme bei Abwägung aller Umstände in keinem vernünftigen Verhältnis zu dem mit der Nacherfüllung erzielbaren Erfolg stehen.[361] In diesem Fall kann der Anbieter die Nacherfüllung insgesamt verweigern und den Nutzer auf die übrigen Abhilferechte verweisen.

4. *Cloud-Computing-Verträge mit dienstvertraglichen Leistungselementen*

Das Dienstvertragsrecht unterscheidet sich insoweit vom Kauf-, Miet- und Werkvertragsrecht, dass die §§ 611 ff. BGB keine spezifischen Mängelrechte des Dienstberechtigten vorsehen. Im Dienstvertragsrecht fehlt es daher auch an einer konkreten Regelung zur Nacherfüllung. Da aber dennoch eine mangelhaft ausgeführte Dienstleistung auftreten kann[362], stellt sich die Frage, welche konkreten Gewährleistungsansprüche dem Dienstberechtigten in diesem Fall zustehen können.

Zum Teil wird angenommen, dass auch dem Dienstberechtigten ein Nacherfüllungsrecht zustehen muss.[363] Dies wird damit begründet, dass der Erfüllungsanspruch erhalten bleibt, sofern die Leistung nicht ordnungsgemäß erbracht wurde.[364] Schließlich gebe es keinen triftigen Grund, den Dienstberechtigten im Vergleich zu Gläubigern anderer Verträge zu benachteiligen, sofern die Dienstleistung nachgeholt werden kann.[365] Darüber hinaus wird diskutiert, ob aus dem allgemeinen Fristsetzungserfordernis in § 281 Abs. 1 BGB auf ein allgemeines Recht zur zweiten Andienung und damit auf ein Nacherfüllungsrecht im Rahmen von Dienstverträgen geschlossen werden kann, soweit die Natur der Dienstleistung dies zulässt.[366]

Unter Berücksichtigung der Gesetzessystematik spricht aber vor allem ein Umkehrschluss zu den Regelungen in § 439 Abs. 1 und § 635 Abs. 1 BGB, welche explizit einen Nacherfüllungsanspruch vorsehen, gegen ein Nacherfüllungsrecht des Dienstberechtigten. Da im Dienstvertragsrecht gerade von derartigen

361 BGH NJW-RR 2002, 661 (663); Voit, in: BeckOK, § 635 Rn. 15; Moufang/Koos, in: Messerschmidt/Voit, § 635 Rn. 99.

362 Hierzu bereits § 5 A.IV.

363 Hirte, Berufshaftung, S. 374ff.; Ji, Haftungsfragen im freien Dienstvertrag, S. ‚37f.; Tillmanns, Strukturfragen des Dienstvertrages, S. 348.

364 Ji, Haftungsfragen im freien Dienstvertrag, S. 37f.; Tillmanns, Strukturfragen des Dienstvertrages, S. 348.

365 Ji, Haftungsfragen im freien Dienstvertrag, S. 38.

366 Mansel, in: Jauernig, BGB, § 611 Rn. 16; Wendehorst, in: AcP 206 (2006), 205 (264).

Regelungen abgesehen wurde, kann es nach dem Willen des deutschen Gesetzgebers im Dienstvertragsrecht keinen Nacherfüllungsanspruch des Dienstberechtigten geben.[367] Dieses Ergebnis ist schließlich auch unter dem Gesichtspunkt zu befürworten, dass der Dienstberechtigte bei Annahme eines Nacherfüllungsrechts mehr bekommen würde, als ihm ursprünglich nach dem Vertrag zugestanden hätte, da dem Dienstberechtigten lediglich die Ausführung eines Dienstes versprochen wird, nicht hingegen das Erzielen eines konkreten Erfolgs durch Ausführung der Dienstleistung.[368] Obwohl auch im Dienstvertragsrecht eine mangelhafte Leistung vorliegen kann, so kann diese jedenfalls ein Recht auf Nacherfüllung nicht begründen. Mithin gibt es auch im Rahmen von Cloud-Computing-Verträgen mit Dienstleistungscharakter nach bisherigem deutschen Recht kein Recht auf Nacherfüllung.

II. Die Nacherfüllung nach der Digitale-Inhalte-Richtlinie, Art. 14 Abs. 1–3 DIRL

Der vorliegende Abschnitt macht es sich zur Aufgabe, die nunmehr maßgeblichen Nacherfüllungsregelungen in Art. 14 Abs. 1–3 DIRL zu analysieren. Nach Art. 14 Abs. 1 DIRL hat der Verbraucher unter den in Art. 14 DIRL genannten Bedingungen einen Anspruch auf „Herstellung des vertragsgemäßen Zustands" der digitalen Inhalte oder Dienstleistungen. Im Folgenden sind daher die Voraussetzungen des Art. 14 DIRL für das Nacherfüllungsrecht näher zu beleuchten, die neben dem Bestehen einer Vertragswidrigkeit nach Art. 6 DIRL[369] vorliegen müssen.

1. Keine Unmöglichkeit oder Unverhältnismäßigkeit der Nacherfüllung, Art. 14 Abs. 2 DIRL

Der Nacherfüllungsanspruch des Verbrauchers setzt gem. Art. 14 Abs. 2 DIRL zunächst voraus, dass die Herstellung des vertragsgemäßen Zustands nicht unmöglich ist oder der Unternehmer durch die Nacherfüllung mit unverhältnismäßigen Kosten belastet würde.

---

367 Schwarze, in: Staudinger, BGB, § 326 Rn. F39.

368 Vgl. Wendehorst, in: AcP 206 (2006), 205 (264f.).

369 Zum Begriff der Vertragswidrigkeit bereits § 5 B.

a. Unmöglichkeit der Nacherfüllung

Eine Unmöglichkeit der Nacherfüllung kommt in Betracht, wenn der Unternehmer den vertragsgemäßen Zustand der digitalen Inhalte oder Dienstleistungen aus tatsächlichen oder rechtlichen Gründen nicht herstellen kann.[370] Unmöglichkeit kann bspw. mit Verstreichen der vereinbarten Leistungszeit eintreten, etwa beim Live-Streaming eines Ereignisses über die Cloud des Anbieters. Dem Nutzer kommt es hierbei nämlich i.d.R. darauf an, das Ereignis in Echtzeit mitverfolgen zu können.[371] In derartigen Fällen ist dem Unternehmer die Herstellung des vertragsgemäßen Zustands unmöglich i.S.v. Art. 14 Abs. 2 DIRL und der Nacherfüllungsanspruch des Verbrauchers besteht nicht.

b. Unverhältnismäßigkeit der Nacherfüllung

Eine Nacherfüllung scheidet ferner aus, wenn dem Unternehmer hierdurch Kosten verursacht würden, die unter Berücksichtigung aller Umstände des Einzelfalls unverhältnismäßig wären. Zu diesen Umständen zählen gem. Art. 14 Abs. 2 lit. a und b DIRL insbesondere der Wert, den die digitalen Inhalte oder Dienstleistungen in vertragsgemäßem Zustand hätten, sowie die Erheblichkeit der Vertragswidrigkeit.

aa. Absolute oder relative Unverhältnismäßigkeit

Zu klären ist zunächst, ob sich Art. 14 Abs. 2 DIRL auf eine relative oder eine absolute Unverhältnismäßigkeit bezieht.

(1) Kein Vergleich alternativer Abhilfemöglichkeiten

Zunächst ist zu beachten, dass Art. 14 Abs. 2 DIRL in systematischer Hinsicht im Gegensatz zu Art. 3 Abs. 3 VerbrGKRL und in historisch-genealogischer Hinsicht im Gegensatz zu Art. 111 Abs. 1 GEK-E keinen Vergleich alternativer Abhilfemöglichkeiten vorsieht.

Art. 3 Abs. 3 UAbs. 1 VerbrGKRL legt etwa fest, dass der Verbraucher „Nachbesserung“ oder „Ersatzlieferung“ verlangen kann, sofern dies nicht unmöglich oder unverhältnismäßig ist. Art. 3 Abs. 3 UAbs. 2 VerbrGKRL konkretisiert diese Regelung dahingehend, dass eine Abhilfemaßnahme als unverhältnismäßig anzusehen ist, wenn sie dem Verkäufer Kosten verursachen würde, die „verglichen mit der alternativen Abhilfemöglichkeit“ unzumutbar wären. Der EuGH hat mit Urteil vom 16. Juni 2011 entschieden, dass sich Art. 3 Abs. 3 VerbrGKRL

370 ErwG 65 S. 1 DIRL.

371 Metzger, in: AcP 216 (2016), 817 (853).

ausschließlich auf Fälle der relativen Unverhältnismäßigkeit bezieht, da hiernach die Unverhältnismäßigkeit ausschließlich in Beziehung zur anderen Abhilfemöglichkeit beurteilt wird.[372] Nach Art. 3 Abs. 3 VerbrGKRL ist der Verkäufer also dann nicht zu der vom Verbraucher gewählten Nacherfüllungsmaßnahme verpflichtet, wenn diese im Vergleich zu der anderen Nacherfüllungsmöglichkeit unverhältnismäßig teuer oder aufwendig ist. Der Verkäufer ist aber zur Durchführung der verbleibenden Maßnahme unabhängig davon verpflichtet, mit welchen Kosten und welchem Aufwand diese verbunden ist. Eine vergleichbare Regelung war bereits in Art. 111 Abs. 1 GEK-E vorgesehen.

Im Gegensatz zu diesen Vorschriften regelt Art. 14 Abs. 2 DIRL nicht, dass die Unverhältnismäßigkeit durch einen Vergleich der Nacherfüllungsmaßnahmen zu ermitteln ist. Vielmehr ist nach Art. 14 Abs. 2 DIRL der Anspruch des Verbrauchers auf Nacherfüllung ausgeschlossen, wenn die Herstellung des vertragsgemäßen Zustands (insgesamt) unverhältnismäßig ist. Von einem Vergleich der zur Verfügung stehenden Maßnahmen wird hingegen abgesehen. Dieser Umstand spricht dafür, dass sich Art. 14 Abs. 2 DIRL auf Fälle der absoluten Unverhältnismäßigkeit bezieht.

(2) Wahlmöglichkeit hinsichtlich der Abhilfemaßnahme

Dieses Verständnis wird auch dadurch unterstützt, dass die Digitale-Inhalte-Richtlinie dem Verbraucher kein Wahlrecht hinsichtlich der zu ergreifenden Nacherfüllungsmaßnahme einräumt. Damit unterscheidet sich Art. 14 DIRL wiederum von den entsprechenden Vorschriften in Art. 3 Abs. 2 VerbrGKRL, Art. 13 Abs. 1 WH-RL und Art. 111 Abs. 1 GEK-E. In der Digitale-Inhalte-Richtlinie wird vielmehr gar nicht explizit zwischen einer Neulieferung und einer Nachbesserung unterschieden. Der Unternehmer wird in Art. 14 Abs. 2 DIRL lediglich pauschal zur „Herstellung des vertragsgemäßen Zustands" verpflichtet.[373] Auf welche Art und Weise dies erreicht wird, soll der Unternehmer laut ErwG 63 DIRL hierbei je nach den technischen Merkmalen der digitalen Inhalte oder Dienstleistungen selbst festlegen können.

Da dem Verbraucher bei der Bereitstellung vertragswidriger digitaler Inhalte oder Dienstleistungen keine Möglichkeit zusteht, zwischen einer Neulieferung oder Nachbesserung zu wählen, kann sich Art. 14 Abs. 2 DIRL nur auf Fälle

---

372 EuGH Urt. v. 16.06.2011, Rs. 65/09 und C-87/09 – Weber ./. Wittmer und Putz ./. Medianess Electronics GmbH, Rn. 68.

373 Staudenmayer, in: NJW 2016, 2719 (2722); ders., in: NJW 2019, 2497 (2499).

beziehen, in denen die Nacherfüllung absolut unverhältnismäßig ist.[374] Würde Art. 14 Abs. 2 DIRL nur Fälle der relativen Unverhältnismäßigkeit erfassen, wäre die Vorschrift weitgehend bedeutungslos, da der Unternehmer sich ohnehin nicht dazu entscheiden würde, die im Vergleich zu der anderen Abhilfemaßnahme aufwendigere oder kostenintensivere Maßnahme zu wählen.

Es ist sogar insgesamt davon auszugehen, dass sich der europäische Gesetzgeber zum Teil von der soeben angesprochenen Rechtsprechung des EuGH distanzieren will. Der europäische Gesetzgeber sieht nämlich in der Warenhandelrichtlinie eine Abkehr hiervon vor. Zwar regelt Art. 13 Abs 2 WH-RL ebenso wie Art. 3 Abs. 3 VerbrGKRL, dass der Verkäufer die vom Käufer gewählte Nacherfüllungsart wegen relativer Unverhältnismäßigkeit verweigern darf. Allerdings kann der Verkäufer nach Art. 13 Abs. 3 WH-RL die Nacherfüllung auch dann verweigern, wenn ihm sowohl die Nachbesserung als auch die Ersatzlieferung unverhältnismäßige Kosten verursachen würden. Art. 13 Abs. 3 WH-RL nimmt insoweit Bezug auf ein Leistungsverweigerungsrecht aufgrund absoluter Unverhältnismäßigkeit.[375] Hiermit wird ein weitergehender Schutz des Unternehmers erreicht. Es gibt aber keinen Grund, den Verkäufer von Waren gegenüber dem Anbieter digitaler Inhalte oder Dienstleistungen zu privilegieren. Die überzeugenderen Argumente sprechen daher dafür, dass eine Pflicht zur Nacherfüllung bei digitalen Inhalten oder Dienstleistungen sowohl dann entfallen kann, wenn die Kosten relativ unverhältnismäßig als auch wenn sie absolut unverhältnismäßig sind.

Die Digitale-Inhalte-Richtlinie unterscheidet sich insoweit zu dem bisher anwendbaren deutschen Recht (das die Rechtsprechung des EuGH umsetzt), als der Unternehmer die Nacherfüllung nunmehr aufgrund absoluter Unverhältnismäßigkeit der Nacherfüllungskosten verweigern kann.

bb. Negatives Tatbestandsmerkmal oder Leistungsverweigerungsrecht

Aus Art. 14 Abs. 2 DIRL geht des Weiteren nicht eindeutig hervor, ob die Unverhältnismäßigkeit als möglicher Einwand des Unternehmers oder als negatives Tatbestandsmerkmal ausgestaltet ist. ErwG 65 S. 1 DIRL stellt aber klar, dass kein Anspruch auf Nacherfüllung besteht, wenn sich der Unternehmer „weigert", den vertragsgemäßen Zustand herzustellen, da ihm hierdurch unverhältnismäßige

374 Staudenmayer, in: NJW 2016, 2719 (2722); ders., in: ZEuP 2016, 801 (815f.); i.E. (aber ohne Begründung) so auch Stürner, in: Jura 2017, 171 (176); Zoll, in: EuCML 2015, 250 (254).

375 Kupfer/Weiß, in: VuR 2020, 95 (98); Zöchling-Jud, in: GPR 2019, 115 (128).

Kosten entstehen würden. Hieraus ist zu schließen, dass sich der Unternehmer bei Vorliegen der Voraussetzungen auf die Unverhältnismäßigkeit berufen kann, dies aber nicht tun muss. Dem Unternehmer steht es also frei, auch dann nachzuerfüllen, wenn objektiv die Voraussetzungen der Unverhältnismäßigkeit vorliegen. Art. 14 Abs. 2 DIRL stellt insoweit kein negatives Tatbestandsmerkmal, sondern ein Leistungsverweigerungsrecht des Unternehmers dar. Insoweit unterscheidet sich Art. 14 Abs. 2 DIRL nicht vom bisher anwendbaren deutschen Recht, das vor allem in § 439 Abs. 4 S. 1 BGB ein Recht des Verkäufers zur Verweigerung der Nacherfüllung vorsieht.

2. Nacherfüllung innerhalb einer angemessenen Frist, Art. 14 Abs. 3 DIRL

Ist die Nacherfüllung nicht unmöglich oder mit unverhältnismäßigen Kosten verbunden (oder beruft sich der Unternehmer nicht hierauf), hat der Unternehmer den vertragsgemäßen Zustand der digitalen Inhalte oder Dienstleistungen gem. Art. 14 Abs. 3 DIRL innerhalb einer angemessenen Frist herzustellen, nachdem er vom Verbraucher von der Vertragswidrigkeit in Kenntnis gesetzt wurde. Eine konkrete Fristlänge ordnet die Digitale-Inhalte-Richtlinie nicht an, da starre Fristen der Vielfalt digitaler Inhalte oder Dienstleistungen nicht gerecht werden und die Frist je nach Einzelfall zu kurz oder zu lang ausfallen würde.[376] Die Parteien können aber laut ErwG 64 S. 4 DIRL eine bestimmte Frist für die Nacherfüllung vereinbaren.

Haben die Parteien keine entsprechende Frist vereinbart, stellt sich die Frage, welche Anforderungen an das Fristerfordernis zu stellen sind. Insbesondere ist zu klären, ob der Verbraucher dem Unternehmer eine konkret berechnete Frist setzen muss oder ob es genügt, dass er den Unternehmer über die Vertragswidrigkeit in Kenntnis setzt und eine angemessene Frist ab diesem Zeitpunkt automatisch abläuft. Die aufgeworfene Frage ist durch Auslegung des Art. 14 Abs. 3 DIRL zu beantworten.

Der Wortlaut „nachdem er […] in Kenntnis gesetzt wurde" deutet darauf hin, dass der Verbraucher dem Unternehmer keine konkrete Frist zur Nacherfüllung setzen, sondern den Unternehmer lediglich über die Vertragswidrigkeit informieren muss.

Dieses Verständnis von Art. 14 Abs. 3 DIRL lässt sich auch durch einen Vergleich mit der Auslegung des Art. 3 Abs. 3 UAbs. 3 VerbrGKRL stützen: Auch nach der Verbrauchsgüterkaufrichtlinie muss der Verbraucher die „angemessene Frist" i.S.v. Art. 3 Abs. 3 UAbs. 3 VerbrGKRL nicht explizit setzen, sondern

376 ErwG 64 S. 1 und 2 DIRL.

sie beginnt automatisch, sobald der Verbraucher den Unternehmer von der Vertragswidrigkeit in Kenntnis gesetzt hat.[377] Erforderlich ist nach Art. 3 Abs. 3 UAbs. 3 VerbrGKRL lediglich ein Nacherfüllungsverlangen aufseiten des Verbrauchers und das Abwarten einer angemessenen Frist.[378]

Aus historisch-genealogischer Sicht sollte dem Anbieter auch nach Art. 109 Abs. 5 GEK-E ein „angemessener Zeitraum“ für die Heilung eingeräumt werden. In sprachlicher Hinsicht bestand insoweit eine Unstimmigkeit mit Art. 109 Abs. 4 lit. a GEK-E, als der Nutzer digitaler Inhalte, der nicht Verbraucher ist, die Heilung nur ablehnen können sollte, wenn sie nicht „umgehend“ bewirkt werden konnte. Diese Formulierung legt nahe, dass eine Fristsetzung zur Nacherfüllung überhaupt nicht notwendig gewesen wäre. Gemeint war aber wohl auch im Rahmen von Art. 109 Abs. 4 lit. a GEK-E, dass der Anbieter die Heilung innerhalb einer angemessenen Frist vornehmen muss.[379] Art. 109 Abs. 6 GEK-E sollte in jedem Fall nicht dazu führen, dass der Nutzer dem Anbieter eine konkrete Frist setzen muss, da dies dem Konzept des Heilungsrechts widersprechen würde, nach dem der Anbieter gerade von sich aus die Heilung anbieten soll.[380] Die angemessene Frist sollte daher ebenfalls mit Aufklärung des Anbieters über die Vertragswidrigkeit automatisch beginnen.

Die Nacherfüllungsregelung verfolgt zudem den Zweck, den Vertrag zunächst aufrechtzuerhalten und dem Unternehmer die Chance einzuräumen, sich den erstrebten Gewinn noch zu verdienen. Dieser Zweck gebietet es, nicht den Verbraucher mit der Einschätzung zu belasten, die Länge einer angemessenen Nacherfüllungsfrist zu beurteilen. Nach Aufklärung des Unternehmers über die Vertragswidrigkeit beginnt folglich automatisch der Ablauf einer angemessenen Frist, innerhalb derer der Unternehmer den vertragsgemäßen Zustand noch herstellen kann.

Da Art. 14 Abs. 3 DIRL ebenso wie Art. 3 Abs. 3 UAbs. 3 VerbrGKRL und Art. 109 Abs. 6 GEK-E lediglich die Vornahme der Nacherfüllungshandlung innerhalb einer angemessenen Frist voraussetzt, ist davon auszugehen, dass der Verbraucher im Rahmen von Verträgen über die Bereitstellung digitaler Inhalte oder Dienstleistungen keine konkret bemessene Frist setzen, sondern den

377 Doehner, Die Schuldrechtsreform, S. 247f.; Faust, in: BeckOK, BGB, § 437 Rn. 18; Lorenz, in: Müko, BGB, Bd. 4–1, Vor § 474 Rn. 24; Micklitz, in: EuZW 1999, 485 (488).

378 Lorenz, in: Müko, BGB, Bd. 4–1, Vor § 474 Rn. 24.

379 Zöchling-Jud, in: Schmidt-Kessel, GEK-Kommentar, Art. 109 Rn. 6; Zoll, in: Schulze, Common European Sales Law, Art. 109 Rn. 19.

380 Zöchling-Jud, in: Schmidt-Kessel, GEK-Kommentar, Art. 109 Rn. 6.

Unternehmer lediglich über die Vertragswidrigkeit informieren muss.[381] Auch insoweit zeigt die Digitale-Inhalte-Richtlinie Parallelen zum bisher anwendbaren deutschen Recht, nach dem eine Aufforderung zur unverzüglichen Leistung genügt, wenn nach den Umständen hervorgeht, dass die Leistung sofort zu erfolgen hat.[382]

3. *Kostenfreie Nacherfüllung ohne erhebliche Unannehmlichkeiten, Art. 14 Abs. 3 DIRL*

Der Unternehmer hat den vertragsgemäßen Zustand zudem gem. Art. 14 Abs. 3 DIRL „kostenfrei und ohne erhebliche Unannehmlichkeiten für den Verbraucher" herzustellen. Hierbei sind die Art der digitalen Inhalte oder Dienstleistungen und der Zweck, für den der Verbraucher diese benötigt, zu berücksichtigen.

Bekannt ist diese Regelung bereits aus Art. 3 Abs. 3 UAbs. 1 und UAbs. 3 VerbrGKRL, wonach die Nacherfüllung für den Verbraucher im Verbrauchsgüterkauf „unentgeltlich" und „ohne erhebliche Unannehmlichkeiten" erfolgen muss. Die „Unentgeltlichkeit" i.S.v. Art. 3 Abs. 3 UAbs. 1 VerbrGKRL erfordert, dass der Verkäufer die für die Nacherfüllung erforderlichen Kosten wie etwa Versand-, Arbeits- und Materialkosten trägt und diese dem Verbraucher nicht berechnen darf.[383] Von nicht nur unerheblichen Unannehmlichkeiten i.S.v. Art. 3 Abs. 3 UAbs. 3 VerbrGKRL ist auszugehen, wenn die Nacherfüllung für den Verbraucher mit zeitlichen oder sonstigen Belastungen verbunden ist, die über hinzunehmende Unbequemlichkeiten hinausgehen.[384] Eine nicht unerhebliche Unannehmlichkeit kann insbesondere dann vorliegen, wenn der Unternehmer erfolglos versucht hat, den Mangel zu beheben.[385]

Da Art. 14 Abs. 3 DIRL die Formulierung des Art. 3 Abs. 3 UAbs. 1 und UAbs. 3 VerbrGKRL weitgehend übernimmt, ist davon auszugehen, dass diese Erwägungen grds. auch in Bezug auf die Digitale-Inhalte-Richtlinie angewendet werden können. Hierbei stellt sich aber die Frage, wie viele Nacherfüllungsversuche dem Anbieter digitaler Inhalte oder Dienstleistungen zustehen sollen, bevor von einer nicht nur unerheblichen Unannehmlichkeit i.S.v. Art. 14 Abs. 3

381 So auch Riehm/Abold, in: ZUM 2018, 82 (89).

382 Westermann, in: Erman, BGB, § 281 Rn. 13.

383 Magnus, in: Grabitz/Hilf, Das Recht der EU, Art. 3 VerbrGKRL Rn. 51; Micklitz, in: EuZW 1999, 485 (488).

384 Magnus, in: Grabitz/Hilf, Das Recht der EU, Art. 3 VerbrGKRL Rn. 45.

385 Doehner, Die Schuldrechtsreform, S. 254; Magnus, in: Grabitz/Hilf, Das Recht der EU, Art. 3 VerbrGKRL Rn. 45; Micklitz, in: EuZW 1999, 485 (488).

DIRL auszugehen ist. Zur Beantwortung dieser Frage ist die Regelung in Art. 14 Abs. 4 lit. c DIRL heranzuziehen: Hiernach soll dem Verbraucher ein Minderungs- oder Vertragsbeendigungsrecht zustehen, wenn eine Vertragswidrigkeit „trotz des Versuchs" des Unternehmers eintritt, den vertragsgemäßen Zustand herzustellen. Der Verbraucher muss folglich nur einen Versuch des Unternehmers abwarten, bevor er seine übrigen Abhilferechte geltend machen kann.[386] Hieraus ist zu schließen, dass dem Verbraucher nur das Abwarten eines Nacherfüllungsversuchs zuzumuten ist. Wenn schon davon auszugehen ist, dass der Verbraucher seine übrigen Abhilferechte nach Fehlschlag des ersten Nacherfüllungsversuchs geltend machen kann, dann muss in dem Abwarten mehrerer Nacherfüllungsversuche auch eine Belastung zu sehen sein, die über eine hinzunehmende Unbequemlichkeit hinausgeht. Folglich ist das Vorliegen einer nicht nur unerheblichen Unannehmlichkeit i.S.v. Art. 14 Abs. 3 DIRL bereits nach dem ersten gescheiterten Nacherfüllungsversuch anzunehmen. Insoweit unterscheidet sich die Digitale-Inhalte-Richtlinie vom bisher anwendbaren deutschen Recht. Bei letzterem ist etwa im Rahmen von Cloud-Computing-Verträgen mit kaufvertraglichen Elementen ein Fehlschlag i.S.v. § 440 S. 1 BGB S. 1 BGB nicht notwendigerweise schon nach dem ersten misslungenen Versuch zur Nacherfüllung anzunehmen. Vielmehr muss im Einzelfall nach den konkreten Umständen beurteilt werden, ob bereits ein Fehlschlag angenommen werden kann oder dem Verkäufer ein weiterer Versuch zuzusprechen ist.[387]

4. *Vorrang der Nacherfüllung*

Aus Art. 14 DIRL ergibt sich eindeutig, dass der Anspruch des Verbrauchers auf Nacherfüllung vorrangig gegenüber den übrigen Abhilferechten eingreift. Art. 14 Abs. 4 DIRL räumt dem Verbraucher nämlich nur dann einen Anspruch auf Minderung oder Vertragsbeendigung ein, wenn einer der in Art. 14 Abs. 4 DIRL normierten Fälle eingreift.[388] Diese Fälle beziehen sich allesamt auf Situationen, in denen eine Nacherfüllung nicht möglich, zumutbar oder zielführend ist. Mithin hat der Verbraucher dem Unternehmer grds. zunächst die Möglichkeit zur Nacherfüllung zu gewähren, bevor er den Preis mindern oder den Vertrag beenden kann.

Eine entsprechende Regelung ist nunmehr auch in Art. 13 Abs. 4 WH-RL vorgesehen, welcher den Art. 3 Abs. 5 VerbrGKRL als Nachfolgevorschrift ablöst.

---

386 Bach, in: NJW 2019, 1705 (1710).

387 Hierzu § 6 B.I.1.a.aa.(3).

388 Hierzu § 6 B.II.1.a.aa.

Nach Art. 3 Abs. 5 VerbrGKRL war ebenfalls vorgesehen, dass der Verbraucher nur dann seine übrigen Abhilferechte geltend machen kann, wenn kein Anspruch auf Nachbesserung oder Ersatzlieferung besteht oder der Verkäufer nicht innerhalb einer angemessenen Frist oder ohne erhebliche Unannehmlichkeiten Abhilfe geschaffen hat. Im Gegensatz zu der Verbrauchsgüterkaufrichtlinie haben die Digitale-Inhalte-Richtlinie und die Warenhandelrichtlinie aber nach Art. 4 DIRL bzw. Art. 4 WH-RL vollharmonisierenden Charakter. Mithin können die Mitgliedstaaten auch nicht mehr zugunsten des Verbrauchers von dem grundsätzlichen Vorrang der Nacherfüllung in Art. 14 Abs. 4 DIRL bzw. Art. 13 Abs. 4 WH-RL abweichen, wie dies noch bei Umsetzung der Verbrauchsgüterkaufrichtlinie möglich war.[389]

Stand in der Vergangenheit mit der Vereinheitlichung vertraglicher Standards noch eine Stärkung des Verbraucherschutzniveaus im grenzüberschreitenden Handel im Vordergrund, soll mit der Digitale-Inhalte-Richtlinie nunmehr auch das Interesse von Unternehmern an Rechtssicherheit und der Senkung von Transaktionskosten berücksichtigt werden.[390] Vor diesem Hintergrund ist in Art. 14 Abs. 2 und 4 DIRL zugunsten des Unternehmers ein grds. zwingender Vorrang der Nacherfüllung vorgesehen.

Hiermit stellt Art. 14 DIRL eine gegenüber dem deutschen Recht bahnbrechende Regelung auf. Im deutschen Recht fehlt es nämlich an einem grundsätzlichen Vorrang der Nacherfüllung, da eine Nacherfüllung nicht in jeder Vertragskonstellation den Interessen der Parteien entspricht. So besteht insbesondere im Rahmen von Dauerschuldverhältnissen kein Recht zur Nacherfüllung. Der deutsche Gesetzgeber wird von diesem Grundsatz abweichen müssen und jedenfalls für alle Verträge über die Bereitstellung digitaler Inhalte oder Dienstleistungen – unabhängig davon, ob sie punktuelle Austauschverträge oder Dauerschuldverhältnisse darstellen – eine grds. vorrangige Nacherfüllung vorsehen müssen.[391]

5. *Erfordernis eines subjektiven Fehlverhaltens des Unternehmers*

Zuletzt bedarf es einer Beurteilung, ob der Nacherfüllungsanspruch nach Art. 14 Abs. 2 DIRL ein Fehlverhalten des Unternehmers voraussetzt. In diesem Zusammenhang ist zu untersuchen, ob für das Bestehen des Nacherfüllungsanspruchs

389 So sehen etwa Griechenland, Kroatien, Litauen, Portugal, Slowenien und Ungarn keinen Vorrang der Nacherfüllung im Verbrauchsgüterkauf vor.

390 Wendland, in: GPR 2016, 8 (9).

391 Ob dies aus rechtspolitischer Sicht zu begrüßen ist, siehe § 6 A.III.1.a.

ein Verschulden des Unternehmers erforderlich ist und ob ein Ausschluss des Nacherfüllungsrechts in Fällen höherer Gewalt in Betracht kommt.

a. Verschuldens(un)abhängigkeit der Nacherfüllung

Zuerst ist zu untersuchen, ob der Nacherfüllungsanspruch ein Verschulden des Unternehmers bezüglich der Vertragswidrigkeit voraussetzt. Der Wortlaut des Art. 14 DIRL sieht insoweit jedenfalls kein Verschuldenserfordernis vor.

Die Regelung in Art. 14 Abs. 2 und 3 DIRL weist in systematischer Hinsicht deutliche Ähnlichkeit mit Art. 3 Abs. 3 VerbrGKRL auf. Die Haftung nach Art. 3 Abs. 3 VerbrGKRL setzt lediglich voraus, dass eine Vertragswidrigkeit i.S.v. Art. 2 Abs. 1 VerbrGKRL zum Zeitpunkt der Lieferung des Verbrauchsguts besteht.[392] Ein Verschulden des Verkäufers ist hingegen nicht notwendig.[393] Im UN-Kaufrecht spricht Art. 46 Abs. 3 UN-Kaufrecht dem Käufer ein Recht auf Nachbesserung zu, wenn der Verkäufer eine nicht vertragsgemäße Ware geliefert hat, außer die Nachbesserung ist für den Verkäufer unter Berücksichtigung aller Umstände unzumutbar. Eine Ersatzlieferung kommt nach Art. 46 Abs. 2 UN-Kaufrecht hingegen nur in Betracht, wenn die Vertragswidrigkeit eine wesentliche Vertragsverletzung darstellt. Auch nach diesen Vorschriften kommt es also allenfalls auf das objektive Gewicht der Vertragswidrigkeit, nicht aber auf den Grund für die Pflichtverletzung an. Vielmehr haftet der Verkäufer für Sachmängel verschuldensunabhängig (für Rechtsmängel indes nur, wenn er diesen Mangel zumindest hätte kennen müssen).[394]

Die weitgehende Ähnlichkeit des Art. 14 Abs. 2 und 3 DIRL vor allem zu Art. 3 Abs. 3 VerbrGKRL, aber auch zu Art. 46 UN-Kaufrecht deutet daraufhin, dass auch der Anspruch des Verbrauchers auf Nacherfüllung im Rahmen von Verträgen über die Bereitstellung digitaler Inhalte oder Dienstleistungen verschuldensunabhängig eingreifen soll. Jedenfalls ist nicht ersichtlich, warum der Anbieter digitaler Inhalte oder Dienstleistungen gegenüber dem Verkäufer von Waren in dieser Hinsicht privilegiert werden sollte.

Sinn und Zweck des Art. 14 Abs. 2 und 3 DIRL bestehen außerdem einerseits darin, dem Verbraucher ein Recht an die Hand zu geben, die Erfüllung

---

392 Magnus, in: Grabitz/Hilf, Das Recht der EU, Art. 3 VerbrGKRL Rn. 7.

393 EuGH Urt. v. 16.06.2011, Rs. 65/09 und C-87/09 – Weber ./. Wittmer und Putz ./. Medianess Electronics GmbH, Rn. 56; Magnus, in: Grabitz/Hilf, Das Recht der EU, Art. 3 VerbrGKRL Rn. 12; Grundmann, in: Grundmann/Bianca, VerbrGKRL Kommentar, Art. 2 Rn. 2.

394 Regula/Kannowski, in: IHR 2004, 45 (47).

der bisher nicht ordnungsgemäß ausgeführten Leistung zu fordern. Andererseits soll Art. 14 Abs. 2 und Abs. 3 DIRL dem Unternehmer die Möglichkeit einräumen, sich durch Nachholung der geschuldeten Leistung die gesamte Vergütung noch zu verdienen. Beide Zwecke greifen unabhängig davon ein, ob dem Unternehmer ein Verschulden bezüglich der Vertragswidrigkeit vorgeworfen werden kann.

Im Ergebnis kann daher festgestellt werden, dass der Anspruch auf Nacherfüllung nach Maßgabe des Art. 14 Abs. 1–3 DIRL ebenso wie nach bisher anwendbarem deutschen Recht auch dann gegeben ist, wenn dem Unternehmer kein Verschulden vorgeworfen werden kann.

b. Ausschluss in Fällen höherer Gewalt?

Des Weiteren bedarf es einer Erörterung, ob der Anspruch auf Nacherfüllung auch dann besteht, wenn die Vertragswidrigkeit aufgrund höherer Gewalt eingetreten ist und das Entstehen der Vertragswidrigkeit damit völlig außerhalb des Einflussbereichs des Unternehmers lag.

Der Wortlaut des Art. 14 DIRL sieht keinen expliziten Ausschluss des Nacherfüllungsrechts für diesen Fall vor. Insoweit stimmt die Digitale-Inhalte-Richtlinie mit dem UN-Kaufrecht überein. Dieses sieht zwar in Art. 79 Abs. 1 UN-Kaufrecht einen Ausschlussgrund für die Haftung des Verkäufers im Falle einer Nichterfüllung seiner Pflichten vor, wenn der Hinderungsgrund außerhalb seines Einflussbereichs liegt. Entgegen dem Wortlaut des Art. 79 Abs. 1 UN-Kaufrecht entlastet Art. 79 UN-Kaufrecht den Schuldner aber nur von Schadensersatzansprüchen.[395] Dies wird in Art. 79 Abs. 5 UN-Kaufrecht deutlich, nach dem Art. 79 UN-Kaufrecht die Parteien nicht hindern soll, ein anderes Recht als das Schadensersatzrecht zu verlangen.

Demgegenüber sollte nach Art. 106 Abs. 4 GEK-E das „Erfüllungsrecht" des Nutzers digitaler Inhalte nicht bestehen, wenn die nicht vertragsgemäße Leistung „entschuldigt" war. Von dem Vorliegen einer Entschuldigung sollte gem. Art. 88 Abs. 1 GEK-E ausgegangen werden, wenn die nicht ordnungsgemäße Leistung auf einem außerhalb des Einflussbereichs des Schuldners liegenden Hindernis beruhte und wenn von dem Schuldner nicht erwartet werden konnte, das Hindernis zum Zeitpunkt des Vertragsschlusses in Betracht zu ziehen oder das Hindernis oder dessen Folgen zu vermeiden oder zu überwinden. Eine

395 Magnus, in: Staudinger, BGB, CISG, Art. 79 Rn. 10.

Entschuldigung sollte insoweit nur in Fällen höherer Gewalt angenommen werden.[396]

Einen entsprechenden Ausschlussgrund für den Fall höherer Gewalt enthält die Digitale-Inhalte-Richtlinie nicht. Der europäische Gesetzgeber hätte aber etwa in Art. 14 Abs. 2 DIRL anordnen können, dass der Anspruch auf Herstellung des vertragsgemäßen Zustands nicht nur im Fall der Unmöglichkeit oder Unverhältnismäßigkeit nicht besteht, sondern auch dann nicht, wenn die Vertragswidrigkeit auf einen Umstand zurückzuführen ist, der außerhalb des Einflussbereichs des Unternehmers liegt. Da die Digitale-Inhalte-Richtlinie keine derartige dem Art. 106 Abs. 4 GEK-E entsprechende Regelung enthält, ist davon auszugehen, dass das Abhilferecht des Verbrauchers nach Art. 14 Abs. 2 DIRL auch dann eingreift, wenn die Vertragswidrigkeit durch höhere Gewalt herbeigeführt wurde.

III. Rechtspolitische Würdigung

Im Folgenden sollen die Nacherfüllungsregelungen in Art. 14 Abs. 1–3 DIRL rechtspolitisch gewürdigt werden. Ob die Regelungen aus rechtspolitischer Sicht zu begrüßen sind, soll vor dem Hintergrund bewertet werden, ob die mit der Digitale-Inhalte-Richtlinie verfolgten Ziele erreicht werden können. Die Digitale-Inhalte-Richtlinie verfolgt gem. Art. 1 DIRL das Ziel, zum reibungslosen Funktionieren des Binnenmarkts beizutragen und mit der Vereinheitlichung bestimmter Vorschriften ein hohes Verbraucherschutzniveau herzustellen. Laut ErwG 1 S. 2 DIRL soll der Verbraucher einen besseren Zugang zu digitalen Inhalten und Dienstleistungen erhalten und Unternehmen die Bereitstellung digitaler Inhalte oder Dienstleistungen vereinfacht werden. Hierbei soll laut ErwG 2 S. 3 DIRL für ein ausgewogenes Verhältnis zwischen dem Erreichen eines hohen Verbraucherschutzniveaus und der Förderung der Wettbewerbsfähigkeit von Unternehmen gesorgt werden. Die maßgeblichen Ziele der Richtlinie bestehen folglich darin, einerseits einen angemessenen Ausgleich der Interessen von Verbraucher und Unternehmer herzustellen und andererseits den digitalen europäischen Binnenmarkt zu fördern.

---

396 Vgl. Ayad/Schnell, in: BB 2012, 1487 (1494); Lorenz, in: AcP 212 (2012), 702 (792); vgl. Huber, in: euvr 2013, 197 (204); vgl. Bucher, Gewährleistungsrecht im GEK, S. 88.

1. Angemessener Interessenausgleich

Zuerst ist zu untersuchen, ob mit den Nacherfüllungsregelungen ein angemessener Interessenausgleich zwischen Verbraucher und Unternehmer erreicht werden kann.

a. Nacherfüllung bei sämtlichen Arten von „Bereitstellungs"-Verträgen

Problematisch ist zunächst, ob die Möglichkeit zur Nacherfüllung im Rahmen von sämtlichen „Bereitstellungs"-Verträgen den Interessen von Verbraucher und Unternehmer entspricht. Schließlich gilt das Nacherfüllungsrecht in Art. 14 Abs. 1–3 DIRL nicht nur für punktuelle Austauschverträge, sondern auch für Dauerschuldverhältnisse. Insbesondere hat der Verbraucher, der Cloud-Dienste in Anspruch nimmt, nunmehr auch dann einen Anspruch auf Nacherfüllung, wenn Leistungselemente eines Cloud-Computing-Vertrags betroffen sind, die nach deutschem Verständnis miet- oder dienstvertraglicher Natur sind. Es ist daher zu erörtern, ob ein Nacherfüllungsrecht auch im Rahmen von „Bereitstellungs"-Verträgen, die nach deutschem Verständnis als Mietverträge (hierzu **aa.**) oder als Dienstverträge (hierzu **bb.**) zu qualifizieren sind, den Interessen von Unternehmer und Verbraucher entspricht.

aa. Nacherfüllung bei mietvertraglicher Bereitstellung

„Bereitstellungs"-Verträge sind i.d.R. dann nach deutschem Verständnis als Mietverträge zu qualifizieren, wenn sie eine Überlassung der digitalen Inhalte oder Dienstleistungen zur Nutzung auf Zeit zum Gegenstand haben. Bei einer Überlassung zur zeitweisen Nutzung hat der Verbraucher regelmäßig ein gewichtiges Interesse daran, dass sämtliche Mängel, die an den digitalen Inhalten oder Dienstleistungen während der Vertragslaufzeit auftreten, beseitigt werden. Ansonsten kann der Verbraucher die ihm überlassenen digitalen Inhalte oder Dienstleistungen nicht während der gesamten Vertragslaufzeit ordnungsgemäß nutzen. Aus diesem Grunde sieht auch das deutsche Recht die Pflicht des Vermieters zur Erhaltung der Mietsache in § 535 Abs. 1 S. 2 BGB vor.

Ob der Erhaltungsanspruch aus § 535 Abs. 1 S. 2 BGB so ausgelegt werden kann, dass er für die mietvertraglich einzustufende Bereitstellung digitaler Dienstleistungen ein Recht auf Nacherfüllung i.S.v. Art. 14 Abs. 1–3 DIRL begründet, ist indes zweifelhaft. Schließlich begründet § 535 Abs. 1 S. 2 BGB zunächst vom Wortlaut her gerade einen Anspruch auf Erhaltung und gerade nicht auf Nacherfüllung im Gegensatz etwa zu § 439 oder § 635 BGB. Darüber hinaus stellt § 535 Abs. 1 S. 2 BGB nach seiner Systematik innerhalb der §§ 535 ff. BGB einen Erhaltungsanspruch im Rahmen eines Dauerschuldverhältnisses dar, dem nach bisherigem deutschen Recht eine Nacherfüllung gerade fremd war. Insoweit bedarf es in in § 535 BGB einer neuen Regelung, die darauf abzielt, dass dem Verbraucher bei mietvertraglich zu qualifizierender Bereitstellung digitaler Inhalte oder Dienstleistungen ein Nacherfüllungsrecht i.S.d. Art. 14 Abs. 1–3 DIRL zusteht.

Insoweit stellt die Nacherfüllungsregelung auch für mietvertraglich zu qualifizierende „Bereitstellungs"-Verträge zwar eine Neuheit dar, die aber im Hinblick auf § 535 Abs. 1 S. 2 BGB zu keinen Veränderungen führt, die die Struktur des BGB in seinen Grundzügen erschüttert. Jedenfalls wird mit der Regelung eines Nacherfüllungsrechts auch für „Bereitstellungs"-Verträge, die nach deutschem Verständnis mietvertraglicher Natur sind, dem überragenden Interesse des Verbrauchers an der Erhaltung der digitalen Inhalte oder Dienstleistungen während der gesamten Vertragslaufzeit Rechnung getragen.

bb. Nacherfüllung bei dienstvertraglicher Bereitstellung

Auch im Rahmen von „Bereitstellungs"-Verträgen mit nach deutschem Verständnis dienstvertraglichem Charakter ist nicht ausgeschlossen, dass ein künftig vom Gesetzgeber zu statuierendes Recht zur Nacherfüllung den Interessen von Unternehmer und Verbraucher entspricht.

Dies kann zwar unter dem Gesichtspunkt bezweifelt werden, dass individuelle Dienstleistungen nicht standardisiert werden können, da nur ein subjektives Bemühen geschuldet ist, sodass Dienstleistungen einer Nacherfüllung gar nicht zugänglich sind.[397] Dagegen lässt sich aber einwenden, dass der Verbraucher, dem eine digitale Dienstleistung bereitgestellt wird, vom Unternehmer erwarten kann, dass dieser die Dienstleistung ordnungsgemäß ausführt. So ist bereits nach vorzugswürdiger Ansicht eine mangelhafte Dienstleistung möglich, da der Dienstberechtigte erwarten kann, dass der Dienstverpflichtete die geschuldete Tätigkeit unter Berücksichtigung seiner persönlichen Fähigkeiten nach den jeweils anerkannten Regeln und Standards für die geschuldete Tätigkeit (*lege artis*) ausführt.[398] Zwar sieht das deutsche Recht bisher für diesen Fall kein Recht zur Nacherfüllung vor. Art 14 Abs. 1–3 DIRL statuiert nun aber für digitale Inhalte und Dienstleistungen im Fall einer mangelhaften Dienstleistung ein Nacherfüllungsrecht. Der Verbraucher kann nunmehr also vom Unternehmer verlangen, die Dienstleistung nachzuholen und ordnungsgemäß auszuführen. Dies kann auch durchaus dem Interesse des Verbrauchers entsprechen: Führt

---

397 Vgl. Hirte, Berufshaftung, S. 375.

398 Hierzu bereits § 5 A.IV. mwN.

der Anbieter Microsoft etwa Schulungs- und Unterstützungsleistungen, die nicht an ein bestimmtes Ereignis oder einen bestimmten Zeitpunkt gebunden sind, nicht ordnungsgemäß aus, sodass der Verbraucher die digitalen Inhalte oder Dienstleistungen nicht nach den vereinbarten Standards nutzen kann, so kann der Verbraucher dennoch ein Interesse daran haben, dass der Anbieter die Schulungs- und Unterstützungsleistungen nachholt. Für den Verbraucher wird die Dienstleistung jedenfalls nicht notwendigerweise obsolet, nur weil sie nicht zu dem geschuldeten Zeitpunkt ordnungsgemäß ausgeführt wurde. Die Nachholung wird i.d.R. auch im Interesse des Unternehmers liegen, da er sich durch eine erneute Leistungsvornahme die angestrebte Vergütung noch verdienen kann.

Insoweit ist die explizite Aufnahme eines Nacherfüllungsrechts im BGB, das auch für miet- und dienstvertraglich zu qualifizierende „Bereitstellungs"-Verträge gilt, zwar ungewöhnlich und führt zu einer unterschiedlichen Behandlung von Verträgen mit analogen und digitalen Vertragsgegenständen. Aus rechtspolitischer Sicht lässt sich die Möglichkeit zur Nacherfüllung bei sämtlichen „Bereitstellungs"-Verträgen aber nicht zwingend unter dem Gesichtspunkt kritisieren, dass hiermit in keinem Fall ein angemessener Ausgleich der Interessen von Verbraucher und Unternehmer erreicht werden kann.

b. Vorrang der Nacherfüllung

Darüber hinaus ist zu beurteilen, ob der grundsätzliche Vorrang der Nacherfüllung gegenüber den übrigen Abhilferechten nach Art. 14 Abs. 4 DIRL den Interessen von Unternehmer und Verbraucher entspricht.

aa. Interesse des Verbrauchers an sofortiger Vertragsbeendigung oder Minderung

Zunächst ist zu bemerken, dass eine vorrangige Nacherfüllung durchaus den Interessen des Verbrauchers entsprechen kann. Das gilt etwa, wenn dem Verbraucher eine maßgeschneiderte Software bereitgestellt werden soll, die auf dem Markt nicht ohne Weiteres erhältlich ist.

Andererseits besteht bei Verträgen über die Bereitstellung digitaler Inhalte oder Dienstleistungen oftmals ein besonderes Interesse des Verbrauchers an der dauerhaften und sofortigen Verfügbarkeit der Leistung.[399] Dies gilt insbesondere im Rahmen von Cloud-Computing-Verträgen, bei denen der Nutzer i.d.R. die sofortige Verfügbarkeit der Cloud-Dienste erwartet. So geht etwa der Nutzer eines Amazon-Prime-Kontos davon aus, dass er eine Filmdatei des

---

399 Druschel/Lehmann, in: CR 2016, 244 (248).

Prime-Video-Programms unverzüglich anschauen kann. Ist die Nutzbarkeit aufgrund eines Serverfehlers beeinträchtigt, so hat der Nutzer nicht notwendigerweise ein Interesse daran, den Film zu einem späteren Zeitpunkt ansehen zu können. Dieser Umstand kann einem grundsätzlichen Vorrang der Nacherfüllung im Rahmen von Verträgen über die Bereitstellung digitaler Inhalte oder Dienstleistungen aber nur entgegenstehen, wenn nicht ein überwiegendes Interesse des Unternehmers an einer vorrangigen Nacherfüllung besteht.

bb. Interesse des Unternehmers an vorrangiger Nacherfüllung

Vor diesem Hintergrund bedarf es einer näheren Begutachtung der Interessen des Unternehmers an einer vorrangigen Nacherfüllung.

(1) Vermeidung von Rücktransport-, Lagerungs- oder Entsorgungskosten

Beim Verkauf von Waren wird das Interesse des Verkäufers am Vorrang der Nacherfüllung unter anderem damit begründet, dass dieser die Ware nicht mehr zurücknehmen möchte, um Rücktransport-, Lagerungs- oder Entsorgungskosten zu verhindern.[400] Dieses Argument kann nur zum Teil auf den Anbieter digitaler Inhalte oder Dienstleistungen übertragen werden, da digitale Inhalte oder Dienstleistungen oftmals auf digitalem Weg bereitgestellt werden und damit gar keine Entsorgungs- oder Lagerungsprobleme entstehen. Dies ist allerdings nicht immer der Fall, da digitale Inhalte oder Dienstleistungen bspw. auch auf einer CD, DVD oder einem USB-Stick bereitgestellt werden können.[401] Diese materiellen Datenträger wären im Zuge der Vertragsabwicklung auf Kosten des Unternehmers zurückzusenden und nach Ablauf ihrer Lebensdauer zu entsorgen. Zudem wäre der Unternehmer bei sofortiger Vertragsbeendigung verpflichtet, auch solche digitalen Inhalte zurückzunehmen, die nach spezifischen Anforderungen des Verbrauchers entwickelt wurden und daher besonderen finanziellen und technischen Aufwand aufseiten des Unternehmers erforderten, der letztlich für diesen ertraglos bliebe.[402]

(2) Verlust des gesamten Gewinns

Wichtiger ist jedoch, dass dem Unternehmer durch den Vorrang der Nacherfüllung die Möglichkeit eingeräumt wird, sich die gesamte Vergütung noch

---

400 Magnus, in: FS Schlechtriem 2003, 599 (608); Schroeter, in: AcP 207 (2007), 28 (40); Weller/Harms, in: GPR 2012, 298 (304) in Bezug auf körperliche Waren.

401 Hierzu bereits § 3 B.III.2.f.aa.

402 Metzger, in: AcP 216 (2016), 817 (851); Schroeter, in: AcP 207 (2007), 28 (40).

zu verdienen.[403] Könnte der Verbraucher den Vertrag sofort beenden oder den Preis mindern, so entginge dem Unternehmer der mit dem Vertrag angestrebte gesamte Gewinn. Gerade kleinere Unternehmen verfügen zudem oftmals zwar über die personellen und technischen Mittel zur Nacherfüllung, ihnen fehlen aber die finanziellen Mittel zur Rückabwicklung des Vertrags.[404] Kleinere und mittelständische Unternehmen setzen ihre erwirtschafteten Gewinne vielmehr unmittelbar zur Begleichung von Rechnungen und Abzahlung von Krediten ein, sodass es ihnen an Rückzahlungsmitteln fehlt. Hingegen sind auch kleinere Unternehmen i.d.R. imstande, ein Update durchzuführen oder eine neue Kopie des digitalen Inhalts zur Verfügung zu stellen. Vor diesem Hintergrund besteht ein gewichtiges Interesse des Unternehmers an einer vorrangigen Nacherfüllung.

(3) Wiederherstellung des beschädigten Rufs

Darüber hinaus kann der Unternehmer seinen beschädigten Ruf nur dann wiederherstellen, wenn ihm durch eine vorrangige Nacherfüllung ermöglicht wird, die vertraglich geschuldete Leistung noch nachzuholen.[405] Wird ihm hingegen die Möglichkeit genommen, seine Reputation wiederherzustellen, kann sich dies negativ auf sein Geschäft auswirken, etwa wenn künftige potentielle Nutzer aufgrund negativer Bewertungen im Internet von Vertragsschlüssen mit dem Unternehmer absehen.

(4) Keine gravierenden Nachteile der Nacherfüllung für den Verbraucher

Schließlich spricht für den Vorrang der Nacherfüllung auch, dass dem Verbraucher keine gravierenden Nachteile durch eine Nacherfüllung drohen.[406] Allenfalls muss er zunächst die Durchführung eines Updates oder Patches oder die Bereitstellung neuer digitaler Inhalte oder Dienstleistung abwarten bis er wieder in den Genuss ihrer Nutzung kommt. So muss der Nutzer sich etwa darauf vertrösten lassen, einen Film erst zu einem späteren Zeitpunkt anschauen zu können. Insbesondere entstehen einem Nutzer, der als Verbraucher digitale Inhalte oder Dienstleistungen in Anspruch nimmt, durch eine zeitlich beschränkte Unterbrechung der Nutzbarkeit i.d.R. keine hohen Schäden, da dieser die digitalen Inhalte oder Dienstleistungen nur zum Privatgebrauch und nicht zur Gewinnerzielung einsetzt. Schließlich darf die Nacherfüllung für den Verbraucher ohnehin nach Art. 14 Abs. 3 DIRL nicht mit erheblichen Unannehmlichkeiten oder

403 Fauvarque-Cosson, The New Proposal for Harmonised Rules, S. 8f.; Schroeter, in: AcP 207 (2007), 28 (38); Weller/Harms, in: GPR 2012, 298 (304).

404 Weller/Harms, in: GPR 2012, 298 (304); Schroeter, in: AcP 207 (2007), 28 (60f.).

405 Weller/Harms, in: GPR 2012, 298 (304).

406 Vgl. Druschel/Oehmichen, in: CR 2015, 233 (236).

Kosten verbunden sein und er hat auch nur eine angemessene Frist abzuwarten, innerhalb derer der Unternehmer nacherfüllen kann.

Eine vorrangige Nacherfüllung ist dem Verbraucher daher durchaus zuzumuten. Er kann hiervon sogar profitieren: Müsste der Unternehmer nämlich das Risiko einer sofortigen Vertragsbeendigung oder Minderung auf sich nehmen, würde sich dieser Umstand auch zulasten des Verbrauchers in erhöhten Preisen auswirken.[407] Der grundsätzliche Vorrang der Nacherfüllung in Art. 14 DIRL kann in der Folge das mit der Digitale-Inhalte-Richtlinie verfolgte Ziel eines angemessenen Interessenausgleichs erfüllen.

c. *Verschuldensunabhängigkeit des Nacherfüllungsanspruchs*

Bei der Beurteilung, ob die Verschuldensunabhängigkeit der Nacherfüllung aus rechtspolitischer Sicht zu begrüßen ist, bedarf es ebenfalls einer Abwägung der Interessen von Unternehmer und Verbraucher.

aa. Interesse des Unternehmers an verschuldensabhängiger Haftung

Aufseiten des Unternehmers ist zunächst zu berücksichtigen, dass dieser naturgemäß ein Interesse daran hat, nur bei Vertragswidrigkeiten in Anspruch genommen zu werden, die er auch zu verschulden hat. Die Nacherfüllung ist für den Unternehmer regelmäßig mit organisatorischem Aufwand und in einigen Fällen auch mit finanziellem Aufwand verbunden. Der Unternehmer möchte sich diesen i.d.R. ersparen und eine Nacherfüllung nur dann durchführen müssen, wenn ihm auch ein subjektives Fehlverhalten vorzuwerfen ist.

bb. Interesse des Verbrauchers an verschuldensunabhängiger Haftung

Der Verbraucher hat seinerseits aber ein beachtliches Interesse daran, unabhängig von einem Verschulden des Unternehmers die Nacherfüllung verlangen zu können. Schließlich hat der Unternehmer die vertraglich zugesagte Leistung bei mangelhafter Bereitstellung nicht ordnungsgemäß erbracht. Der Verbraucher hat also noch nicht die Leistung erhalten, die ihm versprochen wurde. Der Verbraucher ist durch die Pflichtverletzung regelmäßig enttäuscht und in seiner Vertrauensbeziehung zum Unternehmer erschüttert. Insoweit muss der Unternehmer auch die Folgen dafür tragen, dass er eine Vertragsverletzung begangen hat.[408]

---

407 Weller/Harms, in: GPR 2012, 298 (306).

408 EuGH Urt. v. 16.06.2011, Rs. 65/09 und C-87/09 – Weber ./. Wittmer und Putz ./. Medianess Electronics GmbH, Rn. 57.

Darüber hinaus hinge ein etwaiges Verschulden des Unternehmers für den Verbraucher ohnehin vom Zufall ab und würde ihn im Übrigen nicht weniger schutzwürdig machen. Schließlich ist dem Verbraucher kein Fehlverhalten vorzuwerfen, sondern allein dem Unternehmer, der die digitalen Inhalte oder Dienstleistungen nicht ordnungsgemäß bereitgestellt hat. Ob der Unternehmer dies subjektiv zu verschulden hat, kann für den Verbraucher, der „alles richtig gemacht hat", schließlich keinen Unterschied machen.

Im Ergebnis überwiegen die Interessen des Verbrauchers, unabhängig von einem etwaigen Verschulden des Unternehmers Nacherfüllung verlangen zu können. Mit der Verschuldensunabhängigkeit des Nacherfüllungsanspruchs kann daher ein angemessener Interessenausgleich erreicht werden.

d. Leistungsverweigerung bei absoluter Unverhältnismäßigkeit

Zuletzt bedarf es einer Interessenabwägung in Bezug auf die Frage, ob das Leistungsverweigerungsrecht des Unternehmers aufgrund absoluter Unverhältnismäßigkeit nach Art. 14 Abs. 2 DIRL die Interessen von Verbraucher und Unternehmer angemessen berücksichtigt.

aa. Interesse des Verbrauchers an Nacherfüllung

Das Leistungsverweigerungsrecht nach Art. 14 Abs. 2 DIRL ist für den Verbraucher auf der einen Seite dahingehend nachteilig, dass es dem Unternehmer ermöglicht, die Nacherfüllung insgesamt zu versagen. Der Verbraucher ist dann auf seine übrigen Abhilferechte angewiesen und kann keine Nacherfüllung verlangen, selbst wenn er hieran ein Interesse hat. Dies widerspricht im Grundsatz dem mit der Digitale-Inhalte-Richtlinie verfolgten Ziel der Verstärkung des Verbraucherschutzniveaus und steht insoweit den Interessen des Verbrauchers entgegen.

bb. Interesse des Unternehmers an der Möglichkeit zur Leistungsverweigerung

Allerdings bestehen gewichtige Interessen des Unternehmers an einem Leistungsverweigerungsrecht aufgrund absoluter Unverhältnismäßigkeit.

(1) Besonderes Interesse an Bestimmung der Nacherfüllungsart

Der Unternehmer hat zunächst regelmäßig ein besonderes Interesse daran, die durchzuführende Nacherfüllungsart zu bestimmen. Wie bereits festgestellt, ist ein gewichtiges Argument dafür, dass sich Art. 14 Abs. 2 DIRL auch auf eine absolute Unverhältnismäßigkeit bezieht, darin zu sehen, dass dem Unternehmer die Wahl der durchzuführenden Nacherfüllungsart zustehen soll.[409]

Zwar differenziert die Digitale-Inhalte-Richtlinie nicht ausdrücklich zwischen einer Nachbesserung und einer Neulieferung. Es kann aber auch im Rahmen von Verträgen über die Bereitstellung digitaler Inhalte oder Dienstleistungen zwischen einer Nachbesserung und einer Neulieferung unterschieden werden. Laut ErwG 63 DIRL kann eine Nacherfüllung im Rahmen von Verträgen über die Bereitstellung digitaler Inhalte oder Dienstleistungen etwa durch Übermittlung einer aktualisierten Version (Nachbesserung), aber auch durch Bereitstellung einer neuen Kopie der digitalen Inhalte oder Dienstleistungen erfolgen (Neulieferung). Insoweit kann ein Software-Programm bspw. anhand eines Updates oder Patches nachgebessert, also „repariert" werden. Es kann aber auch eine neue mangelfreie Kopie der digitalen Inhalte oder Dienstleistungen geliefert werden. Welche Art der Nacherfüllung generell effizienter, kostengünstiger und für beide Seiten mit weniger Unannehmlichkeiten verbunden ist, kann nicht pauschal festgestellt werden. Insbesondere dürfte es dem Verbraucher i.d.R. an dem technischen Verständnis und dem Überblick über die dem Unternehmer zur Verfügung stehenden technischen Möglichkeiten fehlen, um die unterschiedlichen Nacherfüllungsmethoden bewerten zu können. Der Unternehmer wird hingegen im Regelfall aufgrund seiner Sachkunde besser als der Verbraucher einschätzen können, welche Nacherfüllungsvariante günstiger und einfacher durchzuführen ist.[410] Da der Unternehmer gem. Art. 14 Abs. 3 DIRL die Kosten für die Nacherfüllung trägt, hat er ein überragendes Interesse daran, die durchzuführende Nacherfüllungsvariante selbst auszuwählen. Für den Verbraucher gehen indes mit keiner Art der Nacherfüllung beachtliche Nachteile einher. Vor diesem Hintergrund besteht ein beachtliches Interesse des Unternehmers, die durchzuführende Nacherfüllungsmaßnahme zu wählen und diese aufgrund Unverhältnismäßigkeit der Kosten auch verweigern zu können.

(2) Keine Schutzlosigkeit des Verbrauchers

Darüber hinaus ist der Verbraucher auch bei einer Leistungsverweigerung aufgrund absoluter Unverhältnismäßigkeit nicht schutzlos gestellt. Der Verbraucher kann sich schließlich auf seine übrigen Abhilferechte in Art. 14 Abs. 4 DIRL berufen. Unbillig wäre es allenfalls, dem Verbraucher den Anspruch auf Nacherfüllung zu verwehren, wenn sich der Unternehmer darauf beruft, dass die

---

409 Hierzu bereits § 6 A.II.1.b.aa.(2).

410 Weller/Harms, in: GPR 2012, 298 (304f.); vgl. Peterl, Deutsches und französisches Kaufrecht, S. 40f. in Bezug auf die Verbrauchsgüterkaufrichtlinie.

gewählte Nacherfüllungsart mit absolut unverhältnismäßigen Kosten verbunden ist, wenn die andere Art der Nacherfüllung mit verhältnismäßigen Kosten durchgeführt werden könnte.[411] Dieser Umstand kann aber bei der am Einzelfall durchzuführenden Bewertung dessen berücksichtigt werden, ob eine Unverhältnismäßigkeit anzunehmen ist und ob sich der Unternehmer hierauf legitimerweise berufen kann. Insgesamt überwiegt daher das Interesse des Unternehmers, zwischen den zur Verfügung stehenden Nacherfüllungsmaßnahmen wählen und sich ggf. in der Folge auf eine absolute Unverhältnismäßigkeit berufen zu können. Folglich kann mit dem Leistungsverweigerungsrecht in Art. 14 Abs. 2 DIRL ein angemessener Interessenausgleich erreicht werden.

2. Förderung des digitalen europäischen Binnenmarkts

Ob die Nacherfüllungsregelungen in Art. 14 Abs. 1–3 DIRL aus rechtspolitischer Sicht zu begrüßen sind, ist außerdem vor dem Hintergrund zu bewerten, ob hiermit eine Förderung des digitalen europäischen Binnenmarkts erreicht werden kann.

In Bezug auf eine Förderung des digitalen europäischen Binnenmarkts ist insbesondere der Vorrang der Nacherfüllung positiv zu bewerten, der sich aus der grundsätzlichen Subsidiarität der Minderung und der Vertragsbeendigung nach Art. 14 Abs. 4 DIRL ergibt. Stünde dem Verbraucher im Fall einer nicht ordnungsgemäßen Leistung ein sofortiges Beendigungs- oder Minderungsrecht zu, würde es dem Unternehmer hierdurch erschwert, sich den gesamten angestrebten Gewinn noch zu verdienen. Dies hätte für den Unternehmer regelmäßig finanzielle Verluste zur Folge.

Es liegt nahe, dass diese finanziellen Verluste die Vorteile wieder ausgleichen würden, die dem Unternehmer infolge der Anpassung der einschlägigen Rechtsvorschriften entstehen. Letztere Vorteile bestehen darin, dass Unternehmern bei Anpassung der Rechtsvorschriften künftig weniger Sonderkosten bei der Erarbeitung und Übersetzung der Vertragsrechte anderer Mitgliedstaaten aufbringen müssen. Es ist zu erwarten, dass diese Vorteile durch die Kosten der sofortigen Inanspruchnahme durch den Verbraucher wieder entfallen würden.[412]

Zwar könnte man dies als billige Folge dessen ansehen, dass die betroffenen Unternehmer ihre vertraglichen Pflichten verletzt haben. Allerdings ist zu beachten, dass das Nacherfüllungsrecht des Verbrauchers kein Verschulden des Unternehmers voraussetzt. Denkbar wären insofern auch Fälle, in denen der

411 Vgl. Zoll, in: EuCML 2015, 250 (254).
412 Vgl. Weller/Harms, in: GPR 2012, 298 (306).

Unternehmer, der „alles richtig gemacht hat", durch eine sofortige Inanspruchnahme den Vorteil der gesenkten Transaktionskosten verliert. Zwar kann der Unternehmer ggf. über Art. 20 DIRL Regress verlangen. Er kann aber nach Maßgabe des nationalen Rechts verpflichtet sein, den ggf. schwer zu führenden Beweis für die Verursachung der Vertragswidrigkeit durch eine andere Person in der Vertragskette zu erbringen. Mangels technischer Expertise zur Erforschung des Ursprungs für die Vertragswidrigkeit auf tatsächlicher Ebene für den Unternehmer, der nicht Hersteller ist, und mangels Beweiserleichterungen im Unternehmerverkehr auf rechtlicher Ebene kann diese Beweisführung mit großen Schwierigkeiten verbunden sein. In finanzieller Hinsicht könnte der Unternehmer auf diese Weise den Vorteil der gesenkten Transaktionskosten wieder einbüßen.

Dieser Umstand würde kleinere und mittelständische Unternehmen besonders hart treffen und ihnen die Teilnahme am digitalen europäischen Binnenmarkt erschweren. Zwar könnten Unternehmer das gesteigerte finanzielle Risiko durch erhöhte Preise auf die Verbraucher abwälzen.[413] Dann würden Verbraucher aber wiederum von der Inanspruchnahme von der Teilnahme am digitalen Markt abgeschreckt und die Förderung des digitalen europäischen Binnenmarkts erschwert. Insoweit kann der digitale europäische Binnenmarkt insbesondere durch den Vorrang der Nacherfüllung gefördert werden.

Die Nacherfüllungsregelungen in Art. 14 Abs. 1–3 DIRL können die mit der Digitale-Inhalte-Richtlinie verfolgten Ziele erreichen. Sie sind daher aus rechtspolitischer Sicht zu begrüßen.

B. Die Vertragsbeendigung und Preisminderung

Neben der Nacherfüllung sind auch die Rechte und Pflichten der Parteien eines Cloud-Computing-Vertrags in Bezug auf eine Vertragsbeendigung und Minderung zu untersuchen. In diesem Zusammenhang sind die bisher anwendbaren deutschen Regelungen zur Minderung und Vertragsbeendigung darzustellen (hierzu **I.**). Darüber hinaus sind die entsprechenden Vorschriften in der Digitale-Inhalte-Richtlinie auszulegen (hierzu **II.**) und rechtspolitisch zu bewerten (hierzu **III.**).

---

413 Vgl. Eidenmüller et al., in: JZ 2012, 269 (288); Mansel, in: WM 2012, 1309 (1320).

I. Vertragsbeendigungs- und Minderungsrechte nach bisheriger deutscher Gesetzeslage

Welche Rechte und Pflichten die Parteien nach bisheriger deutscher Gesetzeslage in Bezug auf eine mangelbedingte Vertragsbeendigung oder Minderung treffen, unterscheidet sich je nach vertragstypologischer Einordnung des konkret vorliegenden Cloud-Computing-Vertrags.

1. Cloud-Computing-Verträge mit kaufvertraglichen Leistungselementen

Bei Cloud-Computing-Verträgen mit kaufvertraglichen Leistungselementen kann dem Nutzer bei Mangelhaftigkeit der bereitgestellten Cloud-Dienste sowohl ein Vertragsbeendigungsrecht in Form eines Rücktrittsrechts als auch ein Minderungsrecht zustehen.

a. Rücktrittsrecht des Nutzers, § 437 Nr. 2 Var. 1 i.V.m. §§ 440, 323, 326 Abs. 5 BGB

Liegen dem Cloud-Computing-Vertrag kaufvertragliche Leistungselemente zugrunde, kann der Nutzer bei Vorliegen eines Mangels dazu berechtigt sein, den Vertrag nach § 437 Nr. 2 Var. 1 i.V.m. §§ 440, 323, 326 Abs. 5 BGB durch Rücktritt zu beenden. Voraussetzung hierfür ist zunächst eine Rücktrittserklärung des Nutzers gegenüber dem Anbieter gem. § 349 BGB. Daneben ist das Bestehen eines Rücktrittsgrundes Voraussetzung des Rücktrittsrechts. Ein Rücktrittsrecht kann sich zum einen aus vertraglichen Absprachen und zum anderen aus dem Gesetz ergeben. Die wichtigsten gesetzlichen Rücktrittsgründe sind in § 323 BGB und §§ 326 Abs. 5, 323 BGB geregelt.

aa. Rücktritt nach §§ 437 Nr. 2 Var. 1, 323 BGB

Zunächst ist auf den Rücktrittsgrund in §§ 437 Nr. 2 Var. 1, 323 BGB und dessen Voraussetzungen einzugehen.

(1) Fristsetzung, § 323 Abs. 1 BGB

Der Nutzer kann den Cloud-Computing-Vertrag nach § 323 Abs. 1 BGB grds. erst beenden, nachdem er dem Anbieter erfolglos eine angemessene Frist zur Nacherfüllung gesetzt hat. Die Frist muss dem Verkäufer aber nicht erst die Leistung ermöglichen, sondern soll ihm allenfalls eine letzte Gelegenheit geben, die bereits in die Wege geleitete Erfüllung zu vollenden.[414] Ist die vom Käufer

414 Stadler, in: Jauernig, BGB, § 323 Rn. 8; BGH NJW 1985, 2640.

gesetzte Frist zu kurz bemessen, so ist sie dennoch nicht unwirksam, sondern setzt vielmehr eine angemessene Frist in Gang.[415]

(2) Entbehrlichkeit der Fristsetzung nach § 323 Abs. 2 BGB

Eine Entbehrlichkeit der Fristsetzung kann sich aber aus § 323 Abs. 2 BGB ergeben. Das ist nach § 323 Abs. 2 Nr. 1 BGB zum einen der Fall, wenn der Anbieter die Nacherfüllung ernsthaft und endgültig verweigert hat. Hieran sind strenge Anforderungen zu stellen: Der Anbieter muss die Erfüllung des Vertrags unmissverständlich, endgültig und ernsthaft abgelehnt haben.[416] Die Weigerung muss als das „letzte Wort" des Anbieters zu verstehen sein.[417]

Zum anderen kann die Fristsetzung nach § 323 Abs. 2 Nr. 2 BGB auch dann entbehrlich sein, wenn der Anbieter nicht zu einem bestimmten Zeitpunkt leistet, obwohl die Leistung zu diesem Zeitpunkt für den Nutzer wesentlich ist. Wesentlich ist die termin- oder fristgerechte Leistung für den Käufer dann, wenn das Geschäft mit der Einhaltung oder Nichteinhaltung der Lieferzeit stehen oder fallen soll (sog. relatives Fixgeschäft).[418]

Zuletzt kann die Fristsetzung im Fall einer mangelhaften Leistung gem. § 323 Abs. 2 Nr. 3 BGB bei Vorliegen besonderer Umstände entbehrlich sein, die unter Abwägung der beiderseitigen Interessen den sofortigen Rücktritt rechtfertigen. Besondere, zum sofortigen Rücktritt berechtigende Umstände können insbesondere in Pflichtverletzungen des Verkäufers zu sehen sein, die den Käufer derart in seinem Vertrauen erschüttern, dass für ihn ein Festhalten am Vertrag unzumutbar ist.[419] Sofern der Anbieter dem Nutzer etwa bei Abschluss des Cloud-Computing-Vertrags einen Mangel an den Cloud-Diensten arglistig verschweigt, kann der Nutzer hiernach ohne Fristsetzung zurücktreten.

(3) Entbehrlichkeit der Fristsetzung nach § 440 S. 1 BGB

Nach § 440 S. 1 BGB bedarf es auch dann keiner Fristsetzung, wenn der Verkäufer beide Arten der Nacherfüllung gem. § 439 Abs. 4 BGB verweigert oder wenn die dem Käufer zustehende Art der Nacherfüllung fehlgeschlagen oder ihm unzumutbar ist. Ein Fehlschlag kann hierbei nicht bereits zwingend nach dem ersten misslungenen Versuch zur Nacherfüllung angenommen werden. Vielmehr ist durch Betrachtung des Einzelfalls unter Berücksichtigung aller Umstände zu bestimmen, ob bereits ein Fehlschlagen der Nacherfüllung

---

415 BT-Drs. 14/6040, S. 138; Schulze, in: NomKom, BGB, § 323 Rn. 5.

416 Schmidt, in: BeckOK, BGB, § 323 Rn. 25; Ernst, in: MüKo, BGB, Bd. 3, § 323 Rn. 101.

417 BGH NJW 2016, 3235 (3238); Schmidt, in: BeckOK, BGB, § 323 Rn. 29.

418 Schmitt, in: VuR 2014, 90 (91); Ernst, in: MüKo, BGB, Bd. 3, § 323 Rn. 117.

419 Schulze, in: NomKom, BGB, § 323 Rn. 8.

angenommen werden kann.[420] Für die Nachbesserung ist allerdings eine Beweiserleichterung zugunsten des Käufers in § 440 S. 2 BGB vorgesehen, wonach eine Nachbesserung nach dem erfolglos durchgeführten zweiten Erfüllungsversuch als fehlgeschlagen gilt, sofern sich nicht aus der Art der Sache oder des Mangels oder den sonstigen Umständen etwas anderes ergibt. Unzumutbar kann die Nacherfüllung hingegen im Fall einer Unverhältnismäßigkeit der hiermit verbundenen Kosten sein.[421] Sofern sich der Anbieter hierauf beruft, kann der Nutzer gem. § 440 S. 1 BGB ohne Fristsetzung vom Vertrag zurücktreten.

(4) Keine unerhebliche Pflichtverletzung, § 323 Abs. 5 S. 2 BGB

Ferner ist ein Rücktritt vom Vertrag gem. § 323 Abs. 5 S. 1 BGB nur möglich, wenn die Pflichtverletzung nicht unerheblich ist. Von einer Unerheblichkeit der Pflichtverletzung ist i.d.R. auszugehen, wenn die Kosten der Mangelbeseitigung im Verhältnis zum Kaufpreis geringfügig sind.[422] Nach der Rechtsprechung erfordert die Beurteilung, ob eine nicht nur unerhebliche Pflichtverletzung vorliegt, eine umfassende Interessenabwägung im konkreten Einzelfall.[423] Die Grenze der Geringfügigkeit ist grds. nicht überschritten, wenn der Mangelbeseitigungsaufwand einen Betrag von fünf Prozent des Kaufpreises nicht überschreitet.[424] Nach bisher anwendbarer deutscher Gesetzeslage wird das Erheblichkeitserfordernis nach § 323 Abs. 5 S. 2 BGB den Nutzer im Rahmen von Cloud-Computing-Verträgen jedenfalls dann an der Ausübung seines Rücktrittsrechts hindern, wenn der Anbieter ihm eine neue Kopie des digitalen Inhalts bereitstellen kann. Das Erstellen einer Kopie geht für den Anbieter nämlich regelmäßig mit keinen oder nur geringen Kosten einher. In diesem Fall sind die Kosten der Mangelbeseitigung im Verhältnis zum Kaufpreis geringfügig. Muss sich der Anbieter hingegen eine neue Kopie beschaffen und hierfür mehr als fünf Prozent des Kaufpreises aufwenden, so ist das Rücktrittsrecht des Nutzers nicht wegen Unerheblichkeit der Pflichtverletzung ausgeschlossen.

Sofern mehrere für sich unerhebliche Mängel vorliegen, stellt sich die Frage, ob diese insgesamt eine nicht nur unerhebliche Pflichtverletzung begründen können. Zum Teil wird nach dem Prinzip der Einzelbetrachtung vertreten, dass das gleichzeitige Vorliegen verschiedener Störungen für sich nicht zu einer

---

420 Pammler, in: BeckOK, BGB, § 440 Rn. 33.

421 Zum Begriff der relativen und der absoluten Unverhältnismäßigkeit bereits § 6 A.I.1.

422 Beckmann, in: jurisPK-BGB, Bd. 2, § 323 Rn. 60.

423 BGH, Urt. v. 17.02.2010 – VIII ZR 70/07, Rn. 23; BGH, Urt. v. 06.02.2013 – VIII ZR 374/11, Rn. 16.

424 BGH NJW 2014, 3229.

Verschmelzung zu einem einheitlichen Störungsfall führen kann.[425] Im Rahmen der von der Rechtsprechung angewendeten Gesamtabwägung kann es hingegen auch bei einer Kumulation unerheblicher Pflichtverletzungen zu einer nicht nur unerheblichen Pflichtverletzung kommen.[426] Diese Ansicht überzeugt, da mit ihr alle Umstände des Einzelfalls berücksichtigt werden können und im Einzelfall abgewogen werden kann, ob der zeitliche, räumliche und sachliche Zusammenhang zwischen den einzelnen Mängeln insgesamt die Annahme einer nicht nur unerheblichen Pflichtverletzung begründen kann.

Aus der negativen Formulierung des § 323 Abs. 5 S. 2 BGB wird deutlich, dass die Beweislast für die Unerheblichkeit der Pflichtverletzung denjenigen trifft, der die Pflichtverletzung begangen hat.[427] Der Anbieter von Cloud-Diensten muss also darlegen und im Streitfall beweisen, dass der Mangel die Erheblichkeitsgrenze nicht überschreitet.

(5) Keine alleinige oder überwiegende Verantwortlichkeit des Nutzers, § 323 Abs. 6 BGB

Schließlich darf der Nutzer nicht gem. § 323 Abs. 6 BGB allein oder weit überwiegend für die Entstehung des Mangels verantwortlich sein. Hiervon ist auszugehen, wenn die Verantwortlichkeit des Gläubigers im Fall des § 254 BGB einen Schadensersatzanspruch ausschließen würde (ab ca. 90%).[428] Bei der Inanspruchnahme von Cloud-Diensten mit kaufvertraglichen Elementen wird dies i.d.R. nicht der Fall sein, da der Nutzer erst dann Zugriff auf die unter Einsatz einer Cloud bereitgestellten digitalen Inhalte haben wird, wenn die Bereitstellung abgeschlossen ist. So hat der Unternehmer etwa das Office-365-Home-Programm bereits bereitgestellt, wenn der Verbraucher den Download nur noch selbst durchführen muss. Selbst wenn der Verbraucher den Download nicht ordnungsgemäß durchführt, so ist § 323 Abs. 6 BGB dennoch nicht anwendbar, da in diesem Fall schon keine mangelhafte Bereitstellung der Cloud-Dienste durch den Unternehmer vorliegt.

(6) Rechtsfolge

Liegen alle Voraussetzungen der §§ 437 Nr. 2 Var. 1, 323 BGB vor, wandelt sich der Vertrag in ein Rückabwicklungsschuldverhältnis nach § 346 BGB um. Infolgedessen haben beide Parteien des Cloud-Computing-Vertrags die jeweils

425 Ernst, in: MüKo, BGB, Bd. 3, § 323 Rn. 250 und Vor § 275 Rn. 17.
426 Ernst, in: MüKo, BGB, Bd. 3, § 323 Rn. 250.
427 Ernst, in: MüKo, BGB, Bd. 3, § 323 Rn. 254; Schmidt, in: BeckOK, BGB, § 323 Rn. 53.
428 Stadler, in: Jauernig, BGB, § 323 Rn. 24; Westermann, in: Erman, BGB, § 323 Rn. 29.

empfangenen Leistungen zurück zu gewähren und die gezogenen Nutzungen herauszugeben. Die Leistungen müssen grds. in Natur (also so, wie sie erbracht wurden) zurückgegeben werden.[429] Werden etwa im Rahmen einer *Cloud-to-Cloud*-Transaktion Dateien von der Cloud des Anbieters in die Cloud des Nutzers übertragen, sodass nur noch der Nutzer die Dateien unter Ausschluss dritter Personen nutzen kann, so muss der Nutzer im Rahmen der Rückabwicklung die Dateien wieder zurück in die Cloud des Anbieters übertragen und der Anbieter den Kaufpreis erstatten.

Statt der Rückgewähr der erhaltenen Programme hat der Käufer gem. § 346 Abs. 2 S. 1 BGB hingegen Wertersatz zu leisten, soweit die Rückgewähr oder Herausgabe nach der Natur des Erlangten ausgeschlossen ist (Nr. 1), er den empfangenen Gegenstand verbraucht, veräußert, belastet, verarbeitet oder umgestaltet hat (Nr. 2) oder sich der Gegenstand verschlechtert hat oder untergegangen ist (Nr. 3). Bedeutung gewinnt diese Regelung für Cloud-Dienste vor allem im Hinblick auf die stetige Gefahr, dass der Nutzer etwaige Kopien der ursprünglich übertragenen Datei behält und sie weiter nutzt. Wird eine Datei etwa per Download heruntergeladen und kann der Nutzer sie frei kopieren, so wäre es nicht sachgerecht, allenfalls eine Rückgewähr der ursprünglichen Datei vom Nutzer zu fordern. Schließlich könnte der Nutzer eine identische Kopie der Datei weiter nutzen, wäre aber berechtigt, den gezahlten Kaufpreis zurückzufordern. Zu denken wäre insoweit an eine Pflicht des Nutzers zur Löschung aller ihm zur Verfügung stehenden Kopien.[430] Dies ist aber aus dogmatischer Sicht zu beanstanden, da der Gesetzgeber auch im Rahmen der Schuldrechtsmodernisierung eine Löschungspflicht nicht in § 346 BGB aufgenommen hat.[431] Vorzugswürdig ist es, in derartigen Fällen davon auszugehen, dass die Rückgewähr nach der Natur des Erlangten gem. § 346 Abs. 2 S. 1 Nr. 1 BGB ausgeschlossen ist.[432] Statt der Rückgewähr schuldet der Nutzer folglich Wertersatz für die erlangte Kopie. Ob er die ihm zur Verfügung stehenden Kopien danach weiter nutzt oder nicht, bleibt ihm belassen.

Denkbar ist auch eine Verpflichtung zum Wertersatz nach § 346 Abs. 2 S. 1 Nr. 2 BGB aufgrund einer Verschlechterung des Erlangten, etwa wenn die erlangten Dateien schon bei Gefahrübergang mit einem Virus infiziert waren und dieser die Dateien mittlerweile beschädigt hat. Nach § 346 Abs. 2 S. 1 Nr. 3

---

429 Gaier, in: MüKo, BGB, Bd. 3, § 346 Rn. 19.

430 Vgl. Schmidt-Kessel et al., in: GPR 2011, 7 (9).

431 Vgl. Druschel, Die Behandlung digitaler Inhalte im GEK, S. 332.

432 Druschel, Die Behandlung digitaler Inhalte im GEK, S. 332.

BGB kann der Nutzer darüber hinaus zum Wertersatz verpflichtet sein, wenn er bspw. die durch *Cloud-to-Cloud*-Transaktion in seine Cloud übertragenen Dateien bereits unwiderruflich gelöscht hat.

Die Pflicht zum Wertersatz entfällt hingegen bei Vorliegen der in § 346 Abs. 3 S. 1 BGB genannten Fälle. So ist der Nutzer im genannten Beispiel etwa nach § 346 Abs. 3 S. 1 Nr. 2 BGB nicht zum Wertersatz verpflichtet, wenn der Virus die Dateien auch im Machtbereich des Anbieters beschädigt hätte. In diesem Fall ist allenfalls eine etwaige verbleibende Bereicherung gem. § 346 Abs. 3 S. 2 BGB herauszugeben.

bb. Rücktritt nach §§ 437 Nr. 2 Var. 1, 326 Abs. 5, 323 BGB

Des Weiteren kann sich ein gesetzliches Rücktrittsrecht des Nutzers aus §§ 437 Nr. 2 Var. 1, 326 Abs. 5, 323 BGB ergeben. Dieser setzt voraus, dass die Nacherfüllung zum Zeitpunkt der Rücktrittserklärung i.S.v. § 349 BGB unmöglich gem. § 275 BGB ist. Das ist bspw. der Fall, wenn der Anbieter die Nacherfüllung nicht vornehmen kann, weil er selbst nicht über eine unbeschädigte Version des bereitgestellten mangelhaften Programms verfügt und er sich diese auch nicht bei einem anderen Anbieter beschaffen kann. Die Voraussetzungen und Rechtsfolgen dieses Rücktrittsgrunds stimmen weitgehend mit dem Rücktrittsgrund aus §§ 437 Nr. 2 Var. 1, 323 BGB überein. Der einzige Unterschied besteht darin, dass gem. § 326 Abs. 5 HS. 2 BGB keine Fristsetzung nach § 323 Abs. 1 BGB erforderlich ist. Vielmehr steht dem Käufer gem. § 326 Abs. 5 BGB ein sofortiges Rücktrittsrecht zu.

b. Minderungsrecht des Nutzers nach § 437 Nr. 2 Var. 2 i.V.m. §§ 441, 323 BGB

Alternativ zur Vertragsbeendigung kann der Nutzer im Rahmen eines Cloud-Computing-Vertrags mit kaufvertraglichen Leistungselementen bei Mangelhaftigkeit der Dienste den gezahlten Preis nach § 437 Nr. 2 Var. 2 i.V.m. § 441 BGB mindern. Aus der Formulierung „statt zurückzutreten" in § 441 Abs. 1 S. 1 BGB ergibt sich, dass (mit Ausnahme vom Ausschlussgrund des § 323 Abs. 5 S. 2 BGB gem. § 441 Abs. 1 S. 2 BGB) ein Minderungsrecht nur besteht, sofern die Voraussetzungen des Rücktrittsrechts erfüllt sind.[433] Der Preis ist dann gem. § 441 Abs. 3 S. 1 BGB in dem Verhältnis herabzusetzen, in dem sich der Wert der bereitgestellten Cloud-Dienste von dem hypothetischen Wert der Cloud-Dienste im mangelfreien Zustand unterscheidet. Hat der Käufer bereits mehr

433 Grunewald, in: Erman, BGB, § 441 Rn. 1; Pammler, in: jurisPK-BGB, Bd. 2, § 441 Rn. 9.

als den geminderten Kaufpreis gezahlt, kann der Nutzer den Mehrbetrag vom Anbieter gem. §§ 441 Abs. 4, 346 Abs. 1 BGB zurückfordern.

2. Cloud-Computing-Verträge mit mietvertraglichen Leistungselementen

Bei Vorliegen eines Mangels im Rahmen von Cloud-Computing-Verträgen mit mietvertraglichem Charakter kann der Nutzer den Vertrag durch Kündigung beenden (hierzu **a.**). Darüber hinaus ist der Nutzer gem. § 536 BGB kraft Gesetzes von der Entrichtung der Miete befreit oder jedenfalls nur zur Entrichtung einer angemessen herabgesetzten Miete verpflichtet (hierzu **b.**).

a. Kündigungsrecht des Nutzers

In Bezug auf die Vertragsbeendigung eines mietvertraglich zu qualifizierenden Cloud-Computing-Vertrags ist zunächst anzumerken, dass die §§ 535 ff. BGB kein Rücktrittsrecht des Mieters vorsehen. Ein Rücktritt ist zwar auch im Rahmen eines Mietvertrags nicht prinzipiell ausgeschlossen. Allerdings stellen mietvertraglich einzuordnende Cloud-Computing-Verträge Dauerschuldverhältnisse dar. Nach Invollzugsetzung eines Dauerschuldverhältnisses hat der Gläubiger aber i.d.R. kein Interesse an einer Rückabwicklung der in der Vergangenheit ordnungsgemäß ausgetauschten Leistungen, da es an einem Gesamtleistungsinteresse des Gläubigers fehlt, das durch die Störung einzelner Leistungen beeinträchtigt wird.[434] Es genügt daher, wenn der Gläubiger den Vertrag durch Kündigung mit Wirkung für die Zukunft beenden kann. Ist die ordentliche Kündigungsmöglichkeit des Nutzers vertraglich ausgeschlossen oder ist ihm die Einhaltung der Kündigungsfrist nicht zumutbar, kann er sich durch außerordentliche Kündigung vom Vertrag lösen.[435] Im Folgenden ist auf die Möglichkeit des Nutzers einzugehen, den mietvertraglich zu qualifizierenden Cloud-Computing-Vertrag durch außerordentliche Kündigung gem. § 543 BGB oder durch Kündigung aus wichtigem Grund gem. § 314 BGB zu beenden.

aa. Außerordentliche fristlose Kündigung aus wichtigem Grund, § 543 BGB

Ein spezielles Recht des Mieters zur außerordentlichen fristlosen Kündigung ist in § 543 BGB geregelt. Nach § 543 Abs. 1 S. 1 BGB kann jede Vertragspartei das

434 Schwarze, in: Staudinger, BGB, Vor §§ 320–326 Rn. 80.
435 Schwarze, in: Staudinger, BGB, Vor §§ 320–326 Rn. 80.

Mietverhältnis bei Vorliegen eines wichtigen Grundes außerordentlich fristlos kündigen.

(1) Vorliegen eines wichtigen Grundes bei Bestehen eines Mangels

Ein wichtiger Grund liegt nach § 543 Abs. 1 S. 2 BGB vor, wenn dem Kündigenden unter Berücksichtigung aller Umstände des Einzelfalls und unter Abwägung der beiderseitigen Interessen die Fortsetzung des Mietverhältnisses bis zum Ablauf der Kündigungsfrist nicht zugemutet werden kann. In welchen Fällen insbesondere ein wichtiger Grund vorliegen kann, wird in § 543 Abs. 2 S. 1 BGB konkretisiert. Bei Bestehen eines Mangels kann sich ein wichtiger Grund insbesondere aus § 543 Abs. 2 S. 1 Nr. 1 BGB ergeben. Nach § 543 Abs. 2 S. 1 Nr. 1 BGB liegt ein wichtiger Grund i.S.v. § 543 Abs. 1 BGB vor, wenn dem Mieter der vertragsgemäße Gebrauch der Mietsache ganz oder zum Teil nicht rechtzeitig gewährt oder wieder entzogen wird. Die Tatbestandsvoraussetzungen des § 543 Abs. 2 S. 1 Nr. 1 BGB sind insbesondere dann erfüllt, wenn ein Sach- oder Rechtsmangel vorliegt oder eine zugesicherte Eigenschaft fehlt.[436] Liegt der Mangel bereits bei Überlassung vor, ist hierin eine Nichtgewährung des Gebrauchs i.S.v. § 543 Abs. 2 S. 1 Nr. 1 Var. 1 BGB zu sehen, während ein nach Überlassung auftretender Mangel als Gebrauchsentziehung i.S.v. § 543 Abs. 2 S. 1 Nr. 1 Var. 2 BGB anzusehen ist.[437]

Besteht der wichtige Grund in einer Mangelhaftigkeit der Cloud-Dienste, ist die Kündigung gem. § 543 Abs. 3 S. 1 BGB allerdings erst zulässig, wenn der Nutzer dem Anbieter erfolglos eine zur Abhilfe bestimmte angemessene Frist gesetzt oder dem Anbieter eine Abmahnung erteilt hat. Maßgeblich für die Dauer der Abhilfefrist sind die Umstände des Einzelfalls, insbesondere etwa die Intensität und Dauer der Gebrauchsbeeinträchtigung.[438] Eine Fristsetzung oder Abmahnung sind jedoch nach § 543 Abs. 3 S. 2 BGB entbehrlich, wenn diese offensichtlich keinen Erfolg versprechen, eine sofortige Kündigung aus besonderen Gründen gerechtfertigt ist oder der Mieter mit der Entrichtung der Miete nach § 543 Abs. 2 Nr. 3 BGB in Verzug ist.

(2) Ausschluss des Rechts zur außerordentlichen Kündigung

Ein Recht zur außerordentlichen Kündigung nach § 543 BGB besteht nicht, wenn ausnahmsweise ein Ausschlussgrund eingreift. Dies ist zunächst gem.

436 Bieber, in: MüKo, BGB, Bd. 4, § 543 Rn. 18; Blank, in: Schmidt-Futterer, Mietrecht, § 543 Rn. 13.

437 Emmerich, in: Staudinger, BGB, § 543 Rn. 18 u. 21.

438 Blank, in: Schmidt-Futterer, Mietrecht, § 543 Rn. 30.

§ 543 Abs. 4 S. 1 Var. 1 i.V.m. § 536b BGB bei Kenntnis des Mieters vom Mangel zum Zeitpunkt des Vertragsschlusses der Fall, sofern er sich seine Rechte nicht bei der Annahme vorbehält. Gleiches gilt nach § 543 Abs. 4 S. 1 Var. 2 i.V.m. § 536d BGB im Fall eines vertraglichen Ausschlusses der Mängelrechte, soweit der Anbieter den Mangel nicht arglistig verschwiegen hat. Darüber hinaus besteht das außerordentliche Kündigungsrecht nicht, wenn der Mieter den Kündigungsgrund allein oder überwiegend zu vertreten hat[439] oder er den Vermieter vertragswidrig an der Abhilfe hindert.[440]

Besteht der wichtige Grund in einem Mangel, stellt sich aber vor allem die Frage, ob das Recht zur außerordentlichen Kündigung auch dann ausgeschlossen ist, wenn nur eine geringfügige Beeinträchtigung oder Entziehung des vertragsgemäßen Gebrauchs i.S.v. § 543 Abs. 2 S. 1 Nr. 1 BGB vorliegt. Da § 543 Abs. 2 S. 1 Nr. 1 BGB im Gegensatz zu § 542 Abs. 2 BGB a.F.[441] keine „Erheblichkeit" der Gebrauchsstörung voraussetzt, ist davon auszugehen, dass grds. jede Störung des vertragsgemäßen Gebrauchs einen wichtigen Grund i.S.v. § 543 Abs. 2 S. 1 Nr. 1 BGB begründet.[442] § 543 Abs. 2 BGB konkretisiert allerdings lediglich, in welchen Fällen von einem wichtigen Grund nach § 543 Abs. 1 S. 1 BGB ausgegangen werden kann. § 543 Abs. 1 BGB setzt aber seinerseits stets die Unzumutbarkeit der Fortsetzung des Vertrauensverhältnisses voraus.[443] Bei Geringfügigkeit der Beeinträchtigung oder Entziehung des vertragsgemäßen Gebrauchs kann daher im Rahmen der Interessenabwägung nach § 543 Abs. 1 S. 2 BGB eine Korrektur erreicht und im Einzelfall ein Ausschluss des Kündigungsrechts angenommen werden.[444] Kann ein Nutzer des Dropbox-Programms also nur über einen geringfügigen Zeitraum seine Dateien nicht abspeichern oder kann er sich während einer nur kurzen Zeitspanne nicht in sein Konto einloggen und die dort gespeicherten Dateien abrufen, so ist er nicht berechtigt, den Vertrag gem. § 543 Abs. 1 i.V.m. Abs. 2 S. 1 Nr. 1 BGB außerordentlich und fristlos zu kündigen, wenn ihm die Fortsetzung des Vertragsverhältnisses zugemutet werden kann.

439 BGH NJW 1976, 1315; Emmerich, in: Staudinger, BGB, § 543 Rn. 14.

440 Emmerich, in: Staudinger, BGB, § 543 Rn. 14 u. 84.

441 Hiernach war die Kündigung wegen einer unerheblichen Hinderung oder Vorenthaltung des Gebrauchs nur zulässig, wenn sie durch ein besonderes Interesse des Mieters gerechtfertigt war.

442 Emmerich, in: Staudinger, BGB, § 543 Rn. 26.

443 BGH NJW 2009, 2297.

444 Bieber, in: MüKo, BGB, Bd. 4, § 543 Rn. 23.

bb. Kündigung aus wichtigem Grund nach § 314 BGB?

§ 314 BGB statuiert für Dauerschuldverhältnisse ein allgemeines Kündigungsrecht aus wichtigem Grund. Da § 543 BGB aber ein spezielles Kündigungsrecht für den Mieter statuiert, wird das allgemeine Kündigungsrecht nach § 314 BGB hierdurch verdrängt.[445] Der Nutzer eines mietvertraglich zu qualifizierenden Cloud-Computing-Vertrags kann sich bei Vorliegen eines Mangels daher nicht auf § 314 BGB berufen.

b. Minderungsrecht des Mieters nach § 536 Abs. 1 BGB

Bei Bestehen eines Mangels, der die Tauglichkeit der Cloud-Dienste zum vertragsgemäßen Gebrauch vollständig aufhebt, entfällt für den Nutzer von Gesetzes wegen gem. § 536 Abs. 1 S. 1 BGB die Pflicht zur Entrichtung der Miete. Ist die Gebrauchstauglichkeit infolge des Mangels nicht vollständig aufgehoben, sondern nur erheblich gemindert, hat der Nutzer gem. § 536 Abs. 1 S. 2 und 3 BGB nur eine angemessen herabgesetzte Miete zu entrichten.

Unerheblich ist hierbei, ob der Anbieter den Mangel zu vertreten hat und ob eine Beseitigung des Mangels möglich ist.[446] Das Minderungsrecht des Nutzers besteht allerdings gem. § 536b BGB bzw. § 536c Abs. 2 S. 2 Nr. 1 BGB nicht, wenn der Nutzer Kenntnis von dem Mangel hatte oder dem Anbieter den Mangel nicht angezeigt hat. Ferner ist das Minderungsrecht ausgeschlossen, wenn der Mangel bzw. die unterlassene Mangelbeseitigung hauptsächlich auf das Verhalten des Nutzers zurückzuführen ist.[447] Hiervon ist insbesondere auszugehen, wenn der Nutzer den Mangel selbst herbeigeführt oder diesen zu verschulden hat oder wenn er den Mangel nicht beseitigt hat oder beseitigen lässt, obwohl er zu diesem Zwecke einen Vorschuss erhalten hat.[448]

Sofern die Voraussetzungen der Minderung vorliegen, entfällt die Verpflichtung zur Zahlung der gesamten oder eines Teils der Miete kraft Gesetzes.[449] So ist der Nutzer, der Speicherplatz von dem Anbieter Dropbox mietet, nur zur

---

445 Blank, in: Schmidt-Futterer, Mietrecht, § 543 Rn. 5; ders., in: Blank/Börstinghaus, Miete, § 543 Rn. 3; Bieber, in: MüKo, BGB, Bd. 4, § 543 Rn. 2.

446 Emmerich/Sonnenschein, in: Emmerich/Sonnenschein, Miete Handkommentar, § 536 Rn. 29; Häublein, in: MüKo, BGB, Bd. 4, § 536 Rn. 27; Roth-Neuschild, in: Auer-Reinsdorff/Conrad, IT- und Datenschutzrecht, § 13 Rn. 166.

447 Blank, in: Blank/Börstinghaus, Miete, § 536 Rn. 181; Eisenschmid, in: Schmidt-Futterer, Mietrecht, § 536 Rn. 351; Wiederhold, in: BeckOK, BGB, § 536 Rn. 136.

448 Eisenschmid, in: Schmidt-Futterer, Mietrecht, § 536 Rn. 351.

449 Eisenschmid, in: Schmidt-Futterer, Mietrecht, § 536a Rn. 343; Häublein, in: MüKo, BGB, Bd. 4, § 536 Rn. 27.

Zahlung eines herabgesetzten Betrags der monatlichen Vergütung verpflichtet, wenn er die von ihm gespeicherten Dateien für einen erheblichen Zeitraum nicht abrufen oder seine Dateien nicht in der Cloud abspeichern kann. Wann die Minderung als „angemessen" anzusehen ist, ist im Einzelfall unter Berücksichtigung der Intensität und Dauer der Gebrauchsbeeinträchtigung zu bestimmen.[450] Hat der Mieter – etwa wegen Unkenntnis des Mangels – bereits die volle Miete gezahlt, kann er den über die geminderte Miete hinausgehenden Betrag gem. § 812 Abs. 1 S. 1 Var. 1, § 818 Abs. 2 BGB zurückfordern, sofern die Ausschlussgründe in §§ 536b, 536c, 814 BGB nicht einschlägig sind.[451]

3. Cloud-Computing-Verträge mit werkvertraglichen Leistungselementen

In Bezug auf werkvertraglich zu typisierende Cloud-Computing-Verträge kann der Nutzer bei Mangelhaftigkeit des Werks gem. § 634 Nr. 3 Var. 1, 636, 323, 326 Abs. 5 BGB vom Vertrag zurücktreten oder nach § 634 Nr. 3 Var. 2, 638 BGB die Vergütung mindern. Die Voraussetzungen und Rechtsfolgen der Rücktritts- und Minderungsrechte des Bestellers stimmen weitgehend mit den einschlägigen Regelungen für kaufrechtliche Cloud-Computing-Verträge überein. Es kann daher überwiegend auf die obigen Ausführungen verwiesen werden.[452] Insbesondere ist grds. gem. §§ 636, 323 Abs. 1 BGB (ggf. i.V.m. § 638 BGB) das erfolglose Abwarten einer angemessenen Frist zur Behebung des Mangels erforderlich, bevor der Besteller vom Vertrag zurücktreten oder die Vergütung mindern kann. Das Werkvertragsrecht enthält in § 636 BGB aber eine besondere Bestimmung dazu, in welchen außer den in § 323 Abs. 2 BGB genannten Fällen der Rücktritt keine Fristsetzung nach § 323 Abs. 1 BGB voraussetzt.

a. Unverhältnismäßigkeit der Nacherfüllung, § 636 Var. 1 BGB

Einer Fristsetzung bedarf es gem. § 636 Var. 1 BGB zunächst dann nicht, wenn der Unternehmer die Nacherfüllung gem. § 635 Abs. 3 BGB wegen Unverhältnismäßigkeit der Kosten verweigert. Diesbezüglich kann auf die Ausführungen zum Nacherfüllungsrecht des Nutzers im Rahmen von Cloud-Computing-Verträgen mit werkvertraglichen Elementen verwiesen werden.[453]

---

450 Emmerich, in: Staudinger, BGB, § 536 Rn. 97; Häublein, in: MüKo, BGB, Bd. 4–2, § 536 Rn. 30; Lützenkirchen, in: Erman, BGB, § 536 Rn. 56; Wiederhold, in: BeckOK, BGB, § 536 Rn. 120.

451 Eisenschmid, in: Schmidt-Futterer, Mietrecht, § 536 Rn. 344; Lützenkirchen, in: Erman, BGB, § 536 Rn. 59; Metzger, in: AcP 216 (2016), 817 (859).

452 Hierzu § 6 B.I.1.a und b.

453 Hierzu § 6 A.I.3.

b. Fehlschlagen der Nacherfüllung, § 636 Var. 2 BGB

Eine Fristsetzung nach § 323 Abs. 1 BGB ist gem. § 636 Var. 2 BGB auch dann nicht erforderlich, wenn die Nacherfüllung fehlgeschlagen ist. Zu beachten ist hierbei, dass sich § 636 Var. 2 BGB nur auf Fälle bezieht, in denen der Anbieter eine erfolglose Nacherfüllungshandlung durchführt, ohne dass der Nutzer ihn hierzu aufgefordert hat.[454] Eine Aufforderung zur Nacherfüllung ist nämlich regelmäßig mit einer Fristsetzung verbunden, welche im Fall einer Erfolglosigkeit des Nacherfüllungsversuchs fruchtlos abgelaufen ist.[455] In diesem Fall kann der Nutzer bereits nach § 634 Nr. 3 Var. 1 i.V.m. § 323 Abs. 1 BGB zurücktreten. § 636 Var. 2 BGB kann daher nur den Fall erfassen, dass ein Nacherfüllungsversuch fehlschlägt, den der Anbieter ohne entsprechende Aufforderung des Nutzers durchgeführt hat.

Eine dem § 440 S. 2 BGB entsprechende explizite Regelung dazu, wann ein Nacherfüllungsversuch als fehlgeschlagen gilt, enthält § 636 BGB nicht. Aus § 636 Var. 2 BGB kann aber geschlossen werden, dass sich der Nutzer jedenfalls nicht schlechthin auf weitere Nacherfüllungsversuche einlassen muss, wenn die Vornahme nur eines Nacherfüllungsversuchs nicht zu dem vertraglich vereinbarten Erfolg geführt hat.[456] Vielmehr ist ein Fehlschlag dann zu bejahen, wenn davon auszugehen ist, dass eine weitere Nacherfüllung insgesamt nicht zu einem mangelfreien Werk führen wird.[457] Sofern nach den Umständen des Einzelfalls unter Berücksichtigung des Gebots von Treu und Glauben nicht davon auszugehen ist, dass ein zweiter Nacherfüllungsversuch zum Erfolg führen wird, kann auch bereits nach einem erfolglosen Versuch von einem Fehlschlag der Nacherfüllung ausgegangen werden.[458] Nimmt etwa der Anbieter, der seiner Pflicht zur Wartung und Pflege der Software des Nutzers nicht ordnungsgemäß nachgekommen ist, eine erfolglose Nacherfüllungshandlung ohne vorhergehende Fristsetzung vor, so kann der Nutzer den Vertrag beenden oder die Vergütung mindern, wenn nach den Umständen des Einzelfalls davon auszugehen ist, dass eine weitere Nacherfüllungshandlung den geschuldeten Erfolg nicht herbeiführen wird.

---

454 Schwenker/Rodemann, in: Erman, BGB, § 634 Rn. 12.

455 Busche, in: MüKo, BGB, Bd. 5-1, § 636 Rn. 21.

456 Busche, in: MüKo, BGB, Bd. 5-1, § 636 Rn. 21.

457 Schwenker/Rodemann, in: Erman, BGB, § 636 Rn. 12.

458 Genius, in: jurisPK-BGB, Bd. 2, § 636 Rn. 10.

c. *Unzumutbarkeit der Nacherfüllung, § 636 Var. 3 BGB*

Schließlich erklärt § 636 Var. 3 BGB eine Fristsetzung dann für entbehrlich, wenn diese für den Nutzer unzumutbar ist. § 636 Var. 3 BGB unterscheidet sich von der Regelung in § 323 Abs. 2 Nr. 3 BGB dadurch, dass keine Abwägung der beiderseitigen Parteiinteressen vorzunehmen ist, sondern die Unzumutbarkeit der Nacherfüllung allein unter Berücksichtigung des Bestellerinteresses zu bewerten ist.[459] Eine Unzumutbarkeit der Nacherfüllung für den Besteller kann hierbei insbesondere angenommen werden, wenn das Vertrauensverhältnis zum Unternehmer durch schuldhaftes Verhalten des Unternehmers (bspw. aufgrund arglistigen Verhaltens) erschüttert oder zerstört ist oder die Nacherfüllung mit negativen Auswirkungen für den Besteller verbunden ist.[460]

4. *Cloud-Computing-Verträge mit dienstvertraglichen Leistungselementen*

Betrifft der Mangel dienstvertragliche Elemente des Cloud-Computing-Vertrags, so kommt eine Vertragsbeendigung durch den Nutzer in Gestalt einer Kündigung oder eines Rücktritts in Betracht (hierzu **a.**). Ob der Nutzer bei nicht ordnungsgemäßer Ausführung der Dienstleistung ein Minderungsrecht geltend machen kann, ist hingegen umstritten (hierzu **b.**).

a. *Vertragsbeendigungsrecht des Nutzers*

Zunächst ist zu untersuchen, inwieweit der Nutzer einen Cloud-Computing-Vertrag mit dienstvertraglichen Elementen aufgrund einer Mangelhaftigkeit der Cloud-Dienste beenden kann. Im Dienstvertragsrecht fehlt es zwar an speziellen Regelungen für den Fall einer mangelhaften Leistung. Die §§ 611 ff. BGB enthalten in § 626 und § 627 BGB aber zwei Regelungen, die dem Dienstberechtigten ein Recht zur fristlosen Kündigung einräumen. Im Rahmen von Cloud-Computing-Verträgen kommt eine fristlose Kündigung nach § 627 BGB im Regelfall nicht in Betracht, da der Anbieter grds. keine Dienste höherer Art schuldet, die aufgrund besonderen Vertrauens übertragen werden. Der Anbieter von Cloud-Diensten (der nicht notwendigerweise auch Hersteller der Programme ist) muss nämlich zum einen nicht notwendigerweise über ein überdurchschnittliches Maß an Fachkenntnis verfügen und zum anderen hat der Nutzer i.d.R. kein

459 Busche, in: MüKo, BGB, Bd. 5-1, § 636 Rn. 22; Schwenker/Rodemann, in: Erman, BGB, § 634 Rn. 13.

460 Busche, in: MüKo, BGB, Bd. 5-1, § 636 Rn. 22f.

besonderes Vertrauen in die Person des Anbieters selbst. In Betracht kommt aber eine fristlose Kündigung aus wichtigem Grund nach § 626 BGB (hierzu **aa.**). Darüber hinaus finden auf den Dienstvertrag die Vorschriften des Allgemeinen Schuldrechts Anwendung. Denkbar ist daher, dass der Nutzer den dienstvertraglichen Cloud-Computing-Vertrag auch durch Kündigung aus wichtigem Grund gem. § 314 Abs. 1 BGB oder durch Rücktritt nach den §§ 323 ff. BGB beenden kann (hierzu **bb.**).

aa. Fristlose Kündigung aus wichtigem Grund, § 626 BGB

Zunächst soll die Möglichkeit einer fristlosen Kündigung aus wichtigem Grund gem. § 626 BGB näher beleuchtet werden. Nach § 626 Abs. 1 BGB kann ein Dienstvertrag von jeder Partei aus wichtigem Grund ohne Einhaltung einer Frist gekündigt werden, wenn Tatsachen vorliegen, aufgrund derer dem Kündigenden die Fortsetzung des Dienstverhältnisses bis zum Ablauf der Kündigungsfrist oder bis zur vereinbarten Beendigung nicht zugemutet werden kann. Hierfür müssen objektiv Tatsachen gegeben sein, deren Gewicht unter Berücksichtigung aller Umstände und unter Abwägung der Interessen beider Vertragsteile die Fortsetzung des Dienstverhältnisses bis zum Ablauf der ordentlichen Kündigungsfrist oder zum vereinbarten Endtermin unzumutbar machen.[461] Maßgeblich ist hierbei zunächst, ob der Sachverhalt ohne Berücksichtigung der besonderen Umstände des Einzelfalls bei isolierter Betrachtungsweise einen wichtigen Grund für eine Kündigung darstellen kann.[462] Ist dies zu bejahen, ist in einem zweiten Schritt durch umfassende Interessenabwägung zu bewerten, ob die konkrete Kündigung gerechtfertigt ist.[463] Hierbei ist das Interesse des Dienstberechtigten an der Auflösung mit dem Interesse des Dienstverpflichteten an der Aufrechterhaltung des Dienstverhältnisses abzuwägen.[464] Zu berücksichtigen sind regelmäßig das Gewicht und die Auswirkungen einer Vertragspflichtverletzung, der Verschuldensgrad, eine mögliche Wiederholungsgefahr sowie die Dauer des Dienstverhältnisses und dessen störungsfreier Verlauf.[465] Im Ergebnis kommt eine außerordentliche Kündigung nur in Betracht, wenn alle anderen

461 Mansel, in: Jauernig, BGB, § 626 Rn. 6.

462 BAG NJW 1985, 284 (285); Henssler, in: MüKo, BGB, Bd. 4, § 626 Rn. 75; Niemann, in: Erfurter Kommentar, § 626 Rn. 15.

463 BAG NJW 1985, 284 (285); Henssler, in: MüKo, BGB, Bd. 4, § 626 Rn. 75; Niemann, in: Erfurter Kommentar, § 626 Rn. 15.

464 Henssler, in: MüKo, BGB, Bd. 4, § 626 Rn. 80.

465 BAG NJW 2013, 954 (955).

möglichen und angemessenen milderen Mittel, wie etwa eine Abmahnung oder ordentliche Kündigung, unzumutbar sind.[466]

Schuldet etwa der Anbieter Microsoft Schulungs- und Unterstützungsleistungen für das von ihm bereitgestellte Office-365-Home-Programm und führt er diese nicht vertragsgemäß aus, so kann das Vertragsverhältnis unter Berücksichtigung der Schwere der Pflichtverletzung, des Verschuldensgrades und einer etwaigen Wiederholungsgefahr auch künftig beeinträchtigt sein. Stellt die mangelhafte Ausführung der Dienstleistung einen an sich zur fristlosen Kündigung berechtigenden wichtigen Grund dar und überwiegt zugleich das Interesse des Nutzers an der sofortigen Beendigung des Vertrags (bspw. weil der Anbieter mehrfach und ausdrücklich verweigert hat, die Leistung ordnungsgemäß nachzuholen), so kann der Nutzer den Vertrag außerordentlich kündigen. Die Kündigung muss allerdings gem. § 626 Abs. 2 BGB innerhalb von zwei Wochen erfolgen, nachdem der Nutzer von den für die Kündigung maßgebenden Tatsachen Kenntnis erlangt hat.

bb. Kündigung nach § 314 Abs. 1 BGB oder Rücktritt nach §§ 323 ff. BGB?

Neben der Möglichkeit zur außerordentlichen Kündigung nach § 626 BGB kommt weder eine Kündigung aus wichtigem Grund nach § 314 Abs. 1 BGB[467] noch ein allgemeines Rücktrittsrecht nach den §§ 323 ff. BGB[468] in Betracht. § 626 BGB stellt nämlich strenge Anforderungen an die außerordentliche Beendigung des Dienstvertrags. Sofern diese nicht erfüllt sind, ist der Dienstberechtigte darauf angewiesen, den Ablauf des Vertrags abzuwarten oder diesen ordentlich zu kündigen. Jedenfalls darf § 626 BGB nicht dadurch unterwandert werden, dass der Nutzer den Dienstvertrag nach den weniger strengen Vorschriften in § 314 Abs. 1 BGB oder den §§ 323 ff. BGB beendet.

b. Minderungsrecht des Nutzers?

Des Weiteren ist zu diskutieren, ob sich der Nutzer eines dienstvertraglich zu qualifizierenden Cloud-Computing-Vertrags bei Mangelhaftigkeit der Cloud-Dienste auf ein Minderungsrecht berufen kann. Diesbezüglich enthalten die

---

466 Henssler, in: MüKo, BGB, Bd. 4, § 626 Rn. 87.

467 Mansel, in: Jauernig, BGB, § 626 Rn. 1; Vossen, in: Ascheid/Preis/Schmidt, Kündigungsrecht, § 626 Rn. 5c.

468 Fuchs/Plum, in: BeckOK, BGB, § 626 Rn. 5; Henssler, in: Müko, BGB, Bd. 4–2, § 626 Rn. 43; Ji, Haftungsfragen im freien Dienstvertrag, S. 67; Preis, in: Staudinger, BGB, § 626 Rn. 13; Schneider, in: Handbuch EDV-Recht, Rn. 1331.

§§ 611 ff. BGB zwar keine speziellen Regelungen. Zum Teil wird aber vertreten, dass sich ein Minderungsrecht des Dienstberechtigten im Fall einer teilweisen Schlechtleistung aus § 326 Abs. 1 S. 1 HS. 2 i.V.m. § 441 Abs. 3 BGB ergeben kann.[469] § 326 Abs. 1 S. 1 HS. 2 BGB sieht vor, dass der Zahlungsanspruch des Schuldners nach § 441 Abs. 3 BGB herabzusetzen ist, wenn der Schuldner nur einen Teil der Leistung erbringt und der andere Teil der Leistung unmöglich i.S.v. § 275 BGB ist. Hieraus wird zum Teil geschlossen, dass auch der Vergütungsanspruch des Dienstverpflichteten in angemessenem Verhältnis zu mindern ist, wenn der Dienstverpflichtete nur einen Teil der geschuldeten Diensthandlung ausgeführt hat und sich der schlecht ausgeführte Teil nicht korrigieren lässt.[470]

Denkbar wäre dies etwa in der Konstellation, in der die Parteien vereinbaren, dass die Erbringung von Schulungsleistungen durch den Anbieter zu einem bestimmten Zeitpunkt für den Nutzer so wichtig ist, dass eine verspätete Leistungserbringung für ihn keine Erfüllung mehr darstellt (sog. absolutes Fixgeschäft), der Anbieter aber nur einen Teil der Leistung rechtzeitig erbringt. So könnte etwa nach der Hälfte der per Videokonferenz durchgeführten Schulung die Übertragung aufgrund eines Serverfehlers abbrechen und nicht mehr rechtzeitig hergestellt werden. In diesem Fall hat der Anbieter nur einen Teil der geschuldeten Dienstleistung (die Schulung in der ersten Hälfte der Videokonferenz) ordnungsgemäß erbracht. Mit Verstreichen der Leistungszeit wird der übrige Teil (die Schulung in der zweiten Hälfte der Videokonferenz) aufgrund der Vereinbarung eines absoluten Fixgeschäfts nach § 275 Abs. 1 BGB unmöglich. Der Dienstberechtigte schuldet nach der teilweise vertretenen Ansicht in der Folge nur die Zahlung einer angemessen herabgesetzten Vergütung nach § 326 Abs. 1 S. 1 HS. 2 i.V.m. § 441 Abs. 3 BGB.

Gegen die Annahme eines derartigen „Minderungsrechts" spricht aber zunächst, dass der Gesetzgeber im Gegensatz zum Kaufvertrags-, Mietvertrags- und Werkvertragsrecht im Dienstvertragsrecht bewusst von der Regelung eines Minderungsrechts abgesehen hat, weil dort gerade kein konkreter Erfolg, sondern nur eine Tätigkeit geschuldet ist.[471] Mangels spezieller Haftungsregelungen in den §§ 611 ff. BGB finden zwar die allgemeinen Vorschriften Anwendung, in denen ist aber gerade kein allgemeines Minderungsrecht enthalten.[472] Darüber

469 Canaris, in: FS Schmidt, 177 (190).

470 Alexander, in: JA 2015, 321 (324).

471 Looschelders, Schuldrecht BT, § 29 Rn. 26.

472 BGH NJW 2004, 2817; BGH NJW 1982, 1532; OLG Koblenz BeckRS 2006, 7396; Kaiser, in: JA 2012, 279 (280).

hinaus wäre eine Berechnung des Minderwerts mit großen Schwierigkeiten verbunden, da sich der Wert einer schlechten Dienstleistung deutlich schwerer bestimmen lässt als etwa der Wert einer mangelhaften Sache.[473] Es überzeugt daher, ein Minderungsrecht des dienstberechtigten Nutzers nach dem bisher anwendbaren deutschen Recht abzulehnen.[474]

II. Die Vertragsbeendigung und die Preisminderung nach der Digitale-Inhalte-Richtlinie

Der folgende Abschnitt widmet sich der Untersuchung, welche Rechte und Pflichten die Digitale-Inhalte-Richtlinie nunmehr in Bezug auf eine Vertragsbeendigung oder eine Preisminderung infolge einer Vertragswidrigkeit vorsieht. Hierbei ist gesondert auf die Vertragsbeendigung (hierzu **1.**) und die Preisminderung (hierzu **2.**) einzugehen.

1. Die Vertragsbeendigung, Art. 14 Abs. 1, 4 und 6 DIRL i.V.m. Art. 15–18 DIRL

Art. 14 Abs. 1 DIRL räumt dem Verbraucher das grundsätzliche Recht ein, bei Vorliegen einer Vertragswidrigkeit einen Anspruch auf Beendigung des Vertrags geltend machen zu können. Der Begriff „Vertragsbeendigung“ ist hierbei nicht mit dem aus dem deutschen Gewährleistungsrecht bekannten „Rücktritt“ gleichzusetzen.[475] Eine derartige Bezeichnung wäre angesichts der international geringen Verbreitung der Unterscheidung zwischen einem Rücktritt und einer Kündigung unglücklich und wäre zudem in den nach deutschem Verständnis nicht kauf- oder werkvertraglichen Fällen unzutreffend.[476] Im Folgenden wird daher die Bezeichnung „Vertragsbeendigung“ als Überbegriff für die Kündigung und den Rücktritt verwendet.[477] Unter welchen Voraussetzungen dem Verbraucher, dem digitale Inhalte oder Dienstleistungen (mithin auch Cloud-Dienste)

---

473 Canaris, in: FS Schmidt, 177 (188); Ji, Haftungsfragen im freien Dienstvertrag, S. 95; Looschelders, Schuldrecht BT, § 29 Rn. 26.

474 BGH NJW 2002, 1571 (1572); Tillmanns, Strukturfragen des Dienstvertrages, S. 385; Schneider, in: Handbuch EDV-Recht, Rn. 1331.

475 A.A. Wendland, in: GPR 2016, 8 (16).

476 Schmidt-Kessel et al., in: GPR 2016, 54ff., Fn. 115; vgl. Spindler, in: MMR 2016, 219 (220).

477 Zu dem Umstand, dass mit „Vertragsbeendigung“ sowohl der Rücktritt als auch die Kündigung gemeint sein kann, siehe von Westphalen, in: EuZW 2017, 373 (378).

bereitgestellt werden, ein Vertragsbeendigungsrecht zusteht, wird in Art. 14 Abs. 4 und 6 DIRL konkretisiert.

a. Allgemeine Voraussetzungen der Vertragsbeendigung, Art. 14 Abs. 4 und 6 DIRL

Das Vorliegen einer Vertragswidrigkeit allein berechtigt den Verbraucher noch nicht dazu, den Vertrag zu beenden. Vielmehr ist darüber hinaus erforderlich, dass einer der in Art. 14 Abs. 4 DIRL abschließend aufgezählten besonderen Fälle vorliegt (hierzu **aa.**) und dass die Vertragswidrigkeit nach Art. 14 Abs. 6 DIRL nicht lediglich von geringfügiger Natur ist (hierzu **bb.**).

aa. Berechtigung zur Vertragsbeendigung, Art. 14 Abs. 4 DIRL

Der Verbraucher ist nur dann zur Vertragsbeendigung berechtigt, wenn einer der in Art. 14 Abs. 4 lit. a-e DIRL abschließend aufgeführten Fälle erfüllt ist. Im Folgenden ist auf die einzelnen in Art. 14 Abs. 4 lit. a-e DIRL aufgezählten Konstellationen einzugehen.

(1) Unmöglichkeit oder Unverhältnismäßigkeit der Nacherfüllung, Art. 14 Abs. 4 lit. a DIRL

Nach Art. 14 Abs. 4 lit. a DIRL kann der Verbraucher den Vertrag beenden, wenn die Herstellung des vertragsgemäßen Zustands der digitalen Inhalte oder Dienstleistungen gem. Art. 14 Abs. 2 DIRL unmöglich oder unverhältnismäßig ist. Zu der Frage, wann eine Nacherfüllung als unmöglich oder unverhältnismäßig anzusehen ist, kann auf die Ausführungen zur Nacherfüllung verwiesen werden.[478]

(2) Keine Herstellung des vertragsgemäßen Zustands, Art. 14 Abs. 4 lit. b DIRL

Gem. Art. 14 Abs. 4 lit. b DIRL ist der Verbraucher auch dann zur Beendigung des Vertrags berechtigt, wenn der Unternehmer den vertragsgemäßen Zustand nicht gem. Art. 14 Abs. 3 DIRL hergestellt hat. Letztere Vorschrift verpflichtet den Unternehmer, die Nacherfüllung innerhalb einer angemessenen Frist, kostenfrei und ohne erhebliche Unannehmlichkeiten für den Verbraucher durchzuführen.[479] Wenn der Unternehmer dieser Verpflichtung nicht nachkommt, gibt er hiermit seine Chance zur Nacherfüllung aus der Hand, sodass der Verbraucher den Vertrag endgültig beenden kann. Insbesondere der erfolglose Ablauf

---

478 Hierzu § 6 A.II.1.

479 Hierzu § 6 A.II.2 und 3.

einer Frist zur Nacherfüllung löst insoweit das Vertragsbeendigungsrecht nach Art. 14 Abs. 4 lit. b DIRL aus.

(3) Fehlgeschlagene Nacherfüllung, Art. 14 Abs. 4 lit. c DIRL
Sofern der Unternehmer versucht, den vertragsgemäßen Zustand herzustellen, aber dennoch eine Vertragswidrigkeit auftritt, kann der Verbraucher darüber hinaus gem. Art. 14 Abs. 4 lit. c DIRL den Vertrag beenden.

Aus dem Wortlaut des Art. 14 Abs. 4 lit. c DIRL wird deutlich, dass ein zur Vertragsbeendigung berechtigender Fehlschlag bereits nach dem ersten nicht erfolgreichen Versuch zur Nacherfüllung anzunehmen ist. Die Vorschrift erlaubt dem Verbraucher nämlich die Vertragsbeendigung, wenn eine Vertragswidrigkeit trotz „des Versuchs" des Unternehmers zur Nacherfüllung auftritt.

Für das Vorliegen eines Fehlschlags nach einem Versuch sprechen zudem Sinn und Zweck des Art. 14 Abs. 4 lit. c DIRL. Die Vorschrift dient der Absicherung des vorrangigen Nacherfüllungsrechts des Unternehmers nach Art. 14 Abs. 2 und 3 DIRL. Hat der Unternehmer aber eine Chance zur Herstellung des vertragsgemäßen Zustands gehabt, ist nicht ersichtlich, warum dem Verbraucher das Vertragsbeendigungsrecht versagt werden sollte. Mithin ist ein Fehlschlag bereits nach einem erfolglosen Nacherfüllungsversuch anzunehmen.

Insoweit ist die Digitale-Inhalte-Richtlinie anders konzipiert als das bisher anwendbare deutsche Recht: Im deutschen Recht entfällt gem. § 440 S. 1 Var. 2 BGB oder nach § 636 Var. 2 BGB bei Vorliegen eines Fehlschlags der Nacherfüllung die für den Rücktritt nach § 323 Abs. 1 BGB grds. erforderliche Fristsetzung. Demgegenüber stellt der Fehlschlag der Nacherfüllung nach der Digitale-Inhalte-Richtlinie gem. Art. 14 Abs. 4 lit. c DIRL ein besonderes Vertragsbeendigungsrecht dar.

Darüber hinaus kommt ein Fehlschlag im deutschen Recht bisher nur bei kauf- und werkvertraglich zu qualifizierenden Cloud-Computing-Verträgen in Betracht, da nur das Kauf- und Werkvertragsrecht eine Nacherfüllung vorsehen. Im Unterschied hierzu kann nach der Richtlinie bei jeglichen Arten von „Bereitstellungs"-Verträgen ein Vertragsbeendigungsrecht infolge Fehlschlags entstehen, da die Digitale-Inhalte-Richtlinie auch ein allgemeines Nacherfüllungsrecht vorsieht. Insoweit wird dem Nutzer von Cloud-Diensten künftig bei sämtlichen Arten von Cloud-Computing-Verträgen ein Vertragsbeendigungsrecht zustehen, wenn eine Nacherfüllungsmaßnahme des Anbieters fehlschlägt.

(4) Schwerwiegende Vertragswidrigkeit, Art. 14 Abs. 4 lit. d DIRL
Ferner räumt Art. 14 Abs. 4 lit. d DIRL dem Verbraucher ein sofortiges Vertragsbeendigungsrecht ein, wenn die Vertragswidrigkeit derart schwerwiegend

ist, dass eine sofortige Beendigung des Vertrags gerechtfertigt ist. Entsprechende Regelungen sind auch im bisher anwendbaren deutschen Recht in § 323 Abs. 2 Nr. 3 und § 281 Abs. 2 Var. 2 BGB enthalten. Wann eine Vertragswidrigkeit „derart schwerwiegend" i.S.v. Art. 14 Abs. 4 lit. c DIRL ist, dass eine sofortige Vertragsbeendigung gerechtfertigt ist, wird in der Richtlinie nicht näher erläutert. Allenfalls wird in ErwG 65 S. 3 DIRL ein Beispiel für das Vorliegen einer schwerwiegenden Vertragswidrigkeit aufgeführt. Demnach kann der Verbraucher den Vertrag bspw. sofort beenden, wenn der Unternehmer ihm ein Antivirenprogramm bereitstellt, das selbst mit Viren infiziert ist.

Eine entsprechende Regelung für den Warenkauf enthält Art. 13 Abs. 4 lit. c WH-RL. Laut ErwG 52 S. 5 WH-RL ist von einer derart schwerwiegenden Vertragswidrigkeit etwa auszugehen, wenn die Möglichkeit des Verbrauchers zur normalen Verwendung der Waren ernsthaft beeinträchtigt ist und von ihm nicht erwartet werden kann, darauf zu vertrauen, dass eine Nacherfüllung durch den Verkäufer dem Fehler abhelfen könnte.

Ein systematischer Vergleich der Vorschriften spricht dafür, dass keine pauschalen Voraussetzungen für das Vorliegen einer schwerwiegenden Vertragswidrigkeit festgelegt werden können. Vielmehr kann nur im konkreten Fall durch Abwägung der beiderseitigen Interessen beurteilt werden, ob der Pflichtverletzung des Unternehmers derartige Bedeutung zukommt, dass eine sofortige Vertragsbeendigung gerechtfertigt ist. In dem in ErwG 65 S. 3 DIRL aufgeführten Beispiel wäre dies etwa vor dem Hintergrund der Fall, dass bei einer Bereitstellung vireninfizierter digitaler Inhalte oder Dienstleistungen die Viren bei der Ingebrauchnahme auf das Endgerät des Verbrauchers übergreifen und zur Beschädigung des Geräts oder zum Verlust von Daten führen können. Die Vertragswidrigkeit führt in dem konkreten Beispiel also nicht lediglich dazu, dass der Verbraucher die digitalen Inhalte oder Dienstleistungen nicht ordnungsgemäß nutzen kann, sondern er wird zugleich der Gefahr einer Rechtsgutsverletzung ausgesetzt. In diesem Fall kann es dem Verbraucher etwa nicht zugemutet werden, am Vertrag festhalten zu müssen.

(5) Voraussichtliches Ausbleiben der Herstellung des vertragsgemäßen Zustands, Art. 14 Abs. 4 lit. e DIRL

Nach Art. 14 Abs. 4 lit. e DIRL kann der Verbraucher schließlich den Vertrag beenden, wenn der Unternehmer erklärt hat oder aus den Umständen klar zu erkennen ist, dass der Unternehmer den vertragsgemäßen Zustand der digitalen Inhalte oder Dienstleistungen nicht innerhalb einer angemessenen Frist bzw. nicht ohne erhebliche Unannehmlichkeiten für den Verbraucher herstellen wird. Dies entspricht der bisherigen deutschen Rechtslage gem. § 281 Abs. 2 Var. 1

BGB und § 323 Abs. 2 Nr. 1 BGB. Zu erörtern ist aber, welche Anforderungen an eine Verweigerung i.S.v. Art. 14 Abs. 4 lit. e DIRL zu stellen sind.

Hierbei ist zunächst der Wortlaut der Vorschrift zu beachten. Dieser setzt lediglich voraus, dass der Unternehmer „erklärt" hat, dass er den vertragsgemäßen Zustand nicht innerhalb einer angemessenen Frist bzw. ohne erhebliche Unannehmlichkeiten herstellen wird. Eine bestimmte Form wird hierbei nicht vorausgesetzt. Dies spricht dafür, dass eine einfache Erklärung des Unternehmers genügt.

Für diese Auslegung spricht auch ein systematischer Vergleich mit der entsprechenden Regelung in Art. 18 Abs. 2 UAbs. 2 VRRL. Hiernach kann der Verbraucher u.a. sofort vom Vertrag zurücktreten, wenn sich der Unternehmer „geweigert" hat, die Ware zu liefern. ErwG 52 S. 6 VRRL stellt in diesem Zusammenhang klar, dass sich der Unternehmer durch „unmissverständliche Erklärung" geweigert haben muss, die Ware zu liefern. Im Gegensatz zu Art. 18 Abs. 2 UAbs. 2 VRRL („geweigert hat") ist Art. 14 Abs. 4 lit. e DIRL („erklärt hat") schwächer formuliert. An eine Weigerung sind nach dem natürlichen Wortsinn deutlich strengere Anforderungen zu stellen als an eine Erklärung, da eine Weigerung eine eindeutige Ablehnung einer Handlung voraussetzt. Darüber hinaus enthält ErwG 65 DIRL zwar keinen Hinweis auf das Erfordernis einer „unmissverständlichen Erklärung". Auch die Erklärung des Unternehmers nach Art. 14 Abs. 4 lit. e Var. 1 DIRL muss aber jedenfalls ausdrücklich erfolgen, da bei konkludenter Erklärung Art. 14 Abs. 4 lit. e Var. 2 DIRL einschlägig ist.

Ferner sprechen Sinn und Zweck des Art. 14 Abs. 4 lit. e Var. 1 DIRL dafür, dass eine einfache (aber ausdrückliche) Erklärung des Unternehmers genügen muss: Die Norm ist Ausdruck dessen, dass eine Fristsetzung durch den Verbraucher nicht mehr zielführend ist, wenn der Unternehmer den vertragsgemäßen Zustand nicht (mehr) herbeiführen möchte. Dies ist bereits bei einer einfachen Erklärung durch den Unternehmer der Fall.

Nach Art. 14 Abs. 4 lit. e Var. 2 DIRL kann der Verbraucher den Vertrag sofort beenden, wenn klar aus den Umständen zu erkennen ist, dass der Unternehmer die Nacherfüllung nicht rechtzeitig und ordnungsgemäß vornehmen wird. Art. 14 Abs. 4 lit. e Var. 2 DIRL erfasst somit solche Sachverhalte, in denen der Unternehmer dies nicht bereits ausdrücklich erklärt hat. Allerdings erfasst Art. 14 Abs. 4 lit. e Var. 2 DIRL nur solche Fälle, in denen „klar" aus den Umständen zu erkennen ist, dass der Unternehmer nicht rechtzeitig und ordnungsgemäß nacherfüllen wird. Es genügt daher nicht, wenn das Ausbleiben einer rechtzeitigen und ordnungsgemäßen Nacherfüllung möglicherweise stattfinden wird.

Dies wird durch einen systematischen Vergleich mit dem UN-Kaufrecht gestützt: Dieses sieht in Art. 49 Abs. 1 lit. a UN-Kaufrecht ein

Vertragsbeendigungsrecht des Käufers vor, das aber ebenfalls nicht schon bei der bloßen Möglichkeit einer ausbleibenden ordnungsgemäßen Nacherfüllung eingreift. Vielmehr muss die Nichterfüllung einer dem Verkäufer obliegenden Pflicht hiernach eine wesentliche Vertragsverletzung darstellen, um eine Vertragsbeendigung zu ermöglichen. Das ist etwa der Fall, wenn mehrere Nachbesserungsversuche erfolglos waren.[480] Auch wenn die Digitale-Inhalte-Richtlinie insoweit keine wesentliche Vertragswidrigkeit fordert, so soll auch bei ihr das Vertragsbeendigungsrecht nach Sinn und Zweck der Norm nur sekundär hinter der Nacherfüllung eingreifen. Vor diesem Hintergrund ist Art. 14 Abs. 4 lit. e Var. 2 DIRL restriktiv auszulegen und nicht bei der bloßen Möglichkeit des Ausbleibens einer Nacherfüllung anzunehmen. Das Verhalten des Unternehmers und die übrigen Umstände müssen vielmehr eindeutig darauf schließen lassen, dass der Unternehmer die Nacherfüllung in keinem Fall innerhalb einer angemessenen Frist bzw. ohne erhebliche Unannehmlichkeiten vornehmen wird.

bb. Ausschluss des Vertragsbeendigungsrechts bei Geringfügigkeit der Vertragswidrigkeit, Art. 14 Abs. 6 DIRL

Neben dem Vorliegen eines besonderen Vertragsbeendigungsrechts nach Art. 14 Abs. 4 lit. a-e DIRL ist eine weitere allgemeine Voraussetzung für die Vertragsbeendigung in Art. 14 Abs. 6 DIRL genannt. Nach Art. 14 Abs. 6 S. 1 DIRL ist der Verbraucher, dem digitale Inhalte oder Dienstleistungen gegen Zahlung eines Preises bereitgestellt wurden, nur zur Vertragsbeendigung berechtigt, wenn die Vertragswidrigkeit nicht geringfügig ist. Die Beweislast für die Geringfügigkeit der Vertragswidrigkeit trägt gem. Art. 14 Abs. 6 S. 2 DIRL der Unternehmer. Eine entsprechende Regelung sieht das bisherige deutsche Recht in § 323 Abs. 5 S. 2 BGB vor. Zu klären ist im Folgenden, welche Anforderungen an eine nicht bloß geringfügige Vertragswidrigkeit i.S.v. Art. 14 Abs. 6 S. 1 DIRL zu stellen sind.

(1) Allgemeine Anforderungen an die Geringfügigkeit der Vertragswidrigkeit

Eine systematisch dem Art. 14 Abs. 6 S. 1 DIRL entsprechende Regelung findet sich bereits in Art. 3 Abs. 6 VerbrGKRL (nunmehr Art. 13 Abs. 5 S. 1 WH-RL). Nach Art. 3 Abs. 6 VerbrGKRL hat der Verbraucher bei Vorliegen einer geringfügigen Vertragswidrigkeit keinen Anspruch auf Vertragsauflösung. Als geringfügig i.S.v. Art. 3 Abs. 6 VerbrGKRL sind solche Vertragswidrigkeiten anzusehen,

480 Vgl. Magnus, in: Staudinger, BGB, CISG, Art. 49 Rn. 14.

die keine große Bedeutung für die Verwendung der Sache haben, sodass die Interessen des Käufers trotz der Vertragswidrigkeit im Wesentlichen befriedigt werden.[481] Hierbei ist die Beeinträchtigung des Käufers nach der subjektiv und objektiv geschuldeten Verwendung i.S.v. Art. 2 VerbrGKRL zu beurteilen. Liegt zwar eine Abweichung von der vertraglich geschuldeten Beschaffenheit i.S.v. Art. 2 VerbrGKRL vor, spielt diese aber für den Käufer nach seinem subjektiven Leistungs- und Verwendungsinteresse keine Rolle, so ist von einer geringfügigen Vertragswidrigkeit i.S.v. Art. 3 Abs. 6 VerbrGKRL auszugehen.[482]

Der weitgehend übereinstimmende Wortlaut des Art. 14 Abs. 6 S. 1 DIRL und des Art. 3 Abs. 6 VerbrGKRL sowie die Verwendung des Begriffs der „Geringfügigkeit" in beiden Vorschriften, spricht dafür, diese Erwägungen auch auf Art. 14 Abs. 6 S. 1 DIRL anzuwenden.

Hierfür spricht auch ein Blick auf die Entstehungsgeschichte des Art. 14 Abs. 6 S. 1 DIRL. In dem Vorschlag der Kommission für die Digitale-Inhalte-Richtlinie war in Art. 12 Abs. 5 S. 1 DIRL a.F. noch vorgesehen, dass der Verbraucher den Vertrag nur beenden kann, wenn die Vertragswidrigkeit „wesentliche" Leistungsmerkmale beeinträchtigt. Damit hatte die Vorschrift ursprünglich Ähnlichkeit mit der gegenüber Art. 3 Abs. 6 VerbrGKRL deutlich strengeren Regelung in Art. 49 Abs. 1 lit. a UN-Kaufrecht, wonach der Käufer den Vertrag nur im Fall einer „wesentlichen" Vertragsverletzung aufheben kann. Nach Art. 14 Abs. 6 S. 1 DIRL ist die Vertragsbeendigung nunmehr aber nicht mehr nur bei Beeinträchtigung eines wesentlichen Leistungsmerkmals, sondern bereits bei nicht bloß geringfügiger Pflichtverletzung möglich. Damit wurde Art. 14 Abs. 6 S. 1 DIRL an den Regelungsgehalt des Art. 3 Abs. 6 VerbrGKRL angenähert.

Ein historisch-genealogischer Vergleich mit dem GEK-Entwurf zeigt, dass der besondere Charakter digitaler Inhalte oder Dienstleistungen einer Übertragung der Erwägungen zu Art. 3 Abs. 6 VerbrGKRL nicht entgegensteht. Nach Art. 114 Abs. 2 GEK-E sollte der Vertrag nämlich grds. nur beendet werden können, wenn die Vertragswidrigkeit nicht als „unerheblich" anzusehen war. Trotz der leicht abweichenden Wortwahl zur Verbrauchsgüterkaufrichtlinie („unerheblich" anstatt „geringfügig") sollte die Regelung in Art. 114 Abs. 2 GEK-E konzeptionell an Art. 3 Abs. 6 VerbrGKRL anknüpfen.[483] Diesbezüglich

481 Bianca, in: Grundmann/Bianca, VerbrGKRL Kommentar, Art. 3 Rn. 45; Magnus, in: Grabitz/Hilf, Das Recht der EU, Art. 3 VerbrGKRL Rn. 76; vgl. Korth, in: GPR 2014, 87 (91).

482 Vgl. Korth, in: GPR 2014, 87 (91).

483 Bucher, Gewährleistungsrecht im GEK, S. 58; Wendehorst, in: Schmidt-Kessel, GEK-Kommentar, Art. 114 Rn. 7.

hatte der europäische Gesetzgeber bei der Planung des GEK-Entwurfs jedenfalls keine deutlich abweichende Behandlung von digitalen Inhalten gegenüber Waren i.S.d. Verbrauchsgüterkaufrichtlinie vorgesehen, die etwa auf den besonderen Charakter digitaler Inhalte zurückzuführen wären.

Bei der Beurteilung, was unter einer „geringfügigen" Vertragswidrigkeit zu verstehen ist, sind zuletzt Sinn und Zweck des Art. 14 Abs. 6 S. 1 DIRL zu beachten. Hiermit soll zunächst verhindert werden, dass der Verbraucher sein Vertragsbeendigungsrecht dazu missbraucht, sich unter Vorschieben einer geringfügigen Vertragswidrigkeit von dem Vertrag zu lösen, weil er mittlerweile aus anderen Gründen nicht mehr an dem Vertrag festhalten möchte.[484] Darüber hinaus müssen aber auch Sinn und Zweck des Art. 14 DIRL insgesamt beachtet werden. Art. 14 DIRL soll dem Verbraucher für den Fall einer Vertragswidrigkeit Abhilferechte an die Hand geben. Dem würde es widersprechen, wenn der Verbraucher den Vertrag nur noch beenden könnte, sofern er objektiv – wie dies etwa Art. 25 UN-Kaufrecht voraussetzt – praktisch gar kein Interesse mehr an der Durchführung des Vertrags hat.[485] Im Verbrauchervertragsrecht soll eine Vertragsbeendigung nicht bloß unter derart strengen Voraussetzungen möglich sein, da ein Verbraucher im Gegensatz zu einem Unternehmer regelmäßig keine Weiterverwertungsmöglichkeit für die digitalen Inhalte oder Dienstleistungen (bspw. durch Weiterverkauf) hat.[486] Da diese Erwägungen für Verbraucher, die digitale Inhalte oder Dienstleistungen empfangen, gleichermaßen gelten wie für Verbraucher, die körperliche Waren kaufen, sprechen auch Sinn und Zweck des Art. 14 Abs. 6 S. 1 DIRL dafür, sie auf Art. 3 Abs. 6 VerbrGKRL anzuwenden. Mithin sind solche Vertragswidrigkeiten als geringfügig anzusehen, die von nur untergeordneter Bedeutung für die Verwendung der digitalen Inhalte oder Dienstleistungen sind, sodass die Interessen des Verbrauchers trotz der Vertragswidrigkeit im Wesentlichen befriedigt werden.

(2) Keine Geringfügigkeit bei Kumulation geringfügiger Mängel?

Unklar ist aber, ob der Verbraucher den Vertrag auch beenden kann, wenn mehrere weniger bedeutende, jeweils nur geringfügige Mängel vorliegen, die insgesamt eine erhebliche Beeinträchtigung der vertraglich geschuldeten Nutzbarkeit

---

484 Vgl. Korth, in: GPR 2014, 87 (91) in Bezug auf Art. 3 Abs. 6 VerbrGKRL.

485 Vgl. Magnus, in: Grabitz/Hilf, Das Recht der EU, Art. 3 VerbrGRKL Rn. 76 in Bezug auf Art. 3 Abs. 6 VerbrGKRL.

486 Vgl. Magnus, in: Grabitz/Hilf, Das Recht der EU, Art. 3 VerbrGRKL Rn. 76 in Bezug auf Art. 3 Abs. 6 VerbrGKRL.

der digitalen Inhalte oder Dienstleistungen begründen.[487] Das wäre etwa der Fall, wenn sich das Microsoft-Office-Programm regelmäßig, aber jeweils immer nur für eine kurze Zeit, aufhängt und dem Nutzer damit das Versenden seiner Emails und das Einsehen in seinen Office-Kalender auf ein nicht hinnehmbares Maß erschwert wird. In derartigen Fällen liegen nur jeweils qualitativ geringfügige Mängel vor. Ein Vertragsbeendigungsrecht des Verbrauchers kann in derartigen Konstellationen nur bestehen, wenn mehrere geringfügige Mängel eine nicht bloß geringfügige Vertragswidrigkeit i.S.v. Art. 14 Abs. 6 S. 1 DIRL begründen können.

Auf den ersten Blick steht dieser Auslegung der Wortlaut des Art. 14 Abs. 6 S. 1 DIRL entgegen. Hiernach ist jeweils maßgeblich, ob „die" Vertragswidrigkeit geringfügig ist. Jede einzelne konkret vorliegende Vertragswidrigkeit wäre für sich betrachtet aber als geringfügig anzusehen. Mit dem Wortlaut des Art. 14 Abs. 6 S. 1 DIRL wäre es allerdings vereinbar, wenn die einzelnen Vertragswidrigkeiten insgesamt als eine Vertragswidrigkeit interpretiert würden, die ihrerseits aufgrund der quantitativen Anhäufung der Pflichtverletzungen als nicht mehr geringfügig anzusehen wäre.[488]

Diese Auslegung steht auch in Einklang mit Sinn und Zweck des Art. 14 Abs. 6 S. 1 DIRL: Bei einer Kumulation geringfügiger Vertragsverstöße besteht keine bedeutende Gefahr, dass der Nutzer sein Vertragsbeendigungsrecht dazu missbraucht, um sich unter Vorschieben einer für ihn bedeutungslosen Vertragswidrigkeit von dem Vertrag zu lösen. Der Nutzer ist nämlich in derartigen Situationen nicht bloß einer bedeutungslosen Vertragswidrigkeit ausgesetzt. Vielmehr ist er einer Mehrzahl von Vertragswidrigkeiten ausgesetzt, deren Anhäufung so schwer wiegt, dass sie den Nutzer insgesamt deutlich beeinträchtigen. Jedenfalls wird durch die Interpretation vieler geringfügiger Mängel als eine nicht geringfügige Vertragswidrigkeit dem Rechtsmissbrauch in keiner Weise Tür und Tor geöffnet. Schließlich können die konkreten Umstände des Einzelfalls und die Bedeutung der einzelnen Vertragswidrigkeiten für den Nutzer bei der Beurteilung der insgesamt fehlenden Geringfügigkeit miteinbezogen werden.

---

487 Spindler, in: MMR 2016, 219 (221); Wendehorst, Gewährleistung für digitale Inhalte, 03.05.2016, S. 15, abrufbar unter: https://www.bmjv.de/SharedDocs/Downloads/DE/Praesentationen/05032016_digitalesVertragsrecht_Wendehorst.pdf?__blob=publicationFile&v=5 (Stand: 17.07.2020).

488 Spindler, in: ERCL 2016, 183 (206).

Folglich ergibt eine Auslegung des Art. 14 Abs. 6 S. 1 DIRL, dass eine nicht bloß geringfügige Vertragswidrigkeit auch bei Anhäufung mehrerer für sich gesehen geringfügiger Vertragswidrigkeiten angenommen werden kann.

b. Ausübung des Vertragsbeendigungsrechts, Art. 15 DIRL

Liegen die soeben besprochenen Voraussetzungen für eine Vertragsbeendigung vor, kann der Verbraucher den Vertrag gem. Art. 15 DIRL durch eine Erklärung gegenüber dem Unternehmer beenden, in der sein Entschluss zur Vertragsbeendigung zum Ausdruck kommt. Unklar ist aber, welche Anforderungen an die „Erklärung" i.S.v. Art. 15 DIRL zu stellen sind.

Der Wortlaut der Vorschrift setzt weder eine besondere Form der Erklärung noch das Erfordernis einer ausdrücklichen Erklärung voraus. Dies spricht dafür, dass der Verbraucher den Vertrag auch durch formlose ausdrückliche oder konkludente Erklärung beenden kann.[489]

Systematisch vergleichbar ist Art. 15 DIRL darüber hinaus mit Art. 11 Abs. 1 lit. b VRRL, wonach der Verbraucher den Widerruf eines Fernabsatz- oder außerhalb von Geschäftsräumen geschlossenen Vertrags durch Erklärung in „beliebiger" Form erklären kann, sofern sein Entschluss zum Widerruf hieraus „eindeutig" hervorgeht. Laut ErwG 44 S. 5 VRRL kann die Erklärung etwa durch einen Brief, einen Telefonanruf oder durch Rücksendung der Waren begleitet mit einer deutlichen Erklärung erfolgen. Einekommentarlose Rücksendung genügt im Umkehrschluss wohl nicht.[490]

Art. 15 DIRL sieht demgegenüber nicht vor, dass der Entschluss zur Vertragsbeendigung „eindeutig" aus der Erklärung des Verbrauchers hervorgehen muss. Vielmehr muss seine Entscheidung lediglich „zum Ausdruck" kommen. Es ist daher davon auszugehen, dass der Verbraucher den Vertrag nach Art. 15 DIRL erst recht auf beliebige Weise durch Brief, Telefonanruf oder Rücksendung beenden kann. Da aber eine „eindeutige" Erkärung gerade nicht erforderlich ist, ist davon auszugehen, dass auch eine kommentarlose Rückübertragung der digitalen Inhalte oder Dienstleistungen genügt, bspw. durch Rücksendung der CD mit aufgespieltem Office-365-Home-Programm.

Für diese Auslegung sprechen auch teleologische Erwägungen: Art. 15 DIRL soll nämlich die Ausübung der vertraglichen Rechte des Verbrauchers auch

---

489 Vgl. Fauvarque-Cosson, The New Proposal for Harmonised Rules, S. 13; Spindler, in: ERCL 2016, 183 (208).

490 A.A. Janal, in: WM 2012, 2314 (2320), nach der bereits die kommentarlose Rücksendung der Ware innerhalb der regulären Widerrufsfrist eindeutig sein dürfte.

im elektronischen Geschäftsverkehr erleichtern.[491] Der Verbraucher soll seine Abhilferechte bei Vorliegen eines Mangels sowohl im Warenverkehr als auch im Verkehr mit digitalen Inhalten oder Dienstleistungen auf einfache Weise geltend machen können. Jedenfalls soll die Ausübung der vertraglichen Rechte nicht daran scheitern, dass der Verbraucher eine falsche Form der Erklärung gewählt hat. Dass die Interessen des Anbieters eine anderweitige Auslegung zwingend erfordern, wonach der Verbraucher etwa wie in Art. 11 Abs. 1 lit. b VRRL „eindeutig" die Vertragsbeendigung erklären muss, ist nicht ersichtlich. Zwar hat der Anbieter ein Interesse an Rechtssicherheit und Rechtsklarheit. Aber bereits mit einer kommentarlosen Rücksendung kommt der eindeutige Wille des Verbrauchers zum Ausdruck, nicht am Vertrag festhalten zu wollen. Mithin kann der Verbraucher den Vertrag durch einfache ausdrückliche oder konkludente Erklärung beenden.

c. Pflichten des Unternehmers im Beendigungsfall, Art. 16 DIRL

Art. 16 DIRL regelt, welche Pflichten den Unternehmer im Fall einer Vertragsbeendigung treffen. In erster Linie ist der Unternehmer gem. Art. 16 Abs. 1 UAbs. 1 DIRL zur Erstattung aller im Rahmen des Vertrags gezahlten Beträge verpflichtet. Insoweit entspricht die Regelung der deutschen Vorschrift in § 346 Abs. 1 BGB, welche nach bisher anwendbarem Recht nur im Fall eines Rücktritts im Rahmen von Cloud-Computing-Verträgen mit kauf- oder werkvertraglichem Charakter anwendbar ist. Art. 16 Abs. 1 UAbs. 1 DIRL stellt aber insoweit eine Neuheit dar, als dass nun auch Cloud-Computing-Verträge, die nach deutschem Verständnis miet- oder dienstvertraglichen Charakter haben, rückabgewickelt werden. Art. 16 DIRL sieht darüber hinaus weitere Pflichten des Unternehmers im Fall einer Vertragsbeendigung vor.

aa. (Teilweise) Erstattung bei Bereitstellung über einen bestimmten Zeitraum, Art. 16 Abs. 1 UAbs. 2 DIRL

Art. 16 Abs. 1 UAbs. 2 DIRL trifft eine Sonderregelung für den Fall der Beendigung eines Vertrags, der eine entgeltliche Bereitstellung digitaler Inhalte oder Dienstleistungen über einen bestimmten Zeitraum vorsieht. Liegt bei derartigen Verträgen nur während eines Teils des Bereitstellungszeitraums eine Vertragswidrigkeit vor, so hat der Unternehmer dem Verbraucher nur den Anteil des gezahlten Preises zurückzuerstatten, der dem Zeitraum entspricht, in dem die digitalen Inhalte oder Dienstleistungen in vertragswidrigem Zustand waren.

491 Vgl. Staudenmayer, in: ZEuP 2016, 801 (818f.).

Darüber hinaus hat der Unternehmer dem Verbraucher auch solche etwaigen Kosten zurückzuerstatten, die der Verbraucher im Voraus für den verbleibenden Zeitraum des Vertrags bezahlt hat, wenn dieser nicht beendet worden wäre. Es findet daher auch bei Dauerschuldverhältnissen eine teilweise Rückabwicklung des Vertrags statt: Der Vertrag wird bis zu dem Zeitpunkt rückabgewickelt, in dem die Vertragswidrigkeit aufgetreten ist.[492]

Insoweit unterscheidet sich die Digitale-Inhalte-Richtlinie deutlich vom bisher anwendbaren deutschen Recht. Dieses sieht für Dauerschuldverhältnisse, wie den Cloud-Computing-Vertrag mit miet- oder dienstvertraglichen Elementen, gar keine Rückabwicklung, sondern eine Kündigungsmöglichkeit mit *ex nunc*-Wirkung vor.[493] Die erbrachten Leistungen blieben im Regelfall also bei dem Leistungsempfänger. Tritt nunmehr etwa nach sechs Monaten eine Vertragswidrigkeit bei der Nutzung des Dropbox-Kontos auf, aufgrund derer der Verbraucher den Vertrag im achten Monat nach Vertragsschluss beendet, so ist dem Verbraucher hingegen der Preis zurückzuerstatten, der dem Zeitraum zwischen dem Auftreten der Vertragswidrigkeit im siebten Monat und der Vertragsbeendigung im achten Monat entspricht. Hat der Verbraucher bereits für ein Jahr im Voraus bezahlt, so sind ihm zusätzlich die Kosten zu ersetzen, die dem Zeitraum zwischen der Vertragsbeendigung im achten Monat und dem Ablauf des Jahres nach zwölf Monaten entsprechen.

Auf diese Weise will die Digitale-Inhalte-Richtlinie zwar einerseits – wie das deutsche Recht – vermeiden, dass ausgetauschte Leistungen nicht durch Rückabwicklung des gesamten Dauerschuldverhältnisses wieder herausgegeben werden müssen, sondern gezogene Vorteile behalten werden können. Andererseits soll der Verbraucher für die Zeit, in der eine Vertragswidrigkeit vorliegt, nicht zwingend gegen seinen Willen an den Vertrag gebunden werden. Vielmehr soll er seine Gegenleistung zurückfordern können, wenn die digitalen Inhalte oder Dienstleistungen nicht (mehr) vertragsgemäß nutzbar sind und zwar unabhängig davon, ob dies im Rahmen eines Dauerschuldverhältnisses geschieht oder nicht. Auf diese Weise verfolgt die Richtlinie einen erhöhten Verbraucherschutz. Gegenüber dem bisherigen deutschen Recht wird insoweit eine unübliche Regelung eingeführt.

Da eine Ausnahme für versteckte Vertragswidrigkeiten nicht vorgesehen ist, ist davon auszugehen, dass die Rückwirkung auch dann auf den Zeitpunkt der Entstehung der Vertragswidrigkeit abzielt, wenn die Vertragswidrigkeit selbst

492 Bach, in: NJW 2019, 1705 (1710); vgl. Schmidt-Kessel et al., in: GPR 2016, 54 (70).
493 Hierzu bereits § 6 B.I.2. und 4.

erst später erkennbar wurde.[494] Der Unternehmer hat insoweit die vom Verbraucher empfangene Gegenleistung ab dem Zeitpunkt der Entstehung der später offenbar gewordenen Vertragswidrigkeit zurückzuerstatten.

Möglich ist eine teilweise Rückerstattung allerdings nur, wenn die Gegenleistung des Verbrauchers in der „Zahlung eines Preises" besteht. Schuldet der Verbraucher hingegen die Bereitstellung personenbezogener Daten, ist eine teilweise Rückabwicklung des Vertrags nicht praktikabel. Eine andere Leistung als Geld oder einer digitalen Wertdarstellung kann schließlich nicht in gleicher Weise proportional zugeordnet und daher auch nicht anteilsmäßig rückübertragen werden.[495]

Im Gegensatz zur Digitale-Inhalte-Richtlinie enthält die Verbrauchsgüterkaufrichtlinie keine explizite Regelung zu einer Teilbeendigung des Vertrags. Hintergrund hierfür ist, dass die Verbrauchsgüterkaufrichtlinie Kaufverträge zum Gegenstand hat, bei denen ein einmaliger Leistungsaustausch stattfindet. Die Digitale-Inhalte-Richtlinie erstreckt sich hingegen auf sämtliche Verträge über die Bereitstellung digitaler Inhalte oder Dienstleistungen, mithin auch auf Verträge, bei denen ein ständiger Leistungsaustausch stattfindet. Bei solchen Dauerschuldverhältnissen wäre eine Rückabwicklung des gesamten Vertrags unbillig: Kann ein Verbraucher etwa über drei Jahre sein Amazon-Prime-Konto vertragsgemäß nutzen und tritt danach eine Vertragswidrigkeit auf, würde der Verbraucher unberechtigt bevorteilt, wenn er den gesamten Vertrag rückabwickeln könnte. Er könnte schließlich die gesamte erbrachte Vergütung zurückverlangen, obwohl er die Dienste drei Jahre lang ordnungsgemäß genutzt hat. Art. 16 Abs. 1 UAbs. 2 DIRL trägt insofern dem Umstand Rechnung, dass die gesamte Rückabwicklung eines „Bereitstellungs"-Vertrags mit Dauerschuldcharakter für den Unternehmer unbillig wäre. Die Begrenzung der Erstattungspflicht schützt folglich den Unternehmer vor einer unangemessenen Inanspruchnahme durch den Verbraucher.

bb. Pflichten des Unternehmers bei Bereitstellung personenbezogener Daten, Art. 16 Abs. 2 DIRL

Hat der Verbraucher dem Unternehmer personenbezogene Daten i.S.v. Art. 3 Abs. 1 UAbs. 2 DIRL bereitgestellt, so richten sich die Pflichten des Unternehmers im Fall einer Vertragsbeendigung gem. Art. 16 Abs. 2 DIRL nach

494 Bach, in: NJW 2019, 1705 (1710).

495 Staudenmayer, in: ZEuP 2016, 801 (822); KOM(2015) 634 endg. vom 10.12.2015, ErwG 42.

der Datenschutzgrundverordnung. Insbesondere hat der Verbraucher also nach Art. 17 Abs. 1 DSGVO das Recht, vom Unternehmer die unverzügliche Löschung der personenbezogenen Daten zu verlangen, wenn einer der in Art. 17 Abs. 1 lit. a-f DSGVO genannten Fälle vorliegt. Besondere Bedeutung kommt in diesem Zusammenhang der Regelung in Art. 17 Abs. 1 lit. b DSGVO zu, wonach ein Recht zur Löschung besteht, wenn die betroffene Person die datenschutzrechtliche Einwilligung widerruft, auf die sich die Verarbeitung der personenbezogenen Daten stützt und es an einer anderweitigen Rechtsgrundlage fehlt. Erklärt der Verbraucher nämlich die Vertragsbeendigung, ist hierin auch eine konkludente Widerrufserklärung der datenschutzrechtlichen Einwilligung zu sehen.[496] Infolgedessen kann der Verbraucher den Unternehmer zur Löschung seiner personenbezogenen Daten auffordern.

Hat der Unternehmer die personenbezogenen Daten öffentlich gemacht, hat er gem. Art. 17 Abs. 2 DIRL außerdem angemessene Maßnahmen zu treffen, um verantwortliche Dritte, die die personenbezogenen Daten ebenfalls verarbeiten, darüber zu informieren, dass der Verbraucher die Löschung seiner personenbezogenen Daten verlangt hat.

Der Verbraucher hat infolge des Widerrufs zudem gem. Art. 20 Abs. 1 DSGVO das Recht, seine personenbezogenen Daten in einem strukturierten, gängigen und maschinenlesbaren Format zu erhalten und diese Daten ggf. einem anderen Verantwortlichen zu übermitteln.

Mit dem Verweis auf die Datenschutzgrundverordnung trägt Art. 16 Abs. 2 DIRL zur Einheit der europäischen Rechtsordnung bei. Die Geltung und das hohe Schutzniveau der Datenschutzgrundverordnung sollen nicht durch eigenständige Regelungen in der Digitale-Inhalte-Richtlinie beeinträchtigt bzw. abgesenkt werden.

cc. Pflichten des Unternehmers bei Bereitstellung sonstiger Daten, Art. 16 Abs. 3 und 4 DIRL

Bei der Bereitstellung digitaler Inhalte oder Dienstleistungen können auch nicht personenbezogene Daten erstellt oder bereitgestellt werden. Hierunter sind solche Daten zu verstehen, die keinen Rückschluss auf die individuelle Person zulassen (bspw. ein digitales Foto einer Landschaft).[497] In diesem Fall sind bei

496 Metzger, in: AcP 216 (2016), 817 (861); Mańko, Verträge über die Bereitstellung digitaler Inhalte, S. 48; kritisch hierzu mangels ausdrücklicher Anordnung von Westphalen/Wendehorst, in: BB 2016, 2179 (2186).

497 Cap/Stabentheiner, in: wbl 2016, 177 (182).

einer Vertragsbeendigung die in Art. 16 Abs. 3 und 4 DIRL festgelegten Pflichten des Unternehmers zu beachten.

(1) Pflicht zur Unterlassung der Nutzung nicht personenbezogener Daten, Art. 16 Abs. 3 DIRL

Nach Art. 16 Abs. 3 DIRL darf der Unternehmer nicht personenbezogene Daten nach Beendigung des Vertrags nicht mehr verwenden, es sei denn, es liegt einer der in Art. 16 Abs. 3 lit. a-d DIRL aufgeführten Ausnahmefälle vor.

So darf der Unternehmer zunächst solche Daten weiternutzen, die außerhalb des Kontextes der bereitgestellten digitalen Inhalte oder Dienstleistungen keinen Nutzen haben (lit. a). Schließlich gibt es keinen Grund, dem Unternehmer die Nutzung von Daten zu versagen, die für ihn gar keinen Vorteil begründen.

Gleiches gilt für Daten, die ausschließlich mit der Nutzung der bereitgestellten digitalen Inhalte oder Dienstleistungen durch den Verbraucher zusammenhängen (lit. b). Aus derartigen Daten kann der Unternehmer ebenfalls keinen Nutzen ziehen, da dem Verbraucher im Fall der Vertragsbeendigung keine digitalen Inhalte oder Dienstleistungen mehr bereitgestellt werden. Dies gilt etwa für Angaben des Verbrauchers zu präferierten Einstellungen, bspw. während der Nutzung des Prime-Programms erstellte Listen präferierter Buch- oder Filmtitel.

Darüber hinaus dürfen auch solche Daten weiterhin genutzt werden, die vom Unternehmer mit anderen Daten aggregiert wurden und nicht oder nur mit unverhältnismäßigem Aufwand disaggregiert werden können (lit. c). Bei derart verknüpften Daten ist die Unterlassung der Nutzung für den Unternehmer nämlich mit besonderen Schwierigkeiten verbunden. So könnte der Unternehmer etwa (anonyme) Statistiken über das Nutzungsverhalten seiner Kunden erstellen, um sein Produkt zu verbessern. Die konkreten nicht personenbezogenen Daten des betroffenen Verbrauchers herauszufiltern, würde für den Unternehmer einen unverhältnismäßigen Aufwand begründen.

Zuletzt darf der Unternehmer nach der Vertragsbeendigung auch nicht personenbezogene Daten verwenden, die vom Verbraucher gemeinsam mit anderen Verbrauchern erzeugt wurden, welche die Daten weiterhin nutzen können (lit. d). Hiermit ist etwa der Fall gemeint, dass ein Nutzer gemeinsam mit anderen Nutzern digitale Spiele im Internet spielt und hierdurch Daten erzeugt hat. Die verbleibenden Spieler sollen durch die Ausübung der Vertragsrechte des betroffenen Nutzers nicht benachteiligt werden.[498] In diesem Fall haben nämlich die übrigen Verbraucher ein Interesse daran, die Daten weiterhin nutzen zu können.

498 Staudenmayer, in: ZEuP 2016, 801 (820).

(2) Pflicht zur Bereitstellung nicht personenbezogener Daten an den Verbraucher, Art. 16 Abs. 4 UAbs. 1 DIRL

Darüber hinaus hat der Unternehmer gem. Art. 16 Abs. 4 UAbs. 1 DIRL dem Verbraucher die nicht personenbezogenen Daten auf dessen Ersuchen bereitzustellen. Da eine (Rück-)Bereitstellung nur „auf Ersuchen" des Verbrauchers erforderlich ist, wird hierdurch ein unnötiges „Hin- und Herschieben" von Daten vermieden, an dem der Verbraucher gar kein Interesse hat. Art. 16 Abs. 4 UAbs. 1 DIRL stellt aber klar, dass der Unternehmer nicht zur Rückgewähr der nicht personenbezogenen Inhalte verpflichtet ist, wenn einer der in Art. 16 Abs. 3 lit. a-c DIRL genannten Fälle vorliegt. In diesen Fällen sind die nicht personenbezogenen Daten für den Verbraucher nämlich entweder nicht von nennenswertem praktischen Nutzen, der eine Bereitstellung der Inhalte durch den Unternehmer erfordern würde, oder die Interessen des Unternehmers an einer weiteren Nutzung der Daten überwiegen gegenüber dem Rückerhaltungsinteresse des Verbrauchers.[499]

(3) Bereitstellung in gebräuchlichem und maschinenlesbarem Format, Art. 16 Abs. 4 UAbs. 2 DIRL

Sofern der Unternehmer die nicht personenbezogenen Daten nach Art. 16 Abs. 4 UAbs. 1 DIRL an den Verbraucher bereitstellen muss, hat dies nach Maßgabe des Art. 16 Abs. 4 UAbs. 2 DIRL zu erfolgen. Insbesondere ist der Verbraucher hiernach berechtigt, die nicht personenbezogenen Daten kostenfrei, ohne Behinderung durch den Unternehmer und in einem allgemein gebräuchlichen und maschinenlesbaren Format wiederzuerlangen.

Art. 16 Abs. 4 UAbs. 2 DIRL legt nicht näher fest, was unter einem „allgemein gebräuchlichen und maschinenlesbaren Format" zu verstehen ist. Eine entsprechende Regelung findet sich aber in Art. 20 Abs. 1 DSGVO. Was diesbezüglich unter einem strukturierten, gängigen und maschinenlesbaren Format zu verstehen ist, richtet sich hierbei nach dem aktuellen Stand der Technik, wobei derzeit die Anwendung der Formate XML, JSON oder CSV in Betracht kommt.[500]

Hieraus geht aber nicht hervor, aus wessen Sicht das Format „gebräuchlich" sein muss. In Betracht kommt einerseits, dass ein Format aus Sicht des Verbrauchers oder sogar nur aus Sicht von Verbrauchern, die derartige Verträge eingehen, allgemein gebräuchlich sein muss. Andererseits könnte es auch genügen, dass ein Format unter Unternehmern als allgemein gebräuchlich anerkannt ist.[501]

---

499 ErwG 71 S. 3 DIRL.

500 Kamlah, in: Plath, DSGVO/BDSG, Art. 20 Rn. 8.

501 Koch, Rechtsbehelfe des Verbrauchers bei Verträgen über digitale Inhalte, in: Wendehorst/Zöchling-Jud, Ein neues Vertragsrecht für den digitalen Binnenmarkt?, S. 145.

Sinn und Zweck des Art. 16 Abs. 4 UAbs. 2 DIRL liegen aber darin, dem Verbraucher das Wiedererlangen der nicht personenbezogenen Daten i.S.v. Art. 16 Abs. 4 UAbs. 1 DIRL zu erleichtern. Dieses Ziel würde gerade nicht erreicht, wenn die Daten in einem nur unter Unternehmern allgemein gebräuchlichen Format bereitgestellt würden. Hierin wäre vielmehr eine „Behinderung" durch den Unternehmer i.S.v. Art. 16 Abs. 4 UAbs. 2 DIRL zu sehen, da der Verbraucher zunächst ermitteln müsste, wie er die Daten umformatieren kann. Der Unternehmer muss die Daten folglich in einem für den Durchschnittsverbraucher gebräuchlichen und maschinenlesbaren Format bereitstellen.

(4) Bereitstellung innerhalb angemessener Frist, Art. 16 Abs. 4 UAbs. 2 DIRL

Darüber hinaus muss der Unternehmer die nicht personenbezogenen Daten gem. Art. 16 Abs. 4 UAbs. 2 DIRL innerhalb einer angemessenen Frist bereitstellen. Unklarheiten bestehen dahingehend, worauf sich die „angemessene Frist" bezieht.

Einerseits kann die Formulierung dahingehend verstanden werden, dass der Unternehmer eine angemessene Frist nach der Vertragsbeendigung abwarten muss, innerhalb derer der Verbraucher die Bereitstellung der nicht personenbezogenen Daten verlangen kann.[502]

Andererseits kann hiermit gemeint sein, dass der Unternehmer die nicht personenbezogenen Daten innerhalb einer angemessenen Frist an den Verbraucher zurückgeben muss, nachdem dieser den Unternehmer hierzu aufgefordert hat.[503]

Relevant ist diese Unterscheidung im Hinblick auf die Frage, wie lange der Unternehmer die nicht personenbezogenen Daten des Verbrauchers archivieren muss, um sie ihm im Fall eines Ersuchens durch den Verbraucher zurückzugeben. Im ersten Fall muss er nämlich nur eine angemessene Frist nach der Beendigung des Vertrags abwarten, bevor er die nicht personenbezogenen Daten löschen darf.[504] Im zweiten Fall hingegen muss der Unternehmer die Daten so lange archivieren, bis der Verbraucher seinen Anspruch auf Herausgabe der nicht personenbezogenen Daten (insbesondere etwa aufgrund Verjährungseintritts) nicht mehr durchsetzen kann.

---

502 Koch, Rechtsbehelfe des Verbrauchers bei Verträgen über digitale Inhalte, in: Wendehorst/Zöchling-Jud, Ein neues Vertragsrecht für den digitalen Binnenmarkt?, S. 145.

503 Koch, Rechtsbehelfe des Verbrauchers bei Verträgen über digitale Inhalte, in: Wendehorst/Zöchling-Jud, Ein neues Vertragsrecht für den digitalen Binnenmarkt?, S. 145.

504 Koch, Rechtsbehelfe des Verbrauchers bei Verträgen über digitale Inhalte, in: Wendehorst/Zöchling-Jud, Ein neues Vertragsrecht für den digitalen Binnenmarkt?, S. 145.

Zur Beantwortung dieser Frage ist die Regelung in Art. 14 Abs. 3 DIRL heranzuziehen, welcher eine ähnliche Formulierung wie Art. 16 Abs. 4 UAbs. 2 DIRL enthält. Nach Art. 14 Abs. 3 DIRL hat der Unternehmer die Nacherfüllung „innerhalb einer angemessenen Frist" nach Kenntnisnahme von der Vertragswidrigkeit herzustellen. Das Fristerfordernis in Art. 14 Abs. 3 DIRL kommt insoweit dem Schutz des Verbrauchers zugute, als dieser nach Ablauf der Frist gem. Art. 14 Abs. 4 lit. b DIRL den Vertrag beenden kann, wenn der Unternehmer nicht innerhalb der angemessenen Frist nacherfüllt. Da in Art. 16 Abs. 4 UAbs. 2 DIRL die gleiche Formulierung verwendet wird wie in Art. 14 Abs. 3 DIRL, liegt der Schluss nahe, dass auch erstere Vorschrift nicht die Rechte des Verbrauchers zeitlich begrenzen soll, sondern den Unternehmer zur zügigen Erfüllung des Anspruchs anhalten soll.

Hierfür spricht auch ein Vergleich mit den übrigen Voraussetzungen des Art. 16 Abs. 4 UAbs. 2 DIRL: Die (Rück-)Bereitstellung der nicht personenbezogenen Daten soll für den Verbraucher „kostenfrei, ohne Behinderung durch den Unternehmer" und in einem „allgemein gebräuchlichen und maschinenlesbaren Format" erfolgen. Diese Modalitäten kommen allesamt dem Verbraucher zugute und sollen ihm eine möglichst einfache Rückforderung der Daten ermöglichen. Hiermit soll sichergestellt werden, dass der Verbraucher nicht (mittelbar) an der Ausübung seiner Rechte gehindert wird.[505]

Folglich ist auch das Fristerfordernis nicht so zu verstehen, dass es die Rechte des Verbrauchers beschränken soll. Der Unternehmer muss die Daten vielmehr innerhalb einer angemessenen Frist nach Ersuchen des Verbrauchers bereitstellen. Er muss die Daten also so lange archivieren, wie der Verbraucher die Daten herausfordern kann.

dd. Recht des Unternehmers zur Unterbindung der weiteren Nutzung, Art. 16 Abs. 5 DIRL

Art. 16 Abs. 5 DIRL statuiert (entgegen der Überschrift des Art. 16 DIRL) keine Pflicht, sondern ein Recht des Unternehmers, im Fall einer Vertragsbeendigung jede weitere Nutzung der digitalen Inhalte oder Dienstleistungen durch den Verbraucher zu unterbinden. Art. 16 Abs. 5 DIRL ermöglicht dem Unternehmer sicherzustellen, dass der Verbraucher – der im Fall einer Vertragsbeendigung alle gezahlten Beträge zurückfordern kann – die digitalen Inhalte oder Dienstleistungen auch nicht weiterhin nutzt. Folglich darf der Unternehmer alle notwendigen Maßnahmen ergreifen, um eine weitere Nutzung der bereitgestellten

505 Staudenmayer, in: ZEuP 2016, 801 (820); ders., in: NJW 2016, 2719 (2724).

digitalen Inhalte oder Dienstleistungen durch den Verbraucher zu unterbinden. Dies kann insbesondere dadurch erfolgen, dass der Unternehmer durch Einsatz sog. Digital-Rights-Management-Maßnahmen (DRM) die weitere Nutzung unterbindet, etwa indem er das Zugangskonto des Nutzers sperrt.[506] Hat etwa ein Verbraucher den Amazon-Prime-Vertrag beendet, so kann der Anbieter Amazon das Mitgliedskonto des Verbrauchers unverzüglich sperren lassen, um zu verhindern, dass dieser weiterhin auf die Film-, Buch- und Musikdateien zugreift.

Zu beachten ist hierbei aber, dass Art. 16 Abs. 5 DIRL „unbeschadet des Art. 16 Abs. 4 DIRL" gilt. Gemeint ist hiermit, dass das Recht des Verbrauchers, seine Daten nach Art. 16 Abs. 4 DIRL zurück zu erlangen, nicht durch die Sperrung des Zugangs oder des Nutzerkontos behindert werden darf. Der Unternehmer kann aber dennoch den Zugang oder das Nutzerkonto sperren, wenn er dem Verbraucher die Daten auf anderem Wege als über dessen Benutzerkonto zukommen lässt, bspw. durch Direktübermittlung.[507]

d. Pflichten des Verbrauchers im Beendigungsfall, Art. 17 DIRL

Art. 17 DIRL legt die Pflichten des Verbrauchers im Fall einer Vertragsbeendigung fest.

aa. Pflicht zur Unterlassung der Nutzung oder Zurverfügungstellung an Dritte, Art. 17 Abs. 1 DIRL

Gem. Art. 17 Abs. 1 DIRL hat der Verbraucher im Beendigungsfall die Nutzung der digitalen Inhalte oder Dienstleistungen sowie deren Zurverfügungstellung an Dritte zu unterlassen. Der Verbraucher ist also nicht explizit dazu verpflichtet, alle verwendbaren Kopien zu löschen, eine Software zu deinstallieren oder sie auf andere Weise unlesbar zu machen. Während der Unternehmer also nach Art. 16 Abs. 1 DIRL bei punktueller Bereitstellung den gesamten gezahlten Betrag und bei Dauerschuldverhältnissen einen Teil des gezahlten Betrags zurückerstatten muss, muss der Verbraucher allenfalls die künftige Nutzung der digitalen Inhalte oder Dienstleistungen unterlassen.

Hierin liegt ein maßgeblicher Unterschied zum bisher auf Cloud-Computing-Verträge anwendbaren deutschen Recht. Hiernach muss der Nutzer von Cloud-Diensten die empfangenen Leistungen infolge eines Rücktritts von kauf- oder

506 Vgl. Druschel/Lehmann, in: CR 2016, 244 (249).

507 Koch, Rechtsbehelfe des Verbrauchers bei Verträgen über digitale Inhalte, in: Wendehorst/Zöchling-Jud, Ein neues Vertragsrecht für den digitalen Binnenmarkt?, S. 147.

werkvertraglich zu qualifizierenden Cloud-Computing-Verträgen gem. § 346 BGB herausgeben oder Wertersatz hierfür leisten. Bei miet- oder dienstvertraglichen Cloud-Computing-Verträgen besteht zwar keine entsprechende Verpflichtung des Nutzers, im Gegenzug kann er aber auch keine (Teil-)Rückerstattung des gezahlten Preises verlangen.

Auch im europäischen Zivilrecht trifft der europäische Gesetzgeber hiermit eine Regelung, die insbesondere vom Warenkauf abweicht: Während die Verbrauchsgüterkaufrichtlinie dahingehend noch schwieg, legt Art. 16 Abs. 3 lit. WH-RL fest, dass der Verbraucher die Waren im Fall der Vertragsbeendigung auf Kosten des Verkäufers an diesen zurückzugeben hat und im Gegenzug hierfür die Erstattung des Kaufpreises fordern kann. Der Verkäufer hat nämlich regelmäßig ein Interesse daran, die Ware wieder zurückzuerlangen, um sie (etwa durch Reparatur und Weiterverkauf) noch verwerten zu können.

Digitale Inhalte oder Dienstleistungen unterscheiden sich aber in dieser Hinsicht von Waren, da sie sich in aller Regel einfach und kostenfrei kopieren lassen. Da der Unternehmer i.d.R. eine eigene Kopie der digitalen Inhalte behält, hat er in diesem Fall auch kein Interesse daran, die dem Verbraucher bereitgestellte Kopie zurückzuerlangen.[508] Von Bedeutung ist für den Unternehmer lediglich, dass der Verbraucher nach der Beendigung des Vertrags nicht weiterhin die Vorteile genießen kann, die ihm aus der Nutzung der digitalen Inhalt oder Dienstleistungen entstehen.[509] Art. 17 Abs. 1 DIRL sieht daher allein eine Pflicht des Verbrauchers vor, die weitere Nutzung der digitalen Inhalte oder Dienstleistungen zu unterlassen.

Der Verbraucher muss dem Unternehmer im Gegenzug aber auch keinen Wertersatz dafür leisten, dass er seine Kopie der digitalen Inhalte oder Dienstleistungen behalten darf. Hiermit unterscheidet sich Art. 17 Abs. 1 DIRL aus historisch-genealogischer Sicht von Art. 173 Abs. 1 S. 1 GEK-E. Hiernach sollte der Nutzer die digitalen Inhalte zwar behalten dürfen, im Gegenzug dafür aber ihren Geldwert erstatten müssen.[510] Hiermit sollte verhindert werden, dass sich der Nutzer eine Kopie des digitalen Inhalts erstellt und diese weiterhin nutzt, gleichzeitig aber den gezahlten Preis zurückverlangen könnte.[511]

---

508 Schmidt-Kessel et al., in: GPR 2011, 7 (9 u. 12).

509 Schmidt-Kessel et al., in: GPR 2011, 7 (9 u. 12).

510 Dies sollte nach Art. 173 Abs. 1 S. 1 GEK-E unabhängig davon gelten, ob die digitalen Inhalte auf einem materiellen Datenträger bereitgestellt wurden oder nicht.

511 Loos, in: euvr 2014, 146 (156); Druschel, Die Behandlung digitaler Inhalte im GEK, S. 335.

In der Digitale-Inhalte-Richtlinie wird von einem derartigen Regelungsansatz abgesehen. Um den Unternehmer aber nicht schutzlos zu stellen, sieht die Richtlinie an einer anderen Stelle einen Schutzmechanismus für den Unternehmer vor: In Art. 16 Abs. 5 DIRL[512] wird ihm das Recht zugesprochen, jede Maßnahme zu ergreifen, um eine weitere Nutzung der digitalen Inhalte oder Dienstleistungen durch den Verbraucher zu unterbinden.[513] Die Regelung stellt insoweit einen Ausgleich für den Unternehmer dar, damit dieser nicht darauf angewiesen ist, auf ein ordnungsgemäßes Verhalten des Verbrauchers zu hoffen.

bb. Pflicht zur Rücksendung von körperlichen Datenträgern, Art. 17 Abs. 2 DIRL

Der Verbraucher kann allerdings nach Art. 17 Abs. 2 S. 1 DIRL auf Aufforderung und auf Kosten des Unternehmers zur Rücksendung eines körperlichen Datenträgers verpflichtet sein, auf dem die digitalen Inhalte bereitgestellt wurden. Da der Unternehmer dem Verbraucher in diesem Fall tatsächlich eine körperliche Sache (den Datenträger) überlassen hat, kann der Unternehmer nämlich auch ein Interesse daran haben, diese zurückzuerlangen und weiter zu verwerten.

Zu berücksichtigen ist jedoch, dass die Rücksendung eines körperlichen Datenträgers nicht immer im wirtschaftlichen Interesse des Unternehmers liegt.[514] Die Rücksendung hat nämlich gem. Art. 17 Abs. 2 S. 1 DIRL „auf Kosten des Unternehmers" zu erfolgen. Für den Unternehmer kann die Rücksendung insoweit mit höheren Kosten verbunden sein als die Beschaffung eines neuen körperlichen Datenträgers. Diesem Umstand wird Art. 17 Abs. 2 S. 1 DIRL dadurch gerecht, dass der Verbraucher nur „auf Aufforderung" des Unternehmers zur Rücksendung verpflichtet ist. Ist die Rücksendung für den Unternehmer nicht wirtschaftlich, kann er von einer Aufforderung schlichtweg absehen.

Sofern sich der Unternehmer zur Rücknahme des Datenträgers entscheidet, muss er den Verbraucher hierzu gem. Art. 17 Abs. 2 S. 2 DIRL innerhalb von 14 Tagen auffordern. Diese Frist läuft ab dem Tag, an dem der Unternehmer über den Entschluss des Verbrauchers zur Vertragsbeendigung in Kenntnis gesetzt wurde. Hiermit soll verhindert werden, dass der Verbraucher einer zeitlich unbegrenzten Unsicherheit darüber ausgesetzt ist, ob er den körperlichen Datenträger noch zurückgeben muss oder nicht. Die Länge der Frist korrespondiert mit der

512 Hierzu bereits § 6 B.II.1.c.dd.

513 Zu der Frage, ob die Abkehr von einer generellen Wertersatzpflicht aus rechtspolitischer Sicht zu begrüßen ist, siehe § 6 B.III.1.c.

514 Staudenmayer, in: ZEuP 2016, 801 (821).

Verpflichtung des Unternehmers nach Art. 18 DIRL, die Erstattung der gezahlten Beträge innerhalb von 14 Tagen binnen Kenntnisnahme von dem Entschluss des Verbrauchers zur Vertragsbeendigung zurückzuzahlen.[515]

cc. Keine Pflicht zum Nutzungsersatz, Art. 17 Abs. 3 DIRL

Art. 17 DIRL stellt klar, dass der Verbraucher für die Nutzung der digitalen Inhalte oder Dienstleistungen vor Beendigung des Vertrags in dem Zeitraum nicht zahlungspflichtig ist, in dem die digitalen Inhalte oder Dienstleistungen nicht in vertragsgemäßem Zustand waren. Der Verbraucher ist folglich allenfalls in dem Zeitraum zum Nutzungsersatz verpflichtet, in dem die digitalen Inhalte oder Dienstleistungen vertragsgemäß bereitgestellt wurden.

In Art. 17 Abs. 3 DIRL nimmt der europäische Gesetzgeber eine Regelung auf, die das Quelle-Urteil des EuGH vom 17. April 2008 zu Art. 3 VerbrGKRL weiterentwickelt.[516] In dem Verfahren wurde dem EuGH die Frage vorgelegt, ob Art. 3 VerbrGKRL so auszulegen ist, dass die Norm einer nationalen Regelung entgegensteht, wonach der Verkäufer, der eine mangelhafte Sache geliefert hat, berechtigt ist, vom Verbraucher bis zur Ersatzlieferung Wertersatz für die Nutzung der Sache zu fordern. In seinem Urteil führte der EuGH aus, dass die Pflicht des Verkäufers zur unentgeltlichen Herstellung des vertragsgemäßen Zustands nach Art. 3 Abs. 3 VerbrGKRL den Verbraucher vor drohenden finanziellen Belastungen schützen soll, die ihn davon abhalten könnten, seine vertraglichen Rechte geltend zu machen. Dieser Umstand habe zur Folge, dass jede finanzielle Forderung des Verkäufers im Rahmen der Erfüllung seiner Verpflichtung zur Herstellung des vertragsgemäßen Zustands ausgeschlossen sei.[517] Dafür spreche auch, dass die Nacherfüllung für den Verbraucher gem. Art. 3 Abs. 3 VerbrGKRL ohne erhebliche Unannehmlichkeiten zu erfolgen habe und die Verbrauchsgüterkaufrichtlinie insgesamt ein hohes Verbraucherschutzniveau herstellen soll.[518] Folglich sei Art. 3 VerbrGKRL so auszulegen, dass die Norm einem Anspruch des Verkäufers auf Nutzungsersatz bis zur Ersatzlieferung entgegensteht.

---

515 Hierzu sogleich unter § 6 B.II.1.e.

516 Staudenmayer, in: ZEuP 2016, 801 (819).

517 EuGH Urt. v. 17.04.2008, Rs. C-404/06 – Quelle AG ./. Bundesverband der Verbraucherzentralen und Verbraucherverbände, Rn. 34.

518 EuGH Urt. v. 17.04.2008, Rs. C-404/06 – Quelle AG ./. Bundesverband der Verbraucherzentralen und Verbraucherverbände, Rn. 35f.

Art. 17 Abs. 3 DIRL entwickelt dieses Urteil weiter und verbietet eine Wertersatzpflicht des Verbrauchers auch für den Fall, dass der Vertrag beendet wird. Mithin muss der Verbraucher dem Unternehmer auch dann keinen Ersatz für die gezogenen Nutzungen leisten, wenn der Vertrag teilweise oder insgesamt rückabgewickelt wird. Insoweit dient der Ausschluss der Wertersatzpflicht in Art. 17 Abs. 3 DIRL dazu, den Verbraucher vor finanziellen Belastungen zu schützen, die ihn davon abhalten könnten, seine vertraglichen Abhilferechte geltend zu machen.

e. *Fristen und Zahlungsmittel für die Erstattung durch den Unternehmer, Art. 18 DIRL*

Im Hinblick auf die Rechte und Pflichten der Parteien im Zuge der Vertragsbeendigung ist zuletzt auf die Regelung in Art. 18 DIRL zu den Fristen und Zahlungsmitteln für die Erstattung durch den Unternehmer einzugehen. Nach Art. 18 Abs. 1 DIRL hat jede Erstattung, die der Unternehmer dem Verbraucher gem. Art. 16 Abs. 1 DIRL aufgrund einer Vertragsbeendigung schuldet, unverzüglich und in jedem Fall innerhalb von 14 Tagen ab dem Tag zu erfolgen, an dem der Unternehmer über den Entschluss des Verbrauchers zur Vertragsbeendigung in Kenntnis gesetzt wurde.

Die Erstattung hat der Unternehmer gem. Art. 18 Abs. 2 DIRL unter Verwendung der gleichen Zahlungsmittel vorzunehmen, die der Verbraucher zur ursprünglichen Zahlung verwendet hat. Etwas anderes gilt nur, sofern der Verbraucher ausdrücklich einer anderweitigen Vereinbarung zustimmt und sofern durch die anderweitige Erstattung keine Gebühren für den Verbraucher anfallen. Art. 18 Abs. 3 DIRL stellt insoweit klar, dass der Unternehmer dem Verbraucher insgesamt für die Erstattung keine Gebühr berechnen darf.

In systematischer Hinsicht übernimmt Art. 18 DIRL die Regelungen aus der Verbraucherrechterichtlinie: In deren Art. 13 Abs. 1 UAbs. 1 VRRL ist vorgesehen, dass der Unternehmer infolge eines Widerrufs alle Zahlungen unverzüglich und in jedem Fall spätestens binnen 14 Tagen ab Kenntnisnahme von dem Widerruf zurück zu erstatten hat. Nach Art. 13 Abs. 1 UAbs. 2 VRRL hat die Rückzahlung zudem unter Verwendung desselben Zahlungsmittels zu erfolgen, es sei denn, mit dem Verbraucher wurde ausdrücklich etwas anderes vereinbart und für den Verbraucher fallen hierdurch keine Kosten an.

Mit der übereinstimmenden Regelung in Art. 18 DIRL wird sowohl dem Verbraucher als auch dem Unternehmer eine leichtere Rechtsanwendung ermöglicht: Sie brauchen sich nur einzuprägen, dass der Unternehmer sowohl infolge eines Widerrufs nach der Verbraucherrechterichtlinie als auch infolge der Vertragsbeendigung nach der Digitale-Inhalte-Richtlinie zur Rückzahlung innerhalb von 14 Tagen verpflichtet ist.[519] Darüber hinaus gilt in beiden Fällen der Grundsatz, dass die Erstattung unter Verwendung des ursprünglich eingesetzten Zahlungsmittels erfolgen muss.

Neben der erleichterten Rechtsanwendung zielt Art. 18 DIRL darauf ab, dass die Vertragsbeendigung für den Verbraucher mit möglichst wenig Unannehmlichkeiten verbunden sein soll. Es soll verhindert werden, dass der Verbraucher von seinem Recht auf Vertragsbeendigung absieht, weil er sich nicht mit komplizierten Rückabwicklungsmethoden auseinandersetzen oder zusätzliche Kosten vermeiden möchte. Die 14-Tagesfrist soll zudem einen gewissen Druck auf den Unternehmer ausüben, damit dieser dem Verbraucher die Beträge zügig erstattet und die Vertragsbeendigung damit ihren Abschluss findet.[520]

2. Die Preisminderung, Art. 14 Abs. 1, 4 und 5 i.V.m. Art. 18 DIRL

Der Verbraucher kann bei Vorliegen einer Vertragswidrigkeit gem. Art. 14 Abs. 1 DIRL alternativ zu seinem Recht auf Vertragsbeendigung („oder") einen Anspruch auf anteilsmäßige Minderung des Preises geltend machen.

a. Voraussetzungen des Minderungsrechts

Zunächst ist auf die allgemeinen Voraussetzungen des Minderungsrechts einzugehen.

aa. Besonderes Recht zur Minderung nach Art. 14 Abs. 4 DIRL

Voraussetzung für den Anspruch auf Minderung ist zunächst das Bestehen eines besonderen Rechts zur Minderung nach Art. 14 Abs. 4 DIRL. Mithin muss einer der in Art. 14 Abs. 4 lit. a-d DIRL genannten besonderen Fälle vorliegen.[521] Insoweit hat die Nacherfüllung ebenso wie gegenüber der Vertragsbeendigung Vorrang vor dem Recht des Verbrauchers auf Preisminderung.

bb. Minderung ausschließlich bei Zahlung eines Preises

Eine Minderung kommt darüber hinaus nach Art. 14 Abs. 4 DIRL nur in Betracht, wenn die digitalen Inhalte oder Dienstleistungen „gegen Zahlung eines Preises" bereitgestellt wurden. Bestand die Gegenleistung des Verbrauchers hingegen in der Bereitstellung personenbezogener Daten, wäre eine Minderung des

---

519 Staudenmayer, in: NJW 2016, 2719 (2723); ders., in: ZEuP 2016, 801 (819).
520 Vgl. Stiegler/Wawryka, in: BB 2016, 903 (909).
521 Hierzu bereits § 6 B.II.1.a.aa.

Preises nicht praktikabel. Schließlich hat der Verbraucher in diesem Fall gar keinen „Preis“ gezahlt, der gemindert werden könnte. Außerdem kann eine andere Leistung als Geld i.d.R. nicht auf gleiche Weise anteilsmäßig zurückgewährt werden.[522]

cc. Kein Ausschluss bei Geringfügigkeit der Vertragswidrigkeit nach Art. 14 Abs. 6 DIRL

Im Gegensatz zu dem Recht des Verbrauchers auf Vertragsbeendigung setzt das Minderungsrecht nicht voraus, dass die Vertragswidrigkeit gem. Art. 14 Abs. 6 DIRL nicht bloß geringfügiger Natur sein darf. Der Ausschlussgrund bezieht sich ausweislich des eindeutigen Wortlauts in Art. 14 Abs. 6 DIRL nur auf das Vertragsbeendigungsrecht des Verbrauchers. Der Verbraucher kann mithin auch dann einen Anspruch auf anteilmäßige Minderung des Preises geltend machen, wenn die Vertragswidrigkeit geringfügig ist.

Gleiches gilt im Rahmen der Verbrauchsgüterkaufrichtlinie, nach deren Art. 3 Abs. 6 VerbrGKRL (nunmehr Art. 13 Abs. 5 WH-RL) die Geringfügigkeit der Vertragswidrigkeit nur zum Ausschluss des Vertragsbeendigungsrechts führt.

Sinn und Zweck der Minderung verlangen nämlich, dass die Minderung auch bei nur geringfügiger Vertragswidrigkeit möglich sein muss. Die Minderung dient schließlich dazu, durch Kürzung des gezahlten Preises den Minderungswert der Leistung (das Äquivalenzinteresse) auszugleichen.[523] Dies muss auch möglich sein, wenn der Minderungswert nur geringfügig ist. Die Minderung kann in diesem Fall sogar der einzige Behelf für den Verbraucher sein, etwa wenn die Nacherfüllung ausgeschlossen oder erfolglos ist, der Vertrag aber wegen Geringfügigkeit der Vertragswidrigkeit nicht beendet werden kann.[524] Insoweit stimmt die Digitale-Inhalte-Richtlinie mit dem bisher anwendbaren deutschen Recht überein, nach dem gem. § 441 Abs. 1 S. 2 BGB ein Minderungsrecht auch bei Unerheblichkeit der Pflichtverletzung besteht.

Bei Vorliegen der genannten Voraussetzungen führt Art. 14 DIRL dazu, dass im Rahmen von sämtlichen Cloud-Computing-Verträgen der Nutzer nunmehr ein Recht auf Minderung geltend machen kann. Insbesondere besteht nunmehr auch bei Cloud-Computing-Verträgen mit dienstvertraglichen

---

522 KOM(2015) 634 endg. vom 10.12.2015, ErwG 42; Staudenmayer, in: ZEuP 2016, 801 (822).

523 Magnus, in: Grabitz/Hilf, Das Recht der EU, Art. 3 Rn. 68.

524 Magnus, in: Grabitz/Hilf, Das Recht der EU, Art. 3 Rn. 70.

Leistungselementen ein Recht zur Preisminderung, wenn der Anbieter die Dienstleistung nicht ordnungsgemäß erbringt.

b. Bemessung der Minderung, Art. 14 Abs. 5 DIRL

Bei Vorliegen der Voraussetzungen des Minderungsrechts ist der Preis nach Maßgabe des Art. 14 Abs. 5 DIRL zu mindern. Die Minderung bemisst sich gem. Art. 14 Abs. 5 UAbs. 1 DIRL nach dem Verhältnis, in dem der verminderte Wert der bereitgestellten digitalen Inhalte oder Dienstleistungen zu dem Wert steht, den die digitalen Inhalte oder Dienstleistungen im vertragsgemäßen Zustand gehabt hätten. Der Preis ist folglich um den Prozentsatz zu mindern, in dem der Wert der digitalen Inhalte oder Dienstleistungen vermindert ist. Bei nur zeitweiser Bereitstellung der digitalen Inhalte oder Dienstleistungen ist der Preis nach dieser Maßgabe gem. Art. 14 Abs. 5 UAbs. 2 DIRL nur innerhalb des Zeitraums zu mindern, in dem die digitalen Inhalte oder Dienstleistungen nicht in vertragsgemäßem Zustand waren. Zahlt ein Dropbox-Nutzer etwa 9,99 Euro für eine 99,9%ige Verfügbarkeit der Speicherdienste im Monat und sind die Dienste nach sechs Monaten vertragsgemäßer Nutzbarkeit im siebten Monat nur während eines Zeitraums von 99,8% verfügbar, so kann der Nutzer den zu zahlenden Preis im siebten Monat ebenfalls um 0,1% herabsetzen. Er wäre also lediglich zur Zahlung von 9,98 Euro verpflichtet. Mit der Berechnungsmethode in Art. 14 Abs. 5 DIRL knüpft der europäische Gesetzgeber an die in Art. 50 UN-Kaufrecht und in Art. 120 Abs. 1 S. 2 GEK-E vorgesehenen Berechnungsmethoden an.

Nach Art. 120 Abs. 2 GEK-E sollte der Nutzer, der bereits einen höheren Betrag als den geminderten Preis gezahlt hat, darüber hinaus die Differenz vom Anbieter zurückverlangen können. Art. 14 Abs. 4 und 5 DIRL sehen für diesen Fall keine explizite Regelung vor. Wohl aber trifft Art. 18 Abs. 1 DIRL eine Regelung dazu, in welchem Zeitraum und auf welche Art und Weise eine Erstattung folgen muss, die der Unternehmer dem Verbraucher gem. Art. 14 Abs. 4 und 5 DIRL schuldet. Art. 18 Abs. 1 DIRL setzt folglich voraus, dass der Verbraucher im Rahmen seines Minderungsrechts auch die Erstattung eines zu viel gezahlten Betrags verlangen kann. Schließlich soll die Minderung den Minderwert ausgleichen, den der Verbraucher durch die Vertragswidrigkeit erfahren hat. Dies kann nicht davon abhängig gemacht werden, ob der Verbraucher den Preis bereits gezahlt hat oder diesen noch zu zahlen hat.

c. *Art und Weise der Ausübung des Minderungsrechts und der Erstattung gezahlter Beträge, Art. 18 DIRL*

Art. 18 DIRL regelt nicht nur die Fristen und Zahlungsmittel für die Erstattung infolge einer Vertragsbeendigung, sondern auch für den Fall, dass der Unternehmer aufgrund einer Preisminderung gem. Art. 14 Abs. 4 und 5 DIRL zur Erstattung verpflichtet ist. Insoweit kann auf die obigen Ausführungen zur Vertragsbeendigung verwiesen werden.[525]

Die Frage, auf welche Art und Weise der Verbraucher sein Recht zur Minderung auszuüben hat, beantwortet die Digitale-Inhalte-Richtlinie hingegen nicht ausdrücklich. Art. 15 DIRL bezieht sich nur auf die Ausübung des Rechts auf Beendigung des Vertrags. Vor diesem Hintergrund ist davon auszugehen, dass es den Mitgliedstaaten überlassen sein soll, die Anforderungen an die Ausübung des Minderungsrechts festzulegen.

III. Rechtspolitische Würdigung

Der folgende Abschnitt widmet sich der Frage, ob die Regelungen in der Digitale-Inhalte-Richtlinie zu der Vertragsbeendigung und der Preisminderung infolge Vertragswidrigkeit aus rechtspolitischer Sicht zu begrüßen sind.

1. *Angemessener Interessenausgleich*

Im Folgenden sind die einzelnen Vorschriften der Digitale-Inhalte-Richtlinie zu der Preisminderung und der Vertragsbeendigung darauf zu untersuchen, ob sie die Interessen von Verbrauchern und Unternehmern angemessen berücksichtigen.[526]

a. *Ausschluss des Vertragsbeendigungsrechts bei Geringfügigkeit der Vertragswidrigkeit, Art. 14 Abs. 6 DIRL*

Zunächst ist zu erörtern, ob mit dem Ausschluss des Vertragsbeendigungsrechts im Fall einer geringfügigen Vertragswidrigkeit nach Art. 14 Abs. 6 S. 1 DIRL ein angemessener Interessenausgleich erreicht werden kann.

---

525 Hierzu § 6 B.II.1.e.

526 Im Hinblick auf die Subsidiarität der Vertragsbeendigung und Minderung kann auf die rechtspolitischen Ausführungen zum Vorrang der Nacherfüllung unter § 6 A.III.1.b. verwiesen werden.

aa. Interesse des Verbrauchers an Vertragsbeendigung bei geringfügiger Vertragswidrigkeit

Der Verbraucher hat zwar ein Interesse daran, den Vertrag auch bei einer geringfügigen Vertragswidrigkeit beenden zu können. Zu begrüßen ist, dass sich der europäische Gesetzgeber jedenfalls von der durch die Kommission vorgeschlagenen Fassung des Art. 14 Abs. 6 DIRL abgewendet hat, wonach der Verbraucher den Vertrag nur hätte beenden können, wenn die Vertragsverletzung „wesentlich" ist.[527] Selbst wenn den Anbieter hierfür die Beweislast getroffen hätte, wäre das Wesentlichkeitserfordernis im Rahmen von Verbraucherverträgen eine unsachgemäß hohe Hürde für die Ausübung des Vertragsbeendigungsrechts gewesen.[528] Da das Vertragsbeendigungsrecht nach Art. 14 Abs. 6 DIRL nunmehr nur dann ausgeschlossen sein soll, wenn dem Verbraucher ein Festhalten an dem Vertrag in jedem Fall zumutbar ist, wird hiermit dem Verbraucherschutz ausreichend Rechnung getragen. Darüber hinaus bewirkt die Beweislastumkehr zulasten des Unternehmers nach Art. 14 Abs. 6 S. 2 DIRL, dass der Verbraucher nicht einmal darlegen und im Streitfall beweisen muss, dass und warum er durch die Vertragswidrigkeit in der Nutzbarkeit der digitalen Inhalte oder Dienstleistungen beeinträchtigt ist. Insoweit kommt dem Interesse des Verbrauchers, auch bei einer geringfügigen Vertragswidrigkeit den Vertrag beenden zu können, kein übermäßiges Gewicht zu.

bb. Interesse des Unternehmers an Ausschluss bei geringfügiger Vertragswidrigkeit

Für den Unternehmer begründet Art. 14 Abs. 6 DIRL hingegen den Vorteil, dass der Unternehmer von der Beseitigung einer geringfügigen Vertragswidrigkeit aus wirtschaftlichen Gründen absehen kann, ohne die Beendigung des Vertrags befürchten zu müssen. Könnte der Verbraucher nämlich auch bei einer geringfügigen Vertragswidrigkeit den Vertrag beenden, müsste der Unternehmer – um einer Vertragsbeendigung vorzubeugen – den vertragsgemäßen Zustand herstellen. Der Unternehmer müsste also ggf. kostspielige Nacherfüllungsmaßnahmen durchführen, um Mängel zu beseitigen, die den Verbraucher kaum bei der Nutzung der digitalen Inhalte oder Dienstleistungen beeinträchtigen. Art. 14 Abs. 6 DIRL ermöglicht es dem Unternehmer hingegen, die Nacherfüllung nicht durchzuführen und den Verbraucher stattdessen auf sein

527 Art. 12 Abs 5. DIRL in der Fassung des Kommissionsvorschlags, KOM(2015) 634 endg. vom 10.12.2015.

528 Wendland, in: EuZW 2016, 126 (128f.).

Minderungsrecht zu verweisen. Der Unternehmer kann sich also bewusst dazu entscheiden, von einer Nacherfüllung abzusehen und stattdessen eine geringfügige Minderung des Preises durch den Verbraucher hinzunehmen. Das ist für den Unternehmer jedenfalls immer dann sinnvoll, wenn die Nacherfüllung mit höheren Kosten verbunden wäre als der Betrag, den er sich im Fall einer Minderung vom Preis abziehen lassen müsste. Art. 14 Abs. 6 S. 1 DIRL entspricht daher dem ökonomischen Interesse des Unternehmers, flexibel auf eine Vertragswidrigkeit reagieren zu können. Da der Verbraucher durch die Regelung in Art. 14 Abs. 6 DIRL nicht in beachtlichem Maße beeinträchtigt wird, überwiegt das Interesse des Unternehmers an dem Ausschluss des Vertragsbeendigungsrechts bei Bestehen einer bloß geringfügigen Vertragswidrigkeit.

b. Pflichten des Unternehmers im Beendigungsfall, Art. 16 DIRL

Einer rechtspolitischen Bewertung bedürfen auch die in Art. 16 DIRL aufgestellten Pflichten des Unternehmers im Fall der Vertragsbeendigung.

aa. Verweis auf die Datenschutzgrundverordnung bei personenbezogenen Daten, Art. 16 Abs. 2 DIRL

Zunächst ist zu untersuchen, ob mit dem Verweis auf die Datenschutzgrundverordnung in Art. 16 Abs. 2 DIRL ein angemessener Interessenausgleich erreicht werden kann. Der Unternehmer hat naturgemäß ein Interesse daran, die personenbezogenen Daten des Verbrauchers auch nach der Vertragsbeendigung weiterhin nutzen zu können. Dem steht aber das Interesse des Verbrauchers an einem adäquaten Datenschutz entgegen. Zweifelhaft ist vor diesem Hintergrund, ob mit dem einfachen Verweis auf die Datenschutzgrundverordnung in Art. 16 Abs. 2 DIRL dem Verbraucher die Ausübung seiner Rechte aus der Datenschutzgrundverordnung unangemessen erschwert wird.

(1) Ausdrückliche Anordnung des Widerrufs der datenschutzrechtlichen Einwilligung erforderlich?

In Art. 16 Abs. 2 DIRL wird nicht ausdrücklich angeordnet, dass die Erklärung zur Vertragsbeendigung zugleich auch als Widerruf der datenschutzrechtlichen Einwilligung anzusehen ist. Unter Berücksichtigung des Schutzes der Privatsphäre hat der Verbraucher i.d.R. ein bedeutendes Interesse daran, dass der Unternehmer personenbezogene Daten des Verbrauchers nach der Vertragsbeendigung löscht. Schließlich möchte ein Verbraucher ggf. nach Beendigung des Vertrags etwa keine Emails des Anbieters mehr empfangen und keine Werbeprospekte an seine Adresse zugeschickt bekommen. Dies wäre aber weiterhin möglich, wenn der Unternehmer die personenbezogenen Daten des Verbrauchers nicht löschen müsste.

Voraussetzung des Löschungsanspruchs ist nach Art. 17 Abs. 1 lit. b DSGVO aber, dass der Verbraucher die Einwilligung in die Verarbeitung seiner Daten nach Art. 7 Abs. 3 DSGVO widerruft. Denkbar wäre daher, dass ein angemessener Verbraucherschutz es erforderlich gemacht hätte, in Art. 16 Abs. 2 DIRL explizit anzuordnen, dass die Beendigungserklärung zugleich als Widerruf der Einwilligung in die Verarbeitung der personenbezogenen Daten zu verstehen ist. Eine derartige ausdrückliche Regelung in Art. 16 Abs. 2 DIRL scheint indes vor dem Hintergrund nicht notwendig, dass in der Beendigungserklärung zugleich ein konkludenter Widerruf der datenschutzrechtlichen Einwilligung gesehen werden kann. Sofern ein Widerruf der Einwilligung regelmäßig bei Erklärung der Vertragsbeendigung angenommen wird, trägt dies dem Interesse des Verbrauchers an der Löschung seiner Daten ausreichend Rechnung. Eine ausdrückliche Regelung ist jedenfalls nicht zwingend, um die Interessen des Verbrauchers angemessen berücksichtigen zu können.

(2) Ausdrückliche Anordnung des Löschungsverlangens i.S.v. Art. 17 Abs. 1 DSGVO erforderlich?

Des Weiteren ist zu erwägen, ob ein angemessener Verbraucherschutz eine explizite Regelung in Art. 16 Abs. 2 DIRL erfordert hätte, wonach in der Beendigungserklärung zugleich ein Löschungsverlangen in Bezug auf die personenbezogenen Daten i.S.v. Art. 17 Abs. 1 DSGVO zu sehen ist. Voraussetzung des Löschungsanspruchs ist schließlich gem. Art. 17 Abs. 1 DSGVO, dass der Betroffene die Löschung seiner Daten „verlangt". Ein derartiges Löschungsverlangen kann indes aber ebenfalls konkludent in der Beendigungserklärung gesehen werden.[529] Nur so kann zugunsten des Verbrauchers verhindert werden, dass der Verbraucher nicht zwei Erklärungen – eine gerichtet auf die Vertragsbeendigung und eine weitere gerichtet auf die Löschung seiner personenbezogenen Daten nach Art. 17 Abs. 1 DSGVO – abgeben muss. Ein derartiges Erfordernis würde vielmehr eine erhebliche Unannehmlichkeit für den Verbraucher i.S.v. Art. 14 Abs. 3 DIRL darstellen. Mithin führt auch der einfache Verweis auf die Datenschutzgrundverordnung in Art. 16 Abs. 2 DIRL zu einem angemessenen Interessenausgleich.

529 A.A. von Westphalen/Wendehorst, in: BB 2016, 2179 (2186).

bb. Pflicht des Unternehmers zur Unterlassung der Verwendung nicht personenbezogener Inhalte, Art. 16 Abs. 3 DIRL

Des Weiteren bedarf es einer Bewertung, ob mit der Verpflichtung des Unternehmers zur Unterlassung der Verwendung nicht personenbezogener Daten in Art. 16 Abs. 3 DIRL ein angemessener Interessenausgleich erreicht werden kann.

(1) Wertersatzpflicht zum Schutz des Verbrauchers?

Art. 16 Abs. 3 DIRL wird insoweit den Interessen des Verbrauchers gerecht, als diesem grds. weder mit einer Löschung noch einer Rückgewähr der Daten durch den Unternehmer geholfen wäre. Im Regelfall hat die Kommerzialisierung der nicht personenbezogenen Daten nämlich zum Zeitpunkt der Vertragsbeendigung bereits durch Verarbeitung, Auswertung oder Weitergabe stattgefunden.[530] So kann der Unternehmer etwa bereits anonymisierte Daten, die einen Rückschluss auf das Klickverhalten des (anonymen) Nutzers geben, ausgewertet und zur Optimierung seiner Webseite verwendet haben. Da dem Unternehmer dieser Vorteil nicht mehr entzogen werden kann, wäre eine grundsätzliche Verpflichtung zur (Rück-)Bereitstellung nicht personenbezogener Daten in Art. 16 Abs. 3 DIRL nicht sinnvoll. Da der Verbraucher aber gegenüber dem Unternehmer dadurch schlechter gestellt ist, dass dem Unternehmer die Vorteile der Kommerzialisierung nicht mehr entzogen werden können, stellt sich die Frage, ob mit der einfachen Pflicht zur Unterlassung der Verwendung in Art. 16 Abs. 3 DIRL den Interessen des Verbrauchers ausreichend Rechnung getragen wird. Dies könnte verneint und stattdessen gefordert werden, dass ein angemessener Ausgleich der Parteiinteressen nur durch einen Wertersatzanspruch des Verbrauchers gegen den Unternehmer erreicht werden könnte.[531]

An dieser Lösung ist aber nicht nur problematisch, dass der tatsächliche Wert nicht personenbezogener Daten nur schwierig ermittelt werden kann.[532] Darüber hinaus würde der Verbraucher ggf. sogar durch einen Wertersatzanspruch unangemessen bevorteilt. Die Rückabwicklung des Vertrags soll nämlich lediglich dazu führen, dass beide Seiten die Vorteile des Leistungsaustauschs wieder abgeben müssen und ihre eigene Leistung „zurückbekommen“. Dieses Ergebnis wird aber bereits dadurch erreicht, dass der Unternehmer die nicht personenbezogenen Daten einerseits und der Verbraucher die digitalen Inhalte oder Dienstleistungen andererseits nicht mehr weiter nutzen darf. Zwar können dem

---

530 Czajkowski/Müller-ter Jung, in: CR 2018, 157 (163); Staudenmayer, in: NJW 2016, 2719 (2724).

531 Czajkowski/Müller-ter Jung, in: CR 2018, 157 (163).

532 Czajkowski/Müller-ter Jung, in: CR 2018, 157 (163).

Unternehmer die Vorteile nicht mehr entzogen werden, die ihm durch die bereits erfolgte Kommerzialisierung erwachsen sind. Allerdings können dem Verbraucher gleichermaßen die Vorteile nicht mehr entzogen werden, die ihm durch die Nutzung der digitalen Inhalte oder Dienstleistungen in der Vergangenheit entstanden sind. Es bedarf daher keines Wertersatzanspruchs des Verbrauchers. Vielmehr kann mit der Verpflichtung zur Nutzungsunterlassung grds. ein angemessener Interessenausgleich geschaffen werden.

(2) Verhinderung der weiteren Nutzung durch Dritte zum Schutz des Verbrauchers?

Einem angemessenen Interessenausgleich könnte zwar entgegenstehen, dass Art. 16 Abs. 3 DIRL keine Verpflichtung des Unternehmers enthält, Dritte an der Nutzung der Daten des Verbrauchers zu hindern, die er dem Dritten vor Vertragsbeendigung zur Verfügung gestellt hat. Insoweit könnte der Standpunkt vertreten werden, es sei zu befürchten, dass Anbieter Tochterunternehmen gründen, denen sie die Daten des Verbrauchers verkaufen, damit die Daten auch nach Vertragsbeendigung zu Unternehmenszwecken eingesetzt werden können.[533] Insbesondere findet die Regelung in Art. 17 Abs. 2 DSGVO keine Anwendung, wonach der Verarbeiter der Daten angemessene Maßnahmen treffen muss, um Dritte darüber zu informieren, dass die betroffene Person die Löschung aller Links zu den Daten, Kopien oder Replikationen verlangt hat. Die Datenschutzgrundverordnung bezieht sich nämlich nur auf personenbezogene Daten.

Eine entsprechende Regelung wäre für nicht personenbezogene Inhalte dennoch nicht zwingend erforderlich, um dem Interesse des Verbrauchers am Schutz seiner Daten angemessen zu begegnen. Der Umstand, dass Unternehmer Dritte an der Nutzung nicht hindern müssen, wiegt vor dem Hintergrund nicht schwer, dass es sich allein um nicht personenbezogene Daten handelt, die keinen Rückschluss auf die Person des Verbrauchers geben. Gewichtige Interessen des Verbrauchers an der Unterlassung der Nutzung nicht personenbezogener, die nicht bereits durch die Schutzrechte des Verbrauchers abgedeckt werden, sind nicht ersichtlich. Insoweit führt Art. 16 Abs. 3 DIRL zu einem angemessenen Interessenausgleich.

---

533 Vgl. Koch, Rechtsbehelfe des Verbrauchers bei Verträgen über digitale Inhalte, in: Wendehorst/Zöchling-Jud, Ein neues Vertragsrecht für den digitalen Binnenmarkt?, S. 143.

cc. Pflicht zur (Rück-)Bereitstellung nicht personenbezogener Inhalte, Art. 16 Abs. 4 DIRL

Ein angemessener Interessenausgleich wird auch durch die Verpflichtung des Unternehmers in Art. 16 Abs. 4 DIRL erreicht, wonach dieser im Einzelfall zur (Rück-)Bereitstellung nicht personenbezogener Daten verpflichtet sein kann. Hierdurch wird dem Interesse des Verbrauchers Rechnung getragen, im Einzelfall doch seine nicht personenbezogenen Daten zurückfordern zu können, wenn diese gemeinsam mit anderen Verbrauchern erzeugt wurden. Auf diese Weise kann der Verbraucher selbst entscheiden, ob und wann er ein Interesse daran hat, die (bspw. beim Online-Spielen) gemeinsam mit anderen erzeugten Daten zurückzuerlangen.

Positiv zu bewerten ist darüber hinaus aus Sicht des Verbrauchers, dass der Unternehmer die Daten in einem allgemein gebräuchlichen und maschinenlesbaren Format bereitstellen muss. Hiermit wird sog. Lock-in-Effekten vorgebeugt, bei denen dem Nutzer der spätere Wechsel zu einem anderen Dienst technisch oder auf andere Weise erschwert wird, indem der Anbieter dem Nutzer die Daten in einem nicht zugänglichen Format bereitstellt, um diesen an dem ursprünglichen Vertrag festzuhalten.[534]

Gleichzeitig wird der Unternehmer vor überzogenen Forderungen zur (Rück-)Bereitstellung durch den Verbraucher geschützt: Der Verbraucher kann dies schließlich nicht in den in Art. 16 Abs 3 lit. a-c DIRL genannten Fällen fordern, in denen die Daten für den Verbraucher entweder keine nennenswerte Bedeutung haben oder in denen das Interesse des Unternehmers an einer weiteren Nutzung überwiegt. Art. 16 Abs. 4 i.V.m. Abs. 3 DIRL berücksichtigt insoweit die Interessen beider Vertragsparteien.

c. Pflichten des Verbrauchers im Beendigungsfall, Art. 17 Abs. 1 und 2 DIRL

Im Rahmen der rechtspolitischen Bewertung bedarf es des Weiteren einer Untersuchung, ob mit der Anordnung in Art. 17 Abs. 1 DIRL, wonach der Verbraucher die digitalen Inhalte oder Dienstleistungen nicht mehr nutzen darf und allenfalls einen körperlichen Datenträger nach Art. 17 Abs. 2 DIRL zurückgeben muss, ein angemessener Interessenausgleich erreicht werden kann.

Es entspricht grds. dem Interesse der Parteien, dass der Verbraucher die bereitgestellten digitalen Inhalte oder Dienstleistungen nicht zurückgeben muss, sondern lediglich ihre Nutzung unterlassen muss. Der Unternehmer hat

---

534 Metzger, in: AcP 216 (2016), 817 (828); zu Lock-in-Effekten ausführlich Hoofnagle/Whittington, in: UCLA L.Rev. 2014, 606 (612ff.).

schließlich im Regelfall kein Interesse an der Rückgewähr, weil ihm noch eine eigene Kopie der digitalen Inhalte zusteht. Von Bedeutung ist für den Unternehmer daher lediglich, dass dem Verbraucher die weitere Nutzung der digitalen Inhalte oder Dienstleistungen nicht mehr möglich ist.[535]

Der Unternehmer könnte aber ein beachtenswertes Interesse daran haben, dass der Verbraucher, der die digitalen Inhalte oder Dienstleistungen grds. nicht zurückgeben muss, als Ausgleich für das Behaltendürfen der digitalen Inhalte oder Dienstleistungen Wertersatz zahlen muss. Schließlich kann der Unternehmer nicht kontrollieren, ob der Verbraucher die Daten vollständig gelöscht oder unbrauchbar gemacht hat.[536] Der Verbraucher kann die digitalen Inhalte theoretisch kopieren und auch nach etwaiger Rückgewähr eines Datenträgers weiterhin benutzen.[537]

Die Rückabwicklung eines Vertrags soll allerdings lediglich dazu führen, dass den Parteien der Vorteil der erlangten Gegenleistung wieder entzogen wird, nicht aber, dass eine Partei durch die Vertragsbeendigung etwaige Vorteile erlangt.[538] Würde der Verbraucher aber pauschal zum Wertersatz verpflichtet, würde dies in vielen Fällen zu einer ungerechtfertigten Besserstellung des Unternehmers führen. In aller Regel kann der Unternehmer nämlich eine weitere Nutzung der digitalen Inhalte oder Dienstleistungen bereits nach Art. 16 Abs. 5 DIRL durch DRM-Maßnahmen unterbinden, etwa indem er das Zugangskonto des Nutzers sperrt. Auch wenn der Unternehmer im Einzelfall keine DRM-Maßnahme anwenden kann, ist ihm das Risiko zuzumuten, darauf zu vertrauen, dass der Verbraucher seiner Pflicht zur Nutzungsunterlassung nachkommt. Schließlich würde eine pauschale Wertersatzpflicht des Verbrauchers dazu führen, dass auch der pflichtbewusste Verbraucher, der die digitalen Inhalte oder Dienstleistungen nicht mehr nutzt, „bestraft" würde. Insoweit ist eine Wertersatzpflicht des Verbrauchers abzulehnen. Die Regelungen des Art. 17 Abs. 1 und 2 DIRL entsprechen vielmehr den Interessen von Verbraucher und Unternehmer.

---

535 Schmidt-Kessel et al., in: GPR 2011, 7 (9 u. 12).

536 Lomfeld, in: ZRP 2016, 174 (175); vgl. Peintinger, in: MMR 2016, 3.

537 Lomfeld, in: ZRP 2016, 174 (175).

538 Vgl. Maitz-Straßnig, Die Richtlinienvorschläge aus der Sicht der Wirtschaft, in: Wendehorst/Zöchling-Jud, Ein neues Vertragsrecht für den digitalen Binnenmarkt?, S. 194.

d. Keine Pflicht des Verbrauchers zum Nutzungsersatz, Art. 17 Abs. 3 DIRL

Zu erwägen ist ferner, ob mit der Befreiung des Verbrauchers von einer Nutzungsersatzpflicht in Art. 17 Abs. 3 DIRL ein angemessener Interessenausgleich erreicht werden kann. Fragwürdig ist dies vor dem Hintergrund, dass ein Interesse des Unternehmers an einem Nutzungsersatzanspruch in den Fällen bestehen kann, in denen der Verbraucher trotz der Vertragswidrigkeit einen gewissen Nutzen aus den digitalen Inhalten oder Dienstleistungen zieht. So kann der Nutzer eines vertragswidrigen Office-365-Home-Programms auch dann, wenn das Word-Programm vermehrt abstürzt, in den jeweils stabilen Phasen Dokumente dennoch bearbeiten und abspeichern. In derart gelagerten Fällen stellt sich die Frage, ob das Interesse des Unternehmers nicht verlangt, dass der Verbraucher einen um den Wert der Vertragswidrigkeit geminderten Betrag für die Nutzung der digitalen Inhalte oder Dienstleistungen zahlen sollte bis der Vertrag beendet wird.[539] Denkbar wäre insoweit, dass der Verbraucher in den (unverdienten) Genuss kommt, die digitalen Inhalte oder Dienstleistungen bis zur Rückabwicklung unentgeltlich nutzen zu können.[540]

Zu erörtern ist insoweit, ob dem nicht zwingend Verbraucherschutzgründe entgegenstehen. Dagegen spricht zunächst, dass es den Mitgliedstaaten laut ErwG 15 S. 1 VerbrGKRL im Rahmen der Verbrauchsgüterkaufrichtlinie freistehen sollte, im Fall der Vertragsbeendigung eine Pflicht des Verbrauchers zum Nutzungsersatz vorzusehen. Der europäische Gesetzgeber sah hierin also keine schwerwiegende Beeinträchtigung der mit der Verbrauchsgüterkaufrichtlinie bezweckten Erhöhung des Verbraucherschutzniveaus. Allerdings hat der EuGH im Rahmen seines Quelle-Urteils zu Art. 3 VerbrGKRL klargestellt, dass eine Nutzungsersatzpflicht den Käufer daran hindern könnte, die Herstellung des vertragsgemäßen Zustands zu fordern und für ihn zudem eine erhebliche Unannehmlichkeit begründen könnte.[541] Insoweit ist schon aus Gründen der Rechtsgleichheit geboten, dass dies auch für digitale Inhalte und Dienstleistungen gelten muss. Schließlich dient Art. 17 Abs. 3 DIRL auch dem Zweck, den Verbraucher vor finanziellen Belastungen zu schützen, die ihn davon abhalten könnten, seine vertraglichen Abhilferechte geltend zu machen.

---

539 Vgl. Faust, DJT-Gutachten, S. 32.
540 Faust, DJT-Gutachten, S. 32.
541 Hierzu bereits § 6 B.II.1.d.cc.

e. *Fristen und Zahlungsmittel für die Erstattung durch den Unternehmer, Art. 18 DIRL*

Zuletzt bedarf es im Rahmen der rechtspolitischen Bewertung einer Untersuchung darüber, ob mit der Regelung über Fristen und Zahlungsmittel für die Erstattung durch den Unternehmer in Art. 18 DIRL ein angemessener Interessenausgleich erreicht wird.

Positiv ist hierbei die 14-tägige Erstattungsfrist im Hinblick auf die Interessen beider Parteien zu bewerten. Die Frist ermöglicht aufgrund der übereinstimmenden Regelung in Art. 13 Abs. 1 VRRL nämlich beiden Parteien eine leichtere Rechtsanwendung: Verbraucher und Unternehmer können davon ausgehen, dass der Unternehmer sowohl infolge der Ausübung des Widerrufsrechts als auch infolge der Vertragsbeendigung aufgrund eines Mangels zur Rückzahlung innerhalb von 14 Tagen verpflichtet ist.[542] Mithin müssen sie sich nur eine Frist einprägen.

Darüber hinaus ist auch die Fristlänge von 14 Tagen angemessen: Wenn nämlich schon dieselbe Frist für den Widerruf des Vertrags gilt, der ohne Angabe von Gründen ausgeübt werden kann, so muss dies erst recht gelten, wenn dem Unternehmer, der nicht ordnungsgemäß bereitgestellt hat, eine Pflichtverletzung vorgeworfen werden kann.[543]

Schließlich ist die Pflicht des Unternehmers zur Verwendung der vom Verbraucher eingesetzten Zahlungsmittel sowie zur unentgeltlichen Erstattung der gezahlten Beträge interessengerecht: Hierdurch wird auf der einen Seite der Verbraucher vor Problemen bei der Vertragsabwicklung geschützt. Auf der anderen Seite wird der Unternehmer nicht übermäßig belastet, da er bei Vertragsschluss Einfluss auf das vom Verbraucher zu verwendende Zahlungsmittel nehmen kann, das er im Fall einer Vertragsbeendigung selbst verwenden muss. Vor diesem Hintergrund wird mit der Regelung in Art. 18 DIRL ein angemessener Interessenausgleich begründet.

2. *Förderung des digitalen europäischen Binnenmarkts*

Die Regelungen zur Vertragsbeendigung und Preisminderung sind neben der angemessenen Berücksichtigung beider Parteiinteressen zudem danach rechtspolitisch zu bewerten, ob hiermit eine Förderung des digitalen europäischen Binnenmarkts erreicht werden kann.

---

542 Staudenmayer, in: NJW 2016, 2719 (2723); ders., in: ZEuP 2016, 801 (819).

543 Staudenmayer, in: NJW 2016, 2719 (2723); ders., in: ZEuP 2016, 801 (819).

Positiv ist insoweit zunächst zu bemerken, dass die allgemeinen Voraussetzungen des Vertragsbeendigungs- und Minderungsrechts nach der Digitale-Inhalte-Richtlinie weitgehend mit den Regelungen für körperliche Waren nach der Warenhandelrichtlinie übereinstimmen. So muss etwa auch im Warenkauf ein besonderer Fall nach Art. 13 Abs. 4 WH-RL vorliegen, der den Verbraucher zur Minderung oder Vertragsbeendigung berechtigt. Darüber hinaus scheidet auch im Warenkauf eine Vertragsbeendigung gem. Art. 13 Abs. 5 WH-RL bei Geringfügigkeit der Vertragswidrigkeit aus und der Minderungsbetrag ist auf gleiche Weise gem. Art. 15 WH-RL zu bemessen wie nach Art. 14 Abs. 5 DIRL. Durch diese weitgehend identische Behandlung von digitalen und analogen Vertragsgütern kann das Vertrauen der Parteien in die Einheitlichkeit der europäischen Rechtsordnung gefördert werden. Hierdurch kann es zu einer vermehrten Teilnahme am digitalen europäischen Binnenmarkt kommen.

Des Weiteren kann der Verweis auf die Datenschutzgrundverordnung in Art. 16 Abs. 2 DIRL zur Förderung des digitalen europäischen Binnenmarkts beitragen. Die Vorschriften der Datenschutzgrundverordnung gelten hierdurch schließlich auch für Verträge über die Bereitstellung digitaler Inhalte oder Dienstleistungen, wenn personenbezogene Daten des Verbrauchers gesammelt werden. Auf diese Weise kann das Vertrauen in die Einheitlichkeit der europäischen Rechtsordnung und die Rechtssicherheit für beide Parteien gestärkt werden. Die Parteien müssen sich insbesondere nicht mit neuen Vorschriften zu personenbezogenen Daten auseinandersetzen und deren Verhältnis zur Datenschutzgrundverordnung herausarbeiten. Dies kann zu einer gesteigerten Teilnahme am digitalen europäischen Binnenmarkt für digitale Inhalte und Dienstleistungen führen.

Darüber hinaus ist die Art und Weise, in der die Erstattung der gezahlten Beträge gem. Art. 18 DIRL zu erfolgen hat, zu begrüßen: Art. 18 DIRL stimmt nämlich weitgehend mit der entsprechenden Regelung in Art. 13 Abs. 1 VRRL überein. Hierdurch wird ebenfalls Rechtseinheit und damit auch Rechtssicherheit für die Parteien geschaffen. Insbesondere könnten sich die Parteien auf eine Frist von 14 Tagen einstellen, innerhalb der die gezahlten Beträge vom Unternehmer spätestens ersetzt werden müssen. Hierdurch können vor allem Verbraucher zur Teilnahme am Binnenmarkt ermutigt werden.

Im Ergebnis kann eine Förderung des digitalen europäischen Binnenmarkts mit den Regelungen zur Vertragsbeendigung und zur Preisminderung nach der Digitale-Inhalte-Richtlinie erreicht werden. Sie sind daher aus rechtspolitischer Sicht weitgehend zu begrüßen.

C. Der Schadensersatz

Dem Nutzer von Cloud-Diensten können aufgrund eines Mangels an den bereitgestellten Cloud-Diensten Schäden entstehen, die der Nutzer ersetzt verlangen möchte. Vor diesem Hintergrund ist zu untersuchen, welche Schadensersatzansprüche dem Nutzer nach bisheriger deutscher Gesetzeslage zustehen (hierzu **I.**). Darüber hinaus ist zu erörtern, ob und inwieweit die Digitale-Inhalte-Richtlinie eine Regelung zum Schadensersatzrecht in Bezug auf Verträge über die Bereitstellung digitaler Inhalte oder Dienstleistungen trifft (hierzu **II.**). In diesem Zusammenhang folgt eine rechtspolitische Untersuchung dazu, ob mit dem Regelungsansatz in der Digitale-Inhalte-Richtlinie die mit der Richtlinie verfolgten Ziele erreicht werden können (hierzu **III.**). Zuletzt soll analysiert werden, wie das Schadensersatzrecht des Nutzers digitaler Inhalte oder Dienstleistungen im deutschen Recht unter Berücksichtigung der Digitale-Inhalte-Richtlinie geregelt werden könnte (hierzu **IV.**).

I. Schadensersatzansprüche des Nutzers nach bisheriger deutscher Gesetzeslage

Im deutschen Recht finden sich sowohl im Allgemeinen als auch im Besonderen Teil des Schuldrechts Schadensersatzregelungen. Welche Regelungen bei Mangelhaftigkeit bereitgestellter Cloud-Dienste anwendbar sind, hängt wiederum von der Vertragsart des konkret vorliegenden Cloud-Computing-Vertrags ab. In den Vorschriften zu einigen Vertragsarten des BGB sind spezielle Schadensersatzansprüche vorgesehen, andere enthalten gar keine entsprechenden Regelungen und in wiederum anderen wird auf die Vorschriften des Allgemeinen Schuldrechts verwiesen.

1. Schadensersatzansprüche bei Cloud-Computing-Verträgen mit kaufvertraglichen Leistungselementen

Liegt ein Cloud-Computing-Vertrag mit kaufvertraglichen Leistungselementen vor, kann der Nutzer bei Mangelhaftigkeit der Leistung je nach der konkreten Fallgestaltung Interesse an einem Schadensersatz statt der Leistung oder einem Schadensersatz neben der Leistung haben. Im Unterschied zum Schadensersatz neben der Leistung tritt bei dem Schadensersatz statt der Leistung der Schadensersatz an die Stelle der geschuldeten Leistung.[544] Der Schadensersatz wird also nicht zusätzlich zur Leistung, sondern an ihrer Stelle geltend gemacht. Bei der Abgrenzung ist maßgeblich, ob der Schaden durch eine hypothetische

544 Stadler in: Jauernig, BGB, § 281 Rn. 16; Westermann, in: MüKo, BGB, Bd. 4, § 437 Rn. 33.

Nacherfüllung der geschuldeten Leistung noch beseitigt werden könnte.[545] Würde der Schaden durch eine hypothetische Nacherfüllung entfallen, so kann der Nutzer gem. § 437 Nr. 3 BGB nach den §§ 440, 280, 281, 283 und § 311a BGB Schadensersatz statt der Leistung oder nach § 284 BGB Ersatz der vergeblichen Aufwendungen verlangen (hierzu **a.** bis **c.**). Bei den Schadensersatzansprüchen ist insbesondere danach zu differenzieren, ob dem Anbieter die Nacherfüllung möglich oder unmöglich i.S.v. § 275 BGB ist. Ist die Nacherfüllung noch möglich, kann der Nutzer Schadensersatz nach §§ 437 Nr. 3, 280 Abs. 1 und 3 BGB i.V.m. § 281 BGB verlangen. War die Leistung hingegen bereits bei Vertragsschluss unmöglich oder ist sie nach Vertragsschluss unmöglich geworden, kann der Nutzer unter den Voraussetzungen der § 437 Nr. 3 i.V.m. § 311a Abs. 2 BGB oder der § 437 Nr. 3 i.V.m. §§ 280 Abs. 1 und 3, 283 BGB Schadensersatz geltend machen. Anstelle dieser Schadensersatzansprüche kann der Nutzer Ersatz der Aufwendungen gem. § 284 BGB verlangen, die er im Vertrauen auf den Erhalt der Leistung gemacht hat und billigerweise machen durfte. Würde der Schaden hingegen nicht durch eine hypothetische Nacherfüllung entfallen, so handelt es sich um einen nach §§ 437 Nr. 3, 280 Abs. 1 BGB neben der Leistung zu ersetzenden Schaden. Hierunter fallen insbesondere mangelbedingte Folgeschäden, die am Vermögen des Gläubigers oder an seinen anderen Rechtsgütern eintreten (hierzu **d.**). Zuletzt kann sich die Frage nach dem Ersatz von Schäden stellen, die im Rahmen eines vorvertraglichen Schuldverhältnisses entstehen (hierzu **e.**).

a. Anspruch aus §§ 437 Nr. 3, 280 Abs. 1 und 3 i.V.m. § 281 BGB als Schadensersatz statt der Leistung

Ein Schadensersatzanspruch statt der Leistung aus §§ 437 Nr. 3, 280 Abs. 1 und 3 i.V.m. § 281 BGB kommt in Betracht, wenn der Anbieter die geschuldete Leistung nicht ordnungsgemäß erbracht hat, die Nacherfüllung aber nicht unmöglich i.S.v. § 275 BGB ist. Im Folgenden sind die Voraussetzungen dieses Schadensersatzanspruchs darzustellen.

aa. Bestehen eines Schuldverhältnisses, § 280 Abs. 1 S. 1 BGB

Voraussetzung ist gem. § 280 Abs. 1 S. 1 BGB zunächst das Bestehen eines Schuldverhältnisses zwischen Anbieter und Nutzer. § 280 Abs. 1 S. 1 BGB erfasst sämtliche Arten von Schuldverhältnissen, insbesondere nicht nur vertragliche, sondern auch gesetzliche Schuldverhältnisse und vorvertragliche Kontakte.[546]

545 BGH NJW 2019, 1867 (1868).

546 Stadler, in: Jauernig, BGB, § 280 Rn. 2; Westermann, in: Erman, BGB, § 280 Rn. 5.

Verlangt der Nutzer den Ersatz eines Schaden, der ihm durch die Bereitstellung eines mangelhaften Cloud-Dienstes entstanden ist, wird das Schuldverhältnis i.d.R. in dem Cloud-Computing-Vertrag selbst bestehen. Als Schuldverhältnis kommt aber auch ein etwaiges zwischen Nutzer und Anbieter bestehendes Rückabwicklungsschuldverhältnis i.S.v. § 346 Abs. 1 BGB in Betracht, sofern dem Nutzer im Rahmen der Rückabwicklung des Vertrags ein Schaden entsteht.

bb. Fälliger und durchsetzbarer Anspruch, § 281 Abs. 1 S. 1 BGB

Aus dem Schuldverhältnis muss dem Nutzer gem. § 281 Abs. 1 S. 1 BGB ein fälliger und durchsetzbarer Anspruch zustehen.[547] Dieser wird regelmäßig in dem Anspruch des Nutzers auf ordnungsgemäße Erbringung der geschuldeten Cloud-Dienste bestehen. Dieser Anspruch muss fällig i.S.v. § 271 BGB sein und ihm dürfen keine Einreden (wie etwa §§ 214, 275 Abs. 2 und 3, 821 BGB) entgegenstehen.[548]

cc. Nicht oder nicht wie geschuldet erbrachte Leistung, § 281 Abs. 1 S. 1 i.V.m. § 280 Abs. 1 S. 1 BGB

Weitere Voraussetzung des Schadensersatzanspruchs aus §§ 437 Nr. 3, 280 Abs. 1 und 3 i.V.m. § 281 BGB ist gem. § 281 Abs. 1 S. 1 BGB, dass der Anbieter die aus dem Schuldverhältnis geschuldete Leistung nicht oder nicht wie geschuldet erbracht hat, er auf diese Weise also eine Pflicht i.S.v. § 280 Abs. 1 S. 1 BGB verletzt hat. Hierbei muss es sich um die Verletzung einer Hauptleistungspflicht oder einer leistungsbezogenen Nebenpflicht handeln.[549] In den hier diskutierten Konstellationen wird die nicht wie geschuldet erbrachte Leistung in der Bereitstellung mangelhafter Cloud-Dienste liegen. Mithin liegt eine Pflichtverletzung in diesem Sinne vor, wenn ein Mangel nach § 434 oder § 435 BGB vorliegt.[550]

dd. Fristsetzung oder Entbehrlichkeit der Fristsetzung, § 281 Abs. 1 S. 1 und Abs. 2, § 440 S. 1 BGB

Gem. § 281 Abs. 1 S. 1 BGB kann der Nutzer erst dann einen Schadensersatzanspruch aus §§ 437 Nr. 3, 280 Abs. 1 und 3, 281 BGB geltend machen, wenn er dem Anbieter erfolglos eine anmessene Frist zur Nacherfüllung gesetzt hat.

547 Grüneberg, in: Palandt, BGB, § 281 Rn. 8f.; Stadler, in: Jauernig, BGB, § 281 Rn. 5.
548 Grüneberg, in: Palandt, BGB, § 281 Rn. 8f.; Stadler, in: Jauernig, BGB, § 281 Rn. 5.
549 Schulze, in: NomKom, BGB, § 281 Rn. 7.
550 Hierzu bereits § 5 A.I.1. und 2.

Die Fristsetzung kann aber entweder aufgrund einer wirksamen Individualvereinbarung oder aufgrund gesetzlicher Anordnung entbehrlich sein. Gesetzlich statuiert ist eine Entbehrlichkeit der Fristsetzung in § 281 Abs. 2 BGB und § 440 S. 1 BGB. Insoweit kann auf die obigen Ausführungen zur Entbehrlichkeit der Fristsetzung nach § 440 S. 1 BGB[551] und die dem § 281 Abs. 2 BGB entsprechenden Regelungen in § 323 Abs. 2 Nr. 1 und 3 BGB[552] verwiesen werden.

ee. Kein Ausschluss wegen fehlenden Vertretenmüssens, § 280 Abs. 1 S. 2 BGB

Ein Schadensersatzanspruch des Nutzers besteht gem. § 280 Abs. 1 S. 2 BGB dann nicht, wenn der Anbieter die Pflichtverletzung nicht zu vertreten hat. Zu vertreten hat der Anbieter gem. § 276 Abs. 1 S. 1 BGB grds. Vorsatz und Fahrlässigkeit. Hierbei hat der Anbieter für eigenes Verschulden i.S.v. § 276 BGB sowie für das Verschulden eines etwaigen Erfüllungsgehilfen gem. § 278 BGB einzustehen. Die Bereitstellung mangelhafter Cloud-Dienste hat der Anbieter etwa zu vertreten, wenn er es versäumt, gebotene Sicherheitsvorkehrungen zur Schadensvermeidung vorzunehmen.[553] Sofern die mangelhafte Leistung aber etwa auf einen Fehler des Herstellers zurückzuführen ist, so hat der Anbieter die Fehlfunktion nicht zu vertreten, da der Hersteller nicht Erfüllungsgehilfe des Vertreibers eines Produkts oder einer Dienstleistung ist.[554]

Problematisch kann insoweit aber der Nachweis sein, dass der Anbieter hinsichtlich der mangelhaften Leistung vorsätzlich oder fahrlässig gehandelt hat. Bei der Beurteilung, welche Partei den entsprechenden Nachweis zu erbringen hat, gilt zunächst der allgemeine Grundsatz, dass jeder die tatsächlichen Voraussetzungen einer für ihn günstigen Rechtsnorm beweisen muss.[555] § 280 Abs. 1 S. 2 BGB trifft allerdings eine Sonderregelung, nach der widerlegbar vermutet wird, dass der Anbieter die Pflichtverletzung zu vertreten hat.[556] Mithin obliegt es dem Anbieter, sich von dem Vorwurf des Vertretenmüssens zu entlasten.

Nach § 276 Abs. 1 S. 1 BGB kommt aber auch eine strengere oder mildere Haftung in Betracht, wenn diese bestimmt oder aus dem sonstigen Inhalt des

---

551 Hierzu bereits § 6 B.I.1.a.aa.(3).

552 Hierzu § 6 B.I.1.a.aa.(2).

553 Faust, DJT-Gutachten, S. 50.

554 BGH NJW 2014, 2183 (2185); BGH NJW 2008, 2837 (2840); BGH NJW 2009, 1660 (1661).

555 Bischoff, in: JA 2010, 532.

556 Lorenz, in: BeckOK, BGB, § 280 Rn. 31; Schulze, in: NomKom, BGB, § 280 Rn. 15.

Schuldverhältnisses, insbesondere aus der Übernahme einer Garantie oder eines Beschaffungsrisikos, zu entnehmen ist. Dies kann bei Cloud-Computing-Verträgen eine Rolle spielen, da bei diesen oftmals Verfügbarkeiten und Zugriffszeiten vereinbart werden. So kann etwa ein Anbieter seinen Kunden eine 99%ige Verfügbarkeit des Cloud-Dienstes im Monat zusagen. Sofern aus einer derartigen Erklärung der Wille des Anbieters deutlich wird, unabhängig von einem etwaigen Verschulden für diese Verfügbarkeit einzustehen, kann hierin eine Garantie gesehen werden. Auf das Vorliegen von Vorsatz oder Fahrlässigkeit i.S.v. § 276 Abs. 1 S. 1 BGB kommt es dann nicht an.

ff. Kein Ausschluss wegen fehlenden Interesses an einer Teilleistung, § 281 Abs. 1 S. 2 BGB

Hat der Anbieter eine Teilleistung bewirkt, kann der Nutzer gem. § 281 Abs. 1 S. 2 BGB nur einen Schadensersatzanspruch geltend machen, wenn er kein Interesse an der Teilleistung hat. § 281 Abs. 1 S. 2 BGB bezieht sich auf den Fall einer quantitativen Teilleistung.[557] Der Anbieter muss also eine quantitativ unvollständige Leistung erbracht haben. Hiervon ist etwa auszugehen, wenn der Anbieter im Rahmen einer *Cloud-to-Cloud*-Transaktion nicht alle Dateien von seiner Cloud in die Cloud des Nutzers verbringt, sondern nur einen Teil der Dateien. Sofern der Nutzer an dem erbrachten Teil der Leistung Interesse hat, zerfällt der Vertrag in zwei selbstständige Teile und der Nutzer muss für die erbrachte Leistung einen entsprechenden Teil der Gegenleistung erbringen.[558] Hat der Nutzer hingegen kein Interesse an der Teilleistung, kann er für die gesamte Leistung Schadensersatz verlangen.[559] Von einem fehlenden Interesse ist regelmäßig auszugehen, wenn es für den Gläubiger insgesamt günstiger wäre, einen neuen Vertrag abzuschließen.[560] Könnte der Nutzer also sämtliche Dateien von einem anderen Anbieter zu einem günstigeren Preis beziehen als er für die vom ursprünglichen Anbieter erbrachte Teilleistung zahlen müsste, ist von einem fehlenden Interesse i.S.v. § 281 Abs. 1 S. 2 BGB auszugehen.

---

557 Grüneberg, in: Palandt, BGB, § 281 Rn. 36; Schwarze, in: Staudinger, BGB, § 281 Rn. B 155.
558 Grüneberg, in: Palandt, BGB, § 281 Rn. 37; Westermann, in: Erman, BGB, § 281 Rn. 7.
559 Ernst, in: MüKo, BGB, Bd. 2, § 281 Rn. 145; Grüneberg, in: Palandt, BGB, § 281 Rn. 38.
560 BGH NJW 1990, 2549 (2550).

gg. Kein Ausschluss wegen Unerheblichkeit der Pflichtverletzung, § 281 Abs. 1 S. 3 BGB

Der Nutzer kann zudem gem. § 281 Abs. 1 S. 3 BGB nicht anstatt der gesamten Leistung Schadensersatz verlangen, wenn die Pflichtverletzung durch den Anbieter unerheblich ist. Ob eine Pflichtverletzung als unerheblich anzusehen ist, ist durch eine umfassende Interessenabwägung zu ermitteln.[561] Hiervon ist i.d.R. auszugehen, wenn der Wert des Kaufgegenstands um weniger als 5% gemindert ist[562] oder wenn der Aufwand der Mangelbeseitigung weniger als 5% der vereinbarten Gegenleistung beträgt.[563] Lassen sich die Dateien nach Übertragung in die Cloud des Nutzers infolge einer *Cloud-to-Cloud*-Transaktion etwa nicht öffnen oder stellt sich heraus, dass die Dateien beschädigt sind, so kann der Nutzer den gesamten ursprünglich gezahlten Kaufpreis nur dann ersetzt verlangen, wenn hierdurch eine Wertminderung der Dateien von über 5% eingetreten ist oder der Anbieter für die Mangelbeseitigung mehr als 5% des vom Nutzer gezahlten Preises aufwenden müsste.

hh. Rechtsfolge

Die §§ 249 ff. BGB regeln die Rechtsfolgen des Ersatzanspruchs aus §§ 437 Nr. 3, 280 Abs. 1 und 3, 281 BGB. Nach § 249 Abs. 1 BGB hat der Schuldner grds. den Zustand herzustellen, der bestehen würde, wenn der zum Ersatz verpflichtende Umstand nicht eingetreten wäre. § 249 Abs. 1 BGB statuiert insoweit den Grundsatz der Naturalrestitution, nach dem der Schuldner den gesamten Zustand *in natura* herstellen muss.[564] Ersatz in Geld kann der Käufer grds. nur unter besonderen bspw. in §§ 249 Abs. 2 BGB, 250–253 statuierten Voraussetzungen verlangen. Allerdings ist der Schadensersatzanspruch aus §§ 437 Nr. 3, 280 Abs. 1 und 3, 281 BGB regelmäßig auf eine Geldzahlung gerichtet: Eine Herstellung des Zustands *in natura* käme nämlich einer Leistungserbringung gleich; der Anspruch auf Leistung ist aber nach § 281 Abs. 4 BGB gerade ausgeschlossen, sobald der Gläubiger Schadensersatz statt der Leistung verlangt.[565] Mithin kommt als Rechtsfolge von §§ 437 Nr. 3, 280 Abs. 1 und 3, 281 BGB ohnehin keine Naturalrestitution, sondern nur eine Geldzahlung in Betracht.

---

561 BGH NJW-RR 2010, 1289 (1291); BGH NJW 2013, 1431 (1433).

562 Vgl. OLG Düsseldorf NJW 2005, 3504 (3505).

563 Lorenz, in: BeckOK, BGB, § 281 Rn. 74; vgl. BGH NJW 2014, 3229 (3232).

564 Ebert, in: Erman, BGB, § 249 Rn. 1; Teichmann, in: Jauernig, BGB, § 249 Rn. 1.

565 BGH NJW 2013, 370 (371); Faust, in: BeckOK, BGB, § 437 Rn. 142; Seichter, in: jurisPK-BGB, Bd. 2, § 281 Rn. 59.

(1) Umfang der zu zahlenden Entschädigung
Der Umfang des zu ersetzenden Geldbetrags wird regelmäßig anhand der Differenzhypothese berechnet, nach der ein Vergleich zwischen der gegenwärtigen Vermögenslage der geschädigten Person und derjenigen Vermögenslage zu ziehen ist, welche ohne Eintritt des schädigenden Ereignisses bestanden hätte.[566] Wie die hypothetische Güterlage bei ordnungsgemäßer Leistung aussähe, hängt davon ab, welches Interesse des Geschädigten verletzt ist.

Verletzt werden kann generell sowohl das positive Interesse als auch das negative Interesse sowie das Integritätsinteresse des Geschädigten. Bei einer Verletzung einer Pflicht aus dem Vertrag ist das positive Interesse (oder Erfüllungsinteresse) verletzt, sodass der Schädiger den Zustand herstellen muss, der bei ordnungsgemäßer Erfüllung bestünde.[567] Entsteht dem Geschädigten dadurch ein Schaden, dass er zu Unrecht auf das Zustandekommen des Vertrags oder die Wirksamkeit einer Willenserklärung vertraut, ist das negative Interesse verletzt und der sog. Vertrauensschaden zu ersetzen.[568] Das Integritätsinteresse ist hingegen auf den Schutz und die Erhaltung der Rechtsgüter in der Sphäre des Gläubigers gerichtet und im Fall einer entsprechende Rechtsgutsbeeinträchtigung zu ersetzen.[569]

Da die §§ 437 Nr. 3, 280 Abs. 1 und 3, §§ 281, 283, 311a Abs. 2 BGB dem Nutzer einen Schadensersatzanspruch für den Fall einer mangelhaften Leistung zusprechen, muss dem Nutzer in der Rechtsfolge nur das positive Interesse erstattet werden.[570] Das negative Interesse[571] sowie das Integritätsinteresse[572] sind in der Rechtsfolge der §§ 437 Nr. 3, 280 Abs. 1 und 3, §§ 281, 283, 311a Abs. 2 BGB hingegen nicht umfasst. Mithin hat der Anbieter den Nutzer so zu stellen, wie dieser bei ordnungsgemäßer Erfüllung stünde.

(2) „Großer" oder „kleiner" Schadensersatz
Der Nutzer kann entweder an der Cloud-Computing-Leistung festhalten und die durch den Mangel entstandene Vermögenseinbuße ersetzt verlangen („kleiner Schadensersatz") oder er kann die Leistung „zurückgeben" und dafür Schadensersatz statt der ganzen Leistung im Wert der mangelfreien Leistung verlangen

566 Ebert, in: Erman, BGB, § 249 Rn. 14.
567 Oetker, in: MüKo, BGB, Bd. 2, § 249 Rn. 128.
568 Oetker, in: MüKo, BGB, Bd. 2, § 249 Rn. 129.
569 Sutschet, in: BeckOK, BGB, § 241 Rn. 89.
570 Vgl. Berger, in: Jauernig, BGB, § 437 Rn. 14.
571 Hierzu § 6.C.I.5.
572 Hierzu § 6.C.I.1.d.

(„großer Schadensersatz").[573] Zahlt der Nutzer etwa im Rahmen einer *Cloud-to-Cloud*-Transaktion 50 Euro und stellt sich heraus, dass die übertragenen Dateien beschädigt und daher nur 25 Euro wert sind, so kann der Nutzer entweder die 25 Euro Differenz fordern und die Dateien behalten (kleiner Schadensersatz) oder er kann die Dateien zurückgeben und stattdessen die gesamten gezahlten 50 Euro ersetzt verlangen (großer Schadensersatz).

(3) Ersatz vergeblicher Aufwendungen, § 284 BGB
Bei Vorliegen der Voraussetzungen der §§ 437 Nr. 3, 280 Abs. 1 und 3, 281 BGB kann der Nutzer anstelle des positiven Interesses nach seiner Wahl auch gem. § 284 BGB Ersatz für vergebliche Aufwendungen verlangen, die er im berechtigten Vertrauen auf den Erhalt der Leistung getätigt hat. Bei Aufwendungen i.S.v. § 284 BGB handelt es sich um vom Gläubiger im Hinblick auf das Schuldverhältnis erbrachte (freiwillige) Vermögensopfer.[574] Diese müssen im Vertrauen auf die ordnungsgemäße Durchführung des Schuldverhältnisses getätigt worden sein. Ersatzfähig sind also nur Aufwendungen, die nach der Begründung des Schuldverhältnisses vorgenommen wurden.[575] Sinnvoll kann der Ersatz vergeblicher Aufwendungen für den Nutzer von Cloud-Diensten etwa sein, wenn er Investitionen bspw. für die Installation der Programme vorgenommen hat, diese aber infolge der Mangelhaftigkeit für ihn nutzlos geworden sind.[576] Über § 284 BGB werden allerdings nur solche Aufwendungen ersetzt, die der Nutzer billigerweise machen durfte. Erscheinen die Aufwendungen unbillig hoch, so beschränkt sich der Aufwendungsersatz auf diejenigen Aufwendungen, die als billig anzusehen sind.[577]

b. *Anspruch aus §§ 437 Nr. 3, 311a Abs. 2 BGB als Schadensersatz statt der Leistung*

Ist die Leistung des Anbieters aufgrund eines bereits bei Vertragsschluss bestehenden Leistungshindernisses von Anfang an unmöglich i.S.v. § 275 Abs. 1 BGB, richtet sich der Ersatzanspruch des Nutzers nach §§ 437 Nr. 3, 311a Abs. 2 BGB. Von einer anfänglichen Unmöglichkeit ist etwa auszugehen, wenn der Anbieter – der nicht Hersteller ist – dem Nutzer die Bereitstellung eines E-Books

---

573 Faust, in: BeckOK, BGB, § 437 Rn. 139; Grüneberg, in: Palandt, BGB, § 281 Rn. 45.
574 Lorenz, in: BeckOK, BGB, § 284 Rn. 11.
575 Ernst, in: MüKo, BGB, Bd. 2, § 284 Rn. 22; Lorenz, in: BeckOK, BGB, § 284 Rn. 15.
576 Borges, in: Borges/Meents, Cloud-Computing Rechtshandbuch, § 4 Rn. 97; Roth-Neuschild, in: Auer-Reinsdorff/Conrad, IT- und Datenschutzrecht, § 13 Rn. 178.
577 Ernst, in: MüKo, BGB, Bd. 2, § 284 Rn. 25.

verspricht, zu dessen gewerblicher Weitergabe er aber bei Vertragsschluss gar nicht urheberrechtlich befugt ist und dessen Lizenz er auch nicht rechtzeitig beschaffen kann. Eine Fristsetzung ist nicht erforderlich, da die Leistung ohnehin unmöglich ist.[578] Der Anspruch besteht gem. § 311a Abs. 2 S. 2 BGB aber nicht, wenn der Schuldner das Leistungshindernis bei Vertragsschluss nicht kannte und seine Unkenntnis auch nicht zu vertreten hat. Wie bei § 280 Abs. 1 S. 2 BGB hat ausnahmsweise der Anbieter hierfür die entsprechende Beweislast zu tragen.[579] Der Anspruch des Nutzers besteht weiterhin gem. § 311a Abs. 2 S. 3 BGB nur, wenn keiner der in § 281 Abs. 1 S. 2 oder S. 3 BGB genannten Ausschlussgründe[580] eingreift. In der Rechtsfolge ist der Anspruch aus §§ 437 Nr. 3, 311a Abs. 2 BGB ebenfalls auf den Ersatz des positiven Interesses in Geld gerichtet.[581] Eine Naturalrestitution i.S.v. § 249 Abs. 1 BGB kommt nicht in Betracht, da die Herbeiführung der Leistung bereits unmöglich i.S.v. § 275 BGB ist. Es ist daher eine Entschädigung in Geld gem. § 251 Abs. 1 Var. 1 BGB zu gewähren. Die Berechnung des zu ersetzenden Betrags ist nach denselben Maßstäben wie bei § 281 BGB vorzunehmen. Alternativ kann der Nutzer auch nach § 284 BGB Ersatz der vergeblichen Aufwendungen verlangen.

c. *Anspruch aus §§ 437 Nr. 3, 280 Abs. 1 und 3 i.V.m. § 283 BGB als Schadensersatz statt der Leistung*

Fällt die Leistungspflicht des Anbieters aus dem kaufvertraglich einzustufenden Cloud-Computing-Vertrag gem. § 275 Abs. 1 bis Abs. 3 BGB infolge eines nach Vertragsschluss auftretenden Ereignisses weg, kann dem Nutzer nach §§ 437 Nr. 3, 280 Abs. 1 und 3, 283 BGB ein Ersatzanspruch zustehen. Eine Fristsetzung ist ebenso wie bei §§ 437 Nr. 3, 311a Abs. 2 BGB nicht erforderlich, da die Nacherfüllung ohnehin unmöglich ist. Die Ersatzpflicht des Anbieters entfällt gem. § 280 Abs. 1 S. 2 BGB, sofern der Anbieter beweisen kann, dass er den Wegfall der Leistungspflicht infolge Unmöglichkeit nicht zu vertreten hat. Die Ausschlussgründe nach § 281 Abs. 1 S. 2 und 3 BGB gelten gem. § 283 S. 2 BGB entsprechend. Relevant wird der Schadensersatzanspruch nach §§ 280 Abs. 1 und 3, 283 BGB bspw. in dem Fall, dass sich der Anbieter gegenüber dem Nutzer zur Bereitstellung eines E-Books verpflichtet, zu dessen kommerzieller Weitergabe er bei Vertragsschluss noch über eine entsprechende Lizenz verfügte.

578 Kindl, in: Erman, BGB, § 311a Rn. 8.
579 Grüneberg, in: Palandt, BGB, § 311a Rn. 10.
580 Hierzu § 6 C.I.1.a.ff und gg.
581 Erst, in: MüKo, BGB, Bd. 3, § 311a Rn. 65.

Wird ihm diese Lizenz aber nach Vertragsschluss entzogen oder nicht verlängert, so wird es dem Anbieter rechtlich unmöglich, dem Nutzer ordnungsgemäß das E-Book zur Verfügung zu stellen. Der Nutzer kann dann bei Vorliegen der genannten Voraussetzungen eine Entschädigung in Geld verlangen. Auch bei dem Anspruch aus §§ 437 Nr. 3, 280 Abs. 1 und 3, 283 BGB kommt keine Naturalrestitution, sondern gem. § 251 Abs. 1 Var. 1 BGB nur eine Entschädigung in Geld in Betracht, da die Leistungserbringung nach § 275 BGB unmöglich geworden ist. Ebenso wie bei § 281 und § 311a Abs. 2 BGB kann der Nutzer alternativ zu der Entschädigung in Geld Ersatz der vergeblichen Aufwendungen gem. § 284 BGB verlangen.

d. Anspruch auf den Ersatz von Mangelfolgeschäden aus § 437 Nr. 3 i.V.m. § 280 Abs. 1 BGB als Schadensersatz neben der Leistung

Die bereits dargestellten Ansprüche aus §§ 437 Nr. 3, 280 Abs. 1 und 3. i.V.m. 281 oder § 283 oder aus §§ 437 Nr. 3, 311a Abs. 2 BGB umfassen den Ersatz von Schäden, die unmittelbar durch den Mangel entstehen (sog. Mangelschäden). Nicht ersetzt werden nach diesen Vorschriften sog. Mangelfolgeschäden. Bei diesen tritt der Schaden nicht unmittelbar an dem Vertragsgegenstand selbst ein, sondern die Mangelhaftigkeit des Vertragsgegenstands führt zu einer Schädigung an anderen Rechtsgütern des Gläubigers oder an seinem Vermögen über das Erfüllungsinteresse hinaus.[582]

Ein typischer Mangelfolgeschaden kann im Rahmen eines Cloud-Computing-Vertrags etwa darin liegen, dass dem Nutzer aufgrund der Mangelhaftigkeit der Cloud-Dienste Daten abhandenkommen oder gestohlen werden.[583] So kann etwa der auf das Endgerät vom Office-365-Home-Programm übergreifende Virus dazu führen, dass auf dem Endgerät sämtliche private Daten des Nutzers gelöscht werden. Darüber hinaus kann das Programm bspw. mit einer „Spähsoftware" infiziert sein, welche die privaten Daten des Nutzers wie Kontodaten, Adresse, Reisetermine usw. ausspäht und an dritte Personen übermittelt. Die erspähten Informationen können dann dazu eingesetzt werden, um Geld von dem Konto des Nutzers abzuheben oder die Reisetermine des Nutzers für Einbrüche in dessen leere Wohnung auszunutzen. Infolgedessen kann es zu erheblichen Schäden kommen, an deren Ersatz der Nutzer ein beachtliches Interesse hat.

---

582 Westermann, in: MüKo BGB, Bd. 4-1, § 437 Rn. 28.

583 Vgl. Druschel/Oehmichen, in: CR 2015, 233 (235).

Mangelfolgeschäden werden im Rahmen von Cloud-Computing-Verträgen mit kaufvertraglichen Elementen nach Maßgabe des § 437 Nr. 3 i.V.m. § 280 Abs. 1 BGB ersetzt.[584] Voraussetzung für den Ersatz eines Mangelfolgeschadens ist insoweit, dass zwischen Anbieter und Nutzer ein Schuldverhältnis i.S.v. § 280 Abs. 1 BGB besteht, in dessen Rahmen der Anbieter eine von ihm zu vertretende Pflichtverletzung begangen hat.[585] Entsteht dem Nutzer durch die Pflichtverletzung ein Mangelfolgeschaden, kann er vom Anbieter Ersatz für die Verletzung des Integritätsinteresses verlangen. Der Nutzer ist vom Anbieter also so zu stellen, wie er ohne die Pflichtverletzung stünde. Ist eine Datei, die im Rahmen einer *Cloud-to-Cloud*-Transaktion übertragen wird, etwa vireninfiziert und wird infolgedessen das Endgerät des Nutzers beim Öffnen der Datei beschädigt, so kann der Nutzer vom Anbieter Ersatz der Kosten über §§ 437 Nr. 3, 280 Abs. 1 BGB verlangen, die ihm für die Reparatur des Endgeräts oder für den Kauf eines neuen Geräts anfallen.

2. Schadensersatzansprüche bei Cloud-Computing-Verträgen mit mietvertraglichen Leistungselementen

Sofern im Rahmen von mietvertraglich zu qualifizierenden Cloud-Computing-Verträgen mangelhafte Cloud-Dienste erbracht werden oder diese nach Überlassung mangelhaft werden, kann sich ein Schadensersatzanspruch des Nutzers aus § 536a Abs. 1 Var. 1, Var. 2 oder Var. 3 BGB ergeben.

a. Schadensersatz für anfängliche Mängel, § 536a Abs. 1 Var. 1 BGB

Zunächst ist auf den Schadensersatzanspruch des Nutzers aus § 536a Abs. 1 Var. 1 BGB einzugehen. Dieser bezieht sich auf den Ersatz von Schäden, die aufgrund von Mängeln entstehen, die bereits zum Zeitpunkt der Überlassung vorlagen.

aa. Voraussetzungen

Gem. § 536a Abs. 1 Var. 1 BGB steht dem Nutzer für Mängel, die bereits bei Vertragsschluss vorlagen, ein verschuldensunabhängiger Schadensersatzanspruch zu. Sofern kein vertraglicher oder gesetzlicher Ausschlussgrund (insbesondere nach § 536b oder § 536c BGB) einschlägig ist, trifft den Anbieter bei anfänglichen Mängeln also eine Garantiehaftung für etwaige Schäden des Nutzers.[586]

---

584 BGH NJW 2009, 2674 (2675); OLG Saarbrücken NJW 2007, 3503 (3504); Lorenz, in: NJW 2002, 2497 (2500); Westermann, in: Erman, BGB, § 280 Rn. 3.

585 Zu diesen Voraussetzungen bereits § 6 C.I.1.a.

586 Gramlich, Mietrecht, § 536a Rn. 2; Redeker, IT-Recht, Rn. 611.

Ein Mangel ist auch dann als anfänglich i.S.v. § 536a Abs. 1 Var. 1 BGB anzusehen, wenn er bei Vertragsschluss bereits angelegt war, aber erst im Laufe der Vertragszeit erkennbar wird.[587] Das gleiche gilt für Mängel, die zwar nach Vertragsschluss, aber vor der Überlassung an den Mieter entstehen.[588] Für die Parteien eines Cloud-Computing-Vertrags ist dieser Anspruch von besonderer Bedeutung. Im Softwarebereich auftretende Mängel sind nämlich i.d.R. bereits von Vertragsbeginn an im Quellcode angelegt und liegen damit schon bei Überlassung vor.[589] Die Software unterliegt im Laufe der Zeit zudem grds. keinen Änderungen, sodass auch Mängel, die sich später entfalten, i.d.R. bereits in der ursprünglich bereitgestellten Software angelegt waren.[590] Für Schäden, die von derartigen Mängeln ausgelöst werden, hat der Anbieter regelmäßig verschuldensunabhängig einzustehen. Er ist insoweit einem enormen finanziellen Risiko ausgesetzt.

bb. Teleologische Reduktion auf erkennbare Mängel?

Es könnte nun als unbillig angesehen werden, dass der Vermieter im Gegensatz zum Verkäufer einer Garantiehaftung für anfängliche Mängel ausgesetzt ist. Dies wird zum Teil damit begründet, dass es für einen generellen, undifferenzierten Schutz des Mieters vor anfänglichen Mängeln keine Gründe gebe; so sei etwa der Mieter, der ein Kfz mietet, gegenüber dem Käufer, der ein Kfz kauft, keiner erhöhten mangelbezogenen Schadensanfälligkeit ausgesetzt.[591] Vertreter dieser Ansicht erkennen zwar an, dass der Anwendungsbereich des § 536a Abs. 1 Var. 1 BGB angesichts der bewussten gesetzgeberischen Entscheidung zwar nicht etwa auf die Wohnraummiete beschränkt oder in eine Verschuldenshaftung uminterpretiert werden kann.[592] Möglich wäre es aber, den Regelungsgehalt des § 536a Abs. 1 Var. 1 BGB im Wege der Rechtsfortbildung teleologisch zu reduzieren, sodass eine Schadensersatzhaftung dann nicht eingreift, wenn der Mangel bei Vertragsschluss praktisch unter keinen Umständen festgestellt werden konnte.[593]

---

587 Borges, in: Borges/Meents, Cloud-Computing Rechtshandbuch, § 4 Rn. 94; Roth-Neuschild, in: Auer-Reinsdorff/Conrad, IT- und Datenschutzrecht, § 13 Rn. 170; Teichmann, in: Jauernig, BGB, § 536a Rn. 5.

588 Gramlich, Mietrecht, § 536a Rn. 2.

589 Redeker, IT-Recht, Rn. 611; Roth-Neuschild, in: Auer-Reinsdorff/Conrad, IT- und Datenschutzrecht, § 13 Rn. 170.

590 Paul, in: Niemann/Paul, Rechtsfragen des Cloud-Computing, Kap. 8 Rn. 150.

591 Häublein, in: MüKo, BGB, Bd. 4–2, Vor § 536 Rn. 10.

592 Häublein, in: MüKo, BGB, Bd. 4–2, Vor § 536 Rn. 10.

593 Häublein, in: MüKo, BGB, Bd. 4–2, Vor § 536 Rn. 10; Larenz, Schuldrecht BT I, S. 237; Oechsler, Vertragliche Schuldverhältnisse, § 6 Rn. 865.

Schließlich könne dem Vermieter nicht unterstellt werden, dass seine Leistungszusage auch die Abwesenheit derartiger nicht zu entdeckender Mängel umfasst und auch beim Mieter habe ein entsprechendes Vertrauen nicht entstehen können.[594]

Einer teleologischen Reduktion des § 536a Abs. 1 Var. 1 BGB steht indes der eindeutige Wille des Gesetzgebers entgegen, über den es sich nicht im Wege der Rechtsfortbildung hinwegzusetzen gilt. § 536a Abs. 1 Var. 1 BGB ordnet schließlich eine verschuldensunabhängige Haftung des Vermieters unabhängig davon an, ob der anfängliche Mangel für den Vermieter erkennbar oder vermeidbar war.[595] § 536a Abs. 1 Var. 1 BGB sieht gegenüber § 536a Abs. 1 Var. 2 und 3 BGB von weiteren Voraussetzungen an die Schadensersatzpflicht ab. Die Haftung für anfängliche Mängel soll gerade strenger ausfallen als die Haftung für Mängel, die nach Vertragsschluss oder während des Verzugs entstehen. Dies darf nicht durch eine teleologische Reduktion des § 536a Abs. 1 Var. 1 BGB auf erkennbare anfängliche Mängel unterwandert werden. § 536a Abs. 1 Var. 1 BGB lässt sich folglich nicht durch teleologische Reduktion beschränken. Die verschuldensunabhängige Haftung des Vermieters nach § 536a Abs. 1 Var. 1 BGB kann aber als eine für das gesetzliche Haftungssystem untypische Regelung durch Parteiabrede sowie durch AGB abbedungen werden.[596] In diesem Fall können anfängliche Mängel allenfalls nach § 311a Abs. 2 BGB ersetzt werden.[597]

b. Schadensersatz für Mängel nach Vertragsschluss, § 536a Abs. 1 Var. 2 BGB

Für Mängel, die erst nach Vertragsschluss auftreten, haftet der Anbieter nach Maßgabe des § 536a Abs. 1 Var. 2 BGB. In Bezug auf Cloud-Computing-Verträge können nachträgliche Mängel etwa dadurch auftreten, dass Updates im Rahmen von Wartungs- und Instandhaltungsmaßnahmen durchgeführt werden, die ihrerseits mangelhaft sind und die anfänglich mangelfreie Software nachträglich beschädigen.[598]

---

594 Häublein, in: MüKo, BGB, Bd. 4–2, Vor § 536 Rn. 10; Larenz, Schuldrecht BT I, S. 237; Oechsler, Vertragliche Schuldverhältnisse, § 6 Rn. 865.

595 Eisenschmid, in: Schmidt-Futterer, Mietrecht, § 536a Rn. 7; Gramlich, Mietrecht, § 536a Rn. 2; Scheuch, in: NomKom, BGB, § 536a Rn. 6; Wiederhold, in: BeckOK, BGB, § 536a Rn. 11.

596 BGH NJW 2010, 3152 (3153); BGH NJW-RR 1993, 519 (520); BGH NJW-RR 1991, 74 (75); Blank, in: Blank/Börstinghaus, Miete, § 536a Rn. 50; Eisenschmid, in: Schmidt-Futterer, Mietrecht, § 536a Rn. 34.

597 Eisenschmid, in: Schmidt-Futterer, Mietrecht, § 536a Rn. 34.

598 Paul, in: Niemann/Paul, Rechtsfragen des Cloud-Computing, Kap. 8 Rn. 150; vgl. Redeker, IT-Recht, Rn. 611.

In solchen Fällen ist der Anbieter gem. § 536a Abs. 1 Var. 2 BGB nur ersatzpflichtig, wenn der Mangel aufgrund eines von ihm nach §§ 276, 278 BGB zu vertretenden Umstands entsteht. Die Darlegungs- und Beweislast für das Verschulden des Anbieters trägt zwar grds. der Nutzer.[599] Steht aber fest, dass die Schadensursache nicht in den Herrschafts- und Einflussbereich des Mieters fällt, greift zugunsten des Mieters eine Beweiserleichterung auch hinsichtlich des Verschuldens.[600] Liegt die Schadensursache also stattdessen im Herrschafts- und Einflussbereich des Anbieters, wird vermutet, dass er den Schaden auch zu verschulden hat.[601] Diese Beweiserleichterung trägt dem Umstand Rechnung, dass dem Nutzer in derartigen Fällen die Einsichtsmöglichkeit in den Verantwortungsbereich des Anbieters fehlt.[602] Bei Cloud-Computing-Verträgen wird es dem Nutzer regelmäßig an einer Beweismöglichkeit fehlen, da der Nutzer nur auf die Ressourcen des Anbieters zugreift, sich aber der Server im Herrschaftsbereich des Anbieters befindet und auch die Programmierung der Software für den Nutzer nicht einsehbar ist. Daher wird der Anbieter i.d.R. den Beweis für ein etwaiges Verschulden führen müssen.

c. *Schadensersatzanspruch bei Verzug des Anbieters, § 536a Abs. 1 Var. 3 BGB*

Als dritte Variante steht dem Nutzer gem. § 536a Abs. 1 Var. 3 BGB ein Anspruch auf Schadensersatz gegen den Anbieter zu, soweit sich dieser mit der Mangelbeseitigung im Verzug befindet. Der Nutzer kann sich nur auf diesen Schadensersatzanspruch stützen, wenn die Verzugsvoraussetzungen gem. § 286 BGB vorliegen. Da der Anspruch auf Mangelbeseitigung mit Entstehen des Mangels gem. § 271 BGB fällig wird, tritt grds. erst dann Verzug ein, wenn der Vermieter den angezeigten Mangel gem. § 286 Abs. 1 S. 1 BGB auf eine Mahnung des Mieters hin nicht innerhalb einer angemessenen Frist beseitigt.[603]

Die Mahnung kann aber auch unter den Voraussetzungen des § 286 Abs. 2 BGB entbehrlich sein. Im Rahmen von Cloud-Computing-Verträgen kann insbesondere eine Entbehrlichkeit gem. § 286 Abs. 2 Nr. 1 BGB in Betracht kommen, wenn für die Leistung eine Zeit nach dem Kalender bestimmt ist. Cloud-Dienste

599 Gramlich, Mietrecht, § 536a Rn. 11; Roth-Neuschild, in: Auer-Reinsdorff/Conrad, IT- und Datenschutzrecht, § 13 Rn. 175.
600 Wiederhold, in: BeckOK, BGB, § 536a Rn. 53.
601 Wiederhold, in: BeckOK, BGB, § 536a Rn. 53.
602 BGH NJW 2006, 1061.
603 Häublein, in: MüKo, BGB, Bd. 4–2, § 536a Rn. 11.

müssen nämlich in zahlreichen Vertragskonstellationen unverzüglich nach Vertragsschluss bereitgestellt werden. So kann der Nutzer einer Amazon-Prime-Mitgliedschaft etwa regelmäßig erwarten, die Filme aus der Prime-Videothek sofort anschauen zu können. Erbringt der Anbieter die geschuldete Leistung nicht sofort, wird dem Interesse des Nutzers an der sofortigen Gebrauchstauglichkeit auch nicht durch eine verspätete Leistung entsprochen.[604]

Hat der Anbieter infolge einer Mahnung nicht innerhalb angemessener Frist den Mangel beseitigt oder war eine Mahnung entbehrlich, befindet er sich aber nach § 286 Abs. 4 i.V.m. § 280 Abs. 1 S. 2 BGB dennoch nicht im Verzug, wenn er den Mangel nicht zu vertreten hatte. Im Gegensatz zu § 536a Abs. 1 Var. 2 BGB hat hierbei nicht der Nutzer die Tatsachen für ein Vertretenmüssen des Anbieters darzulegen und im Streitfall zu beweisen, sondern das Vertretenmüssen wird nach §§ 286 Abs. 4, 280 Abs. 1 S. 2 BGB vermutet.[605] Dem Nutzer obliegt indes die Darlegungs- und Beweislast für die übrigen tatbestandlichen Voraussetzungen des Verzugs, insbesondere das Vorliegen einer wirksamen Mahnung, soweit diese erforderlich war.[606]

d. Rechtsfolge der Schadensersatzansprüche aus § 536a Abs. 1 BGB

Liegen die Voraussetzungen für einen Schadensersatzanspruch aus § 536a Abs. 1 BGB vor, so hat der Anbieter dem Nutzer das positive Interesse zu ersetzen.[607] In der Rechtsfolge sind dem Nutzer also alle auf den Mangel kausal zurückzuführenden Vermögenseinbußen zu ersetzen. Umfasst sind darüber hinaus etwaige Mangelfolgeschäden, die durch den Mangel verursacht wurden, entgangener Gewinn und Deckungsgeschäfte sowie Schmerzensgeld unter den Voraussetzungen des § 253 Abs. 2 BGB.[608]

---

604 Vgl. Borges, in: Borges/Meents, Cloud-Computing Rechtshandbuch, § 4 Rn. 96.

605 Häublein, in: MüKo, BGB, Bd. 4–2, § 536a Rn. 10; Roth-Neuschild, in: Auer-Reinsdorff/Conrad, IT- und Datenschutzrecht, § 13 Rn. 176.

606 Lorenz, in: BeckOK, BGB, § 286 Rn. 85.

607 Eisenschmid, in: Schmidt-Futterer, Mietrecht, § 536a Rn. 79; Gramlich, Mietrecht, § 536a Rn. 6.

608 Blank, in: Blank/Börstinghaus, Miete, § 536a Rn. 34; Borges, in: Borges/Meents, Cloud-Computing Rechtshandbuch, § 4 Rn. 97; Eisenschmid, in: Schmidt-Futterer, Mietrecht, § 536a Rn. 80ff.; Gramlich, Mietrecht, § 536a Rn. 6; Intveen/Hilber/Rabus, in: Hilber, Handbuch Cloud-Computing, Teil 2 Rn. 230; Roth-Neuschild, in: Auer-Reinsdorff/Conrad, IT- und Datenschutzrecht, § 13 Rn. 178.

3. *Schadensersatzansprüche bei Cloud-Computing-Verträgen mit werkvertraglichen Leistungselementen*

Der Nutzer eines Cloud-Computing-Vertrags mit werkvertraglichen Elementen kann sich bei Mangelhaftigkeit der Leistung gem. § 634 Nr. 4 BGB auf die §§ 636, 280, 281, 283, 311a und 284 BGB berufen. Zu den Voraussetzungen und Rechtsfolgen der einzelnen Ersatzansprüche kann im Übrigen auf die Ausführungen zum Kaufvertragsrecht verwiesen werden.[609]

4. *Schadensersatzansprüche bei Cloud-Computing-Verträgen mit dienstvertraglichen Leistungselementen*

Da es in den §§ 611 ff. BGB an einem speziellen Schadensersatzanspruch fehlt, kann der Nutzer im Rahmen eines dienstvertraglich zu qualifizierenden Cloud-Computing-Vertrags allenfalls nach den §§ 280 ff. BGB Schadensersatz verlangen. Ein Schadensersatzanspruch des Dienstberechtigten aufgrund einer nicht ordnungsgemäßen Ausführung der Dienstleistung ergibt sich hierbei regelmäßig allein aus § 280 Abs. 1 BGB.[610] Voraussetzung ist insoweit das Bestehen eines Schuldverhältnisses, in dessen Rahmen der Anbieter eine von ihm nach §§ 276, 278 BGB zu vertretende Pflichtverletzung begangen hat, die zu einem kausalen Schaden beim Nutzer geführt hat.[611]

Schadensersatz statt der Leistung nach §§ 280 Abs. 1 und 3, 281, 283 oder 311a BGB kommt grds. nicht in Betracht, da mit der Dienstleistung kein konkreter Erfolg erzielt werden muss und das Dienstvertragsrecht keinen Nacherfüllungsanspruch vorsieht.[612] Nachteilige Folgen der mangelhaft ausgeführten Dienstleistung stellen sich zudem regelmäßig erst nach Ausführung der Handlung heraus, sodass eine Fristsetzung nach § 281 BGB keinen Sinn mehr ergäbe.[613]

Stehen allerdings noch Teilleistungen aus, kann der Dienstberechtigte in Bezug auf den noch ausstehenden Leistungsteil nach §§ 281, 284 BGB vorgehen.[614] Hat

---

609 Hierzu § 6 C.I.1.

610 Ji, Haftungsfragen im freien Dienstvertrag, S. 27; Kaiser, in: JA 2012, 279 (280); Rieble, in: Staudinger, BGB, § 611 Rn. 1288; Spindler/Riekers, in: JuS 2004, 272 (273); Weidenkaff, in: Palandt, BGB, § 611 Rn. 17.

611 Zu den Voraussetzungen und Rechtsfolgen des Anspruchs aus § 280 Abs. 1 BGB bereits § 6 C.I.1.d.

612 Medicus/Lorenz, Schuldrecht BT II, § 31 Rn. 17.

613 Westermann, in: Erman, BGB, § 280 Rn. 45.

614 Grüneberg, in: Palandt, BGB, § 280 Rn. 16; Westermann, in: Erman, BGB, § 280 Rn. 45.

der Anbieter also einen Teil der geschuldeten Schulungs- und Unterstützungsleistungen erbracht, steht aber ein weiterer Teil noch aus, so kann der Nutzer stattdessen bei Vorliegen der Voraussetzungen der §§ 280 Abs. 1 und 3, 281 BGB gem. § 284 BGB Ersatz der für die Schulung getätigten Aufwendungen (bspw. Herunterladen eines kostenpflichtigen Programms) verlangen.

5. *Anspruch auf Schadensersatz im Rahmen von vorvertraglichen Schuldverhältnissen, §§ 280 Abs. 1, 311 Abs. 2, 241 Abs. 2 BGB*

Zuletzt kann dem Nutzer von Cloud-Diensten auch ein Anspruch auf Schadensersatz nach den Grundsätzen der *culpa in contrahendo* (c.i.c.) im Rahmen von vorvertraglichen Schuldverhältnissen zustehen. Diese setzen ein Schuldverhältnis i.S.v. § 311 Abs. 2 BGB mit Pflichten nach § 241 Abs. 2 BGB voraus, in dessen Rahmen der Unternehmer eine Pflichtverletzung begeht und sein diesbezügliches Vertretenmüssen nicht ausgeschlossen ist. In der Rechtsfolge zielt die c.i.c. auf den Ersatz des negativen Interesses ab.[615] Indes spielt die c.i.c. für die hier in Rede stehenden Fragen in Bezug auf die Mängelrechte des Nutzers keine übergeordnete Rolle, da die Vorschriften der Mängelhaftung grds. spezieller sind und den allgemeinen Regeln wie der c.i.c. vorgehen.[616]

II. Schadensersatzrecht des Verbrauchers nach der Digitale-Inhalte-Richtlinie

Im Folgenden ist zu untersuchen, ob und inwieweit die Digitale-Inhalte-Richtlinie neue Regelungen zum Schadensersatzrecht des Verbrauchers im Rahmen von Verträgen über die Bereitstellung digitaler Inhalte oder Dienstleistungen vorsieht. Hierbei ist zunächst festzustellen, dass die Richtlinie keine explizite Regelung zu einem etwaigen Schadensersatzanspruch des Verbrauchers enthält. Allenfalls in der Regelung zum Anwendungsbereich der Digitale-Inhalte-Richtlinie in Art. 3 DIRL wird hierauf Bezug genommen. Art. 3 Abs. 10 DIRL stellt klar, dass die Richtlinie die Freiheit der Mitgliedstaaten unberührt lässt, Regelungen zu Aspekten des allgemeinen Vertragsrechts oder zum Recht auf Schadensersatz zu treffen. Der europäische Gesetzgeber nimmt also Abstand davon, einen vollharmonisierenden Schadensersatzanspruch des Verbrauchers für den Fall einer mangelhaften Leistung des Unternehmers zu regeln. Zwar wird aus ErwG 73 S. 1

---

615 Oetker, in: MüKo, BGB, Bd. 2, § 249 Rn. 129. Zum Begriff des „negativen Interesses" bereits § 6 C.I.1.a.hh.(1).

616 Lapp, in: jurisPK-BGB, Bd. 2, § 311 Rn. 56.

und S. 2 DIRL deutlich, dass der europäische Gesetzgeber den Grundsatz der Haftung des Unternehmers für Schäden als „wesentlichen Bestandteil" von Verträgen über die Bereitstellung digitaler Inhalte oder Dienstleistungen anerkennt und dem Verbraucher daher auch ein Anspruch auf Entschädigung zustehen sollte. Allerdings besteht laut ErwG 73 S. 4 DIRL bereits in allen Mitgliedstaaten ein solcher Schadensersatzanspruch. Daher sollen die nationalen Vorschriften über die Entschädigung von Verbrauchern für Schäden unberührt bleiben. Mithin sollen die Mitgliedstaaten selbst festlegen dürfen, unter welchen Voraussetzungen dem Verbraucher ein Schadensersatzanspruch zustehen und worauf dieser in der Rechtsfolge gerichtet sein soll. Zentrale Fragen, etwa zu einem Fristsetzungs- oder Verschuldenserfordernis, einem Ausschluss bei Geringfügigkeit der Pflichtverletzung des Unternehmers oder zu den Rechtsfolgen eines Schadensersatzanspruchs, sind von den nationalen Gesetzgebern festzulegen oder durch Anwendung bestehender gesetzlicher Regelungen zu lösen.

Mit diesem Konzept schließt sich die Digitale-Inhalte-Richtlinie der Verbrauchsgüterkaufrichtlinie an, welche ebenfalls aufgrund der Schwierigkeiten der Harmonisierung der Schadensersatzrechte und des Umstands, dass Schadensersatzrechte ohnehin in den Mitgliedstaaten anerkannt sind, auf eine Regelung verzichtete.[617] Gleiches gilt für die Verbraucherrechterichtlinie laut ErwG 53 VRRL sowie für die Warenhandelrichtlinie nach Art. 3 Abs. 6 WH-RL. Auch im Warenkauf wird der Verzicht auf eine Schadensersatzregelung laut ErwG 61 S. 4 WH-RL damit erklärt, dass entsprechende Schadensersatzansprüche bereits in allen Mitgliedstaaten existieren und diese daher unberührt bleiben sollen.

III. Rechtspolitische Würdigung

Im Folgenden ist zu bewerten, ob es aus rechtspolitischer Sicht zu begrüßen ist, dass in der Digitale-Inhalte-Richtlinie keine Regelung zu einem Schadensersatzrecht des Verbrauchers im Rahmen von Verträgen über die Bereitstellung digitaler Inhalte oder Dienstleistungen vorgesehen ist.

1. Angemessener Interessenausgleich

Im Hinblick auf die Begründung eines angemessenen Interessenausgleichs ist zu hinterfragen, ob nicht die besonderen Interessen des Verbrauchers eine einheitliche Schadensersatzregelung erfordert hätten. Das Fehlen einer einheitlichen

617 Bianca, in: Grundmann/Bianca, VerbrGKRL Kommentar, Art. 3 Rn. 77.

Regelung in der Digitale-Inhalte-Richtlinie hat für sich gesehen zwar keine negativen Auswirkungen auf das Verbraucherschutzniveau, da bereits in allen Mitgliedstaaten entsprechende Ansprüche bestehen, auf die sich der Verbraucher berufen kann.[618]

Denkbar ist aber, dass die Interessen des Verbrauchers einer zwingenden Verpflichtung des Unternehmers zum finanziellen Ausgleich von Schäden bedurft hätten. In der Praxis werden Schadensersatzansprüche des Nutzers digitaler Inhalte oder Dienstleistungen nämlich oftmals zugunsten von sog. Service Credits abbedungen.[619] Hierunter sind Minderungspauschalen zu verstehen, bei denen der Anbieter eine vereinbarte Pauschale vom zu zahlenden Entgelt abzieht, wenn eine vereinbarte Leistungsqualität nicht erreicht wird.[620] In ihrer Wirkung zielen Service Credits zum einen also auf eine Pauschalisierung eines Schadensersatzanspruchs und zum anderen auf den Ausschluss der Geltendmachung eines darüber hinausgehenden Schadens ab. Sofern der Anbieter also ein geschuldetes Leistungsmerkmal nicht erbringt, wird von der folgenden Rechnung des Nutzers ein im Vorhinein festgelegter Betrag abgezogen. Zwar haben Service Credits den Vorteil, dass sie – im Gegensatz zur Berechnung und Auszahlung konkret zu bestimmender Schadensersatzbeträge – einfach und schnell zu handhaben sind.[621] Zu bezweifeln ist aber, dass ein vom Verbraucher erlittener Nachteil in jedem Fall durch die Gewährung von Service Credits angemessen ausgeglichen werden kann.

Hat der Verbraucher etwa aufgrund der mangelhaften Leistung das Vertrauen in den Unternehmer verloren, so kann ein angemessener Ausgleich nicht durch eine pauschale Gutschrift auf die künftige Vergütung erreicht werden. So wird sich der Nachteil, der dem Verbraucher dadurch entsteht, dass sämtliche gespeicherte Dateien durch einen Fehler im Dropbox-Programm unwiderruflich gelöscht werden, kaum durch einen künftigen Rabatt ausgleichen lassen. Vielmehr hat der Verbraucher ein berechtigtes Interesse daran, eine konkret zu beziffernde Entschädigung zu erlangen, die ggf. über die Höhe des vereinbarten Service Credits hinausgeht.

---

618 ErwG 73 S. 4 DIRL.

619 Staudenmayer, in: ZEuP 2016, 801 (817).

620 Bräutigam, in: CR 2004, 248 (251); Deister/Meyer-Spasche, in: HMD 2014, 795 (799); Meyer-Spasche, in: HMD 2010, 71 (73); Intveen/Hilber/Rabus, in: Hilber, Handbuch Cloud-Computing, Teil 2 Rn. 225.

621 Deister/Meyer-Spasche, in: HMD 2014, 795 (799); Meyer-Spasche, in: HMD 2010, 71 (73).

Außerdem kann der Verbraucher ein Interesse an einer im Einzelfall konkret zu beziffernden finanziellen Entschädigung haben, sofern sein Eigentum durch die mangelhafte Leistung beschädigt wurde und er für die Reparatur finanziell einstehen muss. Wurde etwa das Endgerät des Verbrauchers durch einen Virus in dem bereitgestellten Cloud-Dienst nachhaltig beschädigt oder unbrauchbar, kann ein Service Credit den entstandenen Schaden nicht vollständig ausgleichen, wenn der pauschale Betrag die Kosten für eine Reparatur oder den Kauf eines Neugeräts nicht deckt. Die Gewährung von Service Credits anstatt eines Schadensersatzanspruchs ist für den Verbraucher daher in vielen Fällen unbefriedigend.[622]

Da die Digitale-Inhalte-Richtlinie aber keinen zwingenden Schadensersatzanspruch vorsieht, kann der Unternehmer einen über den pauschalen Betrag hinausgehenden Schadensersatzanspruch des Verbrauchers, sofern das nationale Recht diese Möglichkeit vorsieht, aber zugunsten von Service Credits abbedingen. Zur Förderung des Verbraucherschutzes wäre die Regelung eines zwingenden Schadensersatzanspruchs daher zu begrüßen gewesen. In diesem Fall hätte der Verbraucher jedenfalls die Wahl gehabt, ob er einen konkret zu beziffernden Schadensersatz geltend machen oder sich auf die Gewährung von Service Credits einlassen möchte.

2. *Förderung des digitalen europäischen Binnenmarkts*

Zu hinterfragen ist zudem, ob die Digitale-Inhalte-Richtlinie auch dann eine Förderung des digitalen europäischen Binnenmarkts erreichen kann, wenn sie den nationalen Gesetzgebern die Regelung eines Schadensersatzanspruchs des Verbrauchers überlässt. Ist dies nicht der Fall, so ist nicht nur die fehlende Regelung eines Schadensersatzanspruchs aus rechtspolitischer Sicht abzulehnen, sondern zu erwägen, ob hierdurch die Rechtsgrundlage für die Digitale-Inhalte-Richtlinie insgesamt entfällt.

a. *Verminderte Teilnahme am digitalen europäischen Binnenmarkt bei fehlender Schadensersatzregelung?*

Es ist zunächst zu analysieren, ob eine fehlende Schadensersatzregelung in der Digitale-Inhalte-Richtlinie zu einer verminderten Teilnahme am digitalen europäischen Binnenmarkt führen kann. Dies ist jedenfalls vor dem Hintergrund zu befürchten, dass durch das Fehlen einheitlicher Regelungen nationalen

622 Wendland, in: GPR 2016, 8 (17).

Unterschieden Tür und Tor geöffnet wird. Schließlich bleibt es den Mitgliedstaaten selbst überlassen, auf bereits bestehende nationale Schadensersatzregelungen zurückzugreifen oder neue Regelungen zu verabschieden. Die Parteien eines Vertrags über die Bereitstellung digitaler Inhalte oder Dienstleistungen müssen sich bei Entstehung eines Schadens also zunächst etwa darüber erkundigen, welches mitgliedstaatliche Recht Anwendung findet, unter welchen Voraussetzungen ein Schadensersatzanspruch besteht und in welchem Umfang der Schaden zu ersetzen ist. Mithin sind Unternehmer und Verbraucher in einem wichtigen Bereich der Mängelhaftung weiterhin mit nationaler Rechtsvielfalt konfrontiert.[623]

Die Rechtsvielfalt wird weiter dadurch verstärkt, dass auch die Warenhandelrichtlinie gem. Art. 3 Abs. 6 WH-RL den Mitgliedstaaten die Regelung eines Schadensersatzes im Rahmen eines Warenkaufs überlässt. In der Folge wird die Mängelhaftung bei Verträgen über die Bereitstellung digitaler Inhalte oder Dienstleistungen und Verträgen über den Warenkauf weiter zersplittert und die Rechtslage im Hinblick auf das Bestehen eines Schadensersatzanspruchs für Verbraucher und Unternehmer (noch) unübersichtlicher. Dies führt dazu, dass beide Parteien erheblicher Rechtsunsicherheit und einem nicht unwesentlichen (ggf. finanziellen) Aufwand ausgesetzt sind, um sich über die schadensrechtlichen Regelungen in den einzelnen Mitgliedstaaten zu informieren. Dies kann dazu führen, dass Verbraucher und (insbesondere kleine und mittelständische) Unternehmen von der Teilnahme am digitalen europäischen Binnenmarkt absehen, um sich vor den Risiken einer unsicheren Rechtslage und unvorhergesehenen Kosten zu schützen.

b. Fehlen einer Rechtsgrundlage als mögliche Folge

Da die Digitale-Inhalte-Richtlinie als Maßnahme zur Förderung des Binnenmarkts auf Art. 114 AEUV gestützt ist, könnte dieser Umstand zur Folge haben, dass es an einer legitimen Rechtsgrundlage für die Richtlinie fehlt. Dies wäre aber nur dann anzunehmen, wenn gerade die unterschiedlichen Schadensersatzregelungen in den einzelnen Mitgliedstaaten ein maßgebliches Hindernis für die Teilnahme am digitalen europäischen Binnenmarkt wären. In diesem Fall könnte selbst durch Angleichung der übrigen Abhilferechte keine Förderung des digitalen europäischen Binnenmarkts erreicht werden, wenn nicht auch eine einheitliche Schadensersatzregelung in der Digitale-Inhalte-Richtlinie vorgesehen ist.

---

623 Gsell, in: ZUM 2018, 75 (79); vgl. Schroeter/von Göler, in: DB 2016, 754 (757); vgl. Stiegler/Wawryka, in: BB 2016, 903 (908).

Es bestehen allerdings keine Anhaltspunkte dafür, dass gerade die unterschiedlichen Schadensersatzregelungen in den Mitgliedstaaten ein Hindernis für die Teilnahme am Binnenmarkt darstellen. Vielmehr werden allenfalls unterschiedliche Vertragsrechte insgesamt als wesentliches Hindernis für den grenzüberschreitenden Handel vorgebracht.[624] Eine Binnenmarktförderung kann mithin bereits dann angenommen werden, wenn zwar nicht die Schadensersatzrechte des Verbrauchers, wohl aber die Ansprüche auf Nacherfüllung, Minderung und Vertragsbeendigung vereinheitlicht werden. Unternehmer und Verbraucher müssen nämlich jedenfalls im Hinblick auf diese Abhilferechte nicht erst nach der Rom-I-Verordnung das anwendbare Recht sowie ihre Rechte und Pflichten nach dem einschlägigen Recht ermitteln. Vielmehr bestehen im Hinblick auf die Abhilferechte auf Nacherfüllung, Minderung und Vertragsbeendigung einheitliche Regelungen, sodass Unternehmer und Verbraucher mit weniger Rechtsunsicherheit und niedrigeren Kosten bei der Ermittlung ihrer Rechte und Pflichten konfrontiert sind.

Mithin kann auch ohne einheitliche Schadensersatzregelung in der Digitale-Inhalte-Richtlinie eine Binnenmarktförderung i.S.v. Art. 114 AEUV angenommen werden. Das Fehlen eines einheitlichen Schadensersatzrechts hat somit nicht zur Folge, dass Art. 114 AEUV als Rechtsgrundlage ausscheidet.

IV. Möglicher Regelungsansatz im deutschen Recht

Da die Digitale-Inhalte-Richtlinie keine Regelung zu einem Schadensersatzrecht des Verbrauchers vorsieht, sind im Folgenden Überlegungen anzustellen, wie das Schadensersatzrecht im Rahmen von Verträgen über die Bereitstellung digitaler Inhalte oder Dienstleistungen im deutschen Recht ausgestaltet werden kann. Hiervon hängt nämlich maßgeblich ab, unter welchen Voraussetzungen der Nutzer von Cloud-Diensten künftig einen Schadensersatzanspruch infolge einer mangelhaften Leistung geltend machen kann.

Die einfachste Lösung läge für den deutschen Gesetzgeber darin, auf die existierenden Normen und Grundsätze im Allgemeinen Schuldrecht zurückzugreifen und die §§ 280, 281, 283, 311a und § 284 BGB auf Verträge über die Bereitstellung digitaler Inhalte oder Dienstleistungen anzuwenden. Dieser Ansatz würde sich allerdings nur anbieten, wenn die §§ 280, 281, 283, 311a und § 284 BGB überhaupt dazu geeignet sind, auf derartige Verträge angewendet

---

624 Europäische Kommission, Flash Eurobarometer Nr. 321 (2011), S. 19, abrufbar unter: https://ec.europa.eu/commfrontoffice/publicopinion/flash/fl_321_en.pdf (Stand: 17.07.2020).

zu werden. Das wäre dann nicht der Fall, wenn die besonderen Interessen der Parteien eines Vertrags über die Bereitstellung digitaler Inhalte oder Dienstleistungen anderweitige Schadensersatzregelungen erfordern. Es ist daher zu untersuchen, ob die in den §§ 280, 281, 283, 311a und 284 BGB aufgestellten Regelungen auch sinnvoll auf Verträge über die Bereitstellung digitaler Inhalte oder Dienstleistungen angewendet werden können. Im Einzelnen ist hierbei auf eine etwaige Verschuldensabhängigkeit des Anspruchs (hierzu **1.**), ein mögliches Fristsetzungserfordernis und eine Regelung zur Geringfügigkeit der Vertragswidrigkeit (hierzu **2.**) sowie eine sinnvolle Ersatzfähigkeit von Mangelfolgeschäden und immateriellen Schäden (hierzu **3.**) einzugehen.

1. Vertretenmüssen der Pflichtverletzung durch den Unternehmer

Bei Anwendung der §§ 280, 281, 283, 311a und 284 BGB wären die jeweiligen Schadensersatzansprüche des Verbrauchers über § 280 Abs. 1 S. 2 BGB von einem Vertretenmüssen des Unternehmers abhängig. Ob die Anwendung des § 280 Abs. 1 S. 2 BGB auch im Rahmen von Verträgen über die Bereitstellung digitaler Inhalte oder Dienstleistungen sinnvoll ist, hängt davon ab, ob hiermit die besonderen Interessen der Vertragsparteien angemessen berücksichtigt werden. Zu erwägen ist insbesondere, ob der effektive Schutz des Verbrauchers eine verschuldensunabhängige Haftung des Unternehmers notwendig machen könnte. Dies ist durch Abwägung der Interessen von Verbraucher und Unternehmer an einer verschuldensabhängigen bzw. -unabhängigen Haftung zu ermitteln.

a. Interesse des Verbrauchers an verschuldensunabhängiger Haftung

Nicht ausgeschlossen ist, dass die besondere Interessenlage des Verbrauchers im Rahmen von Verträgen über die Bereitstellung digitaler Inhalte oder Dienstleistungen eine Abweichung vom Verschuldensgrundsatz nach § 280 Abs. 1 S. 2 BGB erforderlich macht. Insoweit könnte sich der Verbraucher in einer vergleichbaren Interessenlage befinden, wie der Mieter, dem eine bei Vertragsschluss bereits mangelhafte Sache übergeben wird, dem nach § 536a Abs. 1 Var. 1 BGB ein verschuldensunabhängiger Schadensersatzanspruch zusteht. Letzteres wird vom Gesetzgeber (wenig differenziert) mit dem „Interesse des Mieterschutzes" begründet.[625] Der Mieter soll sich darauf verlassen können, dass er die Mietsache in Gebrauch nehmen kann, ohne sich um die Integrität seiner Rechtsgüter

625 BT-Drucks. 14/6857, S. 66; Häublein, in: MüKo, BGB, Bd. 4–2, § 536a Rn. 6.

sorgen zu müssen.[626] Diese Wertung lässt sich ggf. auf alle Verträge übertragen, in denen ein Unternehmer einem Verbraucher mangelhafte digitale Inhalte oder Dienstleistungen bereitstellt.

Der Verbraucher ist jedenfalls insoweit ebenfalls schutzwürdig, als er sich darauf verlassen können muss, dass er die digitalen Inhalte oder Dienstleistungen in Gebrauch nehmen kann, ohne sich um eine Beeinträchtigung seiner Rechtsgüter sorgen zu müssen. Dies gilt vor allem vor dem Hintergrund, dass der Verbraucher i.d.R. mangels technischen Verständnisses und der Komplexität digitaler Inhalte oder Dienstleistungen nicht nachvollziehen kann, wie diese funktionieren und wann seine Rechtsgüter gefährdet sind oder nicht. Für den Verbraucher ist es etwa nicht vorhersehbar, ob eine bereitgestellte Software mit Viren verseucht ist und infolgedessen dazu geeignet ist, seine Rechtsgüter zu beschädigen. Er ist darauf angewiesen, darauf vertrauen zu können, dass der Unternehmer ihm mangelfreie digitale Inhalte oder Dienstleistungen bereitstellt.

Aus dieser Überlegung ist aber nicht zwingend zu schließen, dass dem Verbraucher in Abweichung von § 280 Abs. 1 S. 2 BGB und nach Vorbild des § 536a Abs. 1 Var. 1 BGB generell ein verschuldensunabhängiger Schadensersatzanspruch für anfängliche Mängel eingeräumt werden sollte. Jedenfalls ist nicht ersichtlich, warum der Verbraucher im Rahmen von Verträgen über die Bereitstellung digitaler Inhalte oder Dienstleistungen schutzwürdiger sein sollte als jede andere Person, die Waren kauft oder ein körperliches Werk bestellt.

Dies gilt umso mehr, als dass der deutsche Gesetzgeber auch dem Verbraucher im Rahmen eines Verbrauchsgüterkaufs keinen verschuldensunabhängigen Schadensersatzanspruch zugesprochen hat, obwohl sich dieser in ganz ähnlichen Gefahrensituationen befindet wie der Verbraucher im Rahmen von Verträgen über die Bereitstellung digitaler Inhalte oder Dienstleistungen. Sofern der Verbraucher etwa ein Auto kauft, so kann er dessen Funktionsfähigkeit ebenfalls i.d.R. mangels technischer Kenntnisse nicht überprüfen, sondern setzt sich mit Leib und Leben der Gefahr aus, dass das Auto ggf. nicht fehlerfrei funktioniert. Er ist darauf angewiesen, darauf zu vertrauen, dass der Verkäufer ihm eine mangelfreie Sache zur Verfügung gestellt hat und seine Rechtsgüter nicht gefährdet sind. Dass die Rechtsgüter des Verbrauchers im Rahmen von Verträgen über die Bereitstellung digitaler Inhalte oder Dienstleistungen in erheblicherem Maße gefährdet sind oder er schutzwürdiger in seinem Vertrauen auf eine fehlerfreie Bereitstellung ist, ist nicht ersichtlich. Mithin besteht im Rahmen von Verträgen über die Bereitstellung digitaler Inhalte oder Dienstleistungen kein besonderes

---

626 Hau, in: JuS 2003, 130 (131).

schützenswertes Interesse des Verbrauchers an einer verschuldensunabhängigen Schadensersatzhaftung des Unternehmers.

b. Interesse des Unternehmers an verschuldensabhängiger Haftung

Der Unternehmer hat auf der anderen Seite ein besonderes Interesse an einer rein verschuldensabhängigen Haftung, da für ihn ein hohes Haftungsrisiko besteht und der Verbraucher ohnehin keinen besonderen Beweisschwierigkeiten ausgesetzt ist.

aa. Bestehen eines schwer kalkulierbaren Haftungsrisikos

Ein Interesse des Unternehmers an einer verschuldensabhängigen Haftung ergibt sich zunächst daraus, dass für ihn ohnehin ein kaum kalkulierbares Haftungsrisiko besteht. Bei digitalen Inhalten oder Dienstleistungen besteht im Gegensatz zu körperlichen Sachen nämlich die Besonderheit, dass Fehler i.d.R. bereits bei Beginn des Vertrags im Quellcode angelegt sind und oft erst beim späteren Betrieb der Software erkennbar werden.[627] Für den Unternehmer ist insoweit nicht immer vorhersehbar, wie viele Nutzer ihn in Bezug auf welche sich als mangelhaft erweisende digitale Inhalte oder Dienstleistungen in Anspruch nehmen werden. Der Unternehmer kann also von vornherein kaum kalkulieren, welche finanziellen Risiken mit der Bereitstellung der digitalen Inhalte oder Dienstleistungen einhergehen werden. Die Lage gestaltet sich hingegen für den Verkäufer von körperlichen Waren anders: Dieser kann die Ware vor Verkauf oder Vermietung durch Inaugenscheinnahme auf Mängel untersuchen, um sich ein Bild davon zu machen, für welche Mängel er ggf. von welchem potenziellen Kunden in Anspruch genommen wird. Bei digitalen Inhalten oder Dienstleistungen ist dies aufgrund der Komplexität ihrer technischen Natur nicht auf gleiche Weise möglich. Der Unternehmer ist mithin von vornherein einem kaum kalkulierbaren Risiko ausgesetzt, dass sich die digitalen Inhalte oder Dienstleistungen im Nachhinein als fehlerhaft erweisen könnten und er deswegen in Anspruch genommen wird.

Dieses Haftungsrisiko erhöht sich umso mehr, wenn der Anbieter der digitalen Inhalte oder Dienstleistungen nicht selbst zugleich ihr Hersteller ist. Zum einen fehlt es dem Anbieter dann i.d.R. an eigener technischer Expertise die bereitzustellenden digitalen Inhalte oder Dienstleistungen auf Fehler zu untersuchen. Zum anderen muss er die digitalen Inhalte oder Dienstleistungen zunächst von einem Dritten beziehen, auf dessen Leistungsbereitschaft er keinen Einfluss

---

627 Roth-Neuschild, in: Auer-Reinsdorff/Conrad, IT- und Datenschutzrecht, § 13 Rn. 170.

hat und auf dessen ordnungsgemäße Leistung er vertrauen muss.[628] Für den Unternehmer besteht insoweit ohnehin von vornherein ein kaum kalkulierbares Haftungsrisiko. Dieses würde umso mehr ausgeweitet, wenn er nunmehr auch unabhängig von der Bereitstellungsart verschuldensunabhängig haften müsste. Mithin hat der Unternehmer ein beachtliches Interesse daran, nach § 280 Abs. 1 S. 2 BGB nur verschuldensabhängig haften zu müssen, um einen Ausgleich für sein schwer vorherzusehendes Haftungsrisiko zu schaffen.

bb. Keine besonderen Beweisschwierigkeiten des Verbrauchers

Für ein überwiegendes Interesse des Unternehmers an einer verschuldensabhängigen Haftung des Unternehmers spricht schließlich, dass der Verbraucher auch im Fall einer Verschuldenshaftung nach § 280 Abs. 1 S. 2 BGB in keine besonderen Beweisschwierigkeiten gerät. Der Verbraucher mag zwar oftmals ein Verschulden des Unternehmers nicht nachweisen können, da er regelmäßig keinen Zugriff auf den Server des Unternehmers oder sonstige Einsichtsmöglichkeiten in dessen Organisation und Arbeitsabläufe hat.[629] Diesem Umstand kann aber bereits durch die Beweislastumkehr in § 280 Abs. 1 S. 2 BGB Rechnung getragen werden. Da der Unternehmer hiernach ohnehin beweisen muss, dass er die Pflichtverletzung nicht zu vertreten hat, gelangt der Verbraucher gar nicht erst in eine Beweisnot, die eine verschuldensunabhängige Haftung notwendig machen könnte.

Die besonderen Interessen der Parteien eines Vertrags über die Bereitstellung digitaler Inhalte oder Dienstleistungen verlangen es daher nicht, von dem Grundsatz der verschuldensabhängigen Haftung (mit Beweislastumkehr) nach § 280 Abs. 1 S. 2 BGB abzuweichen.

2. Fristsetzungserfordernis und Ausschluss bei Geringfügigkeit der Pflichtverletzung

Bei Anwendung der §§ 280, 281, 283, 311a und 284 BGB wäre bei Behebbarkeit des Mangels nach § 281 Abs. 1 S. 1 BGB grds. der erfolglose Ablauf einer Frist Voraussetzung für den Schadensersatzanspruch. Darüber hinaus könnte der Verbraucher nach § 281 Abs. 1 S. 3 BGB (ggf. i.V.m. § 283 S. 2 oder § 311a Abs. 2 S. 3 BGB) Schadensersatz statt der ganzen Leistung nur verlangen, wenn die Pflichtverletzung nicht bloß von unerheblicher Natur ist. Die Anwendung dieser

---

628 Borges, in: Borges/Meents, Cloud-Computing Rechtshandbuch, § 4 Rn. 114; Intveen/Hilber/Rabus, in: Hilber, Handbuch Cloud-Computing, Teil 2 Rn. 219.

629 Peltzer/Wülbern, in: DB 2016, 2279 (2283); Wicker, in: MMR 2014, 715 (717).

Regelungen auf Verträge über die Bereitstellung digitaler Inhalte oder Dienstleistungen ist nicht nur angezeigt, sondern mit Blick auf die Loyalitätspflicht der Mitgliedstaaten gegenüber der Europäischen Union auch unter folgendem Gesichtspunkt erforderlich.

Nach Art. 4 Abs. 4 UAbs. 3 Var. 2 EUV müssen die Mitgliedstaaten, alle Maßnahmen unterlassen, die eine Gefahr für die Verwirklichung der Ziele der Europäischen Union begründen könnten. Die Rechtsvorschriften der Mitgliedstaaten dürfen also nicht die uneingeschränkte und einheitliche Anwendung des Unionsrechts und die Wirksamkeit der zu dessen Vollziehung ergangenen oder zu treffenden Maßnahmen beeinträchtigen oder ausschalten.[630] Die Mitgliedstaaten müssen vielmehr alle Maßnahmen unterlassen, die die Tragweite einer unionsrechtlichen Regelung in irgendeiner Weise beeinträchtigen können.[631] Entgegenstehende Vorschriften dürfen mithin nicht erlassen und bereits bestehende nicht angewandt werden.[632]

Würde der deutsche Gesetzgeber eine Regelung vorsehen, die dem Verbraucher auch dann einen Schadensersatzanspruch zuspricht, wenn dieser dem Unternehmer durch Fristsetzung keine Chance zur Nacherfüllung gegeben hat oder wenn nur eine geringfügige Pflichtverletzung vorliegt, so würde hierdurch die effektive Durchsetzung der Digitale-Inhalte-Richtlinie gefährdet: Im Hinblick auf ein Fristsetzungserfordernis verlangt Art. 14 Abs. 3 i.V.m. Abs. 4 lit. b DIRL nämlich, dass der Verbraucher den Vertrag grds. erst beenden oder den Preis mindern kann, wenn der Unternehmer nicht innerhalb einer angemessenen Frist nacherfüllt hat. Darüber hinaus legt Art. 14 Abs. 6 S. 1 DIRL fest, dass der Verbraucher nur zur Vertragsbeendigung berechtigt ist, wenn die Vertragswidrigkeit nicht von geringfügiger Natur ist.

Wenn nun der deutsche Gesetzgeber den Schadensersatzanspruch des Verbrauchers nicht an ein grundsätzliches Fristsetzungserfordernis und nicht an die Erheblichkeit der Pflichtverletzung knüpfen würde, so könnte der Verbraucher den Vertrag in der Rechtsfolge des Schadensersatzes statt der ganzen Leistung rückabwickeln, ohne dass er sich an die Voraussetzungen des Vertragsbeendigungsrechts nach Art. 14 Abs. 3 und 4 lit. b und Abs. 6 DIRL halten müsste. Die Loyalitätspflicht der Mitgliedstaaten nach Art. 4 Abs. 3 EUV erfordert insoweit,

---

630 EuGH Urt. v. 29.01.1985, Rs. 231/83 – Cullet ./. Centre Leclerc, Rn. 16; EuGH Urt. v. 19.03.1992, Rs. C-60/91 – Batista Morais, Rn. 11.

631 Streinz, in: Streinz, EUV/AEUV, Art. 4 EUV Rn. 70; vgl. EuGH Urt. v. 23.01.1975, Rs. 31/74 – Galli, Rn. 29/31.

632 Streinz, in: Streinz, EUV/AEUV, Art. 4 EUV Rn. 70; Obwexer, in: von der Groeben/Schwarze/Hatje, EU-Recht, Art. 4 EUV Rn. 131.

dass der deutsche Gesetzgeber das Schadensersatzrecht des Verbrauchers grds. davon abhängig macht, dass der Verbraucher dem Unternehmer eine Chance zur Nacherfüllung gegeben hat und die Pflichtverletzung nicht bloß von geringfügiger Natur ist. Die Anwendung des Fristsetzungserfordernisses und des Ausschlusses bei Geringfügigkeit in § 281 Abs. 1 S. 1 und S. 3 BGB (ggf. i.V.m. § 283 S. 2 oder § 311a Abs. 2 S. 3 BGB) ist folglich auch im Rahmen von Verträgen über die Bereitstellung digitaler Inhalte oder Dienstleistungen sinnvoll.

3. *Ersatzfähige Schäden*

Bei Anwendung der §§ 280, 281, 283, 311a BGB wären in der Rechtsfolge nicht nur unmittelbare materielle Schäden, sondern über § 280 Abs. 1 BGB auch Mangelfolgeschäden und nach Maßgabe des § 253 BGB immaterielle Schäden ersatzfähig. Ob die Ersatzfähigkeit von Mangelfolgeschäden und immateriellen Schäden auch im Rahmen von Verträgen über die Bereitstellung digitaler Inhalte oder Dienstleistungen sinnvoll ist oder ob es sich insoweit für den deutschen Gesetzgeber anbietet, von den allgemeinen Grundsätzen abzuweichen, ist im Folgenden zu untersuchen.

a. *Ersatz von Mangelfolgeschäden*

Zuerst ist durch Abwägung der spezifischen Interessen von Verbraucher und Unternehmer zu beurteilen, ob der Ersatz von Mangelfolgeschäden über § 280 Abs. 1 BGB auch im Rahmen von Verträgen über die Bereitstellung digitaler Inhalte oder Dienstleistungen sinnvoll ist.

aa. Interesse des Verbrauchers am Ersatz von Mangelfolgeschäden

Einerseits kann der Verbraucher ein wesentliches Interesse an dem Ersatz von Mangelfolgeschäden haben. Etwa kann eine Sicherheitslücke in den bereitgestellten digitalen Inhalten oder Dienstleistungen einen Hackerangriff ermöglichen, durch den sich Dritte Zugang zu verwertbaren persönlichen Daten des Verbrauchers verschaffen.[633] So wurden bspw. im Jahre 2012 Passwörter von 68 Millionen Dropbox-Konten durch einen Hackerangriff gestohlen.[634] Mit Erhalt

---

633 Koch, Rechtsbehelfe des Verbrauchers bei Verträgen über digitale Inhalte, in: Wendehorst/Zöchling-Jud, Ein neues Vertragsrecht für den digitalen Binnenmarkt?, S. 151; vgl. von Westphalen, in: BB 2016, 1411 (1413f.).

634 Isler, Dropbox gehackt: 68 Millionen Accounts betroffen, in: Computer Bild, 31.08.2016, abrufbar unter: https://www.computerbild.de/artikel/cb-News-Internet-Dropbox-Hacker-Angriff-16239955.html (Stand: 17.07.2020).

von Passwörtern können sich Hacker auch etwa Zugriff zu den Konten und Zahlungsdaten des Verbrauchers verschaffen und das Vermögen des Verbrauchers beträchtlich schädigen. Gleiches gilt, wenn das Endgerät des Verbrauchers durch einen Mangel in der Software beschädigt wird. Zwar wird im letzteren Fall diskutiert, ob Software als Produkt i.S.v. § 2 ProdHaftG anzusehen ist, für dessen Fehler der Unternehmer bereits nach § 1 ProdHaftG einstehen muss.[635] Die Anwendbarkeit der Produkthaftungsrichtlinie auf Software ist aber höchst umstritten und wäre allenfalls auf die Hersteller der digitalen Inhalte oder Dienstleistungen anwendbar, sodass eine Haftung des Unternehmers gegenüber dem Verbraucher jedenfalls nicht sichergestellt wäre.[636] Für den Verbraucher hätte es verheerende Nachteile, auf derartigen Mangelfolgeschäden „sitzen zu bleiben". Ihm würde hierdurch eine schwere finanzielle Last aufgebürdet, obwohl ihm kein Fehlverhalten vorgeworfen werden kann.

bb. Entgegenstehende Interessen des Unternehmers

Gegen eine Haftung des Unternehmers für Mangelfolgeschäden spricht aufseiten des Unternehmers, dass dieser in der Folge für Schäden haften müsste, die er gar nicht oder nur mit Schwierigkeiten voraussehen konnte. Jedenfalls sollte die in Art. 14 Abs. 1 S. 1 DIRL in der Fassung der Europäischen Kommission vorgesehene Haftung des Unternehmers auf unmittelbare Schäden in der „digitalen Umgebung" begrenzt sein, da der Anbieter nur Schäden in der digitalen Umgebung des Verbrauchers vorhersehen könne.[637] Insoweit könnte es als unbillig angesehen werden, die Haftung des Unternehmers auf Schäden außerhalb der Hard- und Software auszudehnen, da der Unternehmer das Schadensrisiko über das digitale Umfeld des Verbrauchers hinaus nur schwer im Vorhinein kalkulieren kann.[638]

Dieses Argument kann aber nur dann durchgreifen, wenn der Ersatz von Mangelfolgeschäden insgesamt zu einer unbilligen Belastung des Unternehmers führen würde. Das ist aber nicht der Fall, da bei Anwendung der §§ 280, 281, 283, 311a, 284 BGB ein Anspruch auf Ersatz eines Mangelfolgeschadens gem. § 280 Abs. 1 S. 2 BGB nur bei Vertretenmüssen der Pflichtverletzung gegeben wäre. Die Europäische Kommission hatte in Art. 14 Abs. 1 S. 1 DIRL hingegen

---

635 von Westphalen, in: Foerste/von Westphalen, Produkthaftungshandbuch, § 47 Rn. 40–45; Wilrich, Das neue Produktsicherheitsgesetz, S. 25f.

636 Beale, The New Rules for Contracts in the Digital Environment, S. 24.

637 Spindler, in: MMR 2016, 219 (222).

638 Spindler, in: MMR 2016, 219 (222).

eine verschuldensunabhängige Haftung vorgeschlagen. Um die Haftung des Unternehmers zu begrenzen, sollten daher nur Schäden in der „digitalen Umgebung" ersetzt werden. Einer derartigen Begrenzung bedarf es nicht, wenn der Unternehmer nach Maßgabe des § 280 Abs. 1 S. 2 BGB ohnehin nur verschuldensabhängig haftet. Darüber hinaus kann sich der Unternehmer selbst vor einer uferlosen Haftung schützen, indem er seine Haftung auf vorhersehbare, vertragstypische Schäden beschränkt.[639]

Es überwiegt daher das Interesse des Verbrauchers an dem Ersatz von Mangelfolgeschäden. Folglich bietet sich auch der Ersatz von Mangelfolgeschäden nach § 280 Abs. 1 BGB im Rahmen von Verträgen über die Bereitstellung digitaler Inhalte oder Dienstleistungen an.

b. Ersatz immaterieller Schäden

Bei Anwendung der §§ 280, 281, 283, 311a BGB auf Verträge über die Bereitstellung digitaler Inhalte oder Dienstleistungen wären immaterielle Schäden nur nach Maßgabe des § 253 BGB ersatzfähig. Unter immateriellen Schäden sind Nichtvermögensschäden zu verstehen, die sich etwa durch körperliche Schmerzen oder seelische Unlustgefühle äußern können.[640] Nach § 253 Abs. 1 BGB werden immaterielle Schäden nur in den gesetzlich angeordneten Fällen in Geld entschädigt. In diesem Zusammenhang ist zu untersuchen, ob es einer neuen gesetzlichen Anordnung i.S.v. § 253 Abs. 1 BGB bedarf, wonach der Verbraucher als Vertragspartei eines Vertrags über die Bereitstellung digitaler Inhalte oder Dienstleistungen grds. Ersatz für immaterielle Schäden verlangen kann, die durch die mangelhafte Leistung entstanden sind.

aa. Interesse des Verbrauchers an einer Entschädigung für immaterielle Schäden

Für eine besondere gesetzliche Anordnung der Ersatzfähigkeit immaterieller Schäden im Rahmen von Verträgen über die Bereitstellung digitaler Inhalte oder Dienstleistungen spricht aufseiten des Verbrauchers, dass sich dieser oftmals der besonderen Gefahr immaterieller Verluste aussetzt. Speichert etwa ein Dropbox-Kunde private Fotos und Videos, besteht eine besondere Gefahr, dass seine privaten Dateien bspw. aufgrund eines Serverfehlers abhandenkommen.

Darüber hinaus besteht für den Verbraucher im Rahmen von Verträgen über die Bereitstellung digitaler Inhalte oder Dienstleistungen ein empfindliches

639 Hierzu § 8 A.II.2.c.bb.

640 Oetker, in: MüKo, BGB, Bd. 2, § 253 Rn. 9.

Risiko einer Beeinträchtigung seines Allgemeinen Persönlichkeitsrechts. So kann ein Fehler oder eine Sicherheitslücke in der Software dazu führen, dass sich Hacker Zugang zu Daten des Nutzers verschaffen und diese veröffentlichen.[641] Bspw. können private Dropbox-Konten durch unberechtigte Dritte gehackt und aus ihnen private Fotos oder Videos heruntergeladen und veröffentlicht werden. Der Verbraucher ist mithin einer erhöhten Gefahr immaterieller Schäden ausgesetzt, welche eine besondere gesetzliche Anordnung i.S.v. § 253 Abs. 1 BGB erfordern könnte.

bb. Entgegenstehende Interessen des Unternehmers

Gegen eine Kompensation immaterieller Schäden im Rahmen von Verträgen über die Bereitstellung digitaler Inhalte oder Dienstleistungen spricht aber aufseiten des Unternehmers, dass sich der Verbraucher selbst dazu entscheidet, sich einer besonderen Gefahr immaterieller Schäden auszusetzen, wenn er bspw. seine privaten Fotos und Videos auf dem Server des Anbieters abspeichert. Es steht ihm im Übrigen frei, seine Daten noch auf andere Weise abzusichern, wenn sie für den Verbraucher von besonderer Bedeutung sind.

Des Weiteren ist bei schwerwiegenden Beeinträchtigungen des Allgemeinen Persönlichkeitsrechts, die nicht auf andere Weise ausgeglichen werden können, bereits ein Anspruch auf Entschädigung in Geld anerkannt.[642] Es besteht daher auch vor diesem Hintergrund kein übergeordnetes Interesse des Verbrauchers an einer grundsätzlichen Ersatzfähigkeit immaterieller Schäden infolge mangelhafter Bereitstellung.

Schließlich spricht gegen eine grundsätzliche Ersatzfähigkeit immaterieller Schäden bei mangelhaften digitalen Inhalten oder Dienstleistungen, dass es aufgrund der Unterschiedlichkeit immaterieller Schadensposten keinen einheitlichen und nachvollziehbaren Maßstab dafür gäbe, wann und in welcher Höhe ein immaterieller Schaden zu entschädigen ist.[643] Insoweit sind die Interessen des Unternehmers als gewichtiger zu bewerten. Eine besondere gesetzliche Anordnung zur Ersatzfähigkeit immaterieller Schäden i.S.v. § 253 Abs. 1 BGB ist daher auch im Rahmen von Verträgen über die Bereitstellung digitaler Inhalte oder

---

641 Vgl. Mak, The New Proposal for Harmonised Rules, S. 27.

642 Ebert, in: Erman, BGB, § 253 Rn. 19ff.; Förster, in: JA 2015, 801 (806); Vieweg/Lorz, in: jurisPK-BGB, Bd. 2, § 253 Rn. 39ff.

643 Vgl. Oetker, in: MüKo, BGB, Bd. 2, § 253 Rn. 5; Grundmann, in: AcP 204 (2004), 569 (600).

Dienstleistungen nicht notwendig, um den besonderen Interessen der Parteien Rechnung zu tragen.

Vor diesem Hintergrund ist die Anwendung der allgemeinen Grundsätze und Vorschriften in den §§ 280, 281, 283, 311a und 284 BGB auf Verträge über die Bereitstellung digitaler Inhalte oder Dienstleistungen geeignet.

D. Zwischenergebnis

Sofern das Bestehen eines Mangels zum maßgeblichen Zeitpunkt zu bejahen ist, können dem Nutzer von Cloud-Diensten nach bisheriger deutscher Gesetzeslage unter bestimmten Voraussetzungen unterschiedliche Abhilferechte zustehen. Hierzu gehören je nach Ausgestaltung des konkreten Cloud-Computing-Vertrags insbesondere die Nacherfüllung, die Preisminderung, die Vertragsbeendigung durch Kündigung oder Rücktritt sowie das Recht auf Schadensersatz.

Die Digitale-Inhalte-Richtlinie sieht nunmehr für sämtliche „Bereitstellungs"-Verträge in Art. 14 Abs. 1–3 DIRL ein grds. vorrangiges, verschuldensunabhängiges Recht zur Nacherfüllung vor. Darüber hinaus kann der Verbraucher bei Vorliegen der tatbestandlichen Voraussetzungen nach Art. 14 Abs. 1, 4 und 6 DIRL den Vertrag beenden oder den Preis nach Art. 14 Abs. 1, 4 und 5 DIRL mindern. Von der Regelung eines Schadensersatzanspruchs sieht die Digitale-Inhalte-Richtlinie hingegen ab und überlässt den Mitgliedstaaten eine entsprechende Regelung. Für den deutschen Gesetzgeber würde es sich insoweit anbieten, auf die allgemeinen Grundsätze und Vorschriften in den §§ 280, 281, 283, 311a und § 284 BGB zurückzugreifen.

§ 7 Die Beweislast für das Vorliegen eines Mangels

Da der Nutzer von Cloud-Diensten seine Abhilferechte nur bei Vorliegen eines Mangels durchsetzen kann, ist es für die Parteien eines Cloud-Computing-Vertrags von großer Bedeutung, wer die Darlegungs- und im Streitfall die Beweislast[644] für das Bestehen eines Mangels trägt. Im Folgenden ist daher zu untersuchen, wie die aufgeworfene Beweislastfrage nach bisheriger deutscher Gesetzeslage für die Parteien eines Cloud-Computing-Vertrags (hierzu **A.**) zu beantworten ist. Des Weiteren ist zu erörtern, wie die Beweislast für das Bestehen einer Vertragswidrigkeit in der Digitale-Inhalte-Richtlinie ausgestaltet ist (hierzu **B.**). Vor diesem Hintergrund soll schließlich die Beweislastregelung der Digitale-Inhalte-Richtlinie rechtspolitisch analysiert werden (hierzu **C.**).

A. Die Beweislast nach bisheriger deutscher Gesetzeslage

Bei der Beurteilung der Beweislast für das Bestehen eines Mangels gilt im bisher anwendbaren deutschen Recht der allgemeine Grundsatz, dass jeder die tatsächlichen Voraussetzungen einer für ihn günstigen Rechtsnorm beweisen muss.[645] Ob dieser Grundsatz in jedem Fall gilt oder ob es auch Abweichungen hierzu gibt, ist im Folgenden in Bezug auf Cloud-Computing-Verträge mit kaufvertraglichen (hierzu **I.**), mietvertraglichen (hierzu **II.**), werkvertraglichen (hierzu **III.**) und dienstvertraglichen (hierzu **IV.**) Elementen zu analysieren.

I. Beweislast bei Cloud-Computing-Verträgen mit kaufvertraglichen Elementen

In Bezug auf Cloud-Computing-Verträge mit kaufvertraglichen Elementen ist hinsichtlich der Beweislastverteilung zu differenzieren, ob die Kaufsache bereits übergeben wurde oder nicht.

---

644 Der Begriff „Beweislast" erfasst im Folgenden auch die Darlegungslast der beweispflichtigen Partei.

645 Bischoff, in: JA 2010, 532.

1. Beweislast vor Übergabe der Kaufsache

In Anwendung des allgemeinen Grundsatzes muss der Nutzer, der sich auf seine in § 437 BGB aufgezählten Mängelrechte beruft, grds. auch das Vorliegen eines Mangels zum maßgeblichen Zeitpunkt beweisen. Eine besondere Regelung ist allerdings im Allgemeinen Schuldrecht in § 363 BGB enthalten. Hiernach trifft den Gläubiger, der eine ihm angebotene Leistung als Erfüllung angenommen hat, die Beweislast für das Bestehen des Mangels zum Zeitpunkt des Gefahrübergangs, wenn er die Leistung nicht als Erfüllung gelten lassen will, weil sie eine unvollständige oder andere als die geschuldete Leistung gewesen sei. Von einer Annahme der Leistung als Erfüllung ist auszugehen, wenn der Wille des Gläubigers bei der Hinnahme der Leistung darauf gerichtet ist, die angebotene Leistung als geschuldet anzunehmen und sie in der Hauptsache als vertragsgemäß gelten zu lassen.[646] Sofern der Gläubiger die angebotene Leistung auf diese Weise als Erfüllung annimmt, tritt eine Beweislastumkehr zu seinen Lasten ein. Im Umkehrschluss trägt daher der Schuldner die Beweislast, bevor der Gläubiger die angebotene Leistung als Erfüllung angenommen hat.[647] Mithin hat im Rahmen von Cloud-Computing-Verträgen der Anbieter vor Übergabe des verkauften digitalen Inhalts an den Nutzer dessen Mangelfreiheit zu beweisen. Lehnt der Nutzer etwa die Annahme eines dauerhaft bereitzustellenden E-Books ab, weil er meint, das E-Book entspreche nicht den vereinbarten Standards, so obliegt dem Anbieter der Nachweis, dass sich das E-Book in einem vertragsgemäßen Zustand befindet. Dies kann etwa relevant werden, wenn der Anbieter einen Kaufpreiszahlungsanspruch aus § 433 Abs. 2 BGB geltend macht, der Nutzer sich aber auf ein Zurückbehaltungsrecht aus § 320 BGB beruft, da aus seiner Sicht das angebotene E-Book mangelhaft ist.

2. Beweislast nach Übergabe der Kaufsache

Hiervon zu unterscheiden ist die Beweislast für das Vorliegen eines Mangels nach Übergabe der Kaufsache. In diesem Fall findet § 363 BGB direkte Anwendung. Im Verbrauchsgüterkauf findet aber eine Beweiserleichterung nach § 477 BGB statt.

---

646 Stürner, in: Jauernig, BGB, § 363 Rn. 2; Dennhardt, in: BeckOK, BGB, § 363 Rn. 5; BGH NJW 2007, 2394 (2395).

647 Fetzer, in: MüKo, BGB, Bd. 3, § 363 Rn. 1; Stürner, in: Jauernig, BGB, § 363 Rn. 1.

a. Beweislast bei Annahme als Erfüllung, § 363 BGB

Ist der Wille des Nutzers bei der Entgegennahme der vom Anbieter angebotenen Leistung darauf gerichtet, diese als geschuldet anzunehmen und sie in der Hauptsache als vertragsgemäß gelten zu lassen, geht die Beweislast vom Anbieter auf den Nutzer über. Dies gilt allerdings nicht, wenn der Nutzer den Gegenstand nur zur vorläufigen Prüfung und Untersuchung entgegennimmt.[648]

b. Beweiserleichterung im Verbrauchsgüterkauf, § 477 BGB

Handelt es sich bei dem Nutzer aber um einen Verbraucher, wird ihm die Pflicht zur Beweisführung durch die Regelung in § 477 BGB erleichtert. Nach § 477 BGB wird vermutet, dass die Sache bereits bei Gefahrübergang mangelhaft war, wenn sich innerhalb von sechs Monaten ein Mangel zeigt, es sei denn, diese Vermutung ist mit der Art der Sache oder des Mangels unvereinbar. § 477 BGB erleichtert dem Käufer also insoweit den Beweis nach § 363 BGB, als er nicht beweisen muss, dass der Mangel bei Gefahrübergang vorlag, sondern lediglich, dass der Mangel innerhalb von sechs Monaten nach Gefahrübergang aufgetreten ist.[649] Kann der Käufer dies beweisen, wird vermutet, dass der aufgetretene Mangel jedenfalls in seiner Grundform bereits bei Gefahrübergang vorlag.[650] Kauft ein Verbraucher etwa ein E-Book und kann er beweisen, dass innerhalb von sechs Monaten ein Mangel an dem E-Book aufgetreten ist (bspw. wird der Inhalt einiger Seiten nicht angezeigt), so wird gem. § 477 BGB vermutet, dass das E-Book bereits zum Zeitpunkt der Übergabe i.S.v. § 446 S. 1 BGB mit einem Grundmangel behaftet war.

Hintergrund für die Beweiserleichterung in § 477 BGB ist, dass der Verkäufer im Zeitpunkt der Übergabe regelmäßig eine bessere Sachkenntnis in Bezug auf das Verbrauchsgut hat und zur Prüfung der Vertragsgemäßheit angehalten sein soll.[651] Um die Vermutung zu widerlegen, muss der Verkäufer beweisen, dass der binnen sechs Monaten aufgetretene Mangel auf einer nach Gefahrübergang eingetretenen, ihm nicht zurechenbaren Ursache beruht.[652] Er muss hingegen nicht beweisen, dass die Sache bei Gefahrübergang mangelfrei war.[653]

---

648 Buck-Heeb, in: Erman, BGB, § 363 Rn. 2.

649 Faust, in: BeckOK, BGB, § 477 Rn. 1.

650 Ball, in: jurisPK-BGB, Bd. 2, § 477 Rn. 29.

651 Ball, in: jurisPK-BGB, Bd. 2, § 477 Rn. 3; Weidenkaff, in: Palandt, BGB, § 477 Rn. 2.

652 Berger, in: Jauernig, BGB, § 477 Rn. 1; BGH NJW 2017, 1093 (1099).

653 Faust, in: BeckOK, BGB, § 477 Rn. 13.

Die Beweislastumkehr greift nach der Einschränkung in § 477 HS. 2 BGB dann nicht ein, wenn die Vermutung, dass die Sache bereits bei Gefahrübergang mangelhaft war, mit der Art der Sache oder des Mangels unvereinbar ist. Hierunter fallen solche Fälle, in denen bei Berücksichtigung sowohl der Art der Sache als auch der Art des Mangels ein Erfahrungssatz dafür spricht, dass der Mangel erst nachträglich entstanden ist.[654] Denkbar wäre dies im genannten Beispiel bei dem Kauf eines E-Books etwa, wenn das Endgerät des Nutzers eindeutig mit Viren behaftet ist, sodass nicht nur das Abrufen des E-Books nicht ordnungsgemäß funktioniert, sondern das Endgerät an sich nicht mehr brauchbar ist. In diesem Fall verbleibt die Beweislast für das Vorliegen des Mangels zum maßgeblichen Zeitpunkt bei dem Nutzer.

II. Beweislast bei Cloud-Computing-Verträgen mit mietvertraglichen Elementen

Bei Cloud-Computing-Verträgen mit mietvertraglichen Elementen ist im Hinblick auf die Beweislast für das Vorliegen eines Mangels ebenfalls zwischen Mängeln vor und nach der Überlassung der Mietsache zu unterscheiden.

1. Beweislast für Mängel vor Überlassung

Ebenso wie der Verkäufer muss auch der Vermieter im Umkehrschluss zur allgemeinen Regelung in § 363 BGB vor der Annahme als Erfüllung durch den Mieter die Mangelfreiheit der Mietsache beweisen.[655] Haben also etwa der Anbieter Dropbox und der Nutzer einen Vertrag über die Bereitstellung von zusätzlichem Speicherplatz geschlossen, so kann der Anbieter nur dann die Vergütung vom Nutzer verlangen, wenn der Nutzer dem Anspruch nicht ein Zurückbehaltungsrecht aus § 320 BGB entgegenhalten kann, weil das Dropbox-Konto etwa nicht mit der geschuldeten Speicherkapazität überlassen wurde. Der Anbieter muss in diesem Fall beweisen, dass das dem Nutzer angebotene Konto den geschuldeten Maßstäben entspricht.

---

654 Lorenz, in: MüKo, BGB, Bd. 4–1, § 477 Rn. 17.

655 Blank, in: Blank/Börstinghaus, Miete, § 536 Rn. 240; Eisenschmid, in: Schmidt-Futterer, Mietrecht, § 536 Rn. 486.

2. *Beweislast für Mängel nach Überlassung*

Nach der Überlassung findet § 363 BGB direkte Anwendung, wobei im Mietvertragsrecht auch die Sphärentheorie Auswirkungen auf die Beweislast haben kann. Darüber hinaus können Mängel zufällig auftreten.

a. *Beweislast bei Annahme als Erfüllung, § 363 BGB und Sphärentheorie*

Mit der Überlassung der Mietsache geht die Beweislast für das Bestehen eines Mangels bei Gefahrübergang ebenfalls gem. § 363 BGB auf den Mieter über.[656] Tritt also nach Bereitstellung des Dropbox-Programms an den Nutzer ein Mangel an dem Programm auf (bspw. lassen sich Dateien nicht abspeichern), so hat der Nutzer das Vorliegen dieses Mangels zu beweisen. Anderes gilt jedoch, wenn der Nutzer – wie im Kaufrecht – den Mietgegenstand angenommen, hierbei aber einen Vorbehalt seiner Rechte nach § 536b S. 3 BGB erklärt hat.[657] In diesem Fall muss weiterhin der Anbieter nachweisen, dass die überlassenen Cloud-Dienste keine Mängel aufweisen.

Ist aber nun zwischen dem Mieter und dem Vermieter streitig, ob der nach Überlassung aufgetretene Mangel aus dem Herrschafts- und Einflussbereich des Mieters oder des Vermieters stammt, so greift diesbezüglich eine ungeschriebene Beweiserleichterung zugunsten des Mieters für die Verursachung des Mangels.[658] Diese knüpft daran an, dass dem Nutzer die Einsichtsmöglichkeit in den Verantwortungsbereich des Anbieters fehlt, um seiner Beweispflicht nachzukommen.[659] Folglich hat zunächst der Vermieter nach der sog. Sphärentheorie zu beweisen, dass die Ursache des Mangels nicht in seinem Pflichten- und Verantwortungsbereich verursacht wurde, sondern aus dem Herrschaftsbereich des Mieters stammt.[660] Gelingt dies dem Vermieter, so obliegt dem Mieter der Beweis, dass er den Mangel nicht zu vertreten hat.[661] Ist zwischen den Parteien bspw. streitig, ob eine Fehlfunktion des Microsoft Word-Programms auf ein

---

656 Blank, in: Blank/Börstinghaus, Miete, § 536 Rn. 241; Häublein, in: MüKo, BGB, Bd. 4–2, § 536 Rn. 45; vgl. BGH NJW 2007, 2394 (2395).

657 Häublein, in: MüKo, BGB, Bd. 4–2, § 536 Rn. 45; a.A.: Blank, in: Blank/Börstinghaus, Miete, § 536 Rn. 240; Eisenschmid, in: Schmidt-Futterer, Mietrecht, § 536 Rn. 487.

658 Wiederhold, in: BeckOK, BGB, § 536a Rn. 53.

659 BGH NJW 2006, 1061.

660 Blank, in: Blank/Börstinghaus, Miete, § 536 Rn. 244; Eisenschmid, in: Schmidt-Futterer, Mietrecht, § 536 Rn. 494; Häublein, in: MüKo, BGB, Bd. 4–2, § 536 Rn. 45.

661 Blank, in: Blank/Börstinghaus, Miete, § 536 Rn. 244; Eisenschmid, in: Schmidt-Futterer, Mietrecht, § 536 Rn. 494; Häublein, in: MüKo, BGB, Bd. 4–2, § 536 Rn. 45.

Virus auf dem Endgerät des Nutzers oder auf eine Fehlprogrammierung der Software zurückzuführen ist, muss zunächst der Anbieter Microsoft beweisen, dass die Fehlfunktion nicht aus seinem, sondern aus dem Herrschaftsbereich des Nutzers herrührt. Kann er diesen Beweis erbringen, muss der Nutzer beweisen, dass er die Fehlfunktion des Microsoft Word-Programms nicht zu vertreten hat.

b. Beweislast für zufällige Mangel, § 538 BGB

Vor dem Hintergrund, dass der Vermieter bei streitigen Mängeln in Anwendung der Sphärentheorie beweisen muss, dass der Mangel nicht in seinem Herrschaftsbereich entstanden ist, stellt sich die Frage, wer die Beweislast für Mängel trägt, die zufällig auftreten. Nach § 538 BGB hat der Mieter zufällige Veränderungen oder Verschlechterungen der Mietsache, die durch den vertragsgemäßen Gebrauch herbeigeführt werden, nicht zu vertreten. Solche zufälligen Veränderungen oder Verschlechterungen hat der Vermieter daher auch nach § 535 Abs. 1 S. 2 BGB zu beseitigen. Die Beweislast für derartige Konstellationen ist wie folgt zwischen den Parteien verteilt: Der Anbieter muss zunächst beweisen, dass er dem Nutzer die Cloud-Dienste mangelfrei überlassen hat und die Schadensursache aus dem Herrschafts- und Obhutsbereich des Nutzers stammt.[662] Gelingt ihm dies, so obliegt dem Nutzer der Beweis, dass er die Cloud-Dienste vertragsgemäß gebraucht und er den Schadenseintritt nicht zu vertreten hat.[663] Nur wenn der Nutzer diesen Beweis erbringt, kann er seine Mängelrechte auch durchsetzen.

III. Beweislast bei Cloud-Computing-Verträgen mit werkvertraglichen Elementen

Auch bei werkvertraglich einzuordnenden Cloud-Computing-Verträgen ist zwischen der Beweislast für Mängel vor und nach der Abnahme i.S.v. § 640 BGB zu unterscheiden. Vor der Abnahme hat der Anbieter zu beweisen, dass die Cloud-Dienste mangelfrei und damit abnahmefähig i.S.v. § 640 BGB sind, wenn er seinen Vergütungsanspruch geltend machen will.[664] Nach der Abnahme des

---

662 Bieber, in: MüKo, BGB, Bd. 4, § 538 Rn. 7; Eisenschmid, in: Schmidt-Futterer, Mietrecht, § 538 Rn. 4; Gramlich, Mietrecht, § 538 Rn. 4; Zehelein, in: BeckOK, BGB, § 538 Rn. 19.

663 Bieber, in: MüKo, BGB, Bd. 4, § 538 Rn. 7; Eisenschmid, in: Schmidt-Futterer, Mietrecht, § 538 Rn. 4; Gramlich, Mietrecht, § 538 Rn. 5; Zehelein, in: BeckOK, BGB, § 538 Rn. 19.

664 Busche, in: MüKo, BGB, Bd. 5-1, § 634 Rn. 76; Genius, in: jurisPK-BGB, Bd. 2, § 634 Rn. 67; Voit, in: BeckOK, BGB, § 633 Rn. 32.

Werks geht die Beweislast für das Vorliegen eines Mangels zum maßgeblichen Zeitpunkt hingegen gem. § 363 BGB auf den Nutzer über.[665] Dem Nutzer wird aber die Beweisführung insoweit erleichtert, als bereits die Darlegung der Mangelsymptome zur Substantiierung des Vortrags und im Streitfall zum Eintritt in die Beweisaufnahme genügt.[666]

IV. Beweislast bei Cloud-Computing-Verträgen mit dienstvertraglichen Elementen

Die allgemeinen Grundsätze zur Beweislast gelten auch für Cloud-Computing-Verträge mit dienstvertraglichen Elementen. Mithin muss der Dienstberechtigte nach § 363 BGB die Mangelhaftigkeit der erbrachten Dienste erst dann beweisen, wenn er die Dienste als Erfüllung angenommen hat.[667] Vor Annahme der Dienste obliegt die Beweislast für das Bestehen eines Mangels dem Dienstverpflichteten. Ist der Anbieter Microsoft also neben der Bereitstellung seines Office-365-Home-Programms also auch etwa zur Durchführung von Unterstützungs- und Schulungsleistungen verpflichtet, so tritt eine Beweislastumkehr zulasten des Nutzers nach § 363 BGB erst ein, wenn dieser die Unterstützungs- und Schulungsleistungen als Erfüllung angenommen hat.

B. Die Beweislast nach der Digitale-Inhalte-Richtlinie, Art. 12 DIRL

Der nachfolgende Abschnitt widmet sich der Untersuchung, wie sich die Beweislast der Parteien eines Cloud-Computing-Vertrags für das Bestehen eines Mangels zum maßgeblichen Zeitpunkt nunmehr nach der Digitale-Inhalte-Richtlinie gestaltet. Eine maßgebliche Regelung hierzu trifft Art. 12 DIRL.

Nach Art. 12 Abs. 1 DIRL trägt der Unternehmer zunächst die Beweislast dafür, dass die digitalen Inhalte oder Dienstleistungen im Einklang mit Art. 5 DIRL bereitgestellt wurden. Er muss folglich den Nachweis erbringen, dass er die digitalen Inhalte oder Dienstleistungen dem Verbraucher oder einer vom Verbraucher bestimmten Einrichtung zur rechten Zeit zugänglich gemacht oder zur Verfügung gestellt hat. Im Hinblick auf das Bestehen einer Vertragswidrigkeit

---

665 BGH NJW 2002, 223; Busche, in: MüKo, BGB, Bd. 5-1, § 634 Rn. 76; Genius, in: jurisPK-BGB, Bd. 2, § 634 Rn. 65.

666 Voit, in: BeckOK, BGB, § 633 Rn. 32; Westermann, in: Erman, BGB, § 633 Rn. 20.

667 Hwang, Minderung beim Dienstvertrag, S. 145.

trifft die Digitale-Inhalte-Richtlinie maßgebliche Regelungen zur Beweislast in Art. 12 Abs. 2–5 DIRL.

I. Beweislast des Unternehmers für das Bestehen der Vertragswidrigkeit zum maßgeblichen Zeitpunkt, Art. 12 Abs. 2 und Abs. 3 DIRL

Die Beweislast für das Bestehen einer Vertragswidrigkeit i.S.v. Art. 6 DIRL zum maßgeblichen Zeitpunkt wird in Art. 12 Abs. 2 und Abs. 3 DIRL geregelt. Hierbei ist zu beachten, dass nach Art. 6 DIRL die digitalen Inhalte oder Dienstleistungen dann vertragsgemäß sind, wenn sie „unbeschadet des Art. 10 DIRL" die Anforderungen der Art. 7–9 DIRL erfüllen. Da sich Art. 6 DIRL insoweit nur direkt auf Art. 7, 8 und 9 DIRL bezieht, gilt die Beweislastregelung in Art. 12 Abs. 2 und 3 DIRL nicht im Rahmen der Haftung des Unternehmers für das Bestehen von Drittrechten i.S.v. Art. 10 DIRL.[668] Art. 12 Abs. 2 und 3 DIRL regelt vielmehr nur die Beweislast des Unternehmers für das Vorliegen einer Vertragswidrigkeit i.S.d. Art. 6 i.V.m. Art. 7, 8 und 9 DIRL. Hierbei wird zwischen den Fällen differenziert, in denen entweder eine einmalige oder eine Reihe einzelner Bereitstellungen oder in denen eine fortlaufende Bereitstellung über einen Zeitraum stattfindet.

1. Beweislast bei einmaliger oder einer Reihe einzelner Bereitstellungen, Art. 12 Abs. 2 DIRL

Wird im Rahmen von Verträgen, denen eine einmalige oder eine Reihe einzelner Bereitstellungen gem. Art. 11 Abs. 2 DIRL zugrunde liegt, innerhalb eines Jahres nach Bereitstellung eine Vertragswidrigkeit offenbar, trägt der Unternehmer gem. Art. 12 Abs. 2 DIRL die Beweislast dafür, dass die digitalen Inhalte oder Dienstleistungen zum Zeitpunkt der Bereitstellung in vertragsgemäßem Zustand waren.

a. Einmalige oder eine Reihe einzelner Bereitstellungen i.S.v. Art. 11 Abs. 2 DIRL

Für das Bestehen einer einmaligen Bereitstellung oder einer Reihe einzelner Bereitstellungen ist maßgeblich, dass dem Verbraucher der unbefristete Zugang und unbefristete Nutzungsrechte für die digitalen Inhalte oder Dienstleistungen eingeräumt werden.[669] So kann laut ErwG 56 S. 1 DIRL etwa von

668 Zur Beweislastverteilung i.R.v. Art. 10 DIRL bereits § 5 B.IV.1.
669 ErwG 56 S. 3 DIRL.

einer „einmaligen Bereitstellung“ ausgegangen werden, wenn der Verbraucher ein E-Book herunterlädt und auf seinem persönlichen Gerät abspeichert. Eine „Reihe einzelner Bereitstellungen“ kann hingegen laut ErwG 56 S. 2 DIRL bspw. angenommen werden, wenn dem Verbraucher wöchentlich ein Link für das Herunterladen eines neuen E-Books zugesendet wird. In derartigen Fällen haftet der Unternehmer gem. Art. 11 Abs. 2 UAbs. 1 DIRL nur für Vertragswidrigkeiten, die zum Zeitpunkt der Bereitstellung bestehen.

b. Offenbarwerden einer Vertragswidrigkeit binnen eines Jahres nach Bereitstellung

Bei Verträgen, denen eine einmalige Bereitstellung oder eine Reihe einzelner Bereitstellungen zugrunde liegt, greift die Beweislastregelung zulasten des Unternehmers gem. Art. 12 Abs. 2 DIRL nur ein, wenn eine Vertragswidrigkeit binnen eines Jahres nach Bereitstellung „offenbar“ wird. Es muss sich also binnen eines Jahres nach der Bereitstellung eine Fehlfunktion äußern, die als Vertragswidrigkeit i.S.v. Art. 6 DIRL anzusehen ist. ErwG 59 S. 3 DIRL stellt klar, dass hierbei der Verbraucher beweisen muss, dass eine Vertragswidrigkeit an den digitalen Inhalten oder Dienstleistungen aufgetreten ist. Mithin muss der Verbraucher etwa beweisen, dass eine von ihm gekaufte Kopie des Office-365-Home-Programm (mittlerweile) eine Fehlfunktion aufweist, die als Vertragswidrigkeit i.S.v. Art. 6 DIRL anzusehen ist.

c. Beweislast des Unternehmers für das Vorliegen der Vertragswidrigkeit zum Zeitpunkt der Bereitstellung

Liegen die genannten Voraussetzungen vor, muss der Unternehmer gem. Art. 12 Abs. 2 DIRL beweisen, dass die (vom Verbraucher zu beweisende) Vertragswidrigkeit nicht bereits zum Zeitpunkt der Bereitstellung vorlag. Im genannten Beispiel muss der Unternehmer also beweisen, dass die Kopie des Office-365-Home-Programms zum Zeitpunkt der Bereitstellung noch in einem vertragsgemäßen Zustand war. In diesem Zusammenhang ist sowohl der Umfang der Beweislast des Unternehmers als auch der Hintergrund für die zeitlich extensive Beweislast zu erörtern.

aa. Umfang der Beweislast des Unternehmers

Im Hinblick auf den Umfang der Beweislast des Unternehmers geht aus Art. 12 Abs. 2 DIRL nicht eindeutig hervor, wann der Unternehmer seiner Beweispflicht genüge getan hat. Dies könnte zum einen angenommen werden, wenn er beweist, dass die zutage getretene Fehlfunktion in ihrer konkreten Gestalt noch nicht zum Zeitpunkt der Bereitstellung bestand. Zum anderen könnte der Beweis erforderlich sein, dass die Ursache der Vertragswidrigkeit in einem Umstand liegt, der erst nach der Bereitstellung eingetreten ist. Aufschlussreich ist in diesem Zusammenhang aber ein systematischer Vergleich mit Art. 5 Abs. 3 VerbrGKRL.

Nach Art. 5 Abs. 3 VerbrGKRL wird bis zum Beweis des Gegenteils vermutet, dass Vertragswidrigkeiten, die binnen sechs Monaten nach der Lieferung eines Gutes offenbar werden, bereits zum Zeitpunkt der Lieferung bestanden, es sei denn, diese Vermutung ist mit der Art des Gutes oder der Art der Vertragswidrigkeit unvereinbar. Die Reichweite dieser Vermutung war lange Zeit umstritten. Unklar war, ob lediglich vermutet werden sollte, dass der Mangel, der sich innerhalb von sechs Monaten äußert, in seiner konkreten Gestalt bereits bei Gefahrübergang vorlag, oder ob vermutet werden sollte, dass jedenfalls ein Grundmangel bereits bei Gefahrübergang vorgelegen hatte, der sich ggf. erst später offenbart hat.[670] Für Klarheit hat erst der EuGH mit seinem Faber-Urteil vom 4. Juni 2015 gesorgt.

Hierin hat der EuGH entschieden, dass der Verbraucher zwar beweisen muss, dass das verkaufte Gut nicht vertragsgemäß ist und dass die in Rede stehende Vertragswidrigkeit binnen sechs Monaten nach Lieferung offenbar geworden ist.[671] Sofern ihm dies aber gelingt, wird vermutet, dass die Vertragswidrigkeit jedenfalls im Ansatz bereits zum Zeitpunkt der Lieferung vorlag, auch wenn sie sich erst nach der Lieferung herausgestellt hat.[672] Mithin wird nach Art. 5 Abs. 3 VerbrGKRL vermutet, dass bei einem Mangel, der binnen sechs Monaten auftritt, bereits bei der Lieferung ein Grundmangel bestand, dessen Symptome ggf. erst später sichtbar wurden. Der Verkäufer kann diese Vermutung auch nicht durch den Nachweis widerlegen, dass die konkret zutage getretenen Symptome noch nicht bei der Lieferung vorlagen. Vielmehr muss er beweisen, dass der Grund oder Ursprung der Vertragswidrigkeit in einem Umstand liegt, der erst nach der Lieferung eingetreten ist.[673] Der Verbraucher wird allerdings nicht von dem Beweis für das Vorliegen der Vertragswidrigkeit an sich entlastet.

---

670 BGH NJW 2004, 2299 (2300); BGH NJW 2005, 3490 (3491f.); BGH NJW 2006, 434 (436); Faust, in: BeckOK, BGB, § 477 Rn. 9; Gsell, in: VuR 2015, 446 (448f.); Lorenz, in: MüKo, BGB, Bd. 4, § 477 Rn. 5.

671 EuGH Urt. v. 04.06.2015, Rs. C-497/13 – Faber ./. Autobedrijf Hazet Ochten BV, Rn. 71.

672 EuGH Urt. v. 04.06.2015, Rs. C-497/13 – Faber ./. Autobedrijf Hazet Ochten BV, Rn. 72.

673 EuGH Urt. v. 04.06.2015, Rs. C-497/13 – Faber ./. Autobedrijf Hazet Ochten BV, Rn. 73; Stürner, Stellungnahme DIRL, S. 10.

Aus ErwG 59 S. 3 DIRL wird deutlich, dass diese Erwägungen auch im Rahmen der Digitale-Inhalte-Richtlinie gelten sollen. Hiernach soll es dem Verbraucher nämlich im Fall einer Streitigkeit zwar obliegen, die Vertragswidrigkeit der digitalen Inhalte oder Dienstleistungen nachzuweisen. Der Verbraucher soll nur nicht nachweisen müssen, dass die Vertragswidrigkeit zum Zeitpunkt der Bereitstellung bereits bestanden hat. Insoweit übernimmt die Digitale-Inhalte-Richtlinie die Erwägungen des EuGH im Faber-Urteil und statuiert in Art. 12 Abs. 2 DIRL lediglich eine Beweislast des Unternehmers für das zeitliche Vorliegen der Vertragswidrigkeit. Der Unternehmer hat seiner Beweislast daher auch nur dann genüge getan, wenn er beweisen kann, dass die Fehlfunktionen der digitalen Inhalte oder Dienstleistungen auf einen Umstand zurückzuführen sind, der erst nach der Bereitstellung eingetreten ist. Insoweit ergibt sich gegenüber der Beweislast nach bisheriger deutscher Gesetzeslage noch keine maßgebliche Veränderung, da im Rahmen von kaufvertraglichen Cloud-Computing-Verträgen zwischen Verbraucher und Unternehmer Entsprechendes nach § 477 BGB gilt.

bb. Zeitlich umfassendere Beweislast gegenüber Art. 5 Abs. 3 VerbrGKRL

Zu beachten ist aber, dass Art. 12 Abs. 2 DIRL eine zeitlich umfassendere Beweislast des Unternehmers vorsieht als Art. 5 Abs. 3 VerbrGKRL. Nach Art. 5 Abs. 3 VerbrGKRL greift die Vermutung für das Bestehen des (Grund-)Mangels bei Gefahrübergang für alle Mängel ein, die sich innerhalb von sechs Monaten ab Gefahrübergang äußern. Demgegenüber trifft den Unternehmer gem. Art. 12 Abs. 2 DIRL für ein Jahr ab der Bereitstellung die Beweislast dafür, dass die Vertragswidrigkeit zum Zeitpunkt der Bereitstellung noch nicht vorlag. Gegenüber dem bisher anwendbaren deutschen Recht, in dem die Regelung aus Art. 5 Abs. 3 VerbrGKRL in § 477 BGB umgesetzt ist, ist der Zeitraum, in dem der Anbieter von Cloud-Diensten für das zeitliche Bestehen des Mangels beweispflichtig ist, also nunmehr verdoppelt worden. Im Folgenden sind die Hintergründe hierfür zu beleuchten.

(1) Fehlende Abnutzbarkeit digitaler Inhalte oder Dienstleistungen gegenüber Waren

Ein Grund für die zeitlich extensivere Beweislast des Unternehmers im Rahmen von Verträgen über die Bereitstellung digitaler Inhalte oder Dienstleistungen kann zunächst darin liegen, dass digitale Inhalte oder Dienstleistungen im Gegensatz zu Waren nicht abgenutzt werden können. Damit hatte die Europäische Kommission jedenfalls begründet, warum sie in ihrem Vorschlag für die Digitale-Inhalte-Richtlinie in Art. 9 Abs. 1 DIRL a.F. ursprünglich von einer zeitlichen Beschränkung der Beweislastumkehr zulasten des Unternehmers abgesehen hatte.[674] Da digitale Inhalte oder Dienstleistungen i.d.R. nicht körperlich sind, können sie selbst nicht durch Abnutzungsmaßnahmen, wie etwa durch regelmäßiges Anfassen, Ablegen, An- oder Ausschalten verschlechtert werden. Demgegenüber verschlechtert sich der körperliche Zustand von Waren regelmäßig mit der Benutzung durch den Käufer. Dieser schlägt etwa ein gekauftes Buch auf, zerknittert Seiten, faltet Eselsohren, vergießt Kaffee auf den Seiten usw. Tritt ein Mangel an einer Ware erst nach mehr als sechs Monaten binnen der Lieferung auf, so ist es wahrscheinlich, dass der Mangel aufgrund einer Abnutzungsmaßnahme durch den Käufer entstanden ist und nicht bereits bei der Lieferung vorlag.[675] Da digitale Inhalte oder Dienstleistungen aber grds. keiner derartigen Abnutzung unterliegen – schließlich lassen sie sich grds. nicht anfassen, zerknittern oder mit Kaffee übergießen –, können später auftretende Fehler auch nicht durch Abnutzung vonseiten des Verbrauchers entstanden sein.[676]

Es darf jedoch bezweifelt werden, dass die grds. fehlende Abnutzbarkeit digitaler Inhalte oder Dienstleistungen der einzige Grund für die Verlängerung der Beweislast des Unternehmers in Art. 14 Abs. 2 DIRL ist. Nach Art. 11 Abs. 1 WH-RL soll die Beweislast des Verkäufers im Warenkauf nämlich ebenfalls gegenüber Art. 5 Abs. 3 VerbrGKRL auf ein Jahr verlängert werden, obwohl Waren gerade einer Abnutzung unterliegen. Nach Art. 11 Abs. 2 WH-RL soll es den Mitgliedstaaten sogar freistehen, den Unternehmer für zwei Jahre ab dem Zeitpunkt der Lieferung mit der Beweislast für das Bestehen der Vertragswidrigkeit zum Zeitpunkt der Lieferung zu belasten. Die fehlende Abnutzbarkeit digitaler Inhalte oder Dienstleistungen kann daher jedenfalls nicht maßgeblich für die Verlängerung der Beweislast des Unternehmers sein.

(2) Überlegene Beweislage des Unternehmers

Die Digitale-Inhalte-Richtlinie begründet die verlängerte Beweislast des Unternehmers darüber hinaus mit einer weitreichenderen Entlastung des Verbrauchers. Insoweit stellt ErwG 59 S. 1 DIRL klar, dass der Unternehmer aufgrund des besonderen und äußerst komplexen Charakters digitaler Inhalte und Dienstleistungen besser als der Verbraucher beurteilen kann, warum die digitalen Inhalte oder Dienstleistungen nicht vertragsgemäß sind. Der Unternehmer verfüge nämlich anders als der Verbraucher zum einen über bessere Sach- und

---

674 KOM(2015) 634 endg. vom 10.12.2015, S. 14.

675 Vgl. Stariradeff, in: MMR 2016, 715 (717).

676 Faber, Bereitstellungspflicht, Mangelbegriff und Beweislast in der DIRL, in: Wendehorst/Zöchling-Jud, Ein neues Vertragsrecht für den digitalen Binnenmarkt?, S. 121.

Fachkenntnisse. Zum anderen habe er Zugang zu Know-how, technischen Informationen und Unterstützung durch Hochtechnologie. Der Unternehmer befinde sich insoweit i.d.R. in einer gegenüber dem Verbraucher überlegenen Beweislage. Die Verlängerung der Beweislast des Unternehmers in Art. 12 Abs. 2 DIRL gegenüber Art. 5 Abs. 3 VerbrGKRL kann also damit begründet werden, dass digitale Inhalte und Dienstleistungen von derart komplexer Natur sind, dass Durchschnittsverbraucher i.d.R. Schwierigkeiten haben, den Ursprung der Vertragswidrigkeit festzustellen, da es ihnen insoweit an Fachwissen fehlt. Der Unternehmer hingegen mag sich ggf. gegenüber dem Durchschnittsverbraucher besser mit den Produkten auskennen, die er bereitstellt, oder er kann sich jedenfalls auf einfachere Art und Weise Zugang zu Unterstützung verschaffen.[677]

2. *Beweislast bei fortlaufender Bereitstellung über einen Zeitraum, Art. 12 Abs. 3 DIRL*

Während sich Art. 12 Abs. 2 DIRL auf Verträge über einmalige oder eine Reihe einzelner Bereitstellungen bezieht, trifft Art. 12 Abs. 3 DIRL eine Regelung dazu, wer die Vertragsgemäßheit der digitalen Inhalte oder Dienstleistungen zum maßgeblichen Zeitpunkt beweisen muss, sofern der Vertrag eine fortlaufende Bereitstellung über einen Zeitraum nach Art. 11 Abs. 3 DIRL vorsieht.

ErwG 57 S. 3 DIRL stellt klar, dass für das Vorliegen einer fortlaufenden Bereitstellung über einen Zeitraum maßgeblich ist, dass dem Verbraucher die digitalen Inhalte oder Dienstleistungen nur so lange zur Verfügung stehen oder zugänglich sind, wie die festgelegte Vertragslaufzeit andauert oder der unbefristete Vertrag in Kraft ist. So sollen etwa sowohl Zweijahresverträge über die Nutzung eines Cloud-Speicherraums als auch die unbefristete Mitgliedschaft bei einer Plattform für soziale Medien erfasst sein.[678] Eine „fortlaufende“ Bereitstellung setzt hierbei nicht voraus, dass die Bereitstellung notwendigerweise über einen langen Zeitraum erfolgt; vielmehr soll auch etwa das Streaming eines Videoclips, unabhängig von dessen Abspieldauer, erfasst werden.[679] Bei derartigen Verträgen haftet der Unternehmer gem. Art. 11 Abs. 3 S. 1 DIRL für Vertragswidrigkeiten, die während des Zeitraums eintreten oder offenbar werden, in dem die digitalen Inhalte oder Dienstleistungen aufgrund des Vertrags bereitzustellen sind.

---

677 Zu der Frage, ob diese Regelung aus rechtspolitischer Sicht überzeugen kann, siehe § 7 C.I.2.a.

678 ErwG 57 S. 2 DIRL.

679 ErwG 57 S. 5 DIRL.

Wird eine Vertragswidrigkeit innerhalb des Zeitraums offenbar, in dem die digitalen Inhalte oder Dienstleistungen im Rahmen des Vertrags bereitzustellen sind, trägt der Unternehmer gem. Art. 12 Abs. 3 S. 1 DIRL die Beweislast dafür, dass die digitalen Inhalte oder Dienstleistungen während dieses Zeitraums in vertragsgemäßem Zustand waren. Schließt also ein Verbraucher eine Amazon-Prime-Mitgliedschaft über zwei Jahre ab, so muss der Anbieter Amazon während dieser zwei Jahre beweisen, dass die Prime-Dienste innerhalb dieses Zeitraums in vertragsgemäßem Zustand waren. Auch in Bezug auf Art. 12 Abs. 3 DIRL stellt ErwG 59 S. 3 DIRL klar, dass der Verbraucher das Vorliegen der Vertragswidrigkeit selbst beweisen muss. Er soll nur dahingehend in zeitlicher Hinsicht entlastet werden, dass er nicht den Beweis dafür erbringen muss, dass die Vertragswidrigkeit während der Vertragslaufzeit bestanden hat. Die zeitliche Beweislast des Unternehmers während der gesamten Vertragslaufzeit wird laut ErwG 59 S. 1 DIRL ebenfalls mit der überlegenen Beweislage des Unternehmers gegenüber dem Verbraucher begründet.

II. Entfallen der Beweislast bei Nachweis der Inkompatibilität, Art. 12 Abs. 4 DIRL

Die Beweislastregelungen zulasten des Unternehmers in Art. 12 Abs. 2 und 3 DIRL finden gem. Art. 12 Abs. 4 DIRL keine Anwendung, wenn der Unternehmer nachweist, dass die digitale Umgebung des Verbrauchers in Bezug auf die technischen Anforderungen der digitalen Inhalte oder Dienstleistungen nicht kompatibel ist, und er den Verbraucher zugleich vor Vertragsschluss in klarer und verständlicher Weise von diesen Anforderungen in Kenntnis gesetzt hat. Im Folgenden soll darauf eingegangen werden, unter welchen Voraussetzungen von einer Inkompatibilität der digitalen Umgebung ausgegangen werden kann, die zu einem Entfallen der Beweislast nach Art. 12 Abs. 2 und 3 DIRL führen kann und wer die Beweislast für die Inkompatibilität der digitalen Umgebung trägt.

1. Inkompatibilität der digitalen Umgebung des Verbrauchers

Art. 12 Abs. 4 DIRL bezieht sich auf Fälle, in denen die digitalen Inhalte oder Dienstleistungen i.S.v. Art. 9 DIRL[680] in die digitale Umgebung des Verbrauchers integriert werden sollen.[681] Sind die digitalen Inhalte oder Dienstleistungen nicht ordnungsgemäß nutzbar, so liegt dies nämlich nicht notwendigerweise an

680 Hierzu bereits § 5 B.III.

681 von Westphalen, in: EuZW 2017, 373 (378).

einem Fehler an den digitalen Inhalten oder Dienstleistungen selbst. Vielmehr kann der Fehler auch darauf zurückzuführen sein, dass die digitale Umgebung des Verbrauchers nicht den technischen Anforderungen für das Funktionieren der digitalen Inhalte oder Dienstleistungen entspricht.

Damit die zu integrierenden digitalen Inhalte oder Dienstleistungen einwandfrei funktionieren können, müssen sich Verbraucher und Unternehmer daher vorab über die technischen Besonderheiten und Anforderungen der bereitzustellenden digitalen Inhalte oder Dienstleistungen verständigen.[682] So kann es etwa erforderlich sein, dass der Verbraucher einen bestimmten Speicherplatz auf seinem Endgerät für die Installation freihalten, ein bestimmtes Betriebssystem bereithalten oder einen bestimmten Browser in aktuellster Version verwenden muss, um eine sachgemäße Integrierung der digitalen Inhalte oder Dienstleistungen zu ermöglichen. Darüber hinaus kann eine etwaige Zusatzsoftware auf dem Endgerät für die Installation (bspw. ein Adobe Flash Player) erforderlich sein[683] und das Funktionieren des Programms eine Deaktivierung bestimmter Einstellungen auf dem Endgerät erforderlich machen.[684] Sofern die digitale Umgebung nicht alle derartigen Anforderungen erfüllt, die für eine sachgemäße Integration notwendig sind, ist sie als inkompatibel i.S.v. Art. 12 Abs. 4 DIRL anzusehen.

Hierdurch entfällt die Beweispflicht des Unternehmers nach Art. 12 Abs. 2 und 3 DIRL aber gem. Art. 12 Abs. 4 DIRL nur, wenn der Unternehmer den Verbraucher auch in klarer und verständlicher Weise von diesen Anforderungen in Kenntnis gesetzt hat. Der Verbraucher muss also unmissverständlich darüber aufgeklärt werden, ob und inwieweit er seine digitale Umgebung anpassen muss, um die bereitzustellenden digitalen Inhalte oder Dienstleistungen ordnungsgemäß nutzen zu können. Kommt er dem dennoch nicht nach, so entfällt die Beweislast des Unternehmers.

---

682 von Westphalen, in: EuZW 2017, 373 (378).

683 Spindler, in: MMR 2016, 147 (153).

684 Bspw. kann die Konfiguration einer inkompatiblen Video-Einstellung bei der Nutzung des Office-365-Home-Programms laut Angaben von Microsoft Grund für ein Flackern des Bildschirms oder einen Absturz des Programms sein, siehe https://support.microsoft.com/en-us/help/2768648/display-issues-in-office-client-applications (Stand: 17.07.2020).

2. *Beweislast für die Inkompatibilität der digitalen Umgebung*

Voraussetzung für das Entfallen der Beweislast des Unternehmers ist aber darüber hinaus, dass der Unternehmer „nachweist", dass die digitale Umgebung des Verbrauchers in Bezug auf die technischen Anforderungen der digitalen Inhalte oder Dienstleistungen nicht kompatibel ist. Der Wortlaut des Art. 12 Abs. 4 DIRL erfordert hierbei nur, dass der Unternehmer die Inkompatibilität der digitalen Umgebung des Verbrauchers nachweist. Nicht eindeutig vorausgesetzt wird hingegen, dass er auch den Nachweis dafür erbringen muss, dass die (vom Verbraucher zu beweisende) Vertragswidrigkeit aufgrund der Inkompatibilität der digitalen Umgebung des Verbrauchers aufgetreten ist.

ErwG 59 S. 2 DIRL deutet allerdings daraufhin, dass der Unternehmer auch beweisen muss, dass die Vertragswidrigkeit auf der inkompatiblen digitalen Umgebung des Verbrauchers beruht. ErwG 59 S. 2 DIRL stellt in Bezug auf Art. 12 Abs. 4 DIRL nämlich klar, dass der Unternehmer aufgrund seiner überlegenen Sachkunde und der damit einhergehenden günstigeren Beweislage gegenüber dem Verbraucher besser beurteilen kann, ob die Vertragswidrigkeit auf die Unvereinbarkeit der digitalen Umgebung des Verbrauchers mit den technischen Anforderungen an die digitalen Inhalte oder Dienstleistungen „zurückzuführen ist".

Für eine derartige Auslegung spricht auch die Regelung in Art. 12 Abs. 5 S. 1 DIRL, die den Verbraucher dazu verpflichtet, mit dem Unternehmer bei der Feststellung zusammenzuarbeiten, ob die „Ursache" für das Vorliegen der Vertragswidrigkeit zum maßgeblichen Zeitpunkt in der digitalen Umgebung des Verbrauchers lag.[685] Die Zusammenarbeit mit dem Verbraucher soll es dem Unternehmer erleichtern, den Nachweis nach Art. 12 Abs. 4 DIRL zu erbringen, da der Unternehmer ohne Mitwirkung des Verbrauchers die Kompatibilität von dessen digitaler Umgebung nur beschränkt einschätzen kann.[686]

Wenn Art. 12 Abs. 5 S. 1 DIRL den Verbraucher also verpflichtet, mit dem Unternehmer zusammenzuarbeiten, um festzustellen, ob die Ursache für die Vertragswidrigkeit in der digitalen Umgebung liegt, so liegt es nahe, dass die Nachweispflicht des Unternehmers nach Art. 12 Abs. 4 DIRL auch die Kausalität der digitalen Umgebung für die Vertragswidrigkeit umfassen muss.

---

685 Hierzu sogleich § 7 B.III.

686 Spindler, in: MMR 2016, 219 (220) zu Art. 9 Abs. 2 und 3 DIRL in der Fassung des Kommissionsvorschlags, KOM(2015) 634 endg. vom 10.12.2015; vgl. Maitz-Straßnig, Die Richtlinienvorschläge aus der Sicht der Wirtschaft, in: Wendehorst/Zöchling-Jud, Ein neues Vertragsrecht für den digitalen Binnenmarkt?, S. 196.

Hierfür sprechen schließlich auch Sinn und Zweck des Art. 12 Abs. 4 DIRL. Dem Unternehmer soll die Beweislast für das Bestehen der Vertragswidrigkeit zum maßgeblichen Zeitpunkt nach Art. 11 Abs. 2 oder 3 DIRL erleichtert werden, wenn die Ursache des Fehlers in dem Herrschaftsbereich des Verbrauchers liegt.[687] Der Unternehmer soll nicht die Beweislast für das zeitliche Vorliegen der Vertragswidrigkeit tragen müssen, wenn er „alles richtig" gemacht hat und der Fehler allein auf der Inkompatibilität der digitalen Umgebung des Verbrauchers beruht. Kann der Unternehmer also etwa nachweisen, dass die Ursache der Vertragswidrigkeit in der Unvereinbarkeit der digitalen Inhalte oder Dienstleistungen mit der Hard- oder Software des Verbrauchers oder an der mangelnden Leistungsfähigkeit seines Internetanschlusses liegt, soll ihm folglich nicht die Beweislast für das Bestehen der Vertragswidrigkeit zum maßgeblichen Zeitpunkt nach Art. 11 Abs. 2 oder 3 DIRL aufgebürdet werden.[688]

Festzuhalten bleibt also, dass sich die Beweislast des Unternehmers nach Art. 12 Abs. 4 DIRL nicht nur auf die Inkompatibilität der digitalen Umgebung des Verbrauchers bezieht, sondern auch darauf, dass die vom Verbraucher zu beweisende Vertragswidrigkeit aufgrund der Inkompatibilität aufgetreten ist. Sofern es dem Unternehmer gelingt, diesen Nachweis zu erbringen, muss er das Vorliegen der Vertragsgemäßheit zum maßgeblichen Zeitpunkt nach Art. 11 Abs. 2 oder 3 DIRL nicht beweisen.[689] Vielmehr trägt stattdessen der Verbraucher die Beweislast sowohl für das Bestehen der Vertragswidrigkeit als auch für das Vorliegen der Vertragswidrigkeit zum maßgeblichen Zeitpunkt.

III. Entfallen der Beweislast bei Verletzung der Zusammenarbeitspflicht durch den Verbraucher, Art. 12 Abs. 5 DIRL

Art. 12 Abs. 5 S. 1 DIRL verpflichtet den Verbraucher dazu, mit dem Unternehmer zusammenzuarbeiten, soweit dies vernünftigerweise notwendig und möglich ist, um festzustellen, ob die Ursache für die Vertragswidrigkeit der digitalen Inhalte oder Dienstleistungen zum maßgeblichen Zeitpunkt in der digitalen Umgebung des Verbrauchers lag. Dadurch soll dem Unternehmer der Nachweis nach Art. 12 Abs. 4 DIRL erleichtert werden, dass die Ursache für die Vertragswidrigkeit zum maßgeblichen Zeitpunkt in der digitalen Umgebung des

---

687 Vgl. Staudenmayer, in: NJW 2016, 2719 (2723).

688 Vgl. Staudenmayer, in: NJW 2016, 2719 (2723); ders., in: NJW 2019, 2497 (2501).

689 Faber, Bereitstellungspflicht, Mangelbegriff und Beweislast in der DIRL, in: Wendehorst/Zöchling-Jud, Ein neues Vertragsrecht für den digitalen Binnenmarkt?, S. 124.

Verbrauchers lag.[690] Nach Art. 12 Abs. 5 S. 2 DIRL ist die Pflicht zur Zusammenarbeit auf die technisch verfügbaren Mittel beschränkt, die für den Verbraucher den geringsten Eingriff darstellen. Der Unternehmer soll also das mildeste Mittel bei der Ausforschung der digitalen Umgebung des Verbrauchers verwenden.[691]

Ein mildes Mittel kann laut ErwG 60 S. 2 DIRL etwa darin liegen, dass dem Unternehmer automatisch erzeugte Berichte über Zwischenfälle übermittelt oder ihm Details der Internetverbindung des Verbrauchers mitgeteilt werden. Auf diese Weise sollen die Rechte des Verbrauchers auf den Schutz seiner Privatsphäre, einschließlich der Vertraulichkeit der Kommunikation, und auf den Schutz seiner personenbezogenen Daten gewährleistet werden.[692] Nur in hinreichend begründeten Ausnahmefällen, in denen keine anderen Mittel zur Verfügung stehen, kann der Verbraucher laut ErwG 60 S. 3 DIRL dazu verpflichtet sein, dem Unternehmer Zugang zu seiner digitalen Umgebung zu gewähren.

Sofern der Verbraucher seiner Pflicht zur Zusammenarbeit nicht nachkommt und der Unternehmer ihn vor Vertragsschluss in klarer und verständlicher Weise von dieser Pflicht in Kenntnis gesetzt hat, trifft den Verbraucher gem. Art. 12 Abs. 5 S. 3 DIRL die Beweislast dafür, dass die Vertragswidrigkeit zu dem nach Art. 11 Abs. 2 oder 3 DIRL maßgeblichen Zeitpunkt vorlag. Mithin obliegt es in diesem Fall nicht mehr dem Unternehmer nach Art. 12 Abs. 2 oder 3 DIRL den Nachweis für das Vorliegen der Vertragsgemäßheit zum maßgeblichen Zeitpunkt zu erbringen. Vielmehr trägt der Verbraucher dann ebenso wie bei Art. 12 Abs. 4 DIRL die Beweislast für das Vorliegen der Vertragswidrigkeit an sich sowie für ihr Bestehen zum nach Art. 11 Abs. 2 oder 3 DIRL maßgeblichen Zeitpunkt.[693]

C. Rechtspolitische Würdigung

Bei der Beurteilung, ob die Beweislastregelung in Art. 12 DIRL aus rechtspolitischer Sicht überzeugen kann, ist zu erörtern, ob hierdurch ein angemessener Interessenausgleich der Parteien eines Vertrags über die Bereitstellung digitaler

690 Spindler, in: MMR 2016, 219 (220) zu Art. 9 Abs. 2 und 3 in der Fassung des Kommissionsvorschlags, KOM(2015) 634 endg. vom 10.12.2015; vgl. Maitz-Straßnig, Die Richtlinienvorschläge aus der Sicht der Wirtschaft, in: Wendehorst/Zöchling-Jud, Ein neues Vertragsrecht für den digitalen Binnenmarkt?, S. 196.

691 Spindler, in: MMR 2016, 219 (220).

692 ErwG 60 S. 1 DIRL.

693 ErwG 60 S. 4 DIRL.

Inhalte oder Dienstleistungen (hierzu **I.**) und eine Förderung des digitalen europäischen Binnenmarkts (hierzu **II.**) erreicht werden kann.

I. Angemessener Interessenausgleich

Da sich Art. 12 DIRL in erster Linie dadurch vom bisherigen europäischen und deutschen Recht unterscheidet, dass die Beweislast des Unternehmers nunmehr einen deutlich längeren Zeitraum betrifft, ist zu beurteilen, ob hierdurch ein angemessener Interessenausgleich erreicht werden kann.

1. Interessen des Unternehmers

Hierbei ist zuerst zu untersuchen, ob die Interessen des Unternehmers einer derart zeitlich extensiven Beweislast für das Bestehen der Vertragswidrigkeit zum maßgeblichen Zeitpunkt entgegenstehen.

a. Keine Möglichkeit der Abnutzung?

Gegen eine zeitlich umfassende Beweislast des Unternehmers spricht zunächst, dass auch bei digitalen Inhalten oder Dienstleistungen nicht ausgeschlossen ist, dass ein später auftretender Fehler auf eine Abnutzung durch den Verbraucher zurückzuführen ist. Es trifft zwar zu, dass an digitalen Inhalten oder Dienstleistungen selbst grds. keine Abnutzungserscheinungen auftreten können, da sie selbst nur auf virtueller Ebene existieren.[694] Zu beachten ist aber, dass digitale Inhalte oder Dienstleistungen auch auf materiellen Datenträgern wie CDs, DVDs oder USB-Sticks geliefert werden können, welche aufgrund ihrer Körperlichkeit durchaus abgenutzt werden und die Funktionsfähigkeit der digitalen Inhalte oder Dienstleistungen nachträglich beeinträchtigen können.[695]

b. Kontinuierliche Veränderung der digitalen Umgebung des Verbrauchers

Darüber hinaus kann eine Fehlfunktion bereitgestellter digitaler Inhalte oder Dienstleistungen durch eine nachträgliche Veränderung der digitalen Umgebung

694 Mak, The New Proposal for Harmonised Rules, S. 17 u. 19; Paul, in: Niemann/Paul, Rechtsfragen des Cloud-Computing, Kap. 8 Rn. 154; Roth-Neuschild, in: Auer-Reinsdorff/Conrad, IT- und Datenschutzrecht, § 13 Rn. 68; Staudenmayer, in: NJW 2016, 2719 (2723); Wendland, in: EuZW 2016, 126 (128).

695 Maitz-Straßnig, Die Richtlinienvorschläge aus der Sicht der Wirtschaft, in: Wendehorst/Zöchling-Jud, Ein neues Vertragsrecht für den digitalen Binnenmarkt?, S. 196.

des Verbrauchers ausgelöst werden.[696] Die digitale Umgebung des Verbrauchers ist nämlich stets Veränderungen ausgesetzt, etwa aufgrund von Installationen anderer Programme, Updates oder Virenbefall des Endgeräts.[697] Diese Veränderungen können dazu führen, dass die digitalen Inhalte oder Dienstleistungen, die ursprünglich ordnungsgemäß einsetzbar waren, im Laufe der Zeit nicht mehr funktionieren, ohne dass dem Unternehmer diesbezüglich ein Vorwurf gemacht werden kann. Die digitale Umgebung des Verbrauchers wird umso mehr Veränderungen erfahren, je mehr Zeit seit der Bereitstellung vergangen ist.[698] Je später die Vertragswidrigkeit also auftritt, desto wahrscheinlicher ist es, dass sie durch eine Veränderung der digitalen Umgebung durch den Verbraucher hervorgerufen wurde. Insoweit steht es den Interessen des Unternehmers entgegen, die Beweislast für das zeitliche Vorliegen der Vertragswidrigkeit für ein ganzes Jahr bzw. während der gesamten Vertragslaufzeit tragen zu müssen.

c. Keine zwingend bessere Beweismöglichkeit des Unternehmers

Gegen eine zeitlich extensive Beweislast des Unternehmers spricht ferner, dass der Unternehmer nicht in jedem Fall über eine bessere Beweismöglichkeit verfügt als der Verbraucher. Von einer besseren Sach- und Fachkenntnis und einer damit verbundenen besseren Beweismöglichkeit kann zwar regelmäßig in Fällen ausgegangen werden, in denen der Unternehmer zugleich Hersteller der digitalen Inhalte oder Dienstleistungen ist. Oftmals kommt allerdings dem Unternehmer nur eine Vermittlerrolle zu. Der Unternehmer verfügt in diesem Fall ebenso wenig über besondere Fachkenntnis oder Zugang zu Know-how und technischer Unterstützung wie der Verbraucher.[699] Für den Unternehmer wäre es daher ebenso schwierig, das zeitliche Vorliegen der Vertragswidrigkeit nachzuweisen,

---

696 Maitz-Straßnig, Die Richtlinienvorschläge aus der Sicht der Wirtschaft, in: Wendehorst/Zöchling-Jud, Ein neues Vertragsrecht für den digitalen Binnenmarkt?, S. 196; vgl. Mak, The New Proposal for Harmonised Rules, S. 20f.

697 Maitz-Straßnig, Die Richtlinienvorschläge aus der Sicht der Wirtschaft, in: Wendehorst/Zöchling-Jud, Ein neues Vertragsrecht für den digitalen Binnenmarkt?, S. 196; vgl. Faust, DJT-Gutachten, S. 30; Gsell, Rechtsbehelfe bei Vertragswidrigkeit, in: Artz/Gsell, Verbrauchervertragsrecht und digitaler Binnenmarkt, S. 174.

698 Maitz-Straßnig, Die Richtlinienvorschläge aus der Sicht der Wirtschaft, in: Wendehorst/Zöchling-Jud, Ein neues Vertragsrecht für den digitalen Binnenmarkt?, S. 196.

699 Faber, Bereitstellungspflicht, Mangelbegriff und Beweislast in der DIRL, in: Wendehorst/Zöchling-Jud, Ein neues Vertragsrecht für den digitalen Binnenmarkt?, S. 123; Maitz-Straßnig, Die Richtlinienvorschläge aus der Sicht der Wirtschaft, in: Wendehorst/Zöchling-Jud, Ein neues Vertragsrecht für den digitalen Binnenmarkt?, S. 196f.

wie für den Verbraucher. Gerade im Massenvertrieb digitaler Inhalte kann somit nicht schlechthin angenommen werden, dass der Unternehmer die digitale Umgebung besser als der Verbraucher beurteilen kann.[700]

Insoweit kann dem Unternehmer auch die Beweiserleichterung nach Art. 12 Abs. 4 und 5 DIRL nur bedingt weiterhelfen: Dem Unternehmer kann nämlich der Nachweis schwerfallen, dass er dem Verbraucher zur Erforschung der digitalen Umgebung Tools für automatische Schadensberichte oder für eine Prüfung der Systemumgebung angeboten hat, der Verbraucher diese aber nicht benutzt und damit seine Zusammenarbeitspflicht nach Art. 12 Abs. 5 DIRL verletzt hat.[701] Ferner wird der Unternehmer regelmäßig auf Probleme bei der Beweisführung des Umstands stoßen, dass der Verbraucher seine digitale Umgebung, die sich ursprünglich für die Nutzung der digitalen Inhalte oder Dienstleistungen eignete, nachträglich verändert hat und sie infolgedessen (etwa durch Befall mit Malware) inkompatibel geworden ist.[702]

2. *Interessen des Verbrauchers*

Der Verbraucher hat demgegenüber aber ebenfalls ein beachtliches Interesse daran, dass nicht ihn, sondern den Unternehmer eine zeitlich extensive Beweislast für das Vorliegen der Vertragswidrigkeit im maßgeblichen Zeitpunkt trifft.

a. *Schlechtere Beweislage mangels Produktkenntnis*

Begründen lässt sich dieses besondere Interesse zum einen damit, dass sich der Verbraucher i.d.R. in einer schlechteren Beweislage befindet. So befindet sich etwa ein Großteil der Informationen, die der Verbraucher für die Beweiserbringung benötigt (bspw. den Quellcode), oftmals im Machtbereich des Unternehmers.[703] Darüber hinaus besteht die Gefahr, dass der Verbraucher auch dann den Mangel nicht beweisen kann, wenn er Zugang zu diesen Informationen hat. Der Verbraucher hat nämlich i.d.R. schlechtere Kenntnisse über das Produkt als der Unternehmer, der es vertreibt.[704] Zwar hat auch der Unternehmer, der nur Endanbieter ist, i.d.R. keine dem Hersteller entsprechenden Kenntnisse über

700 Gsell, Rechtsbehelfe bei Vertragswidrigkeit, in: Artz/Gsell, Verbrauchervertragsrecht und digitaler Binnenmarkt, S. 172.

701 Spindler, in: MMR 2016, 219 (220); Spindler/Sein, in: MMR 2019, 488 (490).

702 Spindler, in: MMR 2016, 219 (220).

703 Malinowski, Haftungsfragen in der Cloud, abrufbar unter: http://rechtundnetz.com/haftung-in-der-cloud/ (Stand: 17.07.2020).

704 Staudenmayer, in: NJW 2016, 2719 (2723); von Westphalen, in: EuZW 2017, 373 (379).

die digitalen Inhalte oder Dienstleistungen. Entscheidet er sich aber dazu, diese gewerbsmäßig bereitzustellen, so ist es ihm zuzumuten, sich jedenfalls so weit über seine Produkte zu informieren, dass er den Ursprung von etwaigen Fehlfunktionen aufklären kann. Jedenfalls ist es dem Unternehmer eher als dem Verbraucher zuzumuten, sich hierfür technische Unterstützung zu verschaffen, da er sich auf dieser Ebene spezialisiert hat und hiermit Gewinn erzielt.

b. Gefahr einer Urheberrechtsverletzung

Der Verbraucher würde sich bei einer Analyse des Mangels außerdem der Gefahr einer Urheberrechtsverletzung aussetzen: Zwar erlaubt ihm Art. 5 Abs. 1 der Richtlinie 2009/24/EG über den Rechtsschutz von Computerprogrammen die Vornahme von Handlungen, wenn sie für eine bestimmungsgemäße Benutzung einschließlich der Fehlerberichtigung notwendig sind. Sofern der Verbraucher aber bspw. die Software auf etwaige Fehler und die Möglichkeit einer Fehlerbehebung analysiert, so läuft er dennoch Gefahr, eine Urheberrechtsverletzung zu begehen, sofern die Analysemaßnahme im Nachhinein gar nicht zur Fehlerberichtigung notwendig war.[705] Insoweit entspricht es den Interessen des Verbrauchers, jedenfalls in zeitlicher Hinsicht nicht den Ursprung der Vertragswidrigkeit aufklären zu müssen.

c. Belastung des Verbrauchers mit Beweispflicht für das Bestehen einer Vertragswidrigkeit

Die Regelung in Art. 12 DIRL hat zudem nicht zur Folge, dass der Verbraucher insgesamt von der Beweislast erlöst wird. Vielmehr muss der Verbraucher ohnehin das Bestehen einer Vertragswidrigkeit selbst beweisen. Insoweit kann es nicht unbillig sein, dem Unternehmer den zeitlich extensiveren Beweis für das Bestehen der Vertragswidrigkeit im maßgeblichen Zeitpunkt aufzulegen. Schließlich sieht Art. 12 DIRL auch insbesondere gegenüber der Verbrauchsgüterkaufrichtlinie keine signifikante Verlängerung der Beweislast des Unternehmers vor: Anstatt der Sechsmonatsfrist in Art. 5 Abs. 3 VerbrGKRL sieht Art. 12 Abs. 2 DIRL für punktuelle „Bereitstellungs"-Verträge eine Beweislast des Unternehmers von einem Jahr ab der Bereitstellung vor. In der Verlängerung um sechs weitere Monate liegt jedenfalls keine übermäßige Belastung des Unternehmers.

Des Weiteren verpflichtet Art. 11 Abs. 3 DIRL den Unternehmer ohnehin zur Haftung für jede Vertragswidrigkeit, die bei einer fortlaufenden Bereitstellung

---

705 Spindler, in: JZ 2016, 805 (809f.).

über einen Zeitraum während der Vertragslaufzeit auftritt. Kann der Verbraucher das Bestehen einer Vertragswidrigkeit der bereitgestellten digitalen Inhalte oder Dienstleistungen beweisen, ist es ohnehin nicht von Bedeutung, wann die Vertragswidrigkeit aufgetreten ist. Schließlich müssen die digitalen Inhalte oder Dienstleistungen während der gesamten Vertragslaufzeit in vertragsgemäßem Zustand sein.

d. Regressmöglichkeit des Unternehmers

Darüber hinaus hat der Unternehmer auch bei einer Verlängerung der Beweislastumkehr in zeitlicher Hinsicht weiterhin die Möglichkeit gem. Art. 20 DIRL bei Personen in vorhergehenden Gliedern der Vertragskette Regress zu nehmen, wenn die Vertragswidrigkeit auf ihr Verhalten zurückzuführen ist. Auch hierdurch wird die belastende Wirkung der zeitlichen Verlängerung der Beweislastumkehr für den Unternehmer relativiert. Insgesamt ist der Unternehmer daher mit der zeitlich extensiven Beweislast nach Art. 12 Abs. 2 und 3 DIRL nicht übermäßig belastet. Mithin werden die Interessen der Parteien durch die Regelung in Art. 12 DIRL angemessenen berücksichtigt.

II. Förderung des digitalen europäischen Binnenmarkts

Ferner ist zu untersuchen, ob mit der Beweislastregelung in Art. 12 DIRL eine Förderung des digitalen europäischen Binnenmarkts erreicht werden kann. Es ist jedenfalls zu erwarten, dass die in Art. 12 DIRL vorgesehene Beweislastregelung für den Unternehmer mit finanziellen Einbußen einhergehen wird. Im Streitfall wird er nämlich oftmals Kosten zur Erforschung des Fehlerursprungs aufwenden müssen. Darüber hinaus können ihm Sonderkosten bei der Erforschung der Inkompatibilität der digitalen Umgebung des Verbrauchers entstehen.

Sogar wenn der Unternehmer nachweisen kann, dass der Fehler nicht auf einer Vertragswidrigkeit, sondern auf der Inkompatibilität der digitalen Umgebung des Verbrauchers beruht, ist dies für ihn mit Kosten verbunden: Von dem Unternehmer wird dann nämlich erwartet, im Detail darzulegen, inwieweit Unzulänglichkeiten in der digitalen Umgebung des Verbrauchers bestehen.[706]

Das Aufbringen der erforderlichen Kosten kann insbesondere für kleine Unternehmen mit Schwierigkeiten verbunden sein, da ihnen oftmals die Ressourcen für die Erforschung der Entstehung der Vertragswidrigkeit oder der

706 Maitz-Straßnig, Die Richtlinienvorschläge aus der Sicht der Wirtschaft, in: Wendehorst/Zöchling-Jud, Ein neues Vertragsrecht für den digitalen Binnenmarkt?, S. 196 Fn. 52.

Inkompatibilität der digitalen Umgebung des Verbrauchers fehlen.[707] Eine Förderung des digitalen europäischen Binnenmarkts wird durch die Regelung in Art. 12 DIRL insoweit nicht notwendigerweise erreicht.

Dies hat allerdings nicht zur Folge, dass Art. 114 AEUV mangels Förderung des Binnenmarkts keine legitime Rechtsgrundlage für die Digitale-Inhalte-Richtlinie darstellen kann. Es bestehen nämlich keine Anhaltspunkte dafür, dass gerade die mit der Beweislast des Unternehmers verbundenen Nachteile bisher ein maßgebliches Hindernis für die Teilnahme von Unternehmen am Binnenmarkt darstellen.

D. Zwischenergebnis

Die Beweislast für das Bestehen des Mangels obliegt nach bisheriger deutscher Gesetzeslage i.d.R. gem. § 363 BGB ab Annahme der Leistung als Erfüllung dem Nutzer. Vor der Annahme als Erfüllung trägt hingegen regelmäßig der Anbieter die Beweislast für die Mangelfreiheit der angebotenen Leistung. Nach Art. 12 Abs. 2 DIRL hingegen trifft den Anbieter die Beweislast für das Bestehen einer Vertragswidrigkeit zum maßgeblichen Zeitpunkt, wenn diese innerhalb eines Jahres offenbar wird und der Vertrag eine einmalige oder eine Reihe einzelner Bereitstellungen vorsieht. Sofern dem Vertrag eine Bereitstellung über einen bestimmten Zeitraum zugrunde liegt, trifft den Anbieter die Beweislast während der gesamten Vertragslaufzeit. Eine Ausnahme kann in beiden Fällen eingreifen, wenn der Anbieter die Inkompatibilität der digitalen Umgebung des Nutzers nachweist oder wenn der Nutzer seiner Zusammenarbeitspflicht mit dem Anbieter nicht nachkommt.

---

707 Vgl. Stariradeff, in: MMR 2016, 715 (717); vgl. Stiegler/Wawryka, in: BB 2016, 903 (907) in Bezug auf die Warenhandelrichtlinie.

§ 8 Ausschluss oder Beschränkung der gesetzlichen Haftungspflichten des Anbieters

Für den Anbieter von Cloud-Diensten ist es regelmäßig von Bedeutung, ob und unter welchen Voraussetzungen seine gesetzlichen Haftungspflichten im Fall eines Mangels der Cloud-Dienste ausgeschlossen oder beschränkt werden können. Nach dem bisher anwendbaren deutschen Recht können die gesetzlichen Haftungspflichten des Anbieters regelmäßig durch sog. Service-Level-Agreements modifiziert werden (hierzu **A.**). Im Anwendungsbereich der Digitale-Inhalte-Richtlinie können Haftungsbeschränkungen zulasten des Nutzers von Cloud-Diensten nunmehr grds. nicht mehr vorgenommen werden (hierzu **B.**). Ein gewisser Gestaltungsspielraum für eine Haftungsbegrenzung besteht aber weiterhin durch die Möglichkeit der Parteien, das Pflichtenprogramm des Anbieters exakt und in engen Grenzen zu bestimmen (hierzu **C.**).

A. Möglichkeit der Haftungsbeschränkung durch Service-Level-Agreements nach dem bisher anwendbaren deutschen Recht

Der Anbieter von Cloud-Diensten hat oftmals ein Interesse daran, seine gesetzlichen Haftungspflichten zugunsten anderer Regelungen abzubedingen oder zu beschränken.[708] Dies gilt auch im Rahmen des bisher anwendbaren deutschen Rechts. Die im BGB angelegten Vertragstypen sind nämlich zu einer Zeit geschaffen worden, in der es noch keine Datenverarbeitung oder elektronischen Medien gab, mit der Folge, dass die Anwendung gesetzlicher Gewährleistungsregelungen auf IT-Verträge in einigen Bereichen ungeeignet ist.[709] Beschränkungen oder Abweichungen von den gesetzlichen Haftungspflichten können im Rahmen von Cloud-Computing-Verträgen nach dem bisherigen deutschen Recht in sog. Service-Level-Agreements (im Folgenden: SLA) getroffen werden. Eine allgemein gültige Definition des Begriffs „SLA" lässt sich nicht eindeutig bestimmen.[710]

---

708 Bräutigam, in: CR 2004, 248 (254); Hörl/Häuser, in: CR 2003, 713; Schumacher, in: MMR 2016, 12 (13).

709 Schuster, in: CR 2009, 205.

710 Deister/Meyer-Spasche, in: HMD 2014, 795 (796f.); Meyer-Spasche, in: HMD 2010, 71 (72); Niemann/Paul in: K&R 2009, 444 (447).

Weitgehend werden hierunter aber Vereinbarungen verstanden, die die Qualität und Quantität der geschuldeten Leistung festlegen und ein eigenes Sanktionsregime für den Fall der Nichteinhaltung der geschuldeten Standards aufstellen.[711] Wichtige Faktoren, die in SLA geregelt werden können, sind bspw. die Verfügbarkeit der Leistung und die Reaktionszeiten im Fall einer Störung.[712] In der Praxis sind SLA i.d.R. als Anlage an den Rahmenvertrag angehängt, welcher lediglich grundsätzliche Rechte und Pflichten der Parteien aufstellt.[713] Oftmals werden aber auch gesamte Cloud-Computing-Verträge als SLA ausgestaltet.[714] Hierbei hängen die Anforderungen an die Wirksamkeit der SLA davon ab, ob diese individuell ausgehandelt oder standardisiert vom Anbieter eingesetzt werden.

I. Individuell vereinbarte SLA

Sofern die Parteien die SLA individuell vereinbaren, kann die gesetzliche Mängelhaftung des Anbieters grds. beliebig ausgeschlossen oder begrenzt werden. Insbesondere findet keine Inhaltskontrolle nach den §§ 307–309 BGB statt, da diese nur auf AGB anwendbar sind. AGB sind gem. § 305 Abs. 1 S. 1 BGB für eine Vielzahl von Verträgen vorformulierte Klauseln, die von einer Partei bei Abschluss des Vertrags gestellt werden. Bei Individualvereinbarungen werden die gesetzesfremden Regelungen hingegen ernsthaft zur Disposition der verhandelnden Parteien gestellt und dem Vertragspartner wird Gestaltungsfreiheit zur Wahrung der eigenen Interessen mit jedenfalls der realen Möglichkeit eingeräumt, die inhaltliche Ausgestaltung der Vertragsbedingungen beeinflussen zu können.[715] Die Parteien können also ihre Interessen durchsetzen und gleichberechtigt die Vertragsbedingungen in Ausübung ihrer Privatautonomie mitgestalten. Eine Gefahr der Überrumpelung besteht nicht. Individualabreden haben daher gem. § 305b BGB Vorrang vor etwaigen AGB.

Allerdings können auch Individualvereinbarungen ihre Grenze in gesetzlichen Regelungen finden. So können etwa die Ansprüche des Nutzers aus

---

711 Blöse/Pechardscheck, in: CR 2002, 785 (787); Hörl/Häuser, in: CR 2003, 713; Schumacher, in: MMR 2016, 12f.

712 Intveen/Hilber/Rabus, in: Hilber, Handbuch Cloud-Computing, Teil 2 Rn. 202; Schumacher, in: MMR 2016, 12 (13).

713 Borges, in: Borges/Meents, Cloud-Computing Rechtshandbuch, § 4 Rn. 14; Bräutigam/Thalhofer, in: Bräutigam, IT-Outsourcing und Cloud-Computing, Teil 14 Rn. 134; Kian, Cloud-Computing, S. 50; Schumacher, in: MMR 2016, 12 (13).

714 Deister/Meyer-Spasche, in: HMD 2014, 795 (796).

715 BGH NJW 1998, 3488 (3489).

vorsätzlicher Schädigung gem. § 276 Abs. 3 BGB nicht ausgeschlossen werden und seine Ansprüche bei Telekommunikationsdienstleistungen aus § 7 Abs. 2 TKV, aus dem Produkthaftungsgesetz, aus ausdrücklich erklärten Garantien und aus der Verletzung von Leben, Körper und Gesundheit nicht eingeschränkt werden.[716] Darüber hinaus können die Parteien eines Cloud-Computing-Vertrags bis zur Grenze einer krassen Benachteiligung einer Seite aufgrund sittenwidriger Regelung i.S.v. § 138 BGB die gesetzliche Haftung des Anbieters beschränken, ausschließen oder abändern.

II. Standardisierte SLA, §§ 305–310 BGB

Bei Vertragsschlüssen im Internet zwischen Anbieter und Nutzer findet i.d.R. allerdings keine individuelle vertragliche Absprache von SLA statt. Die meisten Cloud-Computing-Dienste (vor allem gegenüber Verbrauchern) werden vielmehr standardisiert vom Anbieter angeboten. Werden die SLA einseitig vom Anbieter für eine Vielzahl von Verträgen vorformuliert und bei Vertragsschluss gestellt, sind sie als AGB i.S.v. § 305 Abs. 1 S. 1 BGB anzusehen. Bei der Beurteilung, ob in diesem Fall eine Inhaltskontrolle nach den §§ 307–309 BGB unter Berücksichtigung des § 310 BGB durchzuführen ist, ist danach zu differenzieren, ob die SLA die Leistung beschreiben oder ob sie ein eigenes von der gesetzlichen Mängelhaftung abweichendes Sanktionsregime aufstellen.

1. Beschreibung der geschuldeten Leistung

Sofern in den SLA lediglich die Leistungsbeschreibung konkretisiert wird, findet keine Inhaltskontrolle nach den §§ 307–309 BGB statt. Nach § 307 Abs. 3 S. 1 BGB finden die §§ 307 Abs. 1 und 2, 308 und 309 BGB nämlich nur in Bezug auf solche AGB Anwendung, durch die von Rechtsvorschriften abweichende oder diese ergänzende Regelungen vereinbart werden. Sofern die AGB aber nur Art, Umfang, Qualität und Quantität der geschuldeten Leistung konkretisieren, findet weder eine Abweichung noch eine Ergänzung von Rechtsvorschriften statt.[717] Eine Unwirksamkeit der leistungsbeschreibenden Klauseln kann sich in diesem Fall gem. § 307 Abs. 3 S. 2 BGB grds. nur aus § 307 Abs. 1 S. 2 i.V.m. § 307 Abs. 1 S. 1 BGB bei Vorliegen einer unangemessenen Benachteiligung ergeben. Anderes gilt aber, wenn die vermeintlich leistungsbeschreibende Klausel die

---

716 Trusted Cloud, Haftungsrisiken beim Cloud-Computing, S. 17.

717 Niemann/Paul, in: K&R 2009, 444 (447); Paul, in: Niemann/Paul, Rechtsfragen des Cloud-Computing, Kap. 8 Rn. 45 u. 89.

Hauptleistungspflichten über die gesetzlichen Vorgaben hinaus oder gegen Treu und Glauben ausgestaltet, verändert oder beschränkt.[718] In diesem Fall geht die Klausel über eine reine Beschreibung der geschuldeten Hauptleistungspflichten hinaus und unterliegt der Inhaltskontrolle nach den §§ 307–309 BGB.[719]

2. *Vereinbarung eines von der gesetzlichen Haftung abweichenden Sanktionsregimes*

Sofern in den standardisierten SLA ein eigenes Sanktionsregime für den Fall einer mangelhaften Leistung aufgestellt wird, sind hierin Bestimmungen i.S.v. § 307 Abs. 3 S. 1 BGB zu sehen, die von Rechtsvorschriften abweichen oder diese ergänzen. Die SLA sind in diesem Fall – vorbehaltlich des Vorliegens der übrigen Voraussetzungen der §§ 305–306a BGB[720] – nur wirksam, wenn sie den Anforderungen der Inhaltskontrolle gem. §§ 307–309 BGB unter Berücksichtigung des § 310 BGB standhalten. Es darf also keine Verletzung eines Klauselverbots ohne Wertungsmöglichkeit nach § 309 BGB, eines Klauselverbots mit Wertungsmöglichkeit nach § 308 BGB und keine unangemessene Benachteiligung nach § 307 BGB vorliegen.

a. *Keine Verletzung eines Klauselverbots ohne Wertungsmöglichkeit, § 309 BGB*

§ 309 BGB enthält einen Katalog von AGB-Klauseln, die aufgrund ihrer besonders benachteiligenden Wirkung für den Vertragspartner des Verwenders ohne Wertungsmöglichkeit unwirksam sind.[721] Eine haftungsmodifizierende Klausel in den SLA eines Anbieters von Cloud-Diensten kann insbesondere gegen § 309 Nr. 7 BGB verstoßen, sofern der Anbieter hierin eine Beschränkung oder einen Ausschluss seiner Schadensersatzhaftung für den Fall einer mangelhaften Leistung vorsieht.

Nach § 309 Nr. 7 lit. a BGB ist eine entsprechende Klausel unwirksam, wenn diese einen Ausschluss oder eine Begrenzung der Haftung des Verwenders für Schäden aus der Verletzung des Lebens, Körpers oder der Gesundheit vorsieht. In Bezug auf Cloud-Computing-Verträge kann dieses Klauselverbot etwa bei der

---

718 Wurmnest, in: MüKo, BGB, Bd. 2, § 307 Rn. 13.

719 Milsch/Scheuenpflug, in: MMR 2017, 507 (510); Niemann/Paul in: K&R 2009, 444 (447); Paul, in: Niemann/Paul, Rechtsfragen des Cloud-Computing, Kap. 8 Rn. 46.

720 Hierzu ausführlich etwa Lorenz/Gärtner, in: JuS 2013, 199ff.; Borges, Verträge im elektronischen Geschäftsverkehr, S. 279ff.

721 Wurmnest, in: MüKo, BGB, Bd. 2, § 309 Rn. 2.

Überlassung von Software im medizinisch-technischen Bereich oder bei Verkehrsleitsystemen relevant werden.[722]

Eine Klausel ist darüber hinaus ohne Wertungsmöglichkeit unwirksam, wenn diese einen Ausschluss oder eine Begrenzung der Haftung des Anbieters für grob fahrlässige Pflichtverletzungen des Anbieters selbst oder für vorsätzliche oder grob fahrlässige Pflichtverletzungen eines gesetzlichen Vertreters oder Erfüllungsgehilfen des Anbieters vorsieht.[723] Insoweit steht § 309 Nr. 7 BGB allenfalls einer Beschränkung oder einem Ausschluss der Haftung in den SLA des Anbieters für leicht fahrlässig herbeigeführte Schäden außerhalb von Leben, Körper oder Gesundheit nicht entgegen.

b. Keine Verletzung eines Klauselverbots mit Wertungsmöglichkeit, § 308 BGB

Die SLA des Anbieters dürfen zudem keine haftungsmodifizierenden Regelungen enthalten, die ein Klauselverbot mit Wertungsmöglichkeit nach § 308 BGB verletzen. Verstößt eine Klausel gegen § 308 BGB, so folgt hieraus im Unterschied zu einem Verstoß gegen § 309 BGB nicht zwingend ihre Unwirksamkeit. Die in § 308 BGB aufgezählten Klauselverbote weisen vielmehr auf Klauseln hin, die typischerweise eine unangemessene Benachteiligung i.S.v. § 307 BGB begründen.[724] Ob sie dies tatsächlich tun, ist im Einzelfall durch eine Wertung des gesamten Vertragsinhalts zu bestimmen.[725] Die richterliche Wertungsmöglichkeit wird in § 308 BGB durch die Verwendung unbestimmter Rechtsbegriffe sichergestellt.[726] So kann nach § 308 Nr. 2 BGB eine Bestimmung in Cloud-Computing-Verträgen unwirksam sein, durch die sich der Anbieter für die von ihm zu bewirkende Leistung eine „unangemessen lange oder nicht hinreichend bestimmte" Nachfrist vorbehält. Die im Rahmen des § 308 BGB vorzunehmende Wertung entspricht der des § 307 BGB, sodass Klauseln, die anhand von § 308 BGB geprüft wurden, im Rahmen des Klauselverbots nicht mehr nach dem Maßstab des § 307 BGB zu beurteilen sind.[727]

---

722 Marly, Praxishandbuch Softwarerecht, Rn. 1848.

723 Die Haftung für vorsätzlich herbeigeführte Schäden kann dem Anbieter ohnehin gem. § 276 Abs. 3 BGB nicht erlassen werden.

724 Wurmnest, in: MüKo, BGB, Bd. 2, § 308 Rn. 1.

725 Lapp/Salamon, in: jurisPK-BGB, Bd. 2, § 308 Rn. 3.

726 Wurmnest, in: MüKo, BGB, Bd. 2, § 308 Rn. 2.

727 Lapp/Salamon, in: jurisPK-BGB, Bd. 2, § 308 Rn. 4.

c. *Keine unangemessene Benachteiligung nach § 307 BGB*

Sofern die standardisierten SLA des Anbieters nicht nach § 309 oder § 308 BGB unwirksam sind, bestimmt sich ihre Zulässigkeit nach dem Maßstab des § 307 Abs. 1 und 2 BGB.

aa. Unangemessene Benachteiligung nach § 307 Abs. 1 BGB

§ 307 Abs. 1 S. 1 BGB erklärt solche Bestimmungen in AGB für unwirksam, die den Vertragspartner des Verwenders entgegen den Geboten von Treu und Glauben unangemessen benachteiligen. Bei der Beurteilung, ob die in Frage stehende SLA-Klausel eine unangemessene Benachteiligung begründet, kommt es in erster Linie darauf an, ob im Rahmen einer Interessenabwägung das Interesse des Anbieters an der Aufrechterhaltung der Klausel oder das Interesse des Nutzers an ihrem Wegfall als gewichtiger zu bewerten ist.[728] Hierbei ist der gesamte Vertragsinhalt zu berücksichtigen, insbesondere auch, ob sich aus einem Zusammenspiel mit anderen Klauseln eine Wirksamkeit oder Unwirksamkeit der fragwürdigen Klausel ergeben kann.[729] Eine unangemessene Benachteiligung kann nach dem sog. Transparenzgebot in § 307 Abs. 1 S. 2 BGB auch vorliegen, wenn die Bestimmung nicht klar und verständlich ist.

bb. Unangemessene Benachteiligung nach § 307 Abs. 2 BGB

In § 307 Abs. 2 BGB wird näher konkretisiert, in welchen Fällen von einer unangemessenen Benachteiligung nach § 307 Abs. 1 BGB ausgegangen werden kann. § 307 Abs. 2 BGB geht insoweit der Wirksamkeitsprüfung der in Frage stehenden Klausel nach § 307 Abs. 1 BGB vor.[730] Nach § 307 Abs. 2 BGB ist im Zweifel eine unangemessene Benachteiligung anzunehmen, wenn eine Bestimmung mit wesentlichen Grundgedanken der gesetzlichen Regelung, von der abgewichen wird, nicht zu vereinbaren ist (Nr. 1) oder wenn eine Bestimmung wesentliche Rechte oder Pflichten, die sich aus der Natur des Vertrags ergeben, so einschränkt, dass die Erreichung des Vertragszwecks gefährdet ist (Nr. 2).

---

728 Lapp/Salamon, in: jurisPK-BGB, Bd. 2, § 307 Rn. 44; Wurmnest, in: MüKo, BGB, Bd. 2, § 307 Rn. 35.

729 Schmidt, in: BeckOK, BGB, § 307 Rn. 22f.; Wurmnest, in: MüKo, BGB, Bd. 2, § 307 Rn. 36–38.

730 Schmidt, in: BeckOK, BGB, § 307 Rn. 20; Stadler, in: Jauernig, BGB, Vor § 307, Rn. 5.

Sofern der Anbieter in seinen SLA etwa eine Klausel vorsieht, in der die Haftung für leicht fahrlässig herbeigeführte Schäden außerhalb von Leben, Körper oder Gesundheit begrenzt oder ausgeschlossen werden soll, so kann sich eine Unwirksamkeit der Klausel dennoch aus § 307 Abs. 2 Nr. 2 BGB ergeben, wenn durch die Haftungsbegrenzung wesentliche Rechte und Pflichten, die sich aus der Natur des Vertrags ergeben, so eingeschränkt werden, dass die Erreichung des Vertragszwecks gefährdet ist.[731]

Maßgeblich für diese Beurteilung ist, ob der Haftungsausschluss zu einer Aushöhlung derjenigen vertraglichen Pflichten (sog. Kardinalpflichten) führt, die die ordnungsgemäße Durchführung des Vertrags erst ermöglichen und auf deren Erfüllung der Nutzer deshalb vertraut und vertrauen darf.[732] Die Haftung für die maßgeblichen, den jeweiligen Vertragstyp bestimmenden Pflichten darf also nicht derart beschränkt werden, dass der Anbieter für typisch auftretende Schäden nicht einstehen muss.[733]

Demgegenüber ist es mit § 307 Abs. 2 Nr. 2 BGB vereinbar, wenn der Anbieter seine Haftung für leicht fahrlässig herbeigeführte Verletzungen nicht wesentlicher Leistungspflichten ausschließt.[734] Gleiches gilt, wenn der Anbieter seine Haftung für leicht fahrlässig herbeigeführte Verletzungen wesentlicher Pflichten auf vertragstypisch vorhersehbare Schäden begrenzt.[735] Auf diese Weise beschränkt etwa der Anbieter Amazon seine Schadensersatzhaftung im Rahmen der Nutzung der Prime-Angebote wie folgt: „Wir [haften] für jegliche Verletzung unserer gemäß diesen Bedingungen bestehenden Verpflichtungen, die für die Bereitstellung von Prime wesentlich sind und auf die Sie sich bei Ihrer Anmeldung zu Prime verlassen konnten. In diesem Fall haften wir lediglich für Verluste und Schäden, die zum Zeitpunkt Ihres Beitritts zu Prime sowohl für Sie als auch für uns vorhersehbar waren."[736]

---

731 BGH NJW 2002, 673 (674); BGH NJW 1984, 1350 (1351); BGH NJW 2001, 292 (302).

732 BGH NJW 2002, 673 (674); BGH NJW 2001, 292 (302); BGH NJW 1985, 3016 (3018); BGH NJW 1993, 335; BGH NJW-RR 2005, 1496 (1505); Marly, Praxishandbuch Softwarerecht, Rn. 1852; Trusted Cloud, Haftungsrisiken beim Cloud-Computing, S. 16.

733 Paul, in: Niemann/Paul, Rechtsfragen des Cloud-Computing, Kap. 8 Rn. 173.

734 Roth-Neuschild, in: Auer-Reinsdorff/Conrad, IT- und Datenschutzrecht, § 13 Rn. 189.

735 Roth-Neuschild, in: Auer-Reinsdorff/Conrad, IT- und Datenschutzrecht, § 13 Rn. 189; Trusted Cloud, Haftungsrisiken beim Cloud-Computing, S. 16.

736 Amazon-Prime-Teilnahmebedingungen, abrufbar unter: https://www.amazon.de/gp/help/customer/display.html?nodeId=201910780 (Stand: 17.07.2020).

B. Beschränkung der Haftung des Anbieters nach der Digitale-Inhalte-Richtlinie

Da die Digitale-Inhalte-Richtlinie nunmehr eigenständige Regelungen zu den Abhilferechten des Nutzers digitaler Inhalte oder Dienstleistungen aufstellt, drängt sich die Frage auf, inwieweit die Geltung der nationalen Normen, die die Digitale-Inhalte-Richtlinie umsetzen, zugunsten des Anbieters ausgeschlossen oder beschränkt werden kann. In diesem Zusammenhang ist die Regelung in Art. 22 DIRL zu untersuchen, wonach haftungsbeschränkende Vereinbarungen im Grundsatz für den Nutzer nicht bindend sind (hierzu **I.**). Zu diesem Grundsatz sind in engen Grenzen allerdings einige Ausnahmen möglich (hierzu **II.**).

I. Grundsätzliche Unwirksamkeit von haftungsbeschränkenden Vereinbarungen, Art. 22 Abs. 1 DIRL

Nach Art. 22 Abs. 1 DIRL sind Vertragsklauseln, die die Anwendung nationaler Maßnahmen zur Umsetzung der Digitale-Inhalte-Richtlinie zum Nachteil des Verbrauchers ausschließen, davon abweichen oder deren Wirkungen abändern, bevor der Verbraucher dem Unternehmer die Vertragswidrigkeit zur Kenntnis gebracht hat, für den Verbraucher grds. nicht bindend. Die Rechte des Verbrauchers nach der Digitale-Inhalte-Richtlinie können vor Auftreten der Vertragswidrigkeit folglich im Grundsatz weder durch AGB noch durch Individualvereinbarung zum Nachteil des Verbrauchers beschränkt oder ausgeschlossen werden.[737] So kann etwa das Vertragsbeendigungs- oder Minderungsrecht bei Vertragsschluss nicht ausgeschlossen oder begrenzt werden, da hierdurch zulasten des Verbrauchers von der nationalen Norm abgewichen würde, die Art. 14 DIRL umsetzt. Aufgrund der in Art. 4 DIRL angeordneten Vollharmonisierung können die Mitgliedstaaten auch keine Vorschriften erlassen, die von Art. 22 Abs. 1 DIRL abweichen. Art. 22 Abs. 1 DIRL steht einer Abweichung von den nationalen Vorschriften, die die Digitale-Inhalte-Richtlinie umsetzen, allerdings nicht absolut entgegen, sondern erlaubt einige Ausnahmen zu diesem Grundsatz. Aus diesem Grund wird den Vorschriften der Digitale-Inhalte-Richtlinie zum Teil ein „halbzwingender" Charakter zugemessen.[738]

737 Vgl. Faust, DJT-Gutachten, S. 36.

738 Rosenkranz, in: GPR 2018, 28 (35f.); Spindler, in: MMR 2016, 219 (224).

II. Ausnahmen

Von der grundsätzlichen Unwirksamkeit haftungsbeschränkender Vereinbarungen gibt es einige Ausnahmen. Dies ist nach Art. 22 Abs. 1 DIRL zum einen der Fall, wenn die Vereinbarung nach Unterrichtung über die Vertragswidrigkeit (hierzu **1.**) oder zugunsten des Verbrauchers (hierzu **2.**) erfolgt oder wenn die Digitale-Inhalte-Richtlinie eine entsprechende Regelung vorsieht (hierzu **3.**). Darüber hinaus ist den Parteien eines Cloud-Computing-Vertrags außerhalb des Anwendungsbereichs der Digitale-Inhalte-Richtlinie eine Haftungsbeschränkung möglich (hierzu **4.**).

1. Abreden nach Unterrichtung über die Vertragswidrigkeit

Nach Art. 22 Abs. 1 DIRL sind zunächst nur solche von den Vorgaben der Digitale-Inhalte-Richtlinie abweichenden Vertragsabreden für den Verbraucher nicht bindend, die vereinbart werden, bevor der Verbraucher dem Unternehmer die Vertragswidrigkeit zur Kenntnis gebracht hat. Die Rechte des Verbrauchers können folglich nicht bei Vertragsschluss ausgeschlossen oder beschränkt werden.[739] Nach Unterrichtung des Unternehmers über die Vertragswidrigkeit aber können sich Verbraucher und Unternehmer auch auf anderweitige Lösungen einigen, die von den Haftungsvorgaben der Digitale-Inhalte-Richtlinie abweichen.[740] Der halbzwingende Charakter der Vorschriften soll schließlich nur verhindern, dass die Rechte des Verbrauchers von vornherein ausgeschlossen oder beschränkt werden; eine derartige Gefahr besteht aber nicht, wenn sich der Verbraucher im Bewusstsein seiner Rechte zu einer anderweitigen Lösung bereit erklärt.[741] Sofern also ein Mangel an den bereitgestellten Cloud-Diensten auftritt und der Nutzer den Anbieter hierüber in Kenntnis gesetzt hat, können die Parteien auch etwa vereinbaren, dass dem Nutzer anstatt des Vertragsbeendigungs- oder Minderungsrechts ein Service Credit gewährt werden soll.

2. Abreden zugunsten des Verbrauchers, Art. 22 Abs. 1 und Abs. 2 DIRL

Zum anderen erklärt Art. 22 Abs. 1 DIRL nur solche Vertragsklauseln für unwirksam, die „zum Nachteil des Verbrauchers“ wirken, nicht aber solche, in denen zugunsten des Verbrauchers von den Vorgaben der Digitale-Inhalte-Richtlinie abgewichen wird. Mithin können auch bereits bei Vertragsschluss abweichende

739 Staudenmayer, in: ZEuP 2016, 801 (805f.).
740 Staudenmayer, in: ZEuP 2016, 801 (806).
741 Staudenmayer, in: ZEuP 2016, 801 (817).

Vereinbarungen getroffen werden, sofern diese für den Verbraucher von Vorteil sind.[742] Dies ergibt sich bereits aus dem Wortlaut des Art. 22 Abs. 1 DIRL, wird darüber hinaus aber auch in Art. 22 Abs. 2 DIRL explizit klargestellt. Hiernach soll die Digitale-Inhalte-Richtlinie den Unternehmer nicht daran hindern, dem Verbraucher vertragliche Regelungen anzubieten, die über das in der Digitale-Inhalte-Richtlinie vorgesehene Verbraucherschutzniveau hinausgehen. So können Unternehmer und Verbraucher etwa abweichend von der Regelung in Art. 14 Abs. 6 DIRL vereinbaren, dass der Verbraucher auch dann den Vertrag beenden können soll, wenn die Vertragswidrigkeit nur von geringfügiger Natur ist.

3. *Digitale-Inhalte-Richtlinie bestimmt „etwas anderes", Art. 22 Abs. 1 DIRL a.E.*

Art. 22 Abs. 1 DIRL a.E. erklärt haftungsbegrenzende Absprachen darüber hinaus nur dann für unwirksam, wenn die Richtlinie nicht im Einzelfall „etwas anderes" bestimmt. Sofern die Richtlinie den Parteien also Spielraum für abweichende Vereinbarungen einräumt, sind diese auch nicht nach Art. 22 Abs. 1 DIRL unwirksam. Art. 8 Abs. 5 DIRL räumt den Parteien etwa die Möglichkeit ein, unter bestimmten Voraussetzungen eine Abweichung von den objektiven Vertragsmäßigkeitsanforderungen in Art. 8 Abs. 1 oder Abs. 2 DIRL vereinbaren zu können.[743] Ferner müssen die digitalen Inhalte nach Art. 8 Abs. 6 DIRL grds. in der zum Zeitpunkt des Vertragsschlusses neuesten verfügbaren Version bereitgestellt werden, allerdings nur „sofern die Vertragsparteien nichts anderes vereinbart haben".[744] Insoweit lässt auch Art. 8 Abs. 6 DIRL ebenfalls eine Abweichung durch vertragliche Absprachen zu. Sofern derartige Abweichungsmöglichkeiten in der Digitale-Inhalte-Richtlinie vorgesehen sind, ist die Absprache zwischen den Parteien nicht nach Art. 22 Abs. 1 DIRL unwirksam.

4. *Vertragsklauseln außerhalb des Anwendungsbereichs der Digitale-Inhalte-Richtlinie*

Art. 22 Abs. 1 DIRL steht darüber hinaus der Wirksamkeit von Vertragsklauseln nicht entgegen, die die gesetzliche Haftung des Unternehmers modifizieren, sofern hierbei nicht von nationalen Vorschriften abgewichen wird, die die Digitale-Inhalte-Richtlinie umsetzen. Außerhalb des Anwendungsbereichs

---

742 Spindler, in: MMR 2016, 219 (224); Rosenkranz, in: GPR 2018, 28 (35).
743 Hierzu § 8 C.II.
744 Hierzu bereits § 5 B.II.4.

der Digitale-Inhalte-Richtlinie kann die Haftung des Unternehmers also unter Beachtung der nationalen und – sofern anwendbar – der unionsrechtlichen Vorschriften beschränkt werden. Da die Digitale-Inhalte-Richtlinie gem. Art. 3 Abs. 10 DIRL insbesondere keine Regelungen in Bezug auf ein Schadensersatzrecht des Verbrauchers im Fall einer mangelhaften Leistung trifft, lässt Art. 22 Abs. 1 DIRL im deutschen Recht vor allem Spielraum für haftungsmodifizierende Absprachen bezüglich etwaiger Vertragsstrafen, pauschaliertem Schadensersatz, Service Credits und Bonus-Malus-Regelungen, deren Wirksamkeit nach deutschem Recht zu beurteilen ist.

a. Vertragsstrafe, §§ 339–345 BGB

Die Parteien eines Cloud-Computing-Vertrags können zunächst eine Vertragsstrafe nach den §§ 339–345 BGB vereinbaren. Hierbei erteilt der Anbieter dem Nutzer ein unselbstständiges, an eine bestehende Hauptverbindlichkeit angelehntes Versprechen, im Fall einer Nichterfüllung oder nicht ordnungsgemäßen Erfüllung eine (i.d.R. Geld-)Leistung zu erbringen.[745] So könnte etwa ein Nutzer, dem der versprochene Cloud-Dienst nur zu 98,8% im Monat anstatt der zugesagten 99% zustand, einen vorher vereinbarten, in der Höhe feststehenden Geldbetrag vom Anbieter verlangen.

Die Vereinbarung einer Vertragsstrafe hat eine doppelte Zwecksetzung: Zum einen soll dem Nutzer ein Mittel an die Hand geben werden, um die ordentliche Erfüllung des Vertrags zu erzwingen.[746] Die zu zahlenden Beträge stehen nämlich in keinem Zusammenhang mit einem etwaigen tatsächlich eingetretenen Schaden, sodass sie den Anbieter i.d.R. zur ordnungsgemäßen Erfüllung motivieren.[747] Zum anderen soll der Nutzer durch die Vertragsstrafe von dem Nachweis eines konkret eingetretenen Schadens befreit und ihm damit ein beweisfreier Mindestersatz zugesichert werden.[748] Der Nutzer kann die Vertragsstrafe also sogar dann geltend machen, wenn ihm überhaupt kein Schaden

745 Deister/Meyer-Spasche, in: HMD 2014, 795 (799); Meyer-Spasche, in: HMD 2010, 71 (73f.); Schumacher, in: MMR 2006, 12 (15).

746 Janoschek, in: BeckOK, BGB, § 339 Rn. 1; Marly, Praxishandbuch Softwarerecht, Rn. 1991; Schreibauer/Taraschka, in: CR 2003, 557 (561); Schumacher, in: MMR 2006, 12 (15).

747 Deister/Meyer-Spasche, in: HMD 2014, 795 (799); Meyer-Spasche, in: HMD 2010, 71 (74).

748 Gottwald, in: MüKo, BGB, Bd. 3, Vor § 339 Rn. 6; Schreibauer/Taraschka, in: CR 2003, 557 (561).

entstanden ist.[749] Der Nutzer ist zwar grds. nur berechtigt, die Vertragsstrafe zu fordern, wenn der Anbieter die nicht ordnungsgemäße Erfüllung zu verschulden hat; die Beweislast für ein fehlendes Verschulden trägt allerdings der Anbieter.[750] Es steht den Parteien aber auch frei, zulasten des Anbieters eine Vertragsstrafe zu vereinbaren, die unabhängig von einem etwaigen Verschulden eingreifen soll.[751] Für den Nutzer begründet die Vertragsstrafe den Vorteil, dass er gem. §§ 341 Abs. 2, 340 Abs. 2 BGB über die vereinbarte Höhe der Vertragsstrafe hinaus weiteren Schadensersatz geltend machen kann.[752] Die Vertragsstrafe ist in diesem Fall aber nach § 340 Abs. 2 BGB auf den Schadensersatzanspruch anzurechnen.[753] Für den Anbieter hingegen ist die Vereinbarung einer Vertragsstrafe regelmäßig mit einer scharfen Haftung verbunden, da er Gefahr läuft, dem Nutzer sowohl die Vertragsstrafe als auch Schadensersatz zahlen zu müssen.

b. Pauschalierter Schadensersatz

Alternativ zu einer Vertragsstrafe können die Parteien die Schadensersatzpflicht des Anbieters im Fall einer mangelhaften Leistung weitgehend zugunsten eines pauschalierten Schadensersatzes einschränken. Sofern der Anbieter schlecht leistet, kann der Nutzer in diesem Fall eine in ihrer Höhe festgelegte Schadenspauschale verlangen.[754] Die Schadenspauschale dient in erster Linie der Beweiserleichterung: Der Nutzer muss hierbei nicht nachweisen, in welcher konkreten Höhe ihm ein Schaden entstanden ist.[755] Im Gegensatz zu der Vertragsstrafe kann der Nutzer die Zahlung des pauschalierten Schadensersatzes allerdings nur verlangen, wenn ihm tatsächlich ein Schaden entstanden ist.[756] Der Nutzer muss also beweisen, dass ihm überhaupt ein Schaden entstanden ist; er wird nur von dem Nachweis der konkreten Höhe des Schadens befreit.[757] Hat der Anbieter

---

749 Bräutigam, in: CR 2004, 248 (251); Schreibauer/Taraschka, in: CR 2003, 557 (561); Schumacher, in: MMR 2006, 12 (15).

750 Stadler, in: Jauernig, BGB, § 339 Rn. 19.

751 Janoschek, in: BeckOK, BGB, § 339 Rn. 6; Schreibauer/Taraschka, in: CR 2003, 557 (561); Schaub, in: Erman, BGB, § 339 Rn. 6; BGH NJW 1982, 759 (760).

752 Schumacher, in: MMR 2006, 12 (15).

753 Schumacher, in: MMR 2006, 12 (15); Schuster, in: CR 2009, 205 (208).

754 Noerr, Service-Level-Agreements: 5 Praxistipps, abrufbar unter: https://www.noerr.com/de/newsroom/News/service-level-agreements-5-praxistipps-iii (Stand: 17.07.2020).

755 Bräutigam, in: CR 2004, 248 (251); Deister/Meyer-Spasche, in: HMD 2014, 795 (799f.); Schumacher, in: MMR 2016, 12 (16); Schuster, in: CR 2009, 205 (209).

756 Marly, Praxishandbuch Softwarerecht, Rn. 1868; Schumacher, in: MMR 2006, 12 (16).

757 Schumacher, in: MMR 2006, 12 (16).

dem Nutzer etwa eine virenbehaftete Software bereitgestellt und greifen die Viren auf das Endgerät des Nutzers über, muss dieser nur beweisen, dass seine eigene Hard- oder Software durch die Viren beschädigt wurden.

Für den Anbieter begründet die Vereinbarung einer Schadenspauschale die Sicherheit, dass er keinesfalls mehr als die vereinbarte Schadenssumme zahlen muss.[758] Liegt der konkret eingetretene Schaden nämlich über der Höhe der vereinbarten Schadenspauschale, kann der Nutzer dennoch nicht mehr als den vereinbarten Betrag verlangen, sondern muss diesen Teil des Schadens selbst tragen.[759] Werden zusätzlich zu dem pauschalierten Schadensersatz keine weiteren Regelungen getroffen, so sind die Absprachen zur Schadenspauschale i.d.R. abschließend, da diese etwaige Auseinandersetzungen um das Bestehen eines regulären Schadensersatzanspruchs gerade ersetzen sollen.[760] Vertraglich können die Parteien aber vereinbaren, dass auch höhere Schäden geltend gemacht werden können, deren Höhe der Nutzer aber i.d.R. beweisen muss, da die Schadenspauschale lediglich die Schadensabwicklung erleichtern, nicht aber den Nachweis eines höheren Schadens verhindern soll.[761] Dies kann auch für den Anbieter sinnvoll sein: Zum einen muss sich der Nutzer nämlich (anders als bei der Vertragsstrafe) die Schadenspauschale anrechnen lassen, damit sich das Haftungsrisiko für den Anbieter nicht insgesamt erhöht.[762] Zum anderen fallen abschließende Schadenspauschalen typischerweise höher aus als nicht abschließende Pauschalen.[763] Dem Nutzer wird außerdem der Nachweis der konkreten Schadenshöhe regelmäßig schwerfallen, sodass der Anbieter nur einem begrenzt höheren Haftungsrisiko ausgesetzt ist.[764]

758 Schumacher, in: MMR 2006, 12 (16).

759 Noerr, Service-Level-Agreements: 5 Praxistipps, abrufbar unter: https://www.noerr.com/de/newsroom/News/service-level-agreements-5-praxistipps-iii (Stand: 17.07.2020).

760 Deister/Meyer-Spasche, in: HMD 2014, 795 (800); Meyer-Spasche, in: HMD 2010, 71 (74).

761 Deister/Meyer-Spasche, in: HMD 2014, 795 (800); Wurmnest, in: MüKo, BGB, Bd. 2, § 309 Nr. 5 Rn. 26.

762 Deister/Meyer-Spasche, in: HMD 2014, 795 (800); Meyer-Spasche, in: HMD 2010, 71 (74).

763 Deister/Meyer-Spasche, in: HMD 2014, 795 (800); Meyer-Spasche, in: HMD 2010, 71 (74).

764 Deister/Meyer-Spasche, in: HMD 2014, 795 (800); Meyer-Spasche, in: HMD 2010, 71 (74).

c. Service Credits

Art. 22 Abs. 1 DIRL steht auch einer Vereinbarung von Service Credits nicht entgegen. Hierunter sind Minderungspauschalen zu verstehen, bei denen durch den Anbieter eine vereinbarte Pauschale vom Entgelt abgezogen wird, wenn die geschuldete Leistungsqualität nicht erreicht wird.[765] Der Anbieter zieht bei Unterschreitung der geschuldeten Leistung praktisch einen i.d.R. bei Vertragsschluss bestimmten Betrag von der nächsten Rechnung des Nutzers ab. Hierbei wird die Höhe der Service Credits regelmäßig nach Stufenmodellen berechnet: Den einzelnen Verfügbarkeitsstufen werden je nach Grad der Schwere bestimmte Minderungspauschalen zugeordnet.[766] Je nach Unterschreitung der Verfügbarkeit wird die einschlägige Minderungspauschale von der nächsten Rechnung abgezogen, bspw. 5–10% in Fällen einfacher Schlechtleistungen und 15–20% in Fällen schwerwiegender oder wiederholter Schlechtleistungen.[767]

Art. 22 Abs. 1 DIRL steht dem jedenfalls nicht entgegen, solange durch die Vereinbarung der Service Credits nicht das Recht des Nutzers beeinträchtigt wird, nach Maßgabe der nationalen Normen, die Art. 14 Abs. 4 und 5 DIRL umsetzen, eine Minderung zu fordern. Anders als bei der Gewährung von Service Credits ist die Höhe der Preisminderung nach Art. 14 Abs. 5 DIRL nicht im Vorhinein festgelegt, sondern wird für jeden Einzelfall konkret nach dem Verhältnis ermittelt, in dem der verminderte Wert der bereitgestellten digitalen Inhalte oder Dienstleistungen zu ihrem Wert in vertragsgemäßem Zustand steht. Dem Nutzer darf also nicht bei Vertragsschluss das Recht genommen werden, nach diesem Maßstab eine Minderung zu fordern. Service Credits können daher nur zusätzlich zu dem Recht des Nutzers auf Preisminderung nach Art. 14 Abs. 4 und 5 DIRL vereinbart werden, damit dem Nutzer jedenfalls die Wahl offensteht, welche Abhilfe er geltend machen möchte.

d. Bonus-Malus-Regelungen

Service Credits können eigenständig, aber auch als Teil von sog. Bonus-Malus-Regelungen vereinbart werden. Im Rahmen von Bonus-Malus-Regelungen werden die Service Credits, zu denen der Nutzer im Fall einer Unterschreitung der geschuldeten Leistung berechtigt ist, mit einem Gebührenzuschlag für den Anbieter verknüpft, wenn dieser die geschuldete Leistung besonders

765 Hierzu bereits § 6 C.III.1.

766 Schumacher, in: MMR 2006, 12 (15).

767 Schumacher, in: MMR 2006, 12 (15).

gut erfüllt.[768] Schuldet der Anbieter etwa eine 99%ige Verfügbarkeit der Cloud-Dienste im Monat, so kann er einen (bspw. pro Prozentpunkt[769]) festgelegten Betrag mehr verlangen, wenn er in einem Monat eine 100%ige Verfügbarkeit der Dienste gewährleistet.

Bonus-Malus-Regelungen begründen zwar einerseits einen Ansporn für den Anbieter, den Nutzer besonders bevorzugt zu behandeln.[770] Andererseits sind sie aber auch mit der Gefahr verbunden, dass sich der Anbieter auf die Übererfüllung bestimmter Leistungslevels fokussiert, um etwaige Bonus-Zahlungen geltend zu machen, und andere Leistungspflichten hierbei vernachlässigt.[771] Für den Nutzer ist es daher von Interesse, dass der Anbieter nur bei Überschreitung bestimmter, für den Nutzer bedeutsamer Leistungslevels zu Bonus-Zahlungen berechtigt ist.[772]

Insgesamt ist die Vereinbarung einer Bonus-Malus-Regelung aber nur dann sinnvoll, wenn der Nutzer von der Übererfüllung der geschuldeten Leistung auch tatsächlich einen Mehrwert für sein Geschäft erhält.[773] Bei einem Verbraucher als Vertragspartner eines Cloud-Computing-Vertrags wird es an einem derartigen Mehrwert aber i.d.R. fehlen, da der Verbraucher gerade kein Geschäft betreibt, sondern den Cloud-Dienst zu rein privaten Zwecken nutzt. Sofern es tatsächlich nicht zu einem Mehrwert kommt, liegt es jedenfalls im Interesse des Nutzers, von einer Bonus-Malus-Regelung Abstand zu nehmen. Ansonsten würde dem Anbieter der Druck genommen, eine Leistungsunterschreitung zu vermeiden, da er die hierdurch ausgelöste Minderung der Vergütung einfach durch eine Übererfüllung zu einem anderen Zeitpunkt ausgleichen könnte, ohne dass dem Nutzer durch die Übererfüllung ein Vorteil entstünde.[774]

Der Wirksamkeit einer Vereinbarung von Bonus-Malus-Regelungen steht der halbzwingende Charakter der Vorschriften der Digitale-Inhalte-Richtlinie aber jedenfalls nicht entgegen, da die Richtlinie hierzu keine Regelung trifft, von der nach Art. 22 Abs. 1 DIRL nicht wirksam abgewichen werden könnte. Nicht mit

---

768 Bräutigam, in: CR 2004, 248 (252); Schreibauer/Taraschka, in: CR 2003, 557 (562); Schumacher, in: MMR 2006, 12 (16).

769 Hierzu ausführlich Söbbing, Handbuch IT-Outsourcing, S. 881f.

770 Schumacher, in: MMR 2006, 12 (16).

771 Schreibauer/Taraschka, in: CR 2003, 557 (562).

772 Schreibauer/Taraschka, in: CR 2003, 557 (562).

773 Bräutigam, in: CR 2004, 248 (252); Schumacher, in: MMR 2006, 12 (16).

774 Noerr, Service-Level-Agreements: 5 Praxistipps, abrufbar unter: https://www.noerr.com/de/newsroom/News/service-level-agreements-5-praxistipps-iii (Stand: 17.07.2020).

der Digitale-Inhalte-Richtlinie vereinbar wäre es allerdings, die Abhilferechte des Nutzers nach Art. 14 DIRL zugunsten von Bonus-Malus-Regelungen auszuschließen oder zu beschränken, da Art. 22 Abs. 1 DIRL eine Beschränkung des Art. 14 DIRL verbietet. Folglich können Bonus-Malus-Regelungen allenfalls als weitere Option neben den Abhilferechten des Nutzers vereinbart werden, sodass der Nutzer wahlweise entweder seine Abhilferechte aus Art. 14 DIRL oder den „Bonus" aus der Bonus-Malus-Regelung geltend machen kann.

C. Gestaltungsspielraum durch Bestimmung des Pflichtenprogramms

Sofern keine Ausnahme von dem Grundsatz der Unwirksamkeit haftungsbeschränkender Vereinbarungen nach Art. 22 Abs. 1 DIRL vorliegt, können die Parteien eines Cloud-Computing-Vertrags allenfalls durch konkrete Bestimmung des Pflichtenprogramms Einfluss auf die Haftung des Anbieters nehmen. Hierdurch können zwar die im Fall einer Vertragswidrigkeit bestehenden Rechte und Pflichten nach der Digitale-Inhalte-Richtlinie nicht beschränkt werden. Wohl aber können die Parteien beeinflussen, wann von einer Vertragswidrigkeit auszugehen ist, die diese Rechte und Pflichten auslöst. Da die Abhilfeansprüche des Verbrauchers nach Art. 14 DIRL das Bestehen einer Vertragswidrigkeit voraussetzen, kann auf diese Weise mittelbar die Haftung des Unternehmers eingeschränkt werden. Nach Art. 6 DIRL sind die digitalen Inhalte und Dienstleistungen vertragsgemäß, wenn die Anforderungen der Art. 7, 8 und 9 DIRL, unbeschadet des Art. 10 DIRL, erfüllt sind.[775] Im Folgenden ist daher zu untersuchen, inwieweit der Unternehmer die Anforderungen der Art. 7–10 DIRL einschränken kann, um durch restriktive Bestimmung des Pflichtenprogramms enge Grenzen für das Bestehen einer Vertragswidrigkeit zu setzen.

I. Beschränkung der Haftung durch Bestimmung der subjektiven Vertragsmäßigkeitsanforderungen nach Art. 7 DIRL

Die digitalen Inhalte oder Dienstleistungen müssen grds. kumulativ die subjektiven Vertragsmäßigkeitsanforderungen des Art. 7 DIRL erfüllen.[776] Da sich diese Anforderungen aber nach den vertraglichen Absprachen der Parteien richten, können Anbieter und Nutzer von Cloud-Diensten durch individuelle Vereinbarung dieser Anforderungen Einfluss darauf nehmen, wann eine

775 Hierzu bereits § 5 B.
776 Hierzu bereits § 5 B.I.

Vertragswidrigkeit i.S.v. Art. 7 DIRL vorliegt, die eine Haftung des Unternehmers auslösen kann.

So ermöglicht etwa Art. 7 lit. a DIRL dem Unternehmer weitgehend selbst festzulegen, welche digitalen Inhalte oder Dienstleistungen von welcher Qualität und in welcher Quantität bereitgestellt werden sollen und welche Anforderungen sie hinsichtlich ihrer Funktionalität, Kompatibilität und Interoperabilität erfüllen müssen. Der Unternehmer kann bspw. Beta-Dienste in sein Leistungsprogramm aufnehmen und auf diese Weise verhindern, dass aufgrund von Fehlern bei der Benutzung von Beta-Diensten eine Vertragswidrigkeit i.S.v. Art. 6 DIRL anzunehmen ist. Darüber hinaus kann der Unternehmer dem vom Verbraucher angestrebten Zweck nach Art. 7 lit. b DIRL widersprechen und im Vertrag konkret festlegen, welche Unterstützung dem Verbraucher nach Art. 7 lit. c DIRL zugesagt werden soll. Ebenso ist der Unternehmer nach Art. 7 lit. d DIRL nur insoweit zur Durchführung von Updates oder zur Bereitstellung neuer Programmversionen einer Software verpflichtet, wie er dies vertraglich mit dem Verbraucher vereinbart hat. Der Unternehmer kann mithin nach Art. 7 DIRL festlegen, wozu er verpflichtet und wozu er nicht verpflichtet sein soll. Auf diese Weise kann der Unternehmer seine Haftung nach Art. 7 DIRL beschränken.

II. Beschränkung der Haftung durch Eingrenzung der objektiven Vertragsmäßigkeitsanforderungen nach Art. 8 Abs. 5 DIRL

Der Unternehmer muss aber nicht nur die subjektiv festgelegten Vertragsmäßigkeitskriterien, sondern auch die objektiven Anforderungen nach Art. 8 DIRL erfüllen.[777] Es stellt sich daher die Frage, ob und unter welchen Voraussetzungen die Haftung für diese objektiven Anforderungen des Art. 8 DIRL ausgeschlossen oder beschränkt werden kann. Insoweit erlaubt Art. 8 Abs. 5 DIRL allenfalls eine Haftungsbegrenzung für die objektiven Vertragsmäßigkeitsanforderungen in Art. 8 Abs. 1 und 2 DIRL. Einer Beschränkung von Art. 8 Abs. 3 DIRL bedarf es nicht, da die Regelung ohnehin lediglich einen Ausschluss für die Haftung des Unternehmers nach Art. 8 Abs. 2 DIRL begründet. Eine Begrenzung des Art. 8 Abs. 4 DIRL würde dem Unternehmer hingegen nicht weiterhelfen, da Art. 11 Abs. 3 UAbs. 1 DIRL eine entsprechende Verpflichtung des Unternehmers begründet wie sie in Art. 8 Abs. 4 DIRL angelegt ist. Eine Abweichung von der Regelung in Art. 8 Abs. 6 DIRL ist hingegen nicht erforderlich, da diese ohnehin nur Anwendung findet, wenn die Parteien nicht etwas anderes nach Art. 7 lit. a DIRL vereinbart haben. Insoweit bedarf es

777 Hierzu bereits § 5 B.II.

lediglich einer näheren Untersuchung der Haftungsbegrenzung nach Maßgabe des Art. 8 Abs. 5 DIRL.

Nach Art. 8 Abs. 5 DIRL liegt keine Vertragswidrigkeit i.S.v. Art. 8 Abs. 1 oder 2 DIRL vor, wenn der Verbraucher zum Zeitpunkt des Vertragsschlusses eigens darüber in Kenntnis gesetzt wurde, dass ein bestimmtes Merkmal der digitalen Inhalte oder Dienstleistungen von den in Art. 8 Abs. 1 und 2 DIRL vorgesehenen objektiven Anforderungen an die Vertragsmäßigkeit abweicht, und er bei Vertragsschluss diese Abweichung ausdrücklich und gesondert akzeptiert hat. Art. 8 Abs. 5 DIRL erlaubt auf diese Weise eine partielle Durchbrechung des Art. 22 Abs. 1 DIRL[778]: Die Parteien dürfen vor Auftreten einer Vertragswidrigkeit grds. keine Abreden treffen, die von den Regelungen der Digitale-Inhalte-Richtlinie zulasten des Verbrauchers abweichen. Art. 8 Abs. 5 DIRL erlaubt dem Unternehmer aber, von den Anforderungen der Art. 8 Abs. 1 und 2 DIRL zum Nachteil des Verbrauchers abzuweichen und bestimmt insoweit „etwas anderes" i.S.v. Art. 22 Abs. 1 DIRL a.E. Voraussetzung des Art. 8 Abs. 5 DIRL ist hierbei, dass der Unternehmer den Verbraucher zum Zeitpunkt des Vertragsschlusses über die negative Abweichung von einem Merkmal nach Art. 8 Abs. 1 oder 2 DIRL in Kenntnis gesetzt hat (hierzu **1.**) und der Verbraucher diesen besonderen Umstand bei Vertragsschluss ausdrücklich und gesondert akzeptiert hat (hierzu **2.**).

1. Aufklärung des Verbrauchers über die Abweichung von Art. 8 Abs. 1 oder 2 DIRL

Der Unternehmer muss den Verbraucher zunächst über den Umstand in Kenntnis setzen, dass ein bestimmtes Merkmal der bereitzustellenden digitalen Inhalte oder Dienstleistungen von den in Art. 8 Abs. 1 und 2 DIRL vorgesehenen objektiven Vertragsmäßigkeitsanforderungen abweicht. Der Verbraucher muss hierbei auf jeden einzelnen Aspekt, in welchem das Angebot des Unternehmers von der üblichen Beschaffenheit abweicht, im Vorfeld des Vertragsschlusses gesondert hingewiesen werden.[779] Erforderlich ist mithin eine konkrete Bezeichnung jedes vom Normal-Standard negativ abweichenden Leistungsmerkmals.[780] Ist

778 Vgl. Schmidt-Kessel et al., in: GPR 2016, 54 (69).

779 Riehm/Abold, in: ZUM 2018, 82 (85f.).

780 Faber, Bereitstellungspflicht, Mangelbegriff und Beweislast in der DIRL, in: Wendehorst/Zöchling-Jud, Ein neues Vertragsrecht für den digitalen Binnenmarkt?, S. 108; vgl. auch Lorenz, in: AcP 212 (2012), 702 (732) zu Art. 99 Abs. 3 GEK-E.

bei einem Video-Streamingdienst bspw. eine Verfügbarkeitsquote von 99% im Jahr üblich, will der Unternehmer aber nur eine 98%ige Verfügbarkeit versprechen, so muss er den Verbraucher darüber aufklären, dass vergleichbare Angebote anderer Anbieter üblicherweise eine Verfügbarkeit von 99% im Jahr vorsehen, der Anbieter sich aber nur dazu verpflichtet, die angebotenen Dienste zu einer Quote von 98% im Jahr verfügbar zu machen. Weist der Unternehmer den Verbraucher nicht ausdrücklich auf jeden einzelnen Aspekt hin, in dem sich sein Angebot von der üblichen Beschaffenheit unterscheidet, finden die objektiven Vertragsmäßigkeitsanforderungen des Art. 8 Abs. 1 und 2 DIRL uneingeschränkt Anwendung.

2. *Ausdrückliche und gesonderte Zustimmung des Verbrauchers*

Darüber hinaus muss der Verbraucher die negativ abweichende Beschaffenheit der bereitzustellenden digitalen Inhalte oder Dienstleistungen gem. Art. 8 Abs. 5 DIRL bei Vertragsschluss ausdrücklich und gesondert akzeptiert haben. Aus dem Ausdrücklichkeitserfordernis folgt, dass eine konkludente Zustimmung des Verbrauchers nicht genügt. Dieses Erfordernis ist bereits aus Art. 8 Abs. 2 UAbs. 2 S. 1 VRRL bekannt und wurde im deutschen Recht in § 312j Abs. 3 S. 1 BGB umgesetzt. Hiernach muss der Unternehmer im Rahmen von Fernabsatzverträgen dafür sorgen, dass der Verbraucher bei der Bestellung ausdrücklich bestätigt, dass die Bestellung mit einer Zahlungsverpflichtung verbunden ist.

Darüber hinaus muss der Verbraucher die Abweichung nach Art. 8 Abs. 5 DIRL „gesondert" akzeptieren. Im Folgenden ist zu erörtern, auf welche Art und Weise der Unternehmer eine gesonderte Zustimmung des Verbrauchers einholen kann.

a. *Durch Betätigung des Bestellbuttons?*

Denkbar ist zunächst, dass eine gesonderte Zustimmung des Verbrauchers durch Betätigung des Bestellbuttons eingeholt werden kann, da der Verbraucher hiermit zur Kenntnis gibt, dass er den Vertrag so abschließen möchte, wie es der Unternehmer ihm angeboten hat. Aus Art. 8 Abs. 5 DIRL geht allerdings ausdrücklich hervor, dass die Zustimmung des Verbrauchers spätestens bei Vertragsschluss vorliegen muss. Die Norm setzt nämlich voraus, dass der Verbraucher den besonderen Umstand bei Vertragsschluss ausdrücklich und gesondert akzeptiert „hat" und nicht erst mit Vertragsschluss akzeptiert. Könnte eine gesonderte Zustimmung mit der Betätigung des Bestellbuttons eingeholt werden, so fielen der Vertragsschluss und die Erteilung der Zustimmung aber zeitlich zusammen. Eine gesonderte Zustimmung kann daher jedenfalls nicht durch einfache Betätigung des Bestellbuttons erfolgen.[781]

b. Durch Akzeptieren der AGB des Unternehmers?

Da der Verbraucher bei standardisierten Verträgen über die Bereitstellung digitaler Inhalte oder Dienstleistungen ohnehin den AGB des Unternehmers zustimmen muss, ist zudem zu erörtern, ob eine gesonderte Zustimmung auch durch Akzeptieren der AGB des Unternehmers erfolgen kann, wenn die Negativabweichung von Art. 8 Abs. 1 oder 2 DIRL in einer AGB-Klausel enthalten ist.

Da nach dem Wortlaut des Art. 8 Abs. 5 DIRL aber eine „gesondert[e]" Zustimmung erforderlich ist, muss der Verbraucher seine Zustimmung explizit zu dem Hinweis über die negative Beschaffenheitsabweichung erteilen. Eine Zustimmung zu den AGB des Unternehmers allgemein würde jedenfalls keine „gesonderte" Zustimmung zu diesem Hinweis darstellen.

Das Erfordernis der „gesonderten" Zustimmung bezweckt schließlich auch, dass sich der Verbraucher vor Vertragsschluss bewusst sein soll, dass die Beschaffenheit der bereitzustellenden digitalen Inhalte oder Dienstleistungen mindestens in einem Aspekt von dem üblicherweise zu erwartenden Standard abweicht. Ihm soll klar sein, dass andere Anbieter vergleichbare Produkte bereitstellen, die jedenfalls in einem Aspekt eine bessere Beschaffenheit aufweisen als das bereitzustellende Produkt.

Könnte die Erteilung einer gesonderten Zustimmung aber dadurch erreicht werden, dass der Verbraucher die AGB des Unternehmers akzeptiert, in denen die negative Beschaffenheitsabweichung enthalten ist, so könnte nicht sichergestellt werden, dass der Verbraucher sich der negativen Beschaffenheitsabweichung tatsächlich bewusst ist, da ein Verbraucher die AGB i.d.R. nicht oder nicht vollständig liest.[782] Der Verbraucher wird vielmehr regelmäßig auf die Einhaltung objektiv zu erwartender Leistungsstandards vertrauen, anstatt die Pflichten des Unternehmers im „Kleingedruckten" des Vertrags nachzulesen.[783] Die Einholung der Zustimmung des Verbrauchers zu den AGB des Unternehmers stellt somit keine gesonderte Zustimmung zu der negativen Beschaffenheitsabweichung i.S.v. Art. 8 Abs. 5 DIRL dar.

---

781 Vgl. Stariradeff, in: MMR 2016, 715 (716) in Bezug auf die Warenhandelrichtlinie.

782 Vgl. Faber, Bereitstellungspflicht, Mangelbegriff und Beweislast in der DIRL, in: Wendehorst/Zöchling-Jud, Ein neues Vertragsrecht für den digitalen Binnenmarkt?, S. 108.

783 Riehm/Abold, in: ZUM 2018, 82 (86).

c. Durch Akzeptieren einer Opt-in-Check-Box oder Anklicken eines separaten Buttons?

Eine gesonderte Zustimmung vor Abschluss des Vertrags kann der Unternehmer aber durch Einbau eines gesonderten Buttons oder einer sog. Opt-in-Check-Box im Bestellprozess einholen.[784] Dies kann etwa dadurch erfolgen, dass dem Verbraucher im Laufe des Bestellprozesses eine Informationsbox aufgezeigt wird, in der auf die negative Beschaffenheitsabweichung ausdrücklich hingewiesen wird. Der weitere Fortlauf des Bestellprozesses kann davon abhängig gemacht werden, dass sich der Verbraucher mit der negativen Beschaffenheitsabweichung durch Ankreuzen eines Kästchens oder Aktivierung einer Schaltfläche per Mausklick einverstanden erklärt.[785]

So wird auch in Art. 8 Abs. 2 UAbs. 2 S. 2 VRRL (bzw. in § 312j Abs. 3 S. 2 BGB) beispielshaft genannt, dass die ausdrückliche Zustimmung durch Aktivierung einer Schaltfläche erfolgen kann. Hierbei wird aber vorausgesetzt, dass der Unternehmer die Schaltfläche „gut lesbar" mit eindeutiger Formulierung kennzeichnet, um den Verbraucher auf die Folgen der Aktivierung der Schaltfläche hinzuweisen.

Da das Erfordernis der ausdrücklichen und gesonderten Zustimmung in Art. 8 Abs. 5 DIRL ebenso wie in Art. 8 Abs. 2 UAbs. 2 S. 1 VRRL dem Schutz des Verbrauchers vor unvorhergesehenen nachteiligen Folgen dient, können diese Erwägungen auf die Digitale-Inhalte-Richtlinie übertragen werden. Es genügt folglich den Anforderungen an die Einholung einer gesonderten Zustimmung, wenn der Verbraucher eine Schaltfläche aktiviert, die gut lesbar und in eindeutiger Formulierung darauf hinweist, dass er hiermit einer negativen Abweichung von den objektiven Anforderungen an die Vertragsmäßigkeit zustimmt. Macht der Unternehmer den Bestellvorgang des Verbrauchers von der Aktivierung einer derartigen Schaltfläche abhängig, kann er auf diese Weise kontrollieren, dass es nur bei Erteilung der Zustimmung zu einem Vertragsschluss kommt. Auf diese Weise lässt sich die Haftung für die objektiven Anforderungen des Art. 8 Abs. 1 und 2 DIRL nach Art. 8 Abs. 5 DIRL ausschließen oder beschränken.

---

784 Spindler/Sein, in: MMR 2019, 488 (489); vgl. Stariradeff, in: MMR 2016, 715 (716) in Bezug auf die Warenhandelrichtinie.

785 Riehm/Abold, in: ZUM 2018, 82 (86); Fn. 45 Standpunkt des Europäischen Rats, abrufbar unter: http://data.consilium.europa.eu/doc/document/ST-9901-2017-ADD-1/de/pdf (Stand: 17.07.2020).

III. Beschränkung der Haftung aufgrund unsachgemäßer Integration nach Art. 9 DIRL

Darüber hinaus ist zu untersuchen, inwieweit der Unternehmer die Haftung aufgrund unsachgemäßer Integration nach Art. 9 DIRL[786] beschränken oder ausschließen kann. Art. 9 DIRL sieht zum einen keine Möglichkeit für die Parteien vor, anderweitige vertragliche Abweichungen zu treffen, wie dies etwa in Art. 8 Abs. 6 DIRL der Fall ist („sofern die Vertragsparteien nichts anderes vereinbart haben"). Zum anderen fehlt es an einer dem Art. 8 Abs. 5 DIRL entsprechenden Regelung, die unter bestimmten Voraussetzungen eine Abweichung von der in Art. 9 DIRL statuierten Haftung des Unternehmers für Integrationsmängel ermöglicht. Es bedarf daher einer Klärung, ob dennoch eine Begrenzung der Haftung für Integrationsfehler des Unternehmers oder unter seiner Verantwortung und für Integrationsfehler des Verbrauchers aufgrund mangelhafter Anleitung möglich ist.

1. Beschränkung der Haftung für Integrationsfehler des Unternehmers oder unter seiner Verantwortung, Art. 9 lit. a DIRL

Da Art. 9 lit. a DIRL keine abweichende Regelung i.S.v. Art. 22 Abs. 1 DIRL a.E. enthält und eine vertragliche Haftungsbegrenzung zum Nachteil des Verbrauchers wirken würde, ist ein Ausschluss der Haftung für Integrationsmängel vor Auftreten der Vertragswidrigkeit gegenüber dem Verbraucher grds. nicht bindend. Relevanz kommt in diesem Zusammenhang aber dem Umstand zu, dass die Sachgemäßheit der Integration danach zu beurteilen ist, ob sie den vertraglichen Abreden nach Art. 7 DIRL entspricht und die Anforderungen erfüllt, die objektiv gem. Art. 8 DIRL erwartet werden können.[787] Insoweit kann der Unternehmer jedenfalls mittelbar Einfluss auf seine Haftung für Integrationsmängel nehmen: Er kann einerseits durch vertragliche Absprachen nach Art. 7 DIRL konkretisieren, welche Anforderungen die Integration erfüllen muss, um als vertragsgemäß angesehen werden zu können. Andererseits kann er von den objektiven Vertragsmäßigkeitsanforderungen des Art. 8 Abs. 1 und 2 DIRL nach Maßgabe des Art. 8 Abs. 5 DIRL abweichen. Die Integration muss dann nur noch die Nutzbarkeit der digitalen Inhalte oder Dienstleistungen nach dem subjektiv festgelegten und objektiv beschränkten Maßstab ermöglichen. Auf diese Weise kann der Unternehmer beeinflussen, wann von einer unsachgemäßen

786 Hierzu § 5 B.III.

787 Hierzu bereits § 5 B.III.1.

Integration i.S.v. Art. 9 lit. a DIRL auszugehen ist. Da Art. 9 lit. a DIRL eine unsachgemäße Integration voraussetzt, kann der Unternehmer jedenfalls mittelbar Einfluss auf seine Haftung nach Art. 9 lit. a DIRL nehmen.

2. Beschränkung der Haftung für Integrationsfehler des Verbrauchers aufgrund mangelhafter Anleitung, Art. 9 lit. b DIRL

Darüber hinaus kann der Unternehmer mittelbar seine Haftung für Integrationsfehler des Verbrauchers nach Art. 9 lit. b DIRL begrenzen, die auf eine mangelhafte Anleitung zurückzuführen sind. Die Mangelhaftigkeit der Anleitung ist nämlich ihrerseits nach den subjektiven und objektiven Vertragsmäßigkeitskriterien der Art. 7 und 8 DIRL zu bewerten. Der Unternehmer kann also durch vertragliche Absprache mit dem Verbraucher gem. Art. 7 DIRL konkret festlegen, welche Anforderungen die Anleitung erfüllen muss, um als mangelfrei angesehen werden zu können. So kann etwa individuell vereinbart werden, dass eine Vertragswidrigkeit nicht dadurch begründet wird, dass die Anleitung nur in englischer Sprache verfasst ist. Die objektiven Standards, die eine Anleitung nach Art. 8 Abs. 1 und 2 DIRL daneben grds. erfüllen muss, kann der Unternehmer gem. Art. 8 Abs. 5 DIRL beschränken oder ausschließen. Auf diese Weise kann der Unternehmer Einfluss darauf nehmen, wann die Installationsanleitung als mangelhaft i.S.v. Art. 9 lit. b DIRL anzusehen ist. Da die Haftung des Unternehmers nach Art. 9 lit. b DIRL das Vorliegen einer mangelhaften Anleitung voraussetzt, kann der Unternehmer hierdurch seine Haftung nach Art. 9 lit. b DIRL mittelbar eingrenzen.

IV. Beschränkung der Haftung für das Bestehen von Rechten Dritter nach Art. 10 DIRL

Zuletzt ist darauf einzugehen, inwieweit der Unternehmer seine Haftung für das Bestehen von Rechten Dritter nach Art. 10 DIRL[788] begrenzen kann. In Art. 10 DIRL fehlt es zwar ebenfalls an einer dem Art. 8 Abs. 5 oder 6 DIRL entsprechenden Regelung. Durch das Erfordernis, dass die Verletzung des Drittrechts die Nutzung der digitalen Inhalte oder Dienstleistungen i.S.d. Art. 7 und 8 DIRL verhindern oder einschränken muss, steht dem Unternehmer allerdings ein gewisser Spielraum offen, seine Haftung für Rechtsmängel einzuschränken. Der Unternehmer kann folglich Einfluss auf das Ausmaß seiner Rechtsmängelhaftung nehmen, indem er den Umfang der subjektiv und objektiv geschuldeten Beschaffenheitsmerkmale nach Art. 7 und 8 DIRL bestimmt. Untersagt etwa

788 Hierzu § 5 B.IV.

eine Lizenzvereinbarung zwischen dem Hersteller und dem Endanbieter die Nutzung bestimmter Merkmale der digitalen Inhalte oder Dienstleistungen, so kann der Endanbieter von Anfang an nach Art. 7 DIRL festlegen, dass diese Merkmale nicht geschuldet sind. Sofern es sich bei den Merkmalen um objektiv geschuldete Beschaffenheitsmerkmale i.S.d. Art. 8 Abs. 1 oder 2 DIRL handelt, kann der Unternehmer deren Geltung nach Art. 8 Abs. 5 DIRL ausschließen oder begrenzen. Der Unternehmer schuldet in diesem Fall von Anfang an nicht die Nutzung der Merkmale, die in der Lizenzvereinbarung untersagt werden. Es liegt folglich auch keine Beeinträchtigung der Nutzbarkeit der digitalen Inhalte oder Dienstleistungen i.S.d. Art. 7 und Art. 8 DIRL vor. Da die Rechtsmängelhaftung nach Art. 10 DIRL eine Beeinträchtigung der Nutzung i.S.d. Art. 7 und Art. 8 DIRL voraussetzt, wird die Rechtsmängelhaftung des Unternehmers gar nicht erst ausgelöst. Auf diese Weise kann der Unternehmer seine Rechtsmängelhaftung nach Art. 10 DIRL trotz des halbzwingenden Charakters der Vorschriften der Digitale-Inhalte-Richtlinie weitgehend eingrenzen.

D. Zwischenergebnis

Nach dem bisher anwendbaren deutschen Recht kann die Haftung des Anbieters für mangelhafte Cloud-Dienste durch die Vereinbarung von SLA eingeschränkt werden. Art. 22 Abs. 1 DIRL erklärt nunmehr im Anwendungsbereich der Digitale-Inhalte-Richtlinie solche Vereinbarungen grds. für unwirksam, die zum Nachteil des Verbrauchers von den nationalen Vorschriften abweichen, welche die Digitale-Inhalte-Richtlinie umsetzen. Dies gilt allerdings nicht, wenn Verbraucher und Unternehmer nach Auftreten der Vertragswidrigkeit eine anderweitige Vereinbarung treffen. Darüber hinaus können die Parteien von den Umsetzungsnormen der Digitale-Inhalte-Richtlinie abweichen, wenn die Richtlinie nach Art. 22 Abs. 1 DIRL a.E. etwas anderes bestimmt oder wenn dies gem. Art. 22 Abs. 1 und Abs. 2 DIRL zum Vorteil des Verbrauchers erfolgt. Sofern keine Ausnahme von dem Grundsatz in Art. 22 Abs. 1 DIRL vorliegt, kann die Haftung des Unternehmers innerhalb des Anwendungsbereichs der Digitale-Inhalte-Richtlinie nur durch konkrete Bestimmung des Pflichtenprogramms eingegrenzt werden. Art. 7 DIRL enthält insoweit eine Aufzählung von Beschaffenheitsmerkmalen, die die Vertragsparteien subjektiv vereinbaren können. Objektiv geschuldete Beschaffenheitsmerkmale i.S.v. Art. 8 Abs. 1 und 2 DIRL können hingegen nach Maßgabe des Art. 8 Abs. 5 DIRL ausgeschlossen oder beschränkt werden. Schließlich kann der Unternehmer durch Festlegung der subjektiv und objektiv geschuldeten Merkmale i.S.d. Art. 7 und Art. 8 DIRL seine Haftung für Integrationsmängel nach Art. 9 DIRL und für das Bestehen von Rechten Dritter nach Art. 10 DIRL mittelbar beeinflussen.

§ 9 Fazit

Die Rechte und Pflichten der Parteien eines Cloud-Computing-Vertrags bei Mangelhaftigkeit der Cloud-Dienste richten sich nach den maßgeblichen gesetzlichen Regelungen. Die Abhilferechte des Nutzers hängen nach bisheriger deutscher Gesetzeslage von der vertragstypologischen Zuordnung des konkret vorliegenden Cloud-Computing-Vertrags ab. Mit Verabschiedung der Digitale-Inhalte-Richtlinie besteht nunmehr ein Regelungskonstrukt auf Unionsebene, das die wesentlichen Abhilferechte des Nutzers von Cloud-Diensten festlegt, sofern es sich bei diesem um einen Verbraucher handelt. Die auf Art. 114 AEUV gestützte Digitale-Inhalte-Richtlinie hat nach Art. 4 DIRL vollharmonisierenden Charakter mit der Folge, dass ihre Regelungen zwingend im nationalen Recht umgesetzt werden müssen.

Nach bisheriger deutscher Gesetzeslage hängen die maßgeblichen Regelungen für die Rechte und Pflichten der Parteien bei Mangelhaftigkeit der Cloud-Dienste von der vertragstypologischen Einordnung des konkret vorliegenden Cloud-Computing-Vertrags ab. Nach deutschem Verständnis sind Cloud-Computing-Verträge i.d.R. typengemischte Verträge, deren vertragstypologische Einordnung von dem konkret betroffenen Leistungselement abhängt. Diese können insbesondere kauf-, miet-, werk- oder dienstvertraglichen Charakter haben. Die Digitale-Inhalte-Richtlinie bezieht sich hingegen auf sämtliche Arten von „Bereitstellungs"-Verträgen und überlässt den Mitgliedstaaten die vertragstypologische Einordnung derartiger Verträge. Vor diesem Hintergrund hängt die Vertragsnatur von Cloud-Computing-Verträgen vom künftigen Vorgehen des deutschen Gesetzgebers ab.

Voraussetzung für die Mängelhaftung des Anbieters ist das Vorliegen eines Mangels an den bereitgestellten Cloud-Diensten. Unter welchen Voraussetzungen eine Fehlfunktion der Cloud-Dienste als Mangel einzustufen ist, richtet sich nach bisheriger deutscher Gesetzeslage nach der Vertragsnatur des vorliegenden Cloud-Computing-Vertrags. In der Digitale-Inhalte-Richtlinie regelt hingegen Art. 6 DIRL, wann die digitalen Inhalte oder Dienstleistungen als vertragsgemäß anzusehen sind. Hiernach müssen, unbeschadet der Regelung für Rechte Dritter nach Art. 10 DIRL, die subjektiven und objektiven Vertragsmäßigkeitsanforderungen nach Art. 7 und Art. 8 DIRL vorliegen und die digitalen Inhalte oder Dienstleistungen sachgemäß nach Art. 9 DIRL integriert worden sein.

Sofern ein Mangel vorliegt, können dem Nutzer von Cloud-Diensten nach bisheriger deutscher Gesetzeslage unter bestimmten Voraussetzungen unterschiedliche Abhilferechte zustehen. Hierzu gehören je nach Ausgestaltung des konkreten Cloud-Computing-Vertrags insbesondere die Nacherfüllung, die Preisminderung, die Vertragsbeendigung durch Kündigung oder Rücktritt sowie das Recht auf Schadensersatz. Die Digitale-Inhalte-Richtlinie sieht nunmehr für sämtliche „Bereitstellungs"-Verträge in Art. 14 Abs. 1–3 DIRL ein grds. vorrangiges, verschuldensunabhängiges Recht zur Nacherfüllung vor. Darüber hinaus kann der Verbraucher bei Vorliegen der tatbestandlichen Voraussetzungen nach Art. 14 Abs. 1, 4 und 6 DIRL den Vertrag beenden oder den Preis nach Art. 14 Abs. 1, 4 und 5 DIRL mindern. Von der Regelung eines Schadensersatzanspruchs sieht die Digitale-Inhalte-Richtlinie hingegen ab und überlässt den Mitgliedstaaten eine entsprechende Regelung. Für den deutschen Gesetzgeber würde es sich insoweit anbieten, auf die allgemeinen Grundsätze und Vorschriften in den §§ 280, 281, 283, 311a und 284 BGB zurückzugreifen.

Die Beweislast für das Bestehen des Mangels obliegt nach bisheriger deutscher Gesetzeslage i.d.R. gem. § 363 BGB ab Annahme der Leistung als Erfüllung dem Nutzer. Vor der Annahme als Erfüllung trägt regelmäßig der Anbieter die Beweislast für die Mangelfreiheit der angebotenen Leistung. Nach Art. 12 Abs. 2 DIRL hingegen trifft den Anbieter die Beweislast für die Vertragsgemäßheit zum maßgeblichen Zeitpunkt, wenn die Vertragswidrigkeit innerhalb eines Jahres offenbar wird und der Vertrag eine einmalige oder eine Reihe einzelner Bereitstellungen vorsieht. Sofern der Vertrag eine Bereitstellung über einen bestimmten Zeitraum vorsieht, trifft den Anbieter die Beweislast während der gesamten Vertragslaufzeit. Eine Ausnahme kann in beiden Fällen allerdings eingreifen, wenn der Anbieter die Inkompatibilität der digitalen Umgebung des Nutzers nachweist oder wenn der Nutzer seiner Zusammenarbeitspflicht mit dem Anbieter nicht nachkommt.

Nach dem bisher anwendbaren deutschen Recht kann die Haftung des Anbieters für mangelhafte Cloud-Dienste durch die Vereinbarung von SLA eingeschränkt werden. Aufgrund des halbzwingenden Charakters der Vorschriften der Digitale-Inhalte-Richtlinie ist ein Ausschluss oder eine Beschränkung der Abhilferechte zulasten des Nutzers bei Vertragsschluss gem. Art. 22 Abs. 1 DIRL grds. nicht mehr möglich. Die Haftung des Anbieters für Mängel von bereitgestellten Cloud-Diensten kann folglich nur noch durch konkrete Bestimmung des Pflichtenprogramms eingegrenzt werden.

Literaturverzeichnis

Alexander, Christian: Leistungsstörungen im Dienstvertrag, in: Juristische Arbeitsblätter 2015, Heft 5, S. 321 bis 328 (zitiert: Alexander, in: JA 2015, S.).

Ascheid, Reiner/Preis, Ulrich/Schmidt, Ingrid: Kündigungsrecht, 5. Auflage, München 2017 (zitiert: Bearbeiter, in: Ascheid/Preis/Schmidt, Kündigungsrecht, § Rn.).

Auer-Reinsdorff, Astrid/Conrad, Isabell: Handbuch IT- und Datenschutzrecht, 2. Auflage, München 2016 (zitiert: Bearbeiter, in: Auer-Reinsdorff/Conrad, IT- und Datenschutzrecht, § Rn.).

Ayad, Patrick/Schnell, Sebastian: Gemeinsames Europäisches Kaufrecht – für Unternehmen attraktiv?, in: BetriebsBerater 2012, Heft 24, S. 1487 bis 1495 (zitiert: Ayad/Schnell, in: BB 2012, S.).

Bach, Ivo: Neue Richtlinien zum Verbrauchsgüterkauf und zu Verbraucherverträgen über digitale Inhalte, in: Neue Juristische Wochenschrift 2019, Heft 24, S. 1705 bis 1711 (zitiert: Bach, in: NJW 2019, S.).

Baden-Württemberg Ministerium für Ländlichen Raum und Verbraucherschutz: Cloud Computing – Risiken und Schutz, abrufbar unter: https://www.verbraucherportal-bw.de/,Lde/Startseite/Verbraucherschutz/Cloud+Computing+_+Risiken+und+Schutz (zuletzt aufgerufen am: 17. Juli 2020) (zitiert: BW Ministerium für Ländlichen Raum und Verbraucherschutz, Cloud Computing – Risiken und Schutz, abrufbar unter: https://www.verbraucherportal-bw.de/,Lde/Startseite/Verbraucherschutz/Cloud+Computing+_+Risiken+und+Schutz (Stand: 17.07.2020).).

Baldus, Christian/Harke, Jan Dirk/Heinemann, Andreas/Looschelders, Dirk/Maultzsch, Felix/Oechsler, Jürgen: Neue Richtlinien, neue Vertragstypensystematik?, in: Zeitschrift für das Privatrecht der Europäischen Union 2019, Heft 6, S. 258 bis 262 (zitiert: Baldus et al., in: GPR 2019, S.).

Bamberger, Heinz Georg/Roth, Herber/Hau, Wolfang/Poseck, Roman: Beck'scher Online-Kommentar zum BGB, 49. Edition, München Stand 01.05.2019 (zitiert: Bearbeiter, in: BeckOK, BGB, § Rn.).

Baranowski, Anne/Glaßl, Ramón: M&A im Internet: Transaktionen von Daten und Content, in: BetriebsBerater 2017, Heft 5, S. 199 bis 207 (zitiert: Baranowski/Glaßl, in: BB 2017, S.).

Bartsch, Michael: Softwareüberlassung – was ist das?, in: Computer und Recht 1992, Heft 7, S. 393 bis 397 (zitiert: Bartsch, in: CR 1992, S.).

Ders.: Software als Rechtsgut – Zur Wahrnehmung von Software aus Sicht des Rechts, zur Begriffsbildung im Recht und zu den praktischen Konsequenzen, in: Computer und Recht 2010, Heft 9, S. 553 bis 559 (zitiert: Bartsch, in: CR 2010, S.).

Baun, Christian/Kunze, Marcel/Nimis, Jens/Tai, Stefan: Cloud Computing – Web-basierte dynamische IT-Services, Berlin 2010 (zitiert: Baun et al., Cloud Computing, S.).

Beale, Hugh: Scope of application and general approach of the new rules for contracts in the digital environment, Directorate General for Internal Policies, Policy Department C: Citizens‘ Rights and Constitutional Affairs, Legal and Parliamentary Affairs, Europäisches Parlament, 2016 (zitiert: Beale, The New Rules for Contracts in the Digital Environment, S.).

Becker, Philipp/Nikolaeva, Julia: Das Dilemma der Cloud-Anbieter zwischen US Patriot Act und BDSG, in: Computer und Recht 2012, Heft 3, S. 170 bis 176 (zitiert: Becker/Nikolaeva, in: CR 2012, S.).

Bedner, Mark: Cloud Computing – Technik, Sicherheit und rechtliche Gestaltung, Kassel 2013 (zitiert: Bedner, Cloud Computing, S.).

Birk, Dominik/Wegener, Christoph: Über den Wolken: Cloud Computing im Überblick, in: Datenschutz und Datensicherheit 2010, Heft 9, S. 641 bis 645 (zitiert: Birk/Wegener, in: DuD 2010, S.).

Bischoff, Jan Asmus: Tatsachenvortrag im Zivilprozessrecht, in: Juristische Arbeitsblätter 2010, Heft 7, S. 532 bis 534 (zitiert: Bischoff, in: JA 2010, S.).

Blank, Hubert: Schmidt-Futterer, Mietrecht, Großkommentar des Wohn- und Gewerberaummietrechts, 13. Auflage, München 2017 (zitiert: Bearbeiter, in: Schmidt-Futterer, Mietrecht, § Rn.).

Blank, Hubert/Börstinghaus, Ulf: Miete Kommentar, 5. Auflage, München 2017 (zitiert: Bearbeiter, in: Blank/Börstinghaus, Miete, § Rn.).

Blöse, Jochen/Pechardscheck, Stefan: Die rechtliche Absicherung von IT-Outsourcing-Projekten, in: Computer und Recht 2002, Heft 11, S. 785 bis 791 (zitiert: Blöse/Pechardscheck, in: CR 2002, S.).

Böken, Arnd: Rechtliche Aspekte des Cloud-Computing – Fein abgestimmt, in: iX Kompakt, 2016, S. 160 bis 162 (zitiert: Böken, in: iX Kompakt 2016, S.).

Borges, Georg: Verträge im elektronischen Geschäftsverkehr – Vertragsabschluss, Beweis, Form, Lokalisierung, anwendbares Recht, 2. Auflage, Baden-Baden 2007 (zitiert: Borges, Verträge im elektronischen Geschäftsverkehr, S.).

Borges, Georg/Brennscheidt, Kirstin: Rechtsfragen des Cloud Computing – ein Zwischenbericht, in: Borges, Georg/Schwenk, Jörg (Hrsg.): Daten- und Identitätsschutz in Cloud Computing, E-Government und E-Commerce, S. 43 bis 77, Berlin 2012 (zitiert: Borges/Brennscheidt, Rechtsfragen des Cloud Computing, in: Borges/Schwenk, Daten- und Identitätsschutz, S.).

Borges, Georg/Meents, Jan: Cloud Computing Rechtshandbuch, München 2016 (zitiert: Bearbeiter, in: Borges/Meents, Cloud-Computing Rechtshandbuch, § Rn.).

Bräutigam, Peter: SLA: In der Praxis alles klar?, in: Computer und Recht 2004, Heft 4, S. 248 bis 254 (zitiert: Bräutigam, in: CR 2004, S.).

Ders.: Das Nutzungsverhältnis bei sozialen Netzwerken – Zivilrechtlicher Austausch von IT-Leistungen gegen personenbezogene Daten, in: MultiMedia und Recht 2012, Heft 10, S. 635 bis 641 (zitiert: Bräutigam, in: MMR 2012, S.).

Ders.: IT-Outsourcing und Cloud Computing – Eine Darstellung aus rechtlicher, technischer, wirtschaftlicher und vertraglicher Sicht, 3. Auflage, Berlin 2013 (zitiert: Bearbeiter, in: Bräutigam, IT-Outsourcing und Cloud-Computing, Teil Rn.).

Brink, Stefan/Wolff, Heinrich Amadeus: Beck'scher Online-Kommentar zum Datenschutzrecht, 28. Edition, München Stand 01.05.2019 (zitiert: Bearbeiter, in: BeckOK, DSGVO, Art. Rn.).

Bucher, Stefan: Gewährleistungsrecht im Gemeinsamen Europäischen Kaufrecht, Baden-Baden 2016 (zitiert: Bucher, Gewährleistungsrecht im GEK, S.).

Buchner: Benedikt: Die Einwilligung im Datenschutzrecht – vom Rechtfertigungsgrund zum Kommerzialisierungsinstrument, in: Datenschutz und Datensicherheit 2010, Heft 1, S. 39 bis 43 (zitiert: Buchner, in: DuD 2010, S.).

Bull: Hans Peter: Wieviel sind „meine Daten" wert? Die Vermarktung von Kundendaten durch die Betroffenen stärkt den individuellen Datenschutz nicht, in: Computer und Recht 2018, Heft 7, S. 425 bis 432 (zitiert: Bull, in: CR 2018, S.).

Bundesverband Informationswirtschaft, Telekommunikation und neue Medien: Cloud-Computing – Evolution in der Technik, Revolution im Business, 2009 (zitiert: BITKOM, Leitfaden Cloud-Computing 2009, S.).

Canaris, Claus-Wilhelm: Die Problematik der Minderung beim Dienstvertrag, in: Bitter, Georg/Lutter, Marcus/Priester, Hans-Joachim/Schön, Wolfgang, Festschrift für Karsten Schmidt zum 70. Geburtstag, Köln 2009, S. 177 bis 197 (zitiert: Canaris, in: FS Schmidt, S.).

Čandrlić, Goran: How Live Video Streaming works, 2013, 16. Juli 2013, abrufbar unter: https://www.globaldots.com/how-live-video-streaming-works/ (zuletzt aufgerufen am: 17. Juli 2020) (zitiert: Čandrlić, How Live Video Streaming works, 16.07.2013, abrufbar unter: https://www.globaldots.com/how-live-video-streaming-works/ (Stand: 17.07.2020).).

Cap, Verena/Stabentheiner, Johannes: Neues aus Europa zum Vertragsrecht: Die verbrauchervertragsrechtlichen Vorschläge im Rahmen der digitalen Binnenmarktstrategie, in: Wirtschaftsrechtliche Blätter, Zeitschrift für österreichisches und europäisches Wirtschaftsrecht 2016, Heft 4, S 177 bis 186 (zitiert: Cap/Stabentheiner, in: wbl 2016, S.).

Czajkowski, Nico/Müller-ter Jung, Marco: Datenfinanzierte Premiumdienste und Fernabsatzrecht – Warum Google Maps, WhatsApp und Co. Fernabsatzrechtliche Informationspflichten treffen, ein Widerrufsrecht aber systemwidrig ist, in: Computer und Recht 2018, Heft 3, S. 157 bis 166 (zitiert: Czajkowski/Müller-ter Jung, in: CR 2018, S.).

Dechamps, Claudius: Digitale Wirtschaft – das Instrumentarium des Bürgerlichen Gesetzbuch genügt, in: Anwaltsblatt 2016, Heft 8–9, S. 628 bis 631 (zitiert: Dechamps, in: AnwBl 2016, S.).

Deister, Jochen/Meyer-Spasche, Georg: Rechtliche Aspekte des Cloud Computings, in: Praxis der Wirtschaftsinformatik 2014, Volume 51 Nr. 6, S. 795 bis 809 (zitiert: Deister/Meyer-Spasche, in: HMD 2014, S.).

Diedrich, Kay: Typisierung von Softwareverträgen nach der Schuldrechtsreform – Lösungsansätze für neue Abgrenzungsfragen, in: Computer und Recht 2002, Heft 7, S. 473 bis 480 (zitiert: Diedrich, in: CR 2002, S.).

Doehner, Rupert: Die Schuldrechtsreform vor dem Hintergrund der Verbrauchsgüterkauf-Richtlinie, Baden-Baden 2004 (zitiert: Doehner, Die Schuldrechtsreform, S.).

Druschel, Johannes: Die Behandlung digitaler Inhalte im Gemeinsamen Europäischen Kaufrecht (GEKR), München 2014 (zitiert: Druschel, Die Behandlung digitaler Inhalte im GEK, S.).

Ders.: Die Regelung digitaler Inhalte im Gemeinsamen Europäischen Kaufrecht (GEKR), in: Gewerblicher Rechtsschutz und Urheberrecht Internationaler Teil 2015, Heft 2, S. 125 bis 137 (zitiert: Druschel, in: GRUR Int. 2015, S.).

Druschel, Johannes/Lehmann, Michael: Ein digitaler Binnenmarkt für digitale Güter, in: Computer & Recht 2016, Heft 4, S. 244 bis 251 (zitiert: Druschel/Lehmann, in: CR 2016, S.).

Druschel, Johannes/Oehmichen, Mike: Digitaler Wandel 3.0? – Anregungen aus Verbrauchersicht Teil I, in: Computer und Recht 2015, Heft 3, S. 173 bis 180 (zitiert: Druschel/Oehmichen, in: CR 2015, S.).

Dies.: Digitaler Wandel 3.0? – Anregungen aus Verbrauchersicht Teil II, in: Computer und Recht 2015, Heft 4, S. 233–239 (zitiert: Druschel/Oehmichen, in: CR 2015, S.).

Duisberg, Alexander: Gelöste und ungelöste Rechtsfragen im IT-Outsourcing und Cloud Computing, in: Picot, Arnold/Hertz, Udo/Götz, Thomas: Trust in IT – Wann vertrauen Sie ihr Geschäft der Internet-Cloud an?, Berlin 2011, S. 49 bis 70 (zitiert: Duisberg, Gelöste und ungelöste Rechtsfragen, in: Picot/Hertz/Götz, Trust in IT, S.).

Ehmann, Eugen/Selmayr, Martin: Datenschutz-Grundverordnung Kommentar, 2. Auflage, München 2019 (zitiert: Bearbeiter, in: Ehmann/Selmayr, DSGVO-Kommentar, Art. Rn.).

Eidenmüller, Horst/Jansen, Nils/Kieninger, Eva-Maria/Wagner, Gerhard/Zimmermann, Reinhard: Der Vorschlag für eine Verordnung über ein Gemeinsames Europäisches Kaufrecht, in: JuristenZeitung 2012, Heft 6, S. 269 bis 289 (zitiert: Eidenmüller et al., in: JZ 2012, S.).

Emmerich, Volker/Sonnenschein, Jürgen: Miete Handkommentar, 11. Auflage, Berlin 2014 (zitiert: Bearbeiter, in: Emmerich/Sonnenschein, Miete Handkommentar, § Rn.).

Englisch, Joachim: Daten als Entgelt – Ein mehrwertsteuerlich fragwürdiger Ansatz, in: Der Betrieb 2017, Heft 34, M4-M5 (zitiert: Englisch, in: DB 2017, S.).

Europäische Kommission: European Contract Law in Consumer Transactions, Flash Eurobarometer 321, 2011, abrufbar unter: https://ec.europa.eu/commfrontoffice/publicopinion/flash/fl_321_en.pdf (zuletzt aufgerufen am: 17. Juli 2020) (zitiert: Europäische Kommission, Flash Eurobarometer Nr. 321 (2011), S., abrufbar unter: https://ec.europa.eu/commfrontoffice/publicopinion/flash/fl_321_en.pdf (Stand: 17.07.2020).).

Faber, Wolfgang: Bereitstellungspflicht, Mangelbegriff und Beweislast im Richtlinienvorschlag zur Bereitstellung digitaler Inhalte, in: Wendehorst, Christiane/Zöchling-Jud, Brigitta: Ein neues Vertragsrecht für den digitalen Binnenmarkt?, Wien 2016, S. 89 bis 130 (zitiert: Faber, Bereitstellungspflicht, Mangelbegriff und Beweislast in der DIRL, in: Wendehorst/Zöchling-Jud, Ein neues Vertragsrecht für den digitalen Binnenmarkt?, S.).

Faust, Florian: Digitale Wirtschaft – Analoges Recht: Braucht das BGB ein Update?, Gutachten zum 71. Deutschen Juristentag, Thesen zum Zivilrecht, Essen 2016 (zitiert: Faust, DJT-Gutachten, S.).

Ders.: Regelungsbereich und Harmonisierungsintensität des Richtlinienvorschlags zur Bereitstellung digitaler Inhalte, in: Artz, Markus/Gsell, Beate: Verbrauchervertragsrecht und digitaler Binnenmarkt, Tübingen 2018, S. 91 bis 110 (zitiert: Faust, Regelungsbereich und Harmonisierungsintensität des DIRL-Vorschlags, in: Artz/Gsell, Verbrauchervertragsrecht und digitaler Binnenmarkt, S.).

Fauvarque-Cosson, Bénédicte: The new proposal for harmonised rules for certain aspects concerning contracts for the supply of digital content, Directorate General for Internal Policies, Policy Department C: Citizens' Rights and Constitutional Affairs, Legal and Parliamentary Affairs, Europäisches Parlament, 2016 (zitiert: Fauvarque-Cosson, The New Proposal for Harmonised Rules, S.).

Foerste, Ulrich/Westphalen, Friedrich Graf von: Produkthaftungshandbuch, 3. Auflage, München 2012 (zitiert: Bearbeiter, in: Foerste/von Westphalen, Produkthaftungshandbuch, § Rn.).

Förster, Christian: Schadensrecht – Systematik und neueste Rechtsprechung, in: Juristische Arbeitsblätter 2015, Heft 11, S. 801 bis 808 (zitiert: Förster, in: JA 2015, S.).

Fritzemeyer, Wolfgang: Die rechtliche Einordnung von IT-Verträgen und deren Folge – Endlich Klarheit oder doch eine „never ending story"?, in: Neue Juristische Wochenschrift 2011, Heft 40, S. 2918 bis 2922 (zitiert: Fritzemeyer, in: NJW 2011, S.).

Gaul, Björn/Koehler, Lisa-Marie: Mitarbeiterdaten in der Computer Cloud: Datenschutzrechtliche Grenzen des Outsourcing, in: BetriebsBerater 2011, Heft 36, S. 2229 bis 2236 (zitiert: Gaul/Koehler, in: BB 2011, S.).

Giedke, Anna: Cloud Computing: Eine wirtschaftsrechtliche Analyse mit besonderer Berücksichtigung des Urheberrechts, München 2013 (zitiert: Giedke, Cloud-Computing, S.).

Gola, Peter: Datenschutz-Grundverordnung Kommentar, 2. Auflage, München 2018 (zitiert: Bearbeiter, in: Gola, DSGVO-Kommentar, Art. Rn.).

Grabitz, Eberhard/Hilf, Meinhard: Das Recht der Europäischen Union, 40. Auflage, München 2009 (zitiert: Bearbeiter, in: Grabitz/Hilf, Das Recht der EU, Art. Rn.).

Gramlich, Bernhard: Mietrecht, Beck'sche Kompakt-Kommentare, 14. Auflage, München 2018 (zitiert: Gramlich, Mietrecht, § Rn.).

Grandjean, Armelle: Verträge über digitale Inhalte – Überblick und Auswirkungen auf das Urheberrecht, Tagungsbericht zu der gleichnamigen Arbeitssitzung des Instituts für Urheber- und Medienrecht am 10.11.2017 in München, in: Zeitschrift für Urheber- und Medienrecht 2018, Heft 2, S. 102 bis 106 (zitiert: Grandjean, in: ZUM 2018, S.).

Groeben, Hans von der/Schwarze, Jürgen/Hatje, Armin: Europäisches Unionsrecht, 7. Auflage, Baden-Baden 2015 (zitiert: Bearbeiter, in: von der Groeben/Schwarze/Hatje, EU-Recht, Art. Rn.).

Grünberger, Michael: Verträge über digitale Güter, in: Archiv für die civilistische Praxis 2018, Bd. 218, S. 213 bis 296 (zitiert: Grünberger, in: AcP 218 (2018), S.).

Grundmann, Stefan: Der Schadensersatzanspruch aus Vertrag, in: Archiv für die civilistische Praxis 2004, Bd. 204, S. 569 bis 605 (zitiert: Grundmann, in: AcP 204 (2004), S.).

Grundmann, Stefan/Bianca, Cesare Massimo: EU-Kaufrechts-Richtlinie Kommentar, Köln 2002 (zitiert: Bearbeiter, in: Grundmann/Bianca, VerbrGKRL Kommentar, Art. Rn.).

Gsell, Beate: Beweislastumkehr zugunsten des Verbraucher-Käufers auch bei nur potenziellem Grundmangel, in: Verbraucher und Recht 2015, Heft 12, S. 446 bis 452 (zitiert: Gsell, in: VuR 2015, S.).

Dies.: Der europäische Richtlinienvorschlag zu bestimmten vertragsrechtlichen Aspekten der Bereitstellung digitaler Inhalte, in: Zeitschrift für Urheber- und Medienrecht 2018, Heft 2, S. 75 bis 82 (zitiert: Gsell, in: ZUM 2018, S.).

Dies.: Rechtsbehelfe bei Vertragswidrigkeit in den Richtlinienvorschlägen zum Fernabsatz von Waren und zur Bereitstellung digitaler Inhalte, in: Artz, Markus/Gsell, Beate: Verbrauchervertragsrecht und digitaler Binnenmarkt, Tübingen 2018, S. 143 bis 176 (zitiert: Gsell, Rechtsbehelfe bei Vertragswidrigkeit, in: Artz/Gsell, Verbrauchervertragsrecht und digitaler Binnenmarkt, S.).

Gsell, Beate/Krüger, Wolfgang/Lorenz, Stephan/Reymann, Christoph: Beck'scher Online-Kommentar zur Rom-I-VO, München Stand 01.02.2020 (zitiert: Bearbeiter, in: BeckOK, Rom-I-VO, Art. Rn.).

Haberstumpf, Helmut: Verkauf immaterieller Güter, in: Neue Juristische Online-Zeitschrift 2015, Heft 22, S. 793 bis 804 (zitiert: Haberstumpf, in: NJOZ 2015, S.).

Härting, Niko: „Dateneigentum“ – Schutz durch Immaterialgüterrecht? Was sich aus dem Verständnis von Software für den zivilrechtlichen Umgang mit Daten gewinnen lässt, in: Computer und Recht 2016, Heft 10, S. 646 bis 649 (zitiert: Härting, in: CR 2016, S.).

Hau, Wolfgang: Schuldrechtsmodernisierung 2001/2002 – Reformiertes Mietrecht und modernisiertes Schuldrecht, in: Juristische Schulung 2003, Heft 2, S. 130 bis 137 (zitiert: Hau, in: JuS 2003, S.).

Heidrich, Joerg/Wegener, Christoph: Sichere Datenwolken – Cloud Computing und Datenschutz, in: MultiMedia und Recht 2010, Heft 12, S. 803 bis 807 (zitiert: Heidrich/Wegener, in: MMR 2010, S.).

Hennrich, Thorsten: Cloud Computing – Herausforderungen an den Rechtsrahmen für Datenschutz, Berlin 2016 (zitiert: Hennrich, Herausforderungen an den Rechtsrahmen für Datenschutz, S.).

Herberger, Maximilian/Martinek, Michael/Rüßmann, Helmut/Weth, Stephan/Würdinger, Markus: juris Praxiskommentar BGB, Band 2 Schuldrecht, §§ 241–853, 8. Auflage, Saarbrücken 2017 (zitiert: Bearbeiter, in: jurisPK-BGB, § Rn.).

Hess, Burkhard: Europäisches Zivilprozessrecht, Heidelberg 2010 (zitiert: Hess, Europäisches Zivilprozessrecht, § Rn.).

Heydn, Truiken: Identitätskrise eines Wirtschaftsguts: Software im Spannungsfeld zwischen Schuldrecht und Urheberrecht – Eine grundsätzliche Betrachtung, in: Computer und Recht 2010, Heft 12, S. 765 bis 776 (zitiert: Heydn, in: CR 2010, S.).

Hilber, Marc: Handbuch Cloud Computing, Köln 2014 (zitiert: Bearbeiter, in: Hilber, Handbuch Cloud-Computing, Teil Rn.).

Hilscher, Anna-Carina: Art. 114 AEUV als Rechtsgrundlage der Verordnung über ein Gemeinsames Europäisches Kaufrecht, in: Pinkel, Tobias/Schmid, Christoph/Falke, Josef: Funktionalität und Legitimität des Gemeinsamen Europäischen Kaufrechts, Baden-Baden 2014, S. 155 bis 204 (zitiert: Hilscher, RGL für das GEK, in: Pinkel/Schmid/Falke, Funktionalität und Legitimität des GEK, S.).

Hirte, Heribert: Berufshaftung – Ein Beitrag zur Entwicklung eines einheitlichen Haftungsmodells für Dienstleistungen, München 1996 (zitiert: Hirte, Berufshaftung, S.).

Hönisch, Mirjam: Conference Report: New Rules for Contracts in the Digital Single Market. What's in it for Consumers and Business in Europe? – Vienne, 21–22 January 2016, in: Journal of European Consumer and Market Law 2016, S. 68 bis 69 (zitiert: Hönisch, in: EuCML 2016, S.).

Hoofnagle, Chris Jay/Whittington, Jan: Free: Accounting for the Costs of the Internet's Most Popular Price, in: UCLA Law Review 2014, Volume 61 Issue 3, S. 606 bis 670 (zitiert: Hoofnagle/Whittington, in: UCLA L.Rev. 2014, S.).

Hörl, Bernhard/Häuser, Markus: Service Level Agreements in IT-Outsourcingverträgen, in: Computer und Recht 2003, Heft 10, S. 713 bis 718 (zitiert: Hörl/Häuser, in: CR 2003, S.).

Huber, Katharina: Schadensersatz im Verordnungsvorschlag über ein Gemeinsames Europäisches Kaufrecht, in: Zeitschrift für Europäisches Unternehmens- und Verbraucherrecht 2013, Heft 4, S. 197 bis 211 (zitiert: Huber, in: euvr 2013, S.).

Hwang, Won Jae: Minderung beim Dienstvertrag, Institut für Europäische Rechtswissenschaft, Schriften zum Internationalen Privatrecht und zur Rechtsvergleichung, Bd. 42, Göttingen 2017 (zitiert: Hwang, Minderung beim Dienstvertrag, S.).

Isler, Toni: Dropbox gehackt: 68 Millionen Accounts betroffen, in: Computer Bild, 31. August 2016, abrufbar unter: https://www.computerbild.de/artikel/cb-News-Internet-Dropbox-Hacker-Angriff-16239955.html (zuletzt aufgerufen am: 17. Juli 2020) (zitiert: Isler, Dropbox gehackt: 68 Millionen Accounts betroffen, in: Computer Bild, 31.08.2016, abrufbar unter: https://www.computerbild.de/artikel/cb-News-Internet-Dropbox-Hacker-Angriff-16239955.html (Stand: 17.07.2020).).

Janal, Ruth: Alles neu macht der Mai: Erneute Änderungen im Recht der besonderen Vertriebsformen, in: Zeitschrift für Wirtschafts- und Bankrecht 2012, Heft 49, S. 2314 bis 2322 (zitiert: Janal, in: WM 2012, S.).

Ji, Hailong: Haftungsfragen im freien Dienstvertrag, Göttingen 2007 (zitiert: Ji, Haftungsfragen im freien Dienstvertrag, S.).

Kaiser, Torsten: Die Schlechtleistung im Dienstvertragsrecht – Geld für nichts?, in: Juristische Arbeitsblätter 2012, Heft 4, S. 279 bis 281 (zitiert: Kaiser, in: JA 2012, S.).

Kian, Bardia: Cloud Computing – Herausforderungen für das Rechtssystem, Baden-Baden 2016 (zitiert: Kian, Cloud-Computing, S.).

Kipker, Dennis-Kenji, in: MultiMedia und Recht 2020, Heft 2, S. 71 bis 73 (zitiert: Kipker, in: MMR 2020, S.).

Kirn, Stefan/Müller-Hengstenberg, Claus Dieter: Überfordert die digitale Welt der Industrie 4.0 die Vertragstypen des BGB?, in: Neue Juristische Wochenschrift 2017, Heft 7, S. 433 bis 438 (zitiert: Kirn/Müller-Hengstenberg, in: NJW 2017, S.).

Klasse, Max/Wiethaus, Lars: Digitalisierungsvorschriften in der 9. GWB-Novelle, in: Wirtschaft und Wettbewerb 2017, Heft 7–8, S. 354 bis 362 (zitiert: Klasse/Wiethaus, in: WuW 2017, S.).

Koch, Bernhard: Rechtsbehelfe des Verbrauchers bei Verträgen über digitale Inhalte, in: Wendehorst, Christiane/Zöchling-Jud, Brigitta: Ein neues Vertragsrecht für den digitalen Binnenmarkt?, Wien 2016, S. 131 bis 157 (zitiert: Koch, Rechtsbehelfe des Verbrauchers bei Verträgen über digitale Inhalte, in: Wendehorst/Zöchling-Jud, Ein neues Vertragsrecht für den digitalen Binnenmarkt?, S.).

Kompetenzzentrum Trusted Cloud: Leitfaden – Haftungsrisiken beim Cloud Computing, Arbeitspapier der Arbeitsgruppe „Rechtsrahmen des Cloud Computing", April 2015 (zitiert: Trusted Cloud, Haftungsrisiken beim Cloud-Computing, S.).

Konecny, Norman: Verordnungsentwurf über ein Gemeinsames Europäisches Kaufrecht, Frankfurt am Main 2014 (zitiert: Konecny, Verordnungsentwurf über ein GEK, S.).

König, Michael: Software (Computerprogramme) als Sache und deren Erwerb als Sachkauf, in: Neue Juristische Wochenschrift 1993, Heft 48, S. 3121 bis 3124 (zitiert: König, in: NJW 1993, S.).

Kort, Michael: Software – eine Sache? Zivil- und handelsrechtliche Überlegungen anlässlich des Urteils des BGH vom 14.7.1993 – VIII ZR 147/92, DB 1993 S. 1871, in: Der Betrieb 1994, Heft 30, S. 1505 bis 1509 (zitiert: Kort, in: DB 1994, S.).

Korth, Ulrich: Zur Auslegung des Tatbestandes der „geringfügigen Vertragswidrigkeit" in der Verbrauchsgüterkaufrichtlinie, in: Zeitschrift für das

Privatrecht der Europäischen Union 2014, Heft 2, S. 87 bis 92 (zitiert: Korth, in: GPR 2014, S.).

Kühling, Jürgen/Buchner, Benedikt: Datenschutz-Grundverordnung/BDSG Kommentar, 2. Auflage, München 2018 (zitiert: Bearbeiter, in: Kühling/Buchner, DSGVO/BDSG-Kommentar, Art. Rn.).

Kupfer, Tim; Weiß, Johannes: Die Warenkaufrichtlinie – Schlussstein in der Harmonisierung des kaufrechtlichen Gewährleistungsrechts?, in: Verbraucher und Recht 2020, Heft 3, S. 95 bis 101 (zitiert: Kupfer/Weiß, in: VuR 2020, S.).

Labes, Stine/Hahn, Christopher/Erek, Koray/Zarnekow, Rüdiger: Geschäftsmodelle im Cloud Computing, in: Keuper, Frank/Hamidian, Kiumars/Verwaayen, Eric/Kalinowski, Torsten/Kraijo, Christian: Digitalisierung und Innovation, Wiesbaden 2013, S. 37 bis 56 (zitiert: Labes et al., Geschäftsmodelle im Cloud Computing, in: Keuper et al., Digitalisierung und Innovation, S.).

Langhanke, Carmen: Daten als Leistung – Eine rechtsvergleichende Untersuchung zu Deutschland, Österreich und der Schweiz, Tübingen 2018 (zitiert: Langhanke, Daten als Leistung, S.).

Langhanke, Carmen/Schmidt-Kessel, Martin: Consumer Data as Consideration, in: Journal of European Consumer and Market Law 2015, Heft 6, S. 218 bis 223 (zitiert: Langhanke/Schmidt-Kessel, in: EuCML 2015, S.).

Larenz, Karl: Lehrbuch des Schuldrechts, Band II, Halbband 1 Besonderer Teil, 13. Auflage, München 1986 (zitiert: Larenz, Schuldrecht BT I, S.).

Leupold, Andreas/Glossner, Silke: Münchener Anwaltshandbuch IT-Recht, 3. Auflage, München 2013 (zitiert: Bearbeiter, in: Leupold/Glossner, IT-Recht, S.).

Lissen, Nina/Brünger, Christian/Damhorst, Stephan: IT-Services in der Cloud und ISAE 3402, Berlin 2014 (zitiert: Lissen/Brünger/Damhorst, IT-Services in der Cloud, S.).

Lomfeld, Bertram: Digitaler Schrott – Widerruf von digitalen Inhalten, in: Zeitschrift für Rechtspolitik 2016, Heft 6, S. 174 bis 177 (zitiert: Lomfeld, in: ZRP 2016, S.).

Loos, Marco: Full harmonisation as a regulatory concept and its consequences for the national legal orders. The exampls of the Consumer rights directive, in: Stürner, Michael: Vollharmonisierung im Europäischen Verbraucherrecht?, München 2010, S. 47 bis 98 (zitiert: Loos, Full Harmonisation as a Regulatory Concept, in: Stürner, Vollharmonisierung im Europäischen Verbraucherrecht?, S.).

Ders.: The Regulation of Digital Content B2C Contracts in CESL, in: Zeitschrift für Europäisches Unternehmens- und Verbraucherrecht 2014, Heft 3, S. 146 bis 160 (zitiert: Loos, in: euvr 2014, S.).

Loos, Marco/Helberger, Natali/Guibault, Lucie/Mak, Chantal: The Regulation of Digital Content Contracts in the Optional Instrument of Contract Law, in: European Review of Private Law 2011, Volume 19, Issue 6, S. 729 bis 758 (zitiert: Loos et al., in: ERPL 2011, S.).

Looschelders, Dirk: Schuldrecht Besonderer Teil, 14. Auflage, München 2019 (zitiert: Looschelders, Schuldrecht BT, § Rn.).

Lorenz: Stephan: Das Kaufrecht und die damit verbundenen Dienstverträge im Common European Sales Law, in: Archiv für die civilistische Praxis 2012, Bd. 12, S. 702 bis 847 (zitiert: Lorenz, in: AcP 212 (2012), S.).

Ders.: Rücktritt, Minderung und Schadensersatz wegen Sachmängeln im neuen Kaufrecht: Was hat der Verkäufer zu vertreten?, in: Neue Juristische Wochenschrift 2002, Heft 35, S. 2497 bis 2505 (zitiert: Lorenz, in: NJW 2002, S.).

Lorenz, Stephan/Gärtner, Franz: Grundwissen – Zivilrecht: Allgemeine Geschäftsbedingungen, in: Juristische Schulung 2013, Heft 3, S. 199 bis 202 (zitiert: Lorenz/Gärtner, in: JuS 2013, S.).

Lurger, Brigitta: Anwendungsbereich und kaufvertragliche Ausrichtung der DIRL- und FWRL-Entwürfe, in: Wendehorst, Christiane/Zöchling-Jud, Brigitta: Ein neues Vertragsrecht für den digitalen Binnenmarkt?, Wien 2016, S. 19 bis 44 (zitiert: Lurger, Anwendungsbereich und kaufvertragliche Ausrichtung der DIRL- und FWRL-Entwürfe, in: Wendehorst/Zöchling-Jud, Ein neues Vertragsrecht für den digitalen Binnenmarkt?, S.).

Magnus, Ulrich: Aufhebungsrecht des Käufers und Nacherfüllungsrechts des Verkäufers im UN-Kaufrecht, in: Schwenzer, Ingeborg/Hager, Günter: Festschrift für Peter Schlechtriem zum 70. Geburtstag, Tübingen 2003, S. 599 bis 612 (zitiert: Magnus, in: FS Schlechtriem 2003, S.).

Maitz-Straßnig, Die Richtlinienvorschläge über den Fernabsatzkauf und über digitale Inhalte aus der Sicht der Wirtschaft, in: Wendehorst, Christiane/Zöchling-Jud, Brigitta: Ein neues Vertragsrecht für den digitalen Binnenmarkt?, Wien 2016, S. 181 bis 198 (zitiert: Maitz-Straßnig, Die Richtlinienvorschläge aus der Sicht der Wirtschaft, in: Wendehorst/Zöchling-Jud, Ein neues Vertragsrecht für den digitalen Binnenmarkt?, S.).

Mak, Vanessa: The new proposal for harmonised rules on certain aspects concerning contracts for the supply of digital content, Directorate General for Internal Policies, Policy Department C: Citizens‘ Rights and Constitutional Affairs, Legal and Parliamentary Affairs, Europäisches Parlament, 2016 (zitiert: Mak, The New Proposal for Harmonised Rules, S.).

Malinowski, Phillip: Haftungsfragen in der Cloud – Wie Cloud-Anbieter zwar in der Haftung stehen, aber nur selten zahlen müssen, abrufbar unter: http://

rechtundnetz.com/haftung-in-der-cloud/ (zuletzt aufgerufen am: 17. Juli 2020) (zitiert: Malinowski, Haftungsfragen in der Cloud, abrufbar unter: http://rechtundnetz.com/haftung-in-der-cloud/ (Stand: 17.07.2020).).

Mańko, Rafal: Verträge über die Bereitstellung digitaler Inhalte – Rechtliche Analyse des Vorschlags der Kommission für eine neue Richtlinie, Wissenschaftlicher Dienst des Europäischen Parlaments, Mai 2016 (zitiert: Mańko, Verträge über die Bereitstellung digitaler Inhalte, S.).

Mansel, Heinz-Peter: Der Verordnungsvorschlag für ein Gemeinsames Europäisches Kaufrecht Teil II, in: Zeitschrift für Wirtschafts- und Bankrecht 2012, Heft 28, S. 1309 bis 1322 (zitiert: Mansel, in: WM 2012, S.).

Marinescu, Dan: Cloud Computing, Theory and Practice, Boston 2013 (zitiert: Marinescu, Cloud-Computing, S.).

Marly, Jochen: Die Qualifizierung der Computerprogramme als Sache nach § 90 BGB, in: BetriebsBerater 1991, Heft 7, S. 432 bis 436 (zitiert: Marly, in: BB 1991, S.).

Ders.: Praxishandbuch Softwarerecht, 7. Auflage, München 2018 (zitiert: Marly, Praxishandbuch Softwarerecht, Rn.).

Marnau, Ninja/Schlehahn, Eva: Cloud Computing und Safe Harbor, in: Datenschutz und Datensicherheit 2011, Heft 5, S. 311 bis 316 (zitiert: Marnau/Schlehahn, in: DuD 2011, S.).

Maultzsch, Felix: Der Entwurf für eine EU-Richtlinie über den Online-Warenhandel und andere Formen des Fernabsatzes von Waren, in: JuristenZeitung 2016, Heft 5, S. 236 bis 245 (zitiert: Maultzsch, in: JZ 2016, S.).

Medicus, Dieter/Lorenz, Stephan: Schuldrecht II Besonderer Teil, 18. Auflage, München 2018 (zitiert: Medicus/Lorenz, Schuldrecht BT II, § Rn.).

Mehrings, Josef: Computersoftware und Gewährleistungsrecht, in: Neue Juristische Wochenschrift 1986, Heft 31, S. 1904 bis 1909 (zitiert: Mehrings, in: NJW 1986, S.).

Mell, Peter/Grance, Timothy: The NIST Definition of Cloud Computing, Recommendations of the National Institute of Standards and Technology, National Institute of Standards and Technology, Special Publication 800–145, abrufbar unter: https://nvlpubs.nist.gov/nistpubs/Legacy/SP/nistspecialpublication 800-145.pdf zuletzt aufgerufen am: 17. Juli 2020) (zitiert: Mell/Grance, The NIST Definition of Cloud-Computing, S., abrufbar unter: https://nvlpubs.nist.gov/nistpubs/Legacy/SP/nistspecialpublication800-145.pdf (Stand: 17.07.2020).).

Messerschmidt, Burkhard/Voit, Wolfgang: Privates Baurecht, 3. Auflage, München 2018 (zitiert: Bearbeiter, in: Messerschmidt/Voit, § Rn.).

Metzger, Axel: Die Haftung des Verkäufers für Rechtsmängel gem. Art. 41, 42 CISG, abrufbar unter: https://www.rewi.hu-berlin.de/de/lf/ls/mzg/pub/haftung-des-verkaeufers-fuer-rechtsmaengel-gem-art-41-42-csig (zuletzt aufgerufen am: 17. Juli 2020) (zitiert: Metzger, Die Haftung des Verkäufers für Rechtsmängel gem. Art. 41, 42 CISG, S., abrufbar unter: https://www.rewi.hu-berlin.de/de/lf/ls/mzg/pub/haftung-des-verkaeufers-fuer-rechtsmaengel-gem-art-41-42-csig (Stand: 17.07.2020).).

Ders.: Dienst gegen Daten: Ein synallagmatischer Vertrag, in: Archiv für die civilistische Praxis 2016, Bd. 216, S. 817 bis 865 (zitiert: Metzger, in: AcP 216 (2016), S.).

Meyer-Spasche, Georg: Vertragsgestaltung beim Cloud Computing, in: Praxis der Wirtschaftsinformatik 2010, Volume 47 Nr. 5, S. 71 bis 75 (zitiert: Meyer-Spasche, in: HMD 2010, S.).

Micklitz, Hans: Die Verbrauchsgüterkauf-Richtlinie, in: Europäische Zeitschrift für Wirtschaftsrecht 1999, Heft 16, S. 485 bis 493 (zitiert: Micklitz, in: EuZW 1999, S.).

Milsch, Bärbel/Scheuenpflug, Claudia: Function on demand – die rechtlichen Herausforderungen eines neuen Geschäftsmodells, Gestaltungsmöglichkeiten am Beispiel der Automobilindustrie, in: MultiMedia und Recht 2017, Heft 8, S. 507 bis 512 (zitiert: Milsch/Scheuenpflug, in: MMR 2017, S.).

Mittwoch, Anne-Christin: Vollharmonisierung und Europäisches Privatrecht, Berlin 2013 (zitiert: Mittwoch, Vollharmonisierung und Europäisches Privatrecht, S.).

Moritz, Hans-Werner: Überlassung von Programmkopien – Sachkauf oder Realakt in Vertrag sui generis?, in: Computer und Recht 1994, Heft 5, S. 257 bis 263 (zitiert: Moritz, in: CR 1994, S.).

Müller-Glöge, Rudi/Preis, Ulrich/Schmidt, Ingrid: Erfurter Kommentar zum Arbeitsrecht, 19. Auflage, München 2019 (zitiert: Bearbeiter, in: Erfurter Kommentar, § Rn.).

Müller-Hengstenberg, Claus Dieter: Computersoftware ist keine Sache, in: Neue Juristische Wochenschrift 1994, Heft 48, S. 3128 bis 3134 (zitiert: Müller-Hengstenberg, in: NJW 1994, S.).

Ders.: Vertragstypologie der Computersoftwareverträge – Eine kritische Auswertung höchstrichterlicher Rechtsprechung zum alten Schuldrecht für die Beurteilung nach neuem Schuldrecht, in: Computer und Recht 2004, Heft 3, S. 161 bis 166 (zitiert: Müller-Hengstenberg, in: CR 2004, S.).

Ders.: Ist das Kaufrecht auf alle IT-Projekte anwendbar?, in: Neue Juristische Wochenschrift 2010, Heft 17, S. 1181 bis 1184 (zitiert: Müller-Hengstenberg, in: NJW 2010, S.).

Müller-Hengstenberg, Claus Dieter/Kirn, Stefan: Vertragscharakter des Application Service Providing-Vertrags, in: Neue Juristische Wochenschrift 2007, Heft 33, S. 2370 bis 2373 (zitiert: Müller-Hengstenberg/Kirn, in: NJW 2007, S.).

Nägele, Thomas/Jacobs, Sven: Rechtsfragen des Cloud Computing, in: Zeitschrift für Urheber- und Medienrecht 2010, Heft 4, S. 281 bis 292 (zitiert: Nägele/Jacobs, in: ZUM 2010, S.).

Niemann, Fabian/Hennrich, Thorsten: Kontrollen in den Wolken? Auftragsdatenverarbeitung in Zeiten des Cloud Computings, in: Computer und Recht 2010, Heft 10, S. 686 bis 692 (zitiert: Niemann/Hennrich, in: CR 2010, S.).

Niemann, Fabian/Paul, Jörg-Alexander: Bewölkt oder wolkenlos – rechtliche Herausforderungen des Cloud Computings, in: Kommunikation und Recht 2009, Heft 7–8, S. 444 bis 452 (zitiert: Niemann/Paul, in: K&R 2009, S.).

Dies: Rechtsfragen des Cloud Comptuting, Berlin 2014 (zitiert: Bearbeiter, in: Niemann/Paul, Rechtsfragen des Cloud-Computing, Kap. Rn.).

Noerr LLP: Service-Level-Agreements: 5 Praxistipps (III), abrufbar unter: https://www.noerr.com/de/newsroom/News/service-level-agreements-5-praxistipps-iii (zuletzt aufgerufen am: 17. Juli 2020) (zitiert: Noerr, Ser vice-Level-Agreements: 5 Praxistipps, abrufbar unter: https://www.noerr.com/de/newsroom/News/service-level-agreements-5-praxistipps-iii (Stand: 17.07.2020).).

Oechsler, Jürgen: Vertragliche Schuldverhältnisse, 2. Auflage, Tübingen 2017 (zitiert: Oechsler, Vertragliche Schuldverhältnisse, § Rn.).

Ostendorf, Patrick: Geplanter neuer Rechtsrahmen für Online-Warenhandel und Bereitstellung digitaler Inhalte im Europäischen Binnenmarkt, in: Zeitschrift für Rechtspolitik 2016, Heft 3, S. 69 bis 72 (zitiert: Ostendorf, in: ZRP 2016, S.).

Palandt, Otto: Palandt Bürgerliches Gesetzbuch mit Nebengesetzen, 78. Auflage, München 2019 (zitiert: Bearbeiter, in: Palandt, BGB, § Rn.).

Peintinger, Stefan: Widerrufsrechte beim Erwerb digitaler Inhalte – Praxisvorschläge am Beispiel des Softwarekaufs unter Berücksichtigung von SaaS-Verträgen, in: MultiMedia und Recht 2016, Heft 1, S. 4 bis 8 (zitiert: Peintinger, in: MMR 2016, S.).

Peltzer, Oliver/Wülbern, Anna Lena: Logistik 4.0: Rechtliche Rahmenbedingungen und Herausforderungen der vierten industriellen Revolution (Teil 1), in: Der Betrieb 2016, Heft 39, S. 2279 bis 2284 (zitiert: Peltzer/Wülbern, in: DB 2016, S.).

Peterl, Ramona: Deutsches und französisches Kaufrecht und die EU-Verbrauchsgüterkauf-Richtlinie, Hamburg 2004 (zitiert: Peterl, Deutsches und französisches Kaufrecht, S.).

Plath, Kai-Uwe: Kommentar zu DSGVO, BDSG und den Datenschutzbestimmungen des TMG und TKG, 3. Auflage, Köln 2018 (zitiert: Bearbeiter, in: Plath, DSGVO/BDSG, Art. Rn.).

Pohle, Jan/Ammann, Thorsten: Über den Wolken… – als Chancen und Risiken des Cloud Computing, in: Computer und Recht 2009, Heft 5, S. 273 bis 278 (zitiert: Pohle/Ammann, in: CR 2009, S.).

Dies.: Software as a Service – auch rechtlich eine Evolution?, in: Kommunikation & Recht 2009, Heft 10, S. 625 bis 631 (zitiert: Pohle/Ammann, in: K&R 2009, S.).

Pötters, Stephan: Beschäftigtendaten in der Cloud, in: Neue Zeitschrift für Arbeitsrecht 2013, Heft 19, S. 1055 bis 1059 (zitiert: Pötters, in: NZA 2013, S.).

Prütting, Hanns/Wegen, Gerhard/Weinreich, Gerd: Bürgerliches Gesetzbuch Kommentar, 13. Auflage, Köln 2018 (zitiert: Bearbeiter, in: Prütting/Wegen/Weinreich, BGB, § Rn.).

Redeker, Helmut: Wer ist Eigentümer von Goethes Werther?, in: Neue Juristische Wochenschrift 1992, Heft 28, S. 1739 bis 1740 (zitiert: Redeker, in: NJW 1992, S.).

Ders.: IT-Recht, 6. Auflage, München 2017 (zitiert: Redeker, IT-Recht, Rn.).

Regula, Sven/Kannowski, Bernd: Nochmals: UN-Kaufrecht oder BGB? Erwägungen zur Rechtswahl aufgrund einer vergleichenden Betrachtung, in: Internationales Handelsrecht 2004, Heft 2, S. 45 bis 54 (zitiert: Regula/Kannowski, in: IHR 2004, S.).

Reinhold, Paul: Sicheres Cloud-Computing in der Praxis, Identifikation relevanter Kriterien zur Evaluierung der Praxistauglichkeit von Technologieansätzen im Cloud-Computing Umfeld mit dem Fokus auf Datenschutz und Datensicherheit, 11.04.2017, abrufbar unter: https://monarch.qucosa.de/api/qucosa%3A20673/attachment/ATT-0/ (zuletzt aufgerufen am: 17. Juli 2020) (zitiert: Reinhold, Sicheres Cloud-Computing in der Praxis, S., abrufbar unter: https://monarch.qucosa.de/api/qucosa%3A20673/attachment/ATT-0/ (Stand: 17.07.2020).).

Riehm, Thomas/Abold, Metawi Adrian: Mängelgewährleistungspflichten des Anbieters digitaler Inhalte, in: Zeitschrift für Urheber- und Medienrecht 2018, Heft 2, S. 82 bis 91 (zitiert: Riehm/Abold, in: ZUM 2018, S.).

Rogge, Stefan: Cloud Computing und Steuerrecht, in: Betriebs-Berater 2015, Heft 31, S. 1823 bis 1828 (zitiert: Rogge, in: BB 2015, S.).

Rosenkranz, Frank: Eigenverantwortung und Verbraucherschutz bei Verträgen über digitale Inhalte, in: Zeitschrift für das Privatrecht der Europäischen Union 2018, Heft 1, S. 28 bis 37 (zitiert: Rosenkranz, in: 1/GPR 2016, S.).

Roth-Neuschild, Birgit: Vertragliche Absicherung der Verfügbarkeit bei Software as a Service, in: Der IT-Rechts-Berater 2012, Heft 3, S. 67 bis 71 (zitiert: Roth-Neuschild, in: ITRB 2012, S.).

Rouse, Margaret: Amazon EC2-Instanz, in: Computerweekly, Mai 2016, abrufbar unter: https://www.computerweekly.com/de/definition/Amazon-EC2-Instanz (zuletzt aufgerufen am: 17. Juli 2020) (zitiert: Rouse, Amazon EC2-Instanz, in: Computerweekly, abrufbar unter: https://www.computer weekly.com/de/definition/Amazon-EC2-Instanz (Stand: 17.07.2020).).

Säcker, Franz Jürgen/Rixecker, Roland/Oetker, Hartmut/Limperg, Bettina: Münchener Kommentar zum Bürgerlichen Gesetzbuch, Band 2, Schuldrecht Allgemeiner Teil I, §§ 241–310, 8. Auflage, München 2019 (zitiert: Bearbeiter, in: MüKo, BGB, Bd. 2, § Rn.).

Dies.: Münchener Kommentar zum Bürgerlichen Gesetzbuch, Band 3, Schuldrecht Allgemeiner Teil II, §§ 311–432, 8. Auflage, München 2019 (zitiert: Bearbeiter, in: MüKo, BGB, Bd. 3, § Rn.).

Dies.: Münchener Kommentar zum Bürgerlichen Gesetzbuch, Band 4, Schuldrecht Besonderer Teil I, §§ 433–534, Finanzierungsleasing, CISG, 8. Auflage, München 2019 (zitiert: Bearbeiter, in: MüKo, BGB, Bd. 4–1, § Rn.).

Dies.: Münchener Kommentar zum Bürgerlichen Gesetzbuch, Band 4, Schuldrecht Besonderer Teil II, §§ 535–630, HeizkostenV, BetriebskostenV, EFZG, TzBfG, KSchG, 7. Auflage, München 2016 (zitiert: Bearbeiter, in: MüKo, BGB, Bd. 4–2, § Rn.).

Dies.: Münchener Kommentar zum Bürgerlichen Gesetzbuch, Band 5/1, Schuldrecht Besonderer Teil III/1, §§ 631–651, 7. Auflage, München 2018 (zitiert: Bearbeiter, in: MüKo, BGB, Bd. 5–1, § Rn.).

Schafft, Thomas/Ruoff, Andreas: Nutzung personenbezogener Daten für Werbezwecke zwischen Einwilligung und Vertragserfüllung – Eröffnet das Datenschutzrecht Wege zu innovativen Geschäftsmodellen oder schützt es den Einzelnen vor sich selbst?, in: Computer und Recht 2006, Heft 7, S. 499 bis 504 (zitiert: Schafft/Ruoff, in: CR 2006, S.).

Schlechtriem, Peter/Schmidt-Kessel, Martin: Schuldrecht Allgemeiner Teil, 6. Auflage, Tübingen 2005 (zitiert: Schlechtriem/Schmidt-Kessel, Schuldrecht AT, Rn.).

Schmidt-Kessel, Martin: Der Entwurf für ein Gemeinsames Europäisches Kaufrecht Kommentar, München 2014 (zitiert: Bearbeiter, in: Schmidt-Kessel, GEK-Kommentar, Art. Rn.).

Ders.: Verträge über digitale Inhalte – Einordnung und Verbraucherschutz, in: Kommunikation & Recht 2014, Heft 7–8, S. 475 bis 483 (zitiert: Schmidt-Kessel, in: K&R 2014, S.).

Ders.: Privatrecht für die digitale Welt!, in: Zeitschrift für das Privatrecht der Europäischen Union 2016, Heft 4, S. 157 bis 157 (zitiert: Schmidt-Kessel, in: GPR 2015, S.).

Ders.: Die Richtlinien über Digitale Inhalte – Vertragstypen und Verantwortung für Mängel, in: Toyohogaku 2017, Volume 61 Nr. 2, S. 141 bis 161 (zitiert: Schmidt-Kessel, in: Toyohogaku, S.).

Schmidt-Kessel, Martin/Erler, Katharina/Grimm, Anna/Kramme, Malte: Die Richtlinienvorschläge der Kommission zu Digitalen Inhalten und Online-Handel – Teil 1, in: Zeitschrift für das Privatrecht der Europäischen Union 2016, Heft 1, S. 2 bis 8 (zitiert: Schmidt-Kessel et al., in: GPR 2016, S.).

Schmidt-Kessel, Martin/Erler, Katharina/Grimm, Anna/Kramme, Malte: Die Richtlinienvorschläge der Kommission zu Digitalen Inhalten und Online-Handel – Teil 2, in: Zeitschrift für das Privatrecht der Europäischen Union 2016, Heft 2, S. 54 bis 71 (zitiert: Schmidt-Kessel et al., in: 2/GPR 2016, S.).

Schmidt-Kessel, Martin/Grimm, Anna: Unentgeltlich oder entgeltlich? – Der vertragliche Austausch von digitalen Inhalten gegen personenbezogene Daten, in: Zeitschrift für die gesamte Privatrechtswissenschaft 2017, Heft 1, S. 84 bis 108 (zitiert: Schmidt-Kessel/Grimm, in: ZfPW 2017, S.).

Schmidt-Kessel, Martin/Young, Linda/Benninghoff, Sonja/Langhanke, Carmen/Russek, Grzegorz: Obligationenrecht (einschl. ziviles Verbraucherschutzrecht) – Should the Consumer Rights Directive apply to digital content?, in: Zeitschrift für das Privatrecht der Europäischen Union 2011, Heft 1, S. 7 bis 15 (zitiert: Schmidt-Kessel et al., in: GPR 2011, S.).

Schmitt, Ralph: Die Änderungen beim Rücktrittsrecht nach § 323 BGB durch das Gesetz zur Umsetzung der Verbraucherrechterichtlinie, in: Verbraucher und Recht 2014, Heft 3, S. 90 bis 99 (zitiert: Schmitt, in: VuR 2014, S.).

Schneider, Jochen: Handbuch EDV-Recht, IT-Recht mit IT-Vertragsrecht, Datenschutz, Rechtsschutz und E-Business, 5. Auflage, Köln 2017 (zitiert: Bearbeiter, in: Handbuch EDV-Recht, Rn.).

Schreibauer, Marcus/Taraschka, Klaus: Service Level Agreements für Softwarepflegeverträge, in: Computer und Recht 2003, Heft 8, S. 557 bis 562 (zitiert: Schreibauer/Taraschka, in: CR 2003, S.).

Schroeter, Ulrich Gerd: Das Recht zur zweiten Andienung im System des Schuldrechts, in: Archiv für die civilistische Praxis 2007, Bd. 207, S. 28 bis 63 (zitiert: Schroeter, in: AcP 207 (2007), S.).

Schroeter, Ulrich Gerd/von Göler, Jonas: Der Richtlinienvorschlag der EU-Kommission zum Vertragsrecht des Online-Warenhandels, in: Der Betrieb 2016, Heft 13, S. 754 bis 760 (zitiert: Schroeter/von Göler, in: DB 2016, S.).

Schrotz, Jan-Oliver/Zdanowiecki, Konrad: Cloud Computing für die öffentliche Hand, in: Computer und Recht 2015, Heft 8, S. 485 bis 492 (zitiert: Schrotz/ Zdanowiecki, in: CR 2015, S.).

Schulz, Carsten/Rosenkranz, Timo: Cloud Computing – Bedarfsorientierte Nutzung von IT-Ressourcen, in: Der IT-Rechts-Berater 2009, Heft 10, S. 232 bis 236 (zitiert: Schulz/Rosenkranz, in: ITRB 2009, S.).

Schulze, Reiner: Common European Sales Law (CESL) Commentary, Baden-Baden 2012 (zitiert: Bearbeiter, in: Schulze, Common European Sales Law, Art. Rn.).

Ders.: Nomos Kommentar Bürgerliches Gesetzbuch, 10. Auflage, Baden-Baden 2019 (zitiert: Bearbeiter, in: NomKom, BGB, § Rn.).

Schumacher, Volker: Service Level Agreements: Schwerpunkt bei IT- und Telekommunikationsverträgen, in: MultiMedia und Recht 2006, Heft 1, S. 12 bis 17 (zitiert: Schumacher, in: MMR 2006, S.).

Schuster, Fabian: Rechtsnatur der Service Level bei IT-Verträgen, in: Computer und Recht 2009, Heft 4, S. 205 bis 210 (zitiert: Schuster, in: CR 2009, S.).

Sedlmeier, Tobias/Kolk, Daniel: ASP – Eine vertragstypologische Einordnung, in: Multimedia und Recht 2002, Heft 2, S. 75 bis 80 (zitiert: Sedlmeier/Kolk, in: MMR 2002, S.).

Shmatenko, Leonid/Möllenkamp, Stefan: Digitale Zahlungsmittel in einer analog geprägten Rechtsordnung, in: MultiMedia und Recht 2018, Heft 8, S. 495 bis 501 (zitiert: Shmatenko/Möllenkamp, in: MMR 2018, S.).

Smits, Jan: New European Proposals for Distance Sales and Digital Contents Contracts: Fit for Purpose?, in: Zeitschrift für Europäisches Privatrecht 2016, Heft 2, S. 319 bis 324 (zitiert: Smits, in: ZEuP 2016, S.).

Söbbing, Thomas: Cloud und Grid-Computing: IT-Strategien der Zukunft rechtlich betrachtet, in: MultiMedia und Recht 2008, Heft 5, XII bis XIV (zitiert: Söbbing, in: MMR 2008, S.).

Ders.: Handbuch IT-Outsourcing, 4. Auflage, Heidelberg 2015 (zitiert: Söbbing, Handbuch IT-Outsourcing, S.).

Specht, Louisa: „Bezahlen mit Daten“ – mögliche Auswirkungen des Richtlinienvorschlags über bestimmte vertragsrechtliche Aspekte der Bereitstellung digitaler Inhalte auf das nationale Vertrags- und Datenschutzrecht, in: Ordnung der Wissenschaft 2017, Heft 2, S. 121 bis 127 (zitiert: Specht, in: OdW 2017, S.).

Dies.: Daten als Gegenleistung – Verlangt die Digitalisierung nach einem neuen Vertragstypus?, in: JuristenZeitung 2017, Heft 15/16, S. 763 bis 770 (zitiert: Specht, in: JZ 2017, S.).

Spindler, Gerald: Verträge über digitale Inhalte – Anwendungsbereich und Ansätze, Vorschlag der EU-Kommission zu einer Richtlinie über Verträge zur Bereitstellung digitaler Inhalte, in: MultiMedia und Recht 2016, Heft 3, S. 147 bis 153 (zitiert: Spindler, in: MMR 2016, S.).

Ders.: Verträge über digitale Inhalte – Haftung, Gewährleistung und Portabilität, Vorschlag der EU-Kommission zu einer Richtlinie über Verträge zur Bereitstellung digitaler Inhalte, in: MultiMedia und Recht 2016, Heft 4, S. 219 bis 224 (zitiert: Spindler, in: MMR 2016, S.).

Ders.: Digitale Wirtschaft – analoges Recht: Braucht das BGB ein Update?, in: JuristenZeitung 2016, Heft 17, S. 805 bis 816 (zitiert: Spindler, in: JZ 2016, S.).

Ders.: Contracts for the Supply of Digital Content – Scope of application and basic approach – Proposal of the Comission for a Directive on contracts for the supply of digitale content, in: European Review of Contract Law, Heft 3, S. 183 bis 217 (zitiert: Spindler, in: ERCL 2016, S.).

Spindler, Gerald/Klöhn, Lars: Neue Qualifikationsprobleme im E-Commerce – Verträge über die Verschaffung digitalisierter Informationen als Kaufvertrag, Werkvertrag, Verbrauchsgüterkauf?, in: Computer und Recht 2003, Heft 2, S. 81 bis 86 (zitiert: Spindler/Klöhn, in: CR 2003, S.).

Spindler, Gerald/Rieckers, Oliver: Die Auswirkungen der Schuld- und Schadensrechtsreform auf die Arzthaftung, in: Juristische Schulung 2004, Heft 4, S. 272 bis 278 (zitiert: Spindler/Rieckers, in: JuS 2004, S.).

Spindler, Gerald/Sein, Karin: Die endgültige Richtlinie über Verträge über digitale Inhalte und Dienstleistungen, in: MultiMedia und Recht 2019, Heft 7, S. 415 bis 420 (zitiert: Spindler/Sein, in: MMR 2019, S.).

Dies.: Die Richtlinie über Verträge über digitale Inhalte, in: MultiMedia und Recht 2019, Heft 8, S. 488 bis 492 (zitiert: Spindler/Sein, in: MMR 2019, S.).

Spindler, Gerald/Schuster, Fabian: Recht der elektronischen Medien, 4. Auflage, München 2019 (zitiert: Bearbeiter, in: Spindler/Schuster, Recht der elektronischen Medien, Art. Rn.).

Splittgerber, Andreas/Rockstroh, Sebastian: Sicher durch die Cloud navigieren – Vertragsgestaltung beim Cloud Computing, in: Betriebs-Berater 2011, Heft 36, S. 2179 bis 2185 (zitiert: Splittgerber/Rockstroh, in: BB 2011, S.).

Stariradeff, Tanya: Vollharmonisierung und Anhebung des Verbraucherschutzniveaus im Online-Kaufrecht, in: MultiMedia und Recht 2016, Heft 11, S. 715 bis 719 (zitiert: Stariradeff, in: MMR 2016, S.).

Staudenmayer, Dirk: Der Kommissionsvorschlag für eine Verordnung zum Gemeinsamen Europäischen Kaufrecht, in: Neue Juristische Wochenschrift 2011, Heft 48, S. 3491 bis 3498 (zitiert: Staudenmayer, in: NJW 2011, S.).

Ders.: Digitale Verträge – Die Richtlinienvorschläge der Europäischen Kommission, in: Zeitschrift für Europäisches Privatrecht 2016, Heft 4, S. 801 bis 831 (zitiert: Staudenmayer, in: ZEuP 2016, S.).

Ders.: Verträge über digitalen Inhalt – Der Richtlinienvorschlag der Europäischen Kommission, in: Neue Juristische Wochenschrift 2016, Heft 37, S. 2719 bis 2725 (zitiert: Staudenmayer, in: NJW 2016, S.).

Ders.: Auf dem Weg zum digitalen Privatrecht – Verträge über digitale Inhalte, in: Neue Juristische Wochenschrift 2019, Heft 35, S. 2497 bis 2501 (zitiert: Staudenmayer, in: NJW 2019, S.).

Staudinger, Julius von: Kommentar zum Bürgerlichen Gesetzbuch mit Einführungsgesetz und Nebengesetzen, Buch 2, Recht der Schuldverhältnisse, §§ 255–304, Neubearbeitung 2014 Berlin (zitiert: Bearbeiter, in: Staudinger, BGB, § Rn.).

Ders.: Kommentar zum Bürgerlichen Gesetzbuch mit Einführungsgesetz und Nebengesetzen, Buch 2, Recht der Schuldverhältnisse, §§ 315–326, Neubearbeitung 2015 Berlin (zitiert: Bearbeiter, in: Staudinger, BGB, § Rn.).

Ders.: Kommentar zum Bürgerlichen Gesetzbuch mit Einführungsgesetz und Nebengesetzen, Buch 2, Recht der Schuldverhältnisse, §§ 433–480, Neubearbeitung 2013 Berlin (zitiert: Bearbeiter, in: Staudinger, BGB, § Rn.).

Ders.: Kommentar zum Bürgerlichen Gesetzbuch mit Einführungsgesetz und Nebengesetzen, Buch 2, Recht der Schuldverhältnisse, §§ 535–556g, Neubearbeitung 2018 Berlin (zitiert: Bearbeiter, in: Staudinger, BGB, § Rn.).

Ders.: Kommentar zum Bürgerlichen Gesetzbuch mit Einführungsgesetz und Nebengesetzen, Buch 2, Recht der Schuldverhältnisse, Vorbem. Zu §§ 611–613, Neubearbeitung 2016 Berlin (zitiert: Bearbeiter, in: Staudinger, BGB, § Rn.).

Ders.: Kommentar zum Bürgerlichen Gesetzbuch mit Einführungsgesetz und Nebengesetzen, Buch 2, Recht der Schuldverhältnisse, Vorbem. Zu §§ 620 ff.; 620–630, Neubearbeitung 2016 Berlin (zitiert: Bearbeiter, in: Staudinger, BGB, § Rn.).

Stiegler, Sascha/Wawryka, Diandra: Umbruch der Gewährleistungsrechte beim Fernabsatzverkehr? Der Richtlinienvorschlag über vertragliche Aspekte des Online-Warenhandels, in: BetriebsBerater 2016, Heft 16, S. 903 bis 909 (zitiert: Stiegler/Wawryka, in: BB 2016, S.).

Stieper, Malte: Digital ist besser – Die Bereitstellung digitaler Inhalte als eigenständiger Vertragstypus?, in: Alexander, Christian/Bornkamm, Joachim/Buchner, Benedikt/Fritzsche, Jörg/Lettl, Tobias: Festschrift für Helmut Köhler zum 70. Geburtstag, München 2014, S. 729 bis 743 (zitiert: Stieper, in: FS Köhler, S.).

Streinz, Rudolf: EUV/AEUV, Vertrag über die Europäische Union, Vertrag über die Arbeitsweise der Europäischen Union, Charta der Grundrechte der Europäischen Union, 3. Auflage, München 2018 (zitiert: Bearbeiter, in: Streinz, EUV/AEUV, Art. Rn.).

Stürner, Michael: Das Konzept der Vollharmonisierung – eine Einführung, in: Stürner, Michael: Vollharmonisierung im Europäischen Verbraucherrecht?, München 2010, S. 3 bis 22 (zitiert: Stürner, Das Konzept der Vollharmonisierung, in: Stürner, Vollharmonisierung im Europäischen Verbraucherrecht?, S.).

Ders.: Stellungnahme zu den Kommissionsvorschlägen COM(2015) 634 und COM(2015) 635 im Rahmen der öffentlichen Anhörung des Ausschusses für Recht und Verbraucherschutz des Deutschen Bundestages vom 4. Mai 2016 (zitiert: Stürner, Stellungnahme DIRL, S.).

Ders.: Zur Fortentwicklung des EU-Vertragsrechts: Der Richtlinienvorschlag zum Online-Warenhandel, in: Juristische Ausbildung 2016, Heft 8, S. 884 bis 893 (zitiert: Stürner, in: Jura 2016, S.).

Ders.: Vertragsrechtliche Aspekte der Bereitstellung digitaler Inhalte, in: Juristische Ausbildung 2017, Heft 2, S. 171 bis 178 (zitiert: Stürner, in: Jura 2017, S.).

Stürner, Rolf: Jauernig, Bürgerliches Gesetzbuch Kommentar, 17. Auflage, München 2018 (zitiert: Bearbeiter, in: Jauernig, BGB, § Rn.).

Sujecki, Bartosz: Internationales Privatrecht und Cloud Computing aus europäischer Perspektive, in: Kommunikation & Recht 2012, Heft 5, S. 312 bis 317 (zitiert: Sujecki, in: K&R 2012, S.).

Tamm, Marina: Das Gemeinsame Europäische Kaufrecht als optionales Instrument – eine kritische Analyse zur Binnenmarktharmonisierungskompetenz der Kommission, in: Verbraucher und Recht 2012, Heft 1, S. 3 bis 12 (zitiert: Tamm, in: VuR 2012, S.).

Tillmanns, Kerstin: Strukturfragen des Dienstvertrages – Leistungsstörungen im freien Dienstvertrag und im Arbeitsvertrag, Tübingen 2007 (zitiert: Tillmanns, Strukturfragen des Dienstvertrages, S.).

Unseld, Florian: Die Übertragbarkeit von Persönlichkeitsrechten, in: Gewerblicher Rechtsschutz und Urheberrecht 2011, Heft 11, S. 982 bis 988 (zitiert: Unseld, in: GRUR 2011, S.).

Weller, Marc-Philippe/Harms, Charlotte Sophie: Der Primat der Nacherfüllung im Gemeinsamen Europäischen Kaufrecht, in: Zeitschrift für das Privatrecht der Europäischen Union 2012, Heft 6, S. 298 bis 308 (zitiert: Weller/Harms, in: GPR 2012, S.).

Wendehorst, Christiane: Das Vertragsrecht der Dienstleistungen im deutschen und künftigen europäischen Recht, in: Archiv für die civilistische Praxis 2006, Bd. 206, S. 205 bis 299 (zitiert: Wendehorst, in: AcP 206 (2006), S.).

Dies.: Gewährleistung für digitale Inhalte im Lichte des Richtlinienentwurfs COM(2015) 634 final vom 10. Dezember 2015, 3. Mai 2016, abrufbar unter: https://www.bmjv.de/SharedDocs/Downloads/DE/Praesentationen/05032016_digitalesVertragsrecht_Wendehorst.pdf?__blob=publicationFile&v=5 (zuletzt aufgerufen am: 17. Juli 2020) (zitiert: Wendehorst, Gewährleistung für digitale Inhalte, 03.05.2016, S., abrufbar unter: https://www.bmjv.de/SharedDocs/Downloads/DE/Praesentationen/05032016_digitalesVertragsrecht_Wendehorst.pdf?__blob=publicationFile&v=5 (Stand: 17.07.2020).).

Wendland, Matthias: Ein neues europäisches Vertragsrecht für den Online-Handel? Die Richtlinienvorschläge der Kommission zu vertragsrechtlichen Aspekten der Bereitstellung digitaler Inhalte und des Online-Warenhandels, in: Europäische Zeitschrift für Wirtschaftsrecht 2016, Heft 4, S. 126 bis 131 (zitiert: Wendland, in: EuZW 2016, S.).

Ders.: GEK 2.0? Ein europäischer Rechtsrahmen für den Digitalen Binnenmarkt, Der Kommissionsvorschlag einer Richtlinie über bestimmte vertragsrechtliche Aspekte der Bereitstellung digitaler Inhalte (Digitalgüter-Richtlinie), in: Zeitschrift für das Privatrecht der Europäischen Union 2016, Heft 1, S. 8 bis 19 (zitiert: Wendland, in: GPR 2016, S.).

Westermann, Peter/Grunewald, Barbara: Erman Bürgerliches Gesetzbuch Handkommentar, 15. Auflage, Köln 2017 (zitiert: Bearbeiter, in: Erman, BGB, § Rn.).

Westphalen, Friedrich Graf von: Richtlinienentwurf der Kommission betreffend die Bereitstellung digitaler Inhalte und das Recht des Verbrauchers auf Schadensersatz, in: BetriebsBerater 2016, Heft 24, S. 1411 bis 1418 (zitiert: von Westphalen, in: BB 2016, S.).

Ders.: Konsequenzen der RL 2015/634 – Ein zaghafter erster Schritt zum Verbraucherschutz im Zeitalter der Digitalisierung, in: Europäische Zeitschrift für Wirtschaftsrecht 2017, Heft 10, S. 373 bis 381 (zitiert: von Westphalen, in: EuZW 2017, S.).

Westphalen, Friedrich Graf von/Wendehorst, Christiane: Hergabe personenbezogener Daten für digitale Inhalte – Gegenleistung, bereitzustellendes Material oder Zwangsbeitrag zum Datenbinnenmarkt?, in: BetriebsBerater 2016, Heft 37, S. 2179 bis 2187 (zitiert: von Westphalen/Wendehorst, in: BB 2016, S.).

Wicker, Magda: Vertragstypologische Einordnung von Cloud Computing-Verträgen – Rechtliche Lösungen bei auftretenden Mängeln, in: MultiMedia und Recht 2012, Heft 12, S. 782 bis 788 (zitiert: Wicker, in: MMR 2012, S.).

Dies.: Haftet der Cloud-Anbieter für Schäden beim Cloud-Nutzer? Relevante Haftungsfragen in der Cloud, in: MultiMedia und Recht 2014, Heft 11, S. 715 bis 718 (zitiert: Wicker, in: MMR 2014, S.).

Wilrich, Thomas: Das neue Produktsicherheitsgesetz, Berlin 2012 (zitiert: Wilrich, Das neue Produktsicherheitsgesetz, S.).

Winkler, Alexander: Zersplitterung des Verbraucherrechts und Gefahr für das öffentliche Informationsangebot – Anmerkungen zu den Richtlinienvorschlägen aus der Sicht der Österreichischen Notariatskammer, in: Wendehorst, Christiane/Zöchling-Jud, Brigitta: Ein neues Vertragsrecht für den digitalen Binnenmarkt?, Wien 2016, S. 211 bis 217 (zitiert: Winkler, Zersplitterung des Verbraucherrechts, in: Wendehorst/Zöchling-Jud, Ein neues Vertragsrecht für den digitalen Binnenmarkt?, S.).

Zahn, Bastian: Die Anwendbarkeit des Gemeinsamen Europäischen Kaufrechts auf Verträge über digitale Inhalte, in: Zeitschrift für Europäisches Privatrecht 2014, Heft 1, S. 77 bis 96 (zitiert: Zahn, in: ZEuP 2014, S.).

Zöchling-Jud, Brigitta: Vertragsmäßigkeit von Waren und digitalen Inhalten – (rechtzeitige) Bereitstellung digitaler Inhalte, in: Artz, Markus/Gsell, Beate: Verbrauchervertragsrecht und digitaler Binnenmarkt, Tübingen 2018, S. 119 bis 142 (zitiert: Zöchling-Jud, Vertragsmäßigkeit von Waren und digitalin Inhalten, in: Artz/Gsell, Verbrauchervertragsrecht und digitaler Binnenmarkt, S.).

Dies.: Das neue Europäische Gewährleistungsrecht für den Warenhandel, in: Zeitschrift für das Privatrecht der Europäischen Union 2019, Heft 3, S. 115 bis 133 (zitiert: Zöchling-Jud, in: GPR 2019, S.).

Zoll, Fryderyk: The Remedies in the Proposals of the Online Sales Directive and the Directive on the Supply of Digital Content, in: Journal of European Consumer and Market Law 2016, Heft 6, S. 250 bis 254 (zitiert: Zoll, in: EuCML 2016, S.).

www.ingramcontent.com/pod-product-compliance
Ingram Content Group UK Ltd.
Pitfield, Milton Keynes, MK11 3LW, UK
UKHW021837290926
8980IPUK00004B/500